中南高校档案工作联盟“档案文化资源开发”系列丛书

中南高校
历史发展沿革概览

涂上飙 主编

图书在版编目（C I P）数据

中南高校历史发展沿革概览／涂上飙主编. --长沙：中南大学出版社，2017.9

ISBN 978-7-5487-3005-7

Ⅰ.①中… Ⅱ.①涂… Ⅲ.①高等学校—教育史—研究—中南地区 Ⅳ.①G649.29

中国版本图书馆 CIP 数据核字(2017)第235409号

中南高校历史发展沿革概览

ZHONGNAN GAOXIAO LISHI FAZHAN YANGE GAILAN

涂上飙　主编

□责任编辑　浦　石
□责任印制　易红卫
□出版发行　中南大学出版社
　　社址：长沙市麓山南路　　邮编：410083
　　发行科电话：0731-88876770　　传真：0731-88710482
□印　　装　武汉鑫佳捷印务有限公司

□开　　本　730×960　1/16　□印张 21.25　□字数 355 千字
□版　　次　2017年9月第1版　□2017年9月第1次印刷
□书　　号　ISBN 978-7-5487-3005-7
□定　　价　86.00元

中南高校档案工作联盟“档案文化资源开发”系列丛书

中南高校历史发展沿革概览

顾　　问：陈　昆　沈壮海　朱学红　柯友良
吴　玫　党跃武　马仁杰　张　凯
雷晓蓉　吴湘华

主　　编：涂上飙

执行主编：吕雅璐　乔硕功　张予宏　范　明
郑公超

副 主 编：丁　康　万江明　马新梅　王根发
王长健　王飞雁　付　强　刘敏华
刘立勇　刘晓培　孙丽芳　向　禹
齐彦波　李兆荣　李国英　初亚楠
萧　毅　张传平　张清年　张晓培
罗学玲　罗伟昌　林文兴　陈　飞
孟战福　赵启才　胡利清　徐警武
徐建军　徐朝钦　梁　明　幸　瑞
童庄慧　谭　滔　（按姓氏笔画多少排序）

·长 沙·

前　言

2017年3月21日至24日，在全国认真学习党的十八大，十八届三中、四中、五中、六中全会精神和全面开展从严治党的时代背景下，来自海南省、广东省、湖南省、河南省和湖北省高校的档案工作同仁们，在位于人杰地灵、风景如画的珞珈山的武汉大学，共同发起成立“中南高校档案工作联盟”(The Alliance of University Archives in South Central China)。大家欢聚一堂，分享成功经验，答解困惑，憧憬美好愿景。

大家一致认同，联盟的成立应该努力实现如下两个目标：

一、就档案客体而言，联盟应该在档案文化建设中有更大作为、做出更大贡献

档案工作说到底就是围绕文化开展的工作。当今，以习近平同志为核心的党中央提出了经济、政治、文化、社会、生态“五位一体”的建设理念，高校在也围绕人才培养、科学研究、社会服务和文化传承创新四大功能进行建设，高校的档案工作就应在国家和大学文化建设中寻找自己的坐标和作用点，为文化记忆、传承和创新服务。进一步说，高校档案工作应该在档案的资源体系建设、利用体系建设和安全体系建设中不断增添新的内涵，努力做到“增量重民生”“存量重开放”“收放重时效”。

二、就档案主体而言，联盟应该在精干高效合格兰台人的打造上成为一个优秀平台

档案事业的作为与贡献，关键在于人才。希望通过在联盟里的工作交流、学术争议以及实践考察等活动中，大家能不断提高能力和水平。通过丰富多彩的活动，争取使大家创新意识不断加强、学习能力得到提高、服务水平节节攀升、发展潜力与日俱增。在联盟这个兰台世界里，作为一名兰台人，既能得到充分自由的发展也能为自己的奉献无怨无悔。

“中南高校档案工作联盟”的正式成立，成为中南高校档案工作发展的新机遇和新起点。

为推进联盟成立时两个目标的实现，经过充分讨论，联盟决定以档案文化资源的开发为抓手，出版“档案文化资源开发”系列丛书。第一期拟出版：《中南高校历史发展沿革概览》《中南高校档案馆建设概览》《中南高校校训、校歌和校徽中文化元素的挖掘》《中南高校校长办学理念问题研究》《中南高校历史上三次院系调整问题研究》5 本书。

在各成员单位的齐心协力下，《中南高校历史发展沿革概览》一书已成稿。大家对各自学校的发展历史、学科特点及办学成就都进行了简明扼要的记叙，尽管文风不尽相同，但对人们了解中南部分高校的基本情况将会大有裨益。

《中南高校历史发展沿革概览》一书，以省为单位进行归类。在高校的排列上，除了全国重点高校排在前面外，其他一般按高校的代码大小排列，代码不明的放在最后。

由于能力和水平的局限，该书在多方面都存在不足，敬请批评指正！

涂上飙

2017 年 7 月 13 日于武昌珞珈山

目 录

一

广东省

（一）中山大学

1. 中山手创 山高水长（1924—1931）

1924 年 2 月，时任中华民国陆海军大元帅的孙中山先生颁布“大元帅令”，令将国立高等师范、广东法科大学、广东农业专门学校合并，改为“国立广东大学”，另命邹鲁为首任校长。1924 年 11 月 11 日，国立广东大学举行了隆重的成立典礼。孙中山因准备北上不能亲临，特地摘录了《中庸》第二十章中的“博学、审问、慎思、明辨、笃行”十字，手书为国立广东大学成立的训词，委托代行大元帅职权的胡汉民到校向师生致训词。这十个字是孙中山先生给国立广东大学师生留下的遗训，成为学校的校训并沿用至今。1924 年度，全校共有各类学生 2524 人。国立广东大学寄托着孙中山先生复兴中华的理想信念，是他为培养革命和建设人才而创建的最高学府。1925 年 3 月，孙中山先生在北京逝世。翌年 8 月，国民政府将国立广东大学改名为“国立中山大学”，以示对孙中山先生永垂不朽的纪念。

20 世纪 20 年代，国立中山大学在师资和研究机构建设等方面，都取得了令人瞩目的成就。1926 年，“数学系”被改称“数学天文系”，这是中国人自己创办的第一个天文教育机构；1929 年，学校建成中国第一座大学天文台；1927 年之后，医学系先后成立了 5 个研究所，全面地引进德国先进医疗技术，在设备和科研力量等方面都居于全国前列；1928 年，国立中山大学语言历史学研究所成立（中央研究院历史语言所的前身）；同年，教育学研究所成立，这是国内最早研究教育学的专门机构。

这一时期，学校延聘了许多著名教授前来任教，如冯友兰、郭沫若、郁达夫、鲁迅、许寿裳、施存统、孙伏园、何思敬、顾颉刚、俞平伯、赵元任、罗常培、汪敬熙、朱物华、陈焕庸、罗宗洛、许德珩、江绍原、容肇祖等都曾相继来校执教。尽管他们的任职时间或长或短，他们的人格魅力、学术思想、教学水平等却在中大校史上留下了光辉耀目、永不磨灭的篇章。

2. 石牌新校 初现辉煌(1932—1938)

国立广东大学成立之初，校舍在市区且分散：校本部、文科、理科、图书馆和附属学校在文明路高师原址；法科在天官里后街(今法政路)；农科位于东山；医科(前身为广东公立医科大学，1925 年 7 月并入国立广东大学)在百子岗，附属医院却分别设在百子路和长堤，这种分散设置使得学校管理不便，也不利于学生专心致志地求学。

1932 年，邹鲁第二次被选为校长期间，按照孙中山先生的遗愿，开始筹建石牌新校。他本着“不但求之中国不落后，即求之世界各国中亦不落后”的宗旨来建设石牌新校。1934 年秋，石牌新校第一期建筑告成，农、工、理三学院由文明路旧校迁入石牌新校。11 月 11 日，中大隆重举行了十周年校庆暨石牌新校落成典礼。新校舍占地面积 1 万多亩，连同林场计算在内共占地 4 万多亩，占地面积之大，使“中山大学校，半座广州城”之语流行一时。1935 年秋，新校第二期大部分建设工程告成。除医学院及附属医院仍在百子路、西堤原址外，文、法二院也相继迁入新校，文明路的旧校舍全部拨给附中、附小为校舍。

在“九一八事变”后，中大的科研力量已开始朝着配合抗战转向。根据战时急需增设了工学院和师范学院。到 1938 年内迁前，学校已拥有文、理、法、工、农、医、师范 7 个院 23 个学系和研究院以及 20 多个附属机构。学校藏书量达 30 余万册，居全国大学图书馆首位。全校学生最多时近 5600 人，其规模日趋宏大，其体制日趋完备，在全国大学中名列前茅。

校址迁至石牌新校时期的国立中山大学，创造了学术科研的发展的第一个辉煌，成为南中国乃至全国的学术重镇。1935 年，国民政府教育部批准国立北京大学、国立清华大学和国立中山大学设立研究院，中山大学成为中国最早设立研究院的三所国立大学之一。

为抗战建国计，学校加大了事关国防和大后方建设研究的投入，并瞩目于考察和研究国内外，特别是广东及西部边疆区域的重大历史、经济、政治、民族、社会、地理、地质和农林业等问题。这一时期，学校丰硕的科研成果不仅在国内学术界居于前列，在国际学术界也享有盛誉。如1936年，农学院丁颖教授用早银黏和印度野生稻杂交改良的稻种，盆栽每穗多达1400多粒，这是当时一般稻种产量的10倍，一时轰动海内外。与此同时，学校与国内外的高校、学术机构保持着紧密的合作与交流，其活动之频繁，开拓了学校对外交流史上的新局面。

1937年抗日战争全面爆发后，日军对广州进行长达14个月的飞机轰炸，国立中山大学校园成了日军轰炸的主要目标之一，石牌和文明路的部分校舍被炸毁，学校蒙受了巨大的损失。广大师生在炮火纷飞中仍坚持教学科研，一往无前地投身于抗日救国活动中，践行着孙中山先生复兴中华民族的理想信念。

3. 烽火连天 弦歌不辍（1939—1945）

1938年10月，日军在惠州大鹏湾登陆，广州告急。国民政府命令国立中山大学自择大后方，迁址办学。中山大学开始了漫长而艰难的搬迁历程。10月，学校先迁校广东罗定；11月，再奉令迁往云南澄江。经过4个多月的迁徙，中山大学2000多名师生和部分校产陆续抵达澄江。此次迁校使学校损失巨大，据国民政府教育部1939年4月公布的数据，国立中山大学死伤人员达12人，财产损失达6217828元（含校舍），居全国各公私立大学之首。

1940年7月，日寇企图从越南进攻云南，情势危急。当时广东迁省会于粤北韶关，国民党在广东的元老们也力主中大应该迁回广东。8月，在代理校长许崇清的主持下，学校迁回粤北坪石。坪石办学初期，学生总数只有1736人；到1942年度，学生总数达4054人，办学规模有了较大的发展。这一时期，学校虽在迁徙过程中流失了一部分的师资，但还是吸引了李达、王亚南、梅龚彬、黄友棣、许幸之、斯行健等名家前来任教。1942年，中大研究院还增设了医科研究所。

1944年湖南长沙、衡阳相继失守，粤汉铁路全线告急。危急时刻，中大被通告紧急疏散，开始了抗战以来的第三次迁校。学校在混乱的形势下被迫分散在粤东三地办学，校本部迁到粤东梅县，并分设仁化、连县分教处。在烽火连天的岁月里，中大在图书、设备紧缺的艰苦条件下，想方设法地维持教学科研活动的正常进行，以维持民族精神之不堕，直到抗战的最终胜利。

中大内迁受到了当地政府和人民的欢迎和支持，他们将大量的民房和庙宇提供给学校办学。中大师生在当地开办民众夜校、读讲报纸、宣传抗日、开展公共卫生运动和农业科技等教育，起到了移风易俗、开启民智的作用，深受民众欢迎。

学校内迁到云南、粤北后，师生们掀起了对西南大后方大规模考察和调研的热潮，对西南各省的历史、人口、语言、民族、矿藏、水土、森林、农业和植物资源等方面作了详细的调查和研究。学校的教学、实习活动也积极地服务于国家军需生产和征调。许多学生奔赴到大后方最需要他们的地方，直接参与军需生产和建设，为持久抗战贡献力量。

此外，许多学子投笔从戎，踊跃参加各种抗日武装斗争，为民族独立做出了不可磨灭的贡献。如广东人民抗日游击队东江纵队的司令员曾生、政治部主任杨康华，珠江纵队的政委罗范群、梁嘉都是中山大学的毕业生。

抗战胜利后，中山大学复迁回广州。1945 年 12 月，著名学者王星拱出任校长。为了促进战后国家和民族的复兴，学校大力发展与生产建设关系密切的农、理、工等学科，如地理系和生物系师生都参与了广东省政府接收西沙群岛的工作。

1946 年 6 月，内战爆发。中大师生谨记孙中山先生救国救民的遗训，积极投身于各种争取民主与和平的社会活动中。1948 年初，国民政府部署中大迁校，筹划将学校迁往海南。中大师生展开护校斗争并取得胜利，为学校完整回到人民政权手中提供了保证。

4. 移址康乐 风云变幻(1950—1976)

1949 年 10 月 14 日广州和平解放，中山大学开始了新的一页。解放初期，中大由临时校务委员会主政。1951 年 1 月，曾两次出任国立中山大学代理校长的许崇清被中央人民政府任命为中山大学校长。

1952 年，中国高校拉开了全国范围内院系调整的序幕。中山大学由一所完整的多科性大学调整为以原国立中山大学和私立岭南大学文、理两科为基础的综合性大学，学系由原来的 31 个缩减为 8 个。

院系调整也促成了学校校址的迁移和教学科研体制的又一次重新建构。1953 年中大迁到广州东南郊的康乐村(原岭南大学校址，占地面积 1.208 平方公里)继续办学，中山大学原来的石牌校园则成为华南工学院和华南农学院的校址。

学校按照苏联的模式建立教学和科研新体制，从 1953 年 3 月起，将“系”作为教学的行政单位，教研室、教研组作为学校的科学研究机构。当时

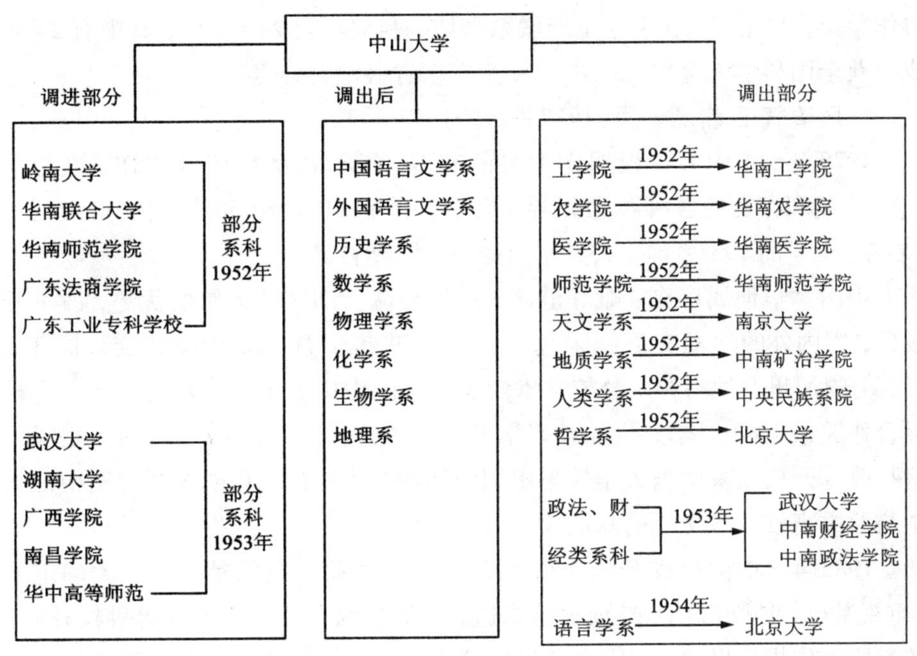

图1-1 中山大学院系调整图

全校有教师304人，职员195人，员工235人，学生1524人。

院系调整之时，一批学术名师被调离中大，而随着其他高校相关科系的并入，著名教授陈寅恪、陈序经、姜立夫、容庚、郑曾同、董每戡、戴镏龄、陈竺同、梁宗岱等名师被调入任教，这大大增强了学校文理两科的师资力量。尤其是历史学系中国古代史教研室拥有陈寅恪、岑仲勉、梁方仲、刘节、杨荣国、董家遵、曾纪经、何竹淇等八位名教授，阵容之鼎盛前所未见。

1956年，党中央提出“向科学进军”的号召和“百花齐放，百家争鸣”的方针。中大认真执行了当时的知识分子政策，减轻教师教学任务，重视教师的研究时间问题，使用福利金补助教师生活，并设法改善了教师的居住条件，学校的科学研究出现了新的气象，这时期学校科研成果众多，尤其以史学最为突出。

从1957年到1976年，中山大学经历了多次的政治活动，教学和科研频频受到影响。“文革”后期，中山大学主要实行厂校挂钩、社校挂钩的研究模式。到1976年，校内共设110个实验室和20个研究机构，还有几十个校外协作单位，共完成与国防、生产联系密切的科研项目240多项，其中有24项成果获全国科学大会奖，59项成果获广东省科学大会奖。

5. 风清气正 崭新一页(1977—1999)

1978年，中山大学根据党中央的部署，进行拨乱反正的工作，撤销了“文革”期间存在的各种革命领导小组，并为在20世纪50年代被错误划为“右派分子”的193名师生公开平反昭雪，恢复名誉。

中山大学地属广东、毗邻港澳，对外交流活动有着天然的优势，改革开放后，国内外的学术交流越来越频繁。1979年1月1日中美建交。同年1月，美国加州大学洛杉矶分校学术代表团访问中山大学，两校正式建立了校际合作关系。4月，李嘉人校长率学术考察团应邀访问加州大学洛杉矶分校，这是改革开放以来中国大学较早出国访问的学术团体，开创了新时期中山大学与西方高校学术交流的新局面。

1985年，中国高校开始全面改革开放。根据中央的精神，中大确定了“重视基础，加强应用，鼓励学科渗透，发展边缘学科，积极进行科技开发”的科研工作指导思想，决定实行以学院为实体，分设学院和学系的精简的管理体制，逐步向学院制过渡。自1985年成立管理学院至1999年，学校共成立了11个学院、35个学系、48个本科专业和5个专科专业。

1988年，中山大学光学、高分子化学与物理、动物学、昆虫学和中国古代文学被原国家教委确定为重点学科。1991—1994年，中山大学的生物学、化学、汉语言文学、历史学和哲学获准成为国家基础科学研究和教学人才培养基地。1996年6月，中山大学“211”重点学科建设项目经有关部门组织专家评审，申报的9个学科(学科群)全部通过论证，总投资达2.52亿元，中山大学也成为国家21世纪重点建设的大学。

1985年之后，学校不断增设科研机构，到1999年，学校拥有约90个研究所、研究中心或研究室。1988—1999年，学校先后建成超快速激光光谱学、生物防治和聚合物复合材料与功能材料3个重点实验室，研究水平均具国际先进水平。

截至2000年底，学校在“九五”计划中对12项应用研究成果进行了成果鉴定，其中省级鉴定8项，市级鉴定4项；达到国际领先水平的3项，达到国际先进水平的3项，达到国内领先水平的4项，达到国内先进水平的2项。

在21世纪到来之前，中山大学形成了一支实力较为雄厚的科研队伍，拥有一批著名学者和学科、学术带头人，如江静波、林尚安、林浩然、苏锵等院士。此外，许宁生、屈良鹄、陈小明、朱熹平、桑兵、鞠实儿、彭少麟等人还受聘于“百千万人才工程”“长江学者奖励计划”等人才工程并做出重要成绩，成为中大学术的领军人物。

自1979年初学校开创与西方高校学术交流的新局面以来，到20世纪90年代末，中大与美国、加拿大、日本、澳大利亚、英国、法国、德国等国家和地区的100多所著名大学、学术机构和团体建立了学术交流关系，并与其中30多所大学签署了交流协议。

6. 创新纪元 写新篇章(2000—2016)

在千禧年到来之际，面对全国高校扩招、多校区办学的新形势，中山大学也迎来了多校区办学的新时期。

1999年9月，中山大学与珠海市人民政府签署协议，合作建设中山大学珠海校区。珠海市将位于唐家湾的3.571平方公里的土地以及原珠海大学校址上的价值2.7亿元人民币的建(构)筑物和配套设施无偿提供给中大，这开启了中大异地办学的新时代。

2001年10月26日，中山大学和中山医科大学[①]合并为新中山大学。两个同根同源的高校强强联合，为中山大学在新世纪的发展注入了强劲的驱动力。就在同一天，教育部、广东省人民政府重点共建中山大学协议签字仪式在广州举行，广东省计划在3年内向中山大学投入9亿元人民币支持中山大学的发展。

2004年，广州大学城建设的第一期工程如期顺利投入使用。中山大学广州校区东校园位于广州大学城外环东路132号，总占地面积0.989平方公里，处于小谷围岛的东北顶端。截至2015年，已有13个以应用学科为主的实体学院进驻东校园，这是中山大学实现跨越式发展的一个新契机。

2015年11月，中山大学与深圳市人民政府签订共建世界一流大学的战略合作协议，校市双方将按照世界一流大学的标准在深圳市光明新区新建中

① 1953年8月，原中山大学医学院与岭南大学医学院正式合并，命名为华南医学院。1954年，光华医学院也并入华南医学院，1985年改称中山医科大学，是一所多专业、多层次、多形式办学的医科大学，成为中南地区最高医学学府和卫生部部属的四所全国重点医学院校之一。

山大学深圳校区（总占地面积3.217平方公里），共同推动中山大学建设世界一流大学、深圳市建设现代化国际化创新型城市战略目标的实现。深圳校区将重点布局医科“强项”、补齐工科“短板”，重点建设临床医学、基础医学、公共卫生学、药学院以及3家附属医院。

“十二五”期间，学校持续推进“211工程”和“985工程”等重点专项建设，学科整体水平显著提升。18个学科领域进入ESI全球前1%，8个学科进入领域前0.5%，2个学科进入领域前0.1%，学校学科总体实力居于国内高校前列。

“十二五”期间，学校大力实施“人才强校”战略，汇聚和培养了一大批学科带头人和学术骨干，其中有中国科学院院士15人（含双聘8人）、中国工程院院士5人（含双聘2人）、海外高层次人才引进计划（含“青千”）专家96人、教育部“长江学者”特聘教授42人、国家杰出青年科学基金获得者79人等等。

2016年是“十三五”的开局之年。这一年，中山大学深圳校区从构想到落地、从规划到建设，美好的蓝图正在变成现实；珠海校区重点围绕“深海深空”领域，进一步优化了学科布局；广州校区南校园综合整治成效显著，“三校区五校园”的全新办学格局已经形成。中山大学坚持以立德树人为根本，以“德才兼备、领袖气质、家国情怀”为人才培养目标，以“面向学术前沿、面向国家重大战略需求、面向国家和区域经济社会发展”为基本导向，树立了“三校区五校园”错位发展、合力支撑的发展思路。学校正在努力推进由外延式发展向内涵式发展转变，由常规发展向主动发展转变，由文理医优势向文理医工各具特色、融合发展转变。现在，中山大学正站在新的起点上，为建设成为“国内高校第一方阵、世界一流大学行列”的中国特色社会主义一流大学而努力奋斗！（中山大学档案馆）

（二）暨南大学

诞生于国家民族危难之际的暨南大学，百余年中与国家民族命运共浮沉，与时代脉搏同起伏，虽几经废兴与播迁，却自强不息，折而不断，一路风雨，砥砺前行，如桥梁和纽带般，将中华民族与其华侨华人学子紧紧联系在一起！一百一十年的栉风沐雨，艰苦求索，一百一十载书香翰墨，薪火相传，暨南大学肩负着“宏教泽而系侨情”的光荣使命，恪守“忠信笃敬”之校训，暨南大学参与和构筑中国的近现代史折射着中国政治经济社会的变迁，映照出中国国力的变化和对外开放的程度，遂暨南大学被称为中国对外开放的试验田和观察窗。

“暨南”二字出自《尚书·禹贡》：“东渐于海，西被于流沙，朔南暨，声教讫于四海。”意即面向南洋，将中华文化远播到五洲四海。学校积极贯彻“面向海外，面向港澳台”的办学方针，百载岁月淬炼而出的“知行合一，和而不同”的办学精神已经融为了中华精神文化的一部分。建校至今，暨南大学共培养了来自世界五大洲160多个国家和中国港澳台地区的各类人才近30万人，堪称“桃李满天下”，可谓“有海水处即有暨南学子”，诸如前国务院副总理吴学谦、李岚清，中国两院院士谭其骧、邓锡铭、侯芙生、曾毅，中国现代作家钱钟书，知名人士江上青，诗人汪国真等知名校友以及新加坡大学首任校长李光前，前泰国议会主席许敦茂等知名华侨学子在参与中国的革命和建设的同时，为中国和世界的交流与合作也做出了卓越的贡献！

清朝末年，出国务商的海外华工逐渐增多，华侨父老们送子孙后代回国读书学习的愿望日益强烈。直至1868年清政府签署的《中美续修条约》开了中国关注海外侨民利益的先河，其中之一便是对华侨教育政策的调整，即趋向重视华侨子弟教育：“使其明了中国的传统文化，激发其爱国心，进而防止楚才晋用，大有裨益。”①

光绪三十一年(1905年)，两江总督端方②等清朝五大臣在考察宪政归国途中，经南洋时感受到海外侨胞爱国情深，深觉开展华侨教育刻不容缓，因此奏请朝廷“爪岛侨民流寓远方，不忘归国，派生内渡，就学金陵，洵属爱国情殷，极堪嘉许，自当官备食宿，妥为照料。……嗣后南洋各岛及檀香山、旧金山等处侨民，如有愿送子弟来宁就学者，并当一律收取，以宏教泽而系侨情”③。由政府开办的海外华侨教育兴学就此开启，校址选在南京薛家巷妙相庵，地处南京城中央，居鼓楼之南，唱经楼之北，西北紧邻金陵大学。

然端方注意到华侨子女归国后，其语言和生活都很难适应，不同的学生

---

① 朱寿朋. 光绪朝东华录：第5册[M]. 北京：中华书局，1958：5614-5615.

② 托忒克·端方(1861—1911)，字午桥，号陶斋，清末大臣，金石学家。满洲正白旗人，官至直隶总督、北洋大臣。

③ 托忒克·端方. 端忠敏公奏稿：卷7[M]. 台北：文海出版社，1967：888—889.

国文国语和各项科学的程度也不同，遂开办一所专门接收华侨子女的学校显得十分必要。次年端方再次奏请“惟该生等初回内地，语言骤难合一，应选派教习，补习国文国语及各项科学一年，再行考验程度，查询志愿，分送各学堂肄业。且闻内响方殷，来者日众，非为特辟一校，不足以敷教育而系侨情……择度校舍，延订教习，分科教授，派员管理，统合画一，名曰暨南学堂”①。暨南学堂就是暨南大学的前身，“暨南”二字自此便在中华大地植根。

与清政府创办的几所高等学校不同，暨南大学从创始之初即定位为华侨子弟服务的学校，暨南学堂“办中学，附设高等小学”开办不同层次的分学堂，“诸生补习国文国语及各科学一年，再行考验程度，查询志愿，分送各学堂”，②这应该是中国最早的因材施教的典范，堪称中国教育史上的创举。考虑到华侨子女到海外后能学以致用，学校历来秉承的办学理念就是“重视基础、突出应用”，在当时的教育环境下，如何对海外侨胞制订科学的学习课程是没有任何借鉴的，全靠教育先导慢慢摸索，逐步完善。

回望历史，1911 年辛亥革命爆发后师生星散，学堂停办，暨南学堂在当时跌宕起伏动荡不安的社会格局下，担负起“声教暨南”的历史使命，这对于维系和团结海内外华人华侨起到了不可磨灭的历史作用。正如端方在奏折中提请的：“如此今既为特设暨南学堂以奖励为鼓舞之地，华侨情谊可期其日臻固结”“惟有仰恳天恩，俯如所请实于昌明国学，维系侨情，大有裨益”。③“当亦维系侨情之一道也。”④

民国初年，华侨学生要求回国复学。苦于国内已无华侨学校，教育界的知名人士和海外华侨强烈要求尽快恢复暨南学堂，当时在教育部任职的原暨南学堂校董董鸿炜多次向当局建议恢复暨南，就连任职于交通部航政司的司长雪兰莪和华侨代表叶兆菘等人也于 1912 年联名呈具教育总长，认为暨南学堂在增进海外华侨国家认同、争取国外政府重视等方面功不可没，“自丁未南京有暨南之设，侨情始与内地相洽，迄今五年，而荷政府之对待我侨民者与昔遂异：昔之不准立小学者今亦听我立小学矣；昔之不准设中学者，今

① 托忒克·端方. 端忠敏公奏稿：卷 8[M]. 台北：文海出版社，1967：1005.

② 托忒克·端方. 端忠敏公奏稿：卷 12[M]. 台北：文海出版社，1967：1434.

③ 托忒克·端方. 端忠敏公奏稿：卷 12[M]. 台北：文海出版社，1967：1687.

④ 托忒克·端方. 端忠敏公奏稿：卷 12[M]. 台北：文海出版社，1967：1430.

且听我立中学矣”[①]。1917年国民教育部批准恢复暨南学堂。1918年3月将暨南学堂正式更名为“国立暨南学校”，中辍六年之久的暨南事业在上海真如重新开始。学校针对侨校具有“声教暨南”的特点和使命，根据孔子所言“言忠信，行笃敬，虽蛮陌之邦，行矣”，选取“忠信笃敬”为自己的校训，进一步深化了学校弘扬中华优良道德风尚，传播了中华文化教育的使命感。

1923年，为了适应学生的增多，暨南学校创建大学部，从南京迁到上海的真如。从此，暨南大学进入了全面的发展时期。1927年9月，国民政府大学院批准暨南学校改组升格为“国立暨南大学”，暨南学堂首任堂长郑洪年接任校长职务，“鉴于侨胞处于殖民政府铁蹄之下，受尽帝国主义之蹂躏，暨南教育非提高程度，扩充为完善之大学，不足以增进侨胞之地位，不足以适应其特殊环境，不足以使华侨父老咸达自由平等之目的，准此旨趣，乃具彻底改革之决心”[②]。同月，南洋文化教育事业部正式成立，与大学部、中学部鼎足而立，作为专门研究南洋问题的科研机构，编辑出版了《南洋研究》《南洋情报》《南洋丛书》，开中国南洋（东南亚）研究之先河，在近代中国的华侨研究史上具有相当重要的影响，从宏教泽育英才到华侨文化研究，暨南大学的办学思想也愈来愈实际，延聘名师硕学，“新聘教授非著述宏富，即学有专长，固皆海内知名之士，而蜚声教坛者也”[③]，不少校友回忆，当时暨南“设备日臻完善，规模大具，校誉远播……师资阵容鼎盛，东南亚及远至美国之华裔父老，仰慕暨南大学之盛名，凡遣其子女回中国升学者，莫不以进暨南为荣；是以侨生人数大增，几占在校学生总数四分之三，蔚为华侨最高学府”[④]。

1937年抗日战争全面爆发后的国家民族命运的浮沉再次让暨南大学辗转迁移，1938年暨南大学迁至上海租界，1941年12月8日太平洋战争爆发，上海租界为日本军占领，何炳松校长含泪向教师们宣布：当看到一个日本兵或一面日本旗经过校门时，立刻停课，将这所大学关闭。大家分头准备上

---

① 雪兰莪，叶兆菘．交通部航政司司长雪兰莪和华侨叶兆菘上教育部总长书［R/OL］．暨南大学档案馆，2004—X12—9．0004号．

② 张晓辉，夏泉．暨南大学史（1906—2016）［M］．广州：暨南大学出版社，2016：38．

③ 郑洪年．一年来之经过并今后之计划［R/OL］．上海市档案馆：国立暨南大学档案全宗，Y8—1—925．

④ 戴学稷，周孝中．解放前暨南大学发展史略及其爱国民主的光荣传统［R/OL］．暨南大学档案馆，2004－X512－40－2号．

课。学生们如往日一样坐在了课桌前。教师们宣布了学校的决定，学生们脸上呈现出坚毅的神色，静静地坐着，听老师在讲台上严肃而镇静地讲授“最后一课”。随后不久暨南大学宣布停课，上海暨南大学就此结束了自己的生命，暨南大学整体南迁至福建建阳。

在艰苦卓绝的抗战期间，学校居无定所，颠沛流离，外有强敌环伺，内遭物质窘困之厄，但是全体师生仍然明确侨校身份及其所肩负之特殊使命，保华侨高等教育血脉不断，想方设法扩大华侨学生的招生，为华侨学生创造好的学习条件。时任校长、著名历史学家何炳松先生明确提出暨南大学的办学思想和目标：“我们要造成民族复兴之斗士，不要造成争权夺利之政客。况且暨南比其他大学另有特殊之使命，将来本校毕业同学必须能向海外发展，能在外界立足。”①“大家如能放开眼光，为复兴民族着想，为海外华侨发展着想，必然要加倍努力用功，以求造成将来有益于国家社会的人物。”②

1946 年 6 月，国立暨南大学从福建建阳迁回上海。代表暨大在解放前最辉煌时期的真如校舍早已被日本侵略军焚毁，国民政府划拨上海宝山路和东体育会路两所原日本人的学校作为暨南大学校址。受人民解放战争影响，复迁回沪后的侨生比例非常之低。1949 年中华人民共和国成立，上海解放，暨南大学被接管，原有的文、法、商及理学院分别并入复旦及交通大学，地理学系并入南京大学（前身为中央大学），人类学系并入浙江大学。暨南大学暂时停办。

直至 1958 年，为了解决侨生读大学过于分散、不易教育和管理等诸多不便的问题，经国务院批准，广东省委决定在广东筹办这所沿用“暨南大学”名称的大学。时任广东省委第一书记陶铸（1958—1963）担任暨南大学重建后的第一任校长，他将暨大的办学方针确定为“办成尽可能符合海外侨胞的愿望与要求，具有特色的综合性华侨大学”，并进行院系调整，以“面向华南，面向东南亚，面向亚热带，面向海洋”。在国内高校尚处“闭门办学”的象牙塔时代，贴近社会务实办学的风气就已在暨大兴起；而当众多高等学府意识到服务社会时，“人无我有、人有我优”的打造专才、分流教学、全英教学的

---

① 何炳松. 何炳松校长就职后第一次公开演讲[R/OL]. 暨南大学档案馆，2004—XS12 - 13. 0015 号.

② 马兴中. 何炳松对华侨教育事业的贡献[M]//何炳松纪念文集. 上海：华东师范大学出版社，1990：280 页.

现代教育理念也早已在这里实践。20 世纪 60 年代，暨大的理科生就已开始学习中文写作，学校还开设了“西方经济学”的课程，讲起证券股票，这在当时国内大学极之罕见。1963 年，著名学者陈序经受陶铸之邀，担任暨大校长，他亲自登门造访暨大每一位教授，亲自接待返乡来校探访的侨生家长。由省领导直接管理，重建后的暨南大学迅速发展成为一所粗具规模的文理科综合性大学，为中华人民共和国树立良好的国际形象和团结华人华侨起到了重要的作用。“在广东这样一个接近港澳、海外华侨众多的地方，把暨南大学在广州复办起来，对团结港澳同胞和海外侨胞，培育他们的后代，有深远的影响和作用。”①

然而每一次中国政治经济社会的变迁都会给暨大带来巨大的变化，1966 年“文革”开始，暨南大学第三次停办。在“文革”停办 12 年后，中央于 1978 年春决定恢复暨南大学，1979 年暨南大学开始招收和培养研究生。

时任全国人大常委会委员长叶剑英元帅亲笔为暨南大学题写校名，从精神上给了暨南大学莫大的鼓励，时任广东省副省长杨康华兼任校长，时任中共广东省委第二书记习仲勋出席了复办后的第一次开学典礼，并作了重要讲话，他鼓励师生为将暨大办成有特色高水平的华侨大学而努力。复办后的暨南大学是一所文、理、医多科综合性大学，从此开始暨南大学才算真正进入了无间断的发展新时期。

漫漫百年风雨征程，暨南大学经历数次播迁，每一次顿挫带来的都是毁灭性的打击，但她如一只不死的凤凰，在烈火与血泪中重生，在暴风雨中振翅高飞。历经波折，暨南大学抱持着情系家国、为国育才之理念，在国家和社会各界以及海内外华侨华人的关爱支持下，屡仆屡起，愈挫愈奋，每次都在较短的时间内即能实现办学的高水平且乘势而上。1978 年复办至今短短不足 40 年就达到了较高的办学水平，学校充分把握国家大力扶持的政策和机会，锐意革新，开放办学，在招生、教学、科研、对外交流等诸多方面都采取了一系列改革措施，20 世纪 90 年代中期，学校成为了国家重点综合性大学，2011 年成为国务院侨办、教育部、广东省政府签署的共建重点大学，2015 年入选广东省高水平大学重点建设高校，这些成绩的取得都与暨南大学一直以来不忘使命、砥砺奋进、精勤育人分不开。中共广东省委原书记、广

---

① 张晓辉，夏泉. 暨南大学史(1906—2016)[M]. 广州：暨南大学出版社，2016：210.

东省原省长暨南大学前任校长梁灵光提出发扬优良传统，努力办好暨大，为“培育更多优秀人才，为振兴中华、统一祖国、促进人类社会进步、维护世界和平做出更多贡献”。

为港澳台同胞及华侨华人服务一直是学校重要的工作，改革开放以来，暨南大学更是采取走出去的方式，大力开展华文教育，在英、法、美等国实践举办海外汉语培训班和汉语教师培训班，近20年来对中国香港警务人员和民政总署近万名学员进行普通话培训，2005年商务印书馆世界汉语教学研究中心在暨大成立，学校共编写近千本华文教材，其中由贾益民教授编写的全套48本中文教材，被誉为“全美境内最好的中文教材”，另一套为柬埔寨编写的小学汉语教材被列为“柬埔寨唯一合法使用的统编教材”。

南洋及华侨华人研究更是暨南大学经世致用、深入研究海外华侨华人群体以服务国家战略之需要的重要传统研究。暨大重建后，东南亚研究和华侨华人研究继续得到重视并取得了长足发展。2011年，暨南大学整合全校国际关系和华侨华人及其他相关领域研究力量，成立了国际关系学院/华侨华人研究院。目前，该学院（研究院）已经成为中国华侨华人和涉侨战略研究的重镇和智库。

暨南大学一直保持着优良的体育传统，民国时期就有来自世界各地的学子如足球队队员陈镇和、徐亚辉，篮球队队员蔡演雄、王南珍、尹贵仁，将足球、篮球等赛事带到暨大；在上海时期还曾有田径队员郝春德、傅金城（短跑）、符宝庐（撑杆跳高）学生代表中国参加历届远东运动会和1936年在德国柏林举办的第十一届奥运会。今日更有暨南学子苏炳添、莫有雪、陈艾森等入选奥运会，参加田径和跳水项目的赛事，并最终获得奥运金牌。

暨南大学素来以多元文化汇聚、校园活动多元多彩而闻名中外，学校因此有“小联合国”之称。每年一度的国际文化节齐聚暨南，香港文化节、澳门文化节、中国文化节更是学校的文化旗帜，在全国都独具特色。学生们虽然语言、肤色各异，但多样的文化思潮和学生活动争奇斗艳，可谓“五色交辉，相得益彰；八音合奏，终和且平”。

伴随着中国在国际上地位的不断提高，国内高校也在逐步放宽对外招生的限制，海外招生数量逐年增加。经过百十年的发展，暨南大学立足于第一侨校，坚持贯彻“面向海外，面向港澳台”的办学方针，在成为国家“211工程”大学后，正式确立“侨校+名校”的战略目标，已然形成了分布在广州的天河本部、南校区、瘦狗岭华文学院、珠海分校和深圳旅游学院五校区（共计210.71万平方米）异地同步办学之壮丽景观，为国家和海外输送着各类人才。据统计，澳门60%的公务员、70%的医生均为暨大毕业生，这对拥护国家统一和爱国者的广泛统一战线都具有重大意义。

暨南大学现拥有学士、硕士、博士3个层次的学位系统，15个博士学位被授予一级学科，38个硕士学位被授予一级学科，博士后科研流动站16个，博士后科研工作站1个，国家二级重点学科4个，国务院侨办重点学科8个、广东省一级重点学科20个、广东省二级重点学科4个，工程学、化学、临床医学、药学和毒理学4个学科进入ESI世界排名前1%。暨南大学现设有国家工程中心2个，教育部人文社会科学重点研究基地1个，部省级重点实验室21个，部省级工程中心18个，国际联合实验室11个，广东省人文社科重点研究基地8个。科研成果硕果累累，学校承担多项"973""863"计划等国家科技计划和国家社科、自然科学基金重大项目，获得国家科技进步奖、国家技术发明奖各1项，国际科技合作奖1项，国家自然科学基金项目立项数、权威索引收录的国际论文数量持续增长，近3年发表SCI论文5000余篇，EI论文3000余篇，《中国社会科学》论文7篇，申请专利548项，授予专利433项。

历史上暨南大学的教师队伍就有马寅初、郑振铎、梁实秋、王亚楠、周谷城、钱钟书、周建人、夏衍、胡愈之、严济慈、楚图南、黄宾虹、潘天寿等著名学者。今日学校师资力量雄厚，结构优化，有专任教师1999人，其中中国科学院院士2人（陈星旦、苏国辉），中国工程院院士6人（刘人怀、姚新生、钱清泉、樊明武、陈志南、詹启敏），"长江学者"10人，"千人计划"专家10人，"杰青"获得者13人。暨大因此成为海外华裔及中国港澳台地区学生报考深造首选的热门高校，也是国内规模最大的港澳台及华侨高素质人才培养基地。目前其在校各类学生共48068人，其中全日制本科生23421人，研究生9440人（其中博士研究生1259人、硕士研究生8181人）。来自107个不同国家和地区的在校华侨、港澳台和外国留学生共11625人，高居全国第一。暨南大学没有军训只有新生训练营，没有政治课只有爱国主义教育课程，暨南大学与其他知名高校不同的学习氛围造就了学生开放、活泼的思想。毕业生深受海内外用人单位好评，就业率一直位居同类院校中的前列，大家都评价暨大的毕业生活力更强，更具有社会适应力和实践力。

回顾百十年的历程，暨南大学经历三落三起、五度播迁，民族命运和学校命运如此紧密地联系在一起，贯穿其中始终不变的是“宏教泽育英才，播文化系家国”的历史使命，现今国家正式实施“双一流”的战略部署，暨南大学处千载之盛世、发百年之积蕴，坚持“质量是什么、创新是灵魂”的办学理念，大力实施“侨校 + 名校”的发展战略，正加快推进高水平大学建设。新的起点上，学校发展已迎来迈向高水平、续写新辉煌的历史机遇！（左晋佺、林文兴）

（三）汕头大学

1. 学校的创建

汕头大学是全球唯一一所由私人基金会——李嘉诚基金会持续资助的公立大学。1981 年 8 月 26 日经国务院批准成立。1983 年，开始招收中文、外语、法律三个专业的本科学生；同年 9 月 26 日广东省计委正式行文广东省高教局，同意汕头大学设置中文、历史、外语、法律、经济、数学、物理、化学、生物、医疗共 10 个系；同年，教育部批准汕头医专改办为汕头大学医学院。1984 年 1 月 1 日，举行奠基典礼。1987 年 2 月 10 日，成立校董会。1990 年 2 月 8 日，举行落成典礼。

学校占地面积 1888.7 亩，建筑面积 56.8 万平方米。学校现设有文学院、理学院、工学院、医学院、法学院、商学院、长江艺术与设计学院、长江新闻与传播学院，面向全国（含港澳台地区）招收博士、硕士和本科生。学校拥有教职工 1602 人，全日制在校生 10294 人，已为社会培养出各类人才 10 万余人。

2. 办学质量与水平

1991 年，汕头大学被列为第一批本科招生录取院校。1993 年，汕头大学成为硕士学位授权单位。1998 年，汕头大学成为博士学位授权单位。2001 年，汕头大学设置基础医学博士后科研流动站。2002 年，病理学与病理生理学成为国家重点学科。2008 年，被教育部批准成为新增开展硕士推免生工作高等学校，并成为“接受中国政府奖学金来华留学生院校”。2010 年，学校入选教育部“卓越工程师教育培养计划”首批高校。2012 年，化学、临床医学学科进入 ESI（基本科学指标数据库）全球 1% 行列。2014 年 5 月，土木工程专业通过国家住建部本科专业评估认证。2015 年 2 月，商学院全部本科专业通过 EPAS 国际认证；同年 7 月，“化学与材料学”“感染性疾病研究与防治”和“绿色海洋产业技术学科群”三个学科项目获批广东省高水平大学重点学科建设项目；同年，汕头大学入榜金砖国家与新兴经济体大学排名，列第 160 位。2015 年和 2016 年两次作为我国唯一“80 后”高校入榜泰晤士高等教育世界大学排名，列第 601 至 800 位。2016 年获 QS 世界大学“四星级”评定。2017 年 4 月，首次入榜“2017 年世界年轻大学排行榜”，列第 151 至 200 位，是中国大陆入榜的两所高校之一。在中国大学 CNS 论文排行榜中，论文被引用次数列全国高校第 10 位、广东高校第 1 位。

学校现有国家重点学科 1 个，博士后科研流动站 5 个，一级学科博士学位授权点 1 个、一级学科硕士学位授权点 10 个（含一级学科点覆盖数），共有二级学科博士学位授权点 25 个、二级学科硕士学位授权点 83 个，硕士专业学位授权点 8 个，广东省重点学科 8 个（其中攀峰重点学科 1 个：基础数学；优势重点学科 4 个：化学、机械设计及理论、临床医学、基础医学；特色重点学科 3 个：海洋生物学、生物化学与分子生物学、药理学），省部级重点实验室 8 个，广东省国际科技合作基地 3 个，广东省高校重点实验室 3 个，广东省卫生厅重点实验室 3 个，广东省重点产业科技创新平台 1 个，广东省工程技术研究中心 5 个，广东省高校产学研结合示范基地 4 个、广东省高校工程技术研究中心 3 个，广东高校国际暨港澳台合作创新平台 6 个，广东省高校人文社会科学重点研究基地 2 个，教育部（国家级）实验教学示范中心 1 个，广东省实验教学示范中心 15 个，教育部 2007 年度人才培养模式创新实验区 2 个，省级人才培养模式创新实验区 10 个，国家级特色专业建设点 7 个（工商管理、艺术设计、法学、临床医学、机械设计制造及其自动化、土木工程、广播电视新闻学），省级特色专业建设点 11 个，教育部（国家级）精品课程 4 门，教育部（国家级）双语教学示范课程 2 门，教育部（国家级）教学团队 1 个，广东省名牌专业 4 个（电子信息工程、计算机科学与技术、临床医学、工商管理），广东省重点专业 2 个（临床医学、土木工程）。学校还开设了七年制本硕连读临床医学专业，形成了从本科生到博士研究生完整的人才培养体系。

3. 国际交流与合作

在李嘉诚基金会的支持下，学校积极扩展学术交流与合作，国际化办学水平得到迅速提升。2013 年，学校被列入教育部“香港高校与内地高校师生交流计划”。学校目前已与英国、美国、加拿大、爱尔兰等 15 个国家和地区的 58 所高校建立了密切的学术交流合作关系，制订并实施了本科生、研究生交流计划。2013 年 9 月 29 日，李嘉诚基金会向以色列理工学院捐资 1.3 亿美元，并促成以色列理工学院与汕头大学就合作创建广东以色列理工学院达成意向；2015 年 4 月 9 日，教育部批准筹备设立广东以色列理工学院；2016 年 12 月，教育部批准正式设立广东以色列理工学院。

4. 改革与创新

学校围绕“有志、有识、有恒、有为”的育人目标，坚持以学生为本，进行大学管理体制的改革和人才培养模式的创新。学校的诸多改革经验已得到国家的肯定、支持和推广，被李岚清同志高度评价为“中国高校改革的试验田”。

2001 年起，学校全面启动以国际化为导向的综合教育改革，并启动“阳光财务”改革探索。2002 年，学校启动学分制和英语提升计划改革，推行“系统整合”的医学培养模式。2006 年，学校推行 EIP－CDIO 工程教育改革探索，成为 CDIO 国际工程教育合作组织唯一的中国成员，引领中国 CDIO 教育改革。2008 年，学校设立至诚书院，开展本科全程住宿学院制改革试点工作。2009 年起，汕头大学以构建先进本科教育体系为核心，积极探索创新国际化、精细化的本科人才培养模式，推进自主办学综合改革试点进程，被广东省列为自主办学综合改革试点单位。2011 年，汕头大学自主办学综合改革、医学教育改革项目被列为广东省教育综合改革试点项目。2012 年，教育部、广东省、李嘉诚基金会决定三方共建汕头大学，支持汕头大学继续深化改革。2015 年，汕头大学开展“四院两部”大部制改革，重组校内党政职能部门，积极探索构建以服务为核心理念、机构功能集成、机制运行高效的学校管理体制和运行机制。2016 年秋季学期，三所住宿学院（知行书院、思源书院和弘毅书院）正式投入使用。

经过三十多年的努力，汕头大学营造了一个培养高质量创新人才的良好环境，为学校持续发展奠定了良好基础。学校将致力于建设成具备现代大学的优质管理体制和卓越教育、国内先进、国际知名的高水平大学而继续努力奋斗。（汕头大学档案室）

（四）华南理工大学

1. 学校办学历史溯源

华南理工大学原名华南工学院，是依据1951年11月中央人民政府政务院批准的《全国工学院调整方案》，以中山大学工学院、华南联合大学理工学院、岭南大学理工学院工科系及专业、广东工业专科学校为基础，调入湖南大学、武昌中华大学、武汉交通学院、南昌大学、广西大学等5所院校的部分工科系及专业，于1952年11月在广州石牌（原中山大学校址）组建成立的，1988年改为现名。学校具有深厚的办学历史，作为主要组建基础的中山大学工学院源于1931年成立的国立中山大学理工学院；华南联合大学理工学院由1930年成立的私立广东国民大学工学院和1940年成立的私立广州大学理工学院合并而成；岭南大学理工学院可追溯至1930年成立的岭南大学工学院；广东工业专科学校前身是1918年成立的广东省立第一甲种工业学校，最早可追溯至1910年清政府创办的广东工艺局。

2. 学校组建、分合与改名

1951年11月，为适应中华人民共和国成立后的国民经济的发展，中央政务院第113次政务会议批准了于同年11月3日至9日在由教育部组织召开的全国工学院院长会议上通过的《全国工学院调整方案》。该方案第8项规定：将中山大学的工学院、华南联合大学理工学院、岭南大学工程方面的系科及广东工业专科学校合并成立独立的工学院。

1952年10月7日，广东省广州区高等学校院系调整委员会以秘函字64号文指示成立华南理工学院筹备委员会。1952年11月，以中山大学工学院、华南联合大学理工学院、岭南大学理工学院工科系及其专业、广东工业专科学校为基础，加之调入的湖南大学、武昌中华大学、武汉交通学院、南昌大学、广西大学等5所院校部分工科系及其专业，华南工学院在广州石牌原中山大学校址成立了。

1952年11月17日，学校正式开学。华南工学院从组建到1957年春，共有18所院校的相关学院、系科陆续被调入华南工学院。其中，基础院校4所：中山大学工学院（土木、化工、机械、电机、建筑学5个系，1952）；华南联合大学理工学院（土木、机械、电机、建筑学4个系，1952）；岭南大学理工学院工程方面的系科(土木、机电2个系及有关科，1952)；广东工业专科学校(化工、机械、水利3个科，1952)。

其他院校14所：湖南大学工程学院(化工专业，1952；工民建、建筑设计及电讯专业，1953)；武昌中华大学(化工系部分，1952)；武汉交通学院(公路桥梁专修科，1952)；南昌大学(化工专业，1952，工民建、有线电专修科、电报与电话专业，1953)；广西大学(化工专业，1952，土木结构、电讯专业，1953)；武汉大学(工民建、土木测量、无线电广播及通讯3个专业及电信组，1953)；华南农学院(农化系农产加工组，1953)；南京工学院(造纸专修科，1953)；江西省陶业专科学校(陶业工程专业，1953)；成都工学院(造纸、糖品物专业，1956)；四川财经学院(糖品物工学专业，1957)；武昌高级工业职业学校(化工专业，具体时间不详)；西南农学院(农产制造科，具体时间不详)；四川化工学院(造纸、食品、糖品物3个专业，具体时间不详)。

此外，1953年至1956年之间，学校还有部分系、教研组被调往兄弟院校，具体有：

土木工程系(部分)被调往中南土木建筑学院(1953)；水利工程系(部分)被调往武汉大学水利学院(1953)；机械工程系(部分)、水利工程系(部分)、电机系(部分)被调往华中工学院(1953)；工程测绘教研组被调往武汉测绘制图学院(1955)；电讯系被调往成都电讯工程学院(1956)；附设工农速成中学被调往石油部(1956)。

1958年8月，为适应形势发展的需要，根据上级指示，中共广东省委决定，从华南工学院分出化工系、造纸系成立华南化工学院，将原来化工系、造纸系共8个专业，调整增加为5个系14个专业。这5个系分别是：有机物工业系、无机物工业系、食品工艺系、造纸工艺系、化工机械系。

华南化工学院分出后，华南工学院只存机械工程系、土木工程系、建筑学系，共3个系3个专业，至1958年下半年增加了电讯系、工程物理系、工程数学系、造船系，共7个系27个专业。1959年又将专业调整成了23个。

1958年华南工学院在韶关和湛江分别办的华南工学院韶关分院和华南工学院湛江分院1961年根据中共广东省委决定被撤销。1960年，建筑学系与土木工程系合并成建筑工程系。1962年上半年，华南工学院共设6个系19个专业。1962年8月9日，《国务院关于广东省高等学校调整方案的批复》中确定将华南化工学院和华南工学院合并。1970年10月，暨南大学被撤销，该校本部机关干部、化学系、数理化基础教师职工被调入华南工学院。

1970 年 10 月 30 日，广东省革命委员会对本省高等学校做出“调、并、迁、改”的决定，并把华南工学院再次分为两所学校，将华南工学院易名为广东工学院；11 月 18 日起，广东工学院革命委员会印章正式启用；同年 11 月，原广东工学院（省属）的汽车制造与修理、发电厂与电力网、农田水利工程 3 个专业被调入广东工学院。此时，广东工学院设有 5 个系 24 个专业，5 个系分别为：机械系、建筑工程系、无线电系、电力系与造船系、自动化系。

1970 年，华南工学院的化工类专业被分出与原暨南大学化学系及行政系合并，建立广东化工学院。1970 年 11 月 29 日，广东化工学院宣布成立。当时，广东化工学院的组织机构是革命委员会。全校共有 3 个系、10 个专业，3 个系分别是：重化工系、轻化工系、化工机械系。

1977 年 10 月 29 日，经上级批准，广东工学院复名为华南工学院。1978 年春，暨南大学决定恢复办学，当年 4 月以后，该校本部机关干部、化学系、数理化基础教师职工及部分专业返回暨南大学。

1978 年 5 月 30 日，教育部向广东省革命委员会发出文件指出：根据国务院领导批示，同意广东化工学院与华南工学院合并为华南工学院。两校合并后，共设 11 个系，一个基础部，45 个专业。11 个系分别是：机械工程系、自动化系、建筑工程系、造船系、无线电工程系、无线电器件系、电力系、化工机械系、有机化工系、无机化工系、轻化工系。

1988 年 1 月 28 日，经原国家教委批准，华南工学院更名为华南理工大学。学校从单一的工科发展为以工为主，理工结合，兼有应用文科和管理学科。截至 2017 年 4 月，学校共有 28 个学院，1 个独立学院，28 个部处，16 个直属单位，3 所附属医院。

3. 学校性质、职能与概况

华南理工大学是直属教育部的全国重点大学，自组建开始就肩负了为国家培养高层次专业技术人才的职能。

1960 年，学校被评为全国文教战线先进单位，同年成为全国重点大学；1981 年经国务院批准为首批博士和硕士学位授予单位；1993 年学校开创全国省部共建、联合办学的先河；1995 年通过“211 工程”部门预审，进入国家面向 21 世纪重点建设的大学行列；1999 年底，通过教育部本科教学工作优秀评价，成为全国第一批“本科教学优秀学校”；同年，经科技部、教育部批准，成立国家大学科技园；2000年，经批准成立研究生院；2001年，实行新一轮部省重点共建，学校进入国家高水平大学建设（“985工程”）行列，2007年以优秀成绩通过教育部本科教学工作水平评价；2012年，进入上海交通大学“世界大学学术排名”500强；2013年1月，入选“中国大学评价”的“中国一流大学”行列；同年，再次进入“世界大学学术排名”500强；2016年在上海交大“世界大学学术排名”中，整体进入300强，工科领域排名跃升至全球第22名。

经过60多年的建设和发展，华南理工大学成为以工见长，理工结合，管、经、文、法、医等多学科协调发展的综合性研究型大学。轻工技术与工程、食品科学与工程、城乡规划学、材料科学与工程、建筑学、化学工程与技术、风景园林学等学科整体水平进入全国前十位。化学、材料学、工程学、农业科学、物理学、生物学与生物化学、计算机科学7个学科进入国际ESI全球排名前1%。学校办学条件良好，教学环境优良，治学严谨，秉承“博学、慎思、明辨、笃行”的校训，坚持“三创型”（创新、创造、创业）的办学理念、以培养具有国际视野的拔尖创新的人才目标，着力培养创新型、复合型人才。建校60多年来，学校为国家培养了高等教育各类学生29万多人，一大批毕业校友成为我国科技骨干、著名企业家和国家干部。

在新的历史发展阶段，华南理工大学将高举中国特色社会主义伟大旗帜，以邓小平理论、“三个代表”重要思想、科学发展观为指导，坚持以人为本，坚持学术立校、人才强校、开放活校、文化兴校，以学科建设为龙头，以人才培养为根本，以科技工作为重点，努力把学校建设成为国内一流、世界知名的高水平研究型大学。

4. 学校隶属关系

学校建校之初，均属教育部和广东省双重领导。自1969年10月1日中共中央发出《关于高等院校下放问题的通知》后，华南工学院下放给广东省革命委员会领导。

1978年2月17日，国务院转发《教育部关于恢复和办好全国重点学校的报告》，确定第一批重点高等学校88所，华南工学院和广东化工学院均在此列，且两所学校均属教育部和广东省双重领导，以教育部为主。1978年7月上述两校合并为华南工学院。

1985年，学校隶属单位之教育部更名为国家教育委员会。1998年，学校隶属单位之国家教育委员会更名为教育部。

迄今，华南理工大学仍为教育部直属的全国重点大学，接受教育部和广东省双重领导。（华南理工大学档案馆）

（五）华南农业大学

华南农业大学是全国重点大学，广东省和农业部共建的“211 工程”大学，广东省高水平大学重点建设高校。校园坐落在素有“花城”美誉的广州市，土地总面积 8270 余亩，其中天河五山校部 4407 余亩，增城教学科研基地 3863 余亩。学校建筑总面积 137 万平方米，初步形成了“五湖四海一片林的紫荆校园”环境，自然景色与人文景观交相辉映，是读书求学的好地方。

学校悠久的办学历史可追溯至始创于 1909 年的广东全省农事试验场暨附设农业讲习所。1952 年，在全国高校院系调整时，中山大学农学院、岭南大学农学院和广西大学农学院畜牧兽医系及病虫害系的一部分合并成立华南农学院，隶属农业部主管，毛泽东主席亲笔题写了校名。1984 年，华南农学院更名为华南农业大学。2000 年国家深化高校管理体制改革，学校由农业部划归广东省主管。2004 年 12 月，学校在教育部本科教学工作水平评估中被评为优秀。学校现任党委书记为李大胜教授，校长为陈晓阳教授。

在百余年的办学历程中，学校形成了优良的办学传统、鲜明的办学特色和“修德、博学、求实、创新”的校风，建立了研究生教育、本科教育和继续教育多层次多形式的办学体系。学校学科门类齐全，有 95 个本科专业，12 个博士学位授权一级学科，23 个硕士学位授权一级学科，59 个博士学位授权点，107 个硕士学位授权点；有农业昆虫与害虫防治、作物遗传育种、农业经济管理、果树学和预防兽医学 5 个国家重点学科，农业机械化工程 1 个国家重点（培育）学科，5 个农业部重点学科，12 个广东省一级重点学科，4 个广东省二级重点学科和 1 个国家林业局重点学科。农业科学、植物学与动物学两个学科进入 ESI（基本科学指标）世界排名前 1%。

学校师资力量雄厚，现有教职工 3200 余人，教授、副教授 1400 余人，其中，中国科学院院士 1 人，中国工程院院士 1 人，国务院学位委员会学科评议组成员 5 人，国家“千人计划”入选者 11 人，“长江学者奖励计划”教授 9 人，国家杰出青年基金获得者 7 人，国家优秀青年基金获得者 2 人，国家特支计划(万人计划)7人，广东省领军人才2人，广东省特支计划19人，广东省高等学校珠江学者岗位计划18人，人(事)社部“百千万人才工程”人选8人，教育部跨/新世纪优秀人才培养计划11人，广东省“千百十工程”国家级培养对象5人，科技部中青年科技创新领军人才6人，农业部农业科研杰出人才4人，国家级教学名师4人，国家级教学团队3个，博士生导师242人，硕士生导师998人。

学校致力于创新人才培养模式，着力培养信念执着、品德优良、知识丰富、本领过硬的高素质专门人才和拔尖创新人才。学校设有26个学院(部)，现有全日制在校生4.1万余人，其中本科生3.7万余人，研究生4000余人，来自27个国家和地区的留学生70人。学校有国家级精品(双语)课程13门、省级精品课程26门、国家精品视频公开课程2门、省级精品视频公开课程4门，国家级精品资源共享课程6门、省级精品资源共享课程41门，国家级实验教学示范中心4个、广东省高校实验教学示范中心21个，国家级特色专业12个、广东省特色专业24个，国家专业综合改革试点2个，国家卓越人才培养计划专业8个，国家理科基础科学研究和教学人才培养基地(生物学)1个，国家人才培养模式创新实验区1个，国家大学生校外实践教育基地6个。学校形成了以丁颖创新班为突破点，以红满堂计划、主辅修、双学位、国际联合办学为主线，以平台加模块为基础的点、线、面相结合，分层次、多样化的人才培养新模式；实施研究生教育创新计划成效显著，目前学校共获全国优秀博士学位论文4篇，提名论文6篇，论文学科涵盖了农学、工学和管理学等门类。2014年，华南农业大学被教育部评为“全国毕业生就业典型经验50强高校”。

学校拥有开展科学研究的良好条件，现有亚热带农业生物资源保护与利用国家重点实验室、国家植物航天育种工程技术研究中心、国家生猪种业工程技术研究中心、人兽共患病防控制剂国家地方联合工程实验室、畜禽育种国家地方联合工程研究中心(广东)、国家兽医微生物耐药性风险评估实验室、畜禽产品精准加工与安全控制技术国家地方联合工程研究中心(广东)、国家精准农业航空施药技术国际联合研究中心8个国家级科研平台，博士后科研流动站11个，教育部重点实验室2个，农业部重点实验室9个，农业部科学观测实验站3个，国土资源部重点实验室1个，广东省重点(工程)实验室13个，教育部工程研究中心3个，广东省工程技术研究中心25个，广东省普通高校产学研结合示范基地 8 个，广东省人文社科重点研究基地 2 个。农业部植物新品种测试分中心（广州）、农业部畜禽产品质量监督检验测试中心（广州）、农业部转基因植物及植物用微生物环境安全监督检验测试中心（广州）、广东农村政策研究中心、广东省低碳经济和应对气候变化研究中心和广东省质量监督木材及木制品检验站均设在学校。

学校教学服务条件优越。图书馆藏书 890.01 万余册（含电子文献）；校园网可与互联网千兆高速互联；现代教育技术中心拥有先进的视听制作、多媒体课件制作设备，可为师生提供实现现代教育技术教学的各种手段；有直接为大学生服务的校内外语教学广播电台、毕业生就业指导中心、勤工助学管理服务中心、心理健康辅导中心和学生活动中心；有 16 个校内教学实习基地和 462 个校外教学实习基地；建有 4 个标准塑胶跑道运动场和各类运动场地。

学校积极开展对外交流与合作，先后与五大洲的 27 个国家和地区的 81 所大学建立了校际联系，并开展形式多样的本科生、研究生联合培养和假期交流项目，每年都有大批国（境）外学者来校交流和讲学，学校先后派出大批骨干教师到国（境）外进修攻读学位或进行科研合作。联合国开发计划署（UNDP）、联合国粮农组织（FAO）和世界粮食理事会（WFC）先后在学校建立了亚太地区蚕桑培训中心和中国国际农业培训中心。

在新的历史发展阶段，华南农业大学将坚持崇尚学术、质量第一的办学理念，坚持育人为本、德育为先的教育理念，坚持学术立校、人才强校、特色扬校、学风塑校、和谐兴校的办学方略，坚持规模、结构、质量、效益协调发展的办学方针，坚持农林学科创新发展、理工学科择优发展、人文社科特色发展的发展思路，努力把学校建设成为以农业科学和生命科学为优势，以热带亚热带区域农业研究为特色，农、工、文、理、经、管、法、艺等多学科协调发展，整体办学水平居国内一流，优势和特色学科与领域的研究达到国际先进水平，特色鲜明、国际知名、国内高水平的教学研究型大学。（华南农业大学档案馆）

（六）广东海洋大学

1. 历史沿革

广东海洋大学创建于 1935 年，前身是广东现代海洋水产教育的发源地——广东省立高级水产职业学校，1960 年升格为广东水产专科学校，1979 年升格为湛江水产学院；1997 年 1 月，湛江水产学院和 1958 年建校的湛江农业专科学校合并组建湛江海洋大学；1998 年 7 月，湛江海洋大学被批准为硕士学位授予单位；2001 年 12 月，1958 年建校的湛江气象学校并入湛江海洋大学；2005 年 6 月，湛江海洋大学更名为广东海洋大学；2013 年 8 月，被国务院学位委员会批准为博士学位授予单位；2015 年 7 月，入选 14 所广东高水平大学建设高校范围；2016 年 3 月，学校 38 个专业列入广东省一本招生。

2. 简介

广东海洋大学是广东省人民政府和国家海洋局共建的省属重点建设大学，是一所以海洋和水产为特色、多学科协调发展的综合性大学，是教育部本科教学工作水平评估的优秀院校，是具有“学士、硕士、博士”完整学位授权体系的大学，是入选广东高水平大学建设范围的高校。学校坐落于祖国大陆最南端美丽的海滨城市——湛江市，现有湖光校区（校本部）、霞山校区、海滨校区 3 个校区，校园总面积 4892 亩。

学校坚持“质量立校、人才强校、学术兴校、特色扬校”的办学理念，实施“内涵发展、特色发展、创新发展”战略，立足广东，面向南海，辐射全国，以建设海洋和水产特色鲜明的高水平海洋大学为目标，培养具有国际视野和社会责任感，富有自主学习能力、实践能力与创新精神的高素质专门人才和行业精英，服务国家海洋事业和地方经济社会的发展。

学校设有 19 个二级学院，现有“水产”“食品科学与工程”和“海洋科学”等 3 个一级学科博士学位授予权；7 个一级学科硕士点，21 个二级学科硕士点，3 个硕士专业学位类别（共 11 个领域）；75 个本科专业。学校拥有水产、海洋科学 2 个广东省高水平大学建设重点学科，6 个省级重点学科，其中水产品加工及贮藏工程二级学科被列为“攀峰重点学科”，海洋科学、水产 2 个一级学科被列为“优势重点学科”，机械制造及其自动化、动物遗传育种与繁殖、农业经济管理3个二级学科被列为“特色重点学科”；5个国家级特色专业、1个国家级综合改革试点专业、4个国家首批卓越农林人才教育培养计划改革试点专业；8个广东省特色专业、2个广东省名牌专业、1个广东省重点专业、9个广东省综合改革试点专业、3个广东省应用型人才培养示范专业、3个广东省战略新兴产业特色专业。学校拥有副高职称以上专任教师660人、博士学位获得者379人；博士生导师24人、硕士生导师259人；“共享院士”4人；珠江学者特聘教授2人、青年珠江学者1人。现有全日制本科生、研究生、留学生3.1万余人，独立学院2万余人，成人高等教育学生1.5万余人。

学校现拥有1个国家级实验教学示范中心——水产科学与技术实验教学示范中心；国家贝类加工技术研发分中心（湛江）、广东省珍珠养殖与加工工程技术研究中心、广东省水产经济动物病原生物学及流行病学重点实验室、广东省水产品加工与安全重点实验室、广东省近海海洋变化与灾害预警重点实验室、广东省海洋开发研究中心、广东省雷州文化研究基地、广东省地方立法研究评估与咨询服务基地、海洋文化产业研究中心（与国家海洋局共建）、广东省人文社科重点研究基地——海洋经济与管理研究中心等16个省部级科研平台；工程训练中心、航海技能训练中心等11个省级实验教学示范中心；南海水产经济动物增养殖重点实验室、水产经济动物病害控制重点实验室等13个厅级重点实验室；1个国家级大学生校外实践教育基地、17个省级大学生实践教学基地；1个广东省协同育人平台；5个广东省联合培养研究生基地。学校拥有1个首批广东省协同创新平台培育对象——南海现代渔业协同创新中心，建有海洋资源与环境监测中心（具有国家资质认定计量认证实验室）、海洋药物研究与开发实验室等69个校级教学科研实验室；有全国高校中水生生物标本最多的水生生物博物馆以及与国家海洋局第二海洋研究所共建的海洋遥感与信息技术实验室2个。

学校拥有教学楼、科技楼、图书馆、体育馆、博物馆、校史馆、学生公寓、学生食堂以及海洋广场、文化广场、运动场和标准游泳池等完善的教学生活设施。校舍总建筑面积达77.77万平方米，图书馆藏书302万册（含电子图书108万册），教学科研设备值3.3亿元，固定资产值约17.3亿元。学校建有规模可观、覆盖面广、方便快捷的校园网。

学校致力于科技创新、服务创新驱动发展的战略。近5年承担科研项目

2856项，其中国家级项目243项；科研经费达6.3亿元；获得省部级以上科技奖励29项；获得授权专利432项。“大宗低值蛋白资源生产富含呈味肽的呈味基料及调味品共性关键技术”项目获国家科学技术进步奖二等奖。空中无人机和海洋卫星遥感、海面船舶调查、海洋潜标、海底原位监测“三维一体”的立体监测体系被创立，并已成功应用，为广东海洋环境变化监测、海洋生态安全、防灾减灾提供了重要的技术支撑。学校与国家海洋局南海环境监测中心合作，主持并首次制定海水中PAHS测定的国家标准，提升了海洋环境监测水平，提高了海洋有机污染的预防与治理能力。学校研发了基于北斗星通导航定位技术的南海渔业信息采集系统，实现了南海渔业资源数据化和金枪鱼探捕国产化。学校攻克沙锥鱼全人工繁育的国际难题，实现了国内外沙锥鱼全人工养殖的产业化；攻克了“插核育珠”等一系列关键技术并在全国各地推广应用，使优质珍珠产出率提高20%以上，珍珠附加值提高50%以上，产生经济效益40余亿元。学校充分发挥智库作用，主持编制了《广东海洋文化强省建设规划》《广东省现代水产种业发展规划(2014—2020年)》等一系列重大规划，帮助湛江市政府获批“湛江特色水海产业国家农业科技园”，帮助湛江市政府获批“国家‘十三五’海洋经济创新发展示范城市”的称号，获得中央财政战略性新兴产业发展专项资金3亿元。学校向农业部、外交部提供30多份“南海渔业问题”内参报告，为我国与南海周边国家划界谈判、渔业管理和渔业资源开发提供了重要的决策依据。

当前，学校正深入贯彻落实党的十八大、十八届历次全会精神及习近平总书记系列重要讲话精神和治国理政新理念新思想新战略，按照中央“五位一体”总体布局和“四个全面”战略布局，牢固树立和贯彻落实“五大发展理念”，认真落实省委、省政府决策部署，紧紧围绕建设高水平海洋大学的总目标，全面提高教育质量，全面深化教育改革，全面推进依法治校，全面从严管党治党，锐意进取、奋力拼搏，为把学校早日建设成为一所以海洋和水产为鲜明特色的高水平海洋大学而努力奋斗。(广东海洋大学档案馆)

(七)广州中医药大学

广州中医药大学创办于1956年，是由中共中央提议，国务院批准成立的中华人民共和国首批建立的四所中医药高等学校之一。学校原直属卫生部(后为国家中医药管理局)，2000年起改为中央和地方共建、以广东省管理为主，现为广东省“211工程”重点建设高校和高水平大学重点学科建设单位。经过60年的建设和发展，学校整体办学水平、科研能力、医疗服务能力和国际影响力均位居全国中医药院校前列。

学校以创办于1924年的广东中医药专门学校为建校基础，1940年，广东中医药专门学校更名为广东中医药专科学校。1953年7月广东省中医进修学校与广东中医药专科学校合并。

1956年6月18日，广东省人民委员会根据国务院的指示，决定成立广州中医学院筹备委员会；同年8月6日，国务院发文批准广州中医学院成立；9月11日，卫生部就广州中医学院的建设提出具体意见，批准开办中医医疗专业，并确定办学规模；9月25日，广州中医学院正式宣告成立，校址设在广州市麻行街，主要任务是继承和发扬祖国医学遗产，发展中医药学，培养新型中医药人才，并不断提高中医药教育、医疗、科研水平。

1957年1月，经广东省卫生厅同意，广东省中医进修学校被并入作为进修部。同年8月，广东省委同意广州中医学院成立党委。1958年4月，学校整体迁至广州市机场路，拓展了校园面积，改善了办学条件。1959年8月，广东省委同意结束广州中医学院筹备委员会工作，正式成立广州中医学院。1964年，广州中医学院附属医院被兴建起来。1970年10月，广东省革委会同意广州中医学院更名为广东中医学院，当年便开始招收工农兵学员。1972年3月，广东省革委会政工组同意广东省中医院由广州中医学院领导管理。1976年11月，学校与广州市医药工业局七二一工人大学签订协议书，联合办学，举办两年制的药学专业。

1978年，学校复名广州中医学院。同年，学校成为我国首批招收研究生的高等中医药院校之一。同年2月，国务院发文，将广州中医学院改为卫生部和广东省双重领导，卫生部为主。1981年7月，卫生部发文同意学校增设针灸学专业。同年，学校成为全国首批获得博士、硕士学位授予权的高校之一。1984年3月，广东省委宣传部发文，同意学校设置基础部、中医系、中药系、针灸系。1985年6月，广东省卫生厅发文同意成立广州中医学院附属骨伤科医院。1986年4月，学校成立医疗一系、医疗二系，建立了“院系合一”的中医后期教学体制。同年12月，原国家教委发文，同意学校增设中医骨伤科学专业，学制五年。同年，学校开始招博士研究生。

1988年9月，中医骨伤科学、中医五官科学两个专业的首批新生入学，学校招生范围从七个省区扩大到十三个。1990年8月，学校三亚热带医学研究所附属三亚医院正式开业。1991年3月，原国家教委发文，同意学校试办七年制中医学专业。1995年2月，经原国家教委批准，学校更名广州中医药大学。1997年2月，国家中医药管理局同意将学校基础部、医疗一系、医疗二系、中药系、国际培训中心、成教中心分别更名为基础医学院、第一临床医学院、第二临床医学院、中药学院、国际学院、成人教育学院。同年11月，国家中医药管理局同意学校开办养生康复学专业（本科）、中药制药专业（本科）和中医美容专业（大专）。

1998年，学校获批准为首批临床医学专业学位（博士、硕士）试点单位。同年1月，国家中医药管理局同意学校开办护理学专业（中医护理方向，本科）和公共事业管理专业（卫生事业管理方向，本科）。同年2月，原国家教委批准学校设置中药制药、中医养生康复学（五年）本科专业并开设七年制中医学专业（中西医结合方向）。同年12月，《广州中医药大学重点学科建设规划》在教育部正式备案，这标志着广州中医学院正式进入“211工程”重点学科建设行列。

1999年1月，学校成立护理系。同年3月，国家中医药管理局同意学校开办临床工程学专业（三年制，大专）。同年4月，人事部、全国博士后管委会批准学校设立中医学博士后科研流动站。国家中医药管理局同意学校针灸系更名为针灸推拿学院。同年8月，国家中医药管理同意成立“广州中医药大学职业技术学院”。

2000年2月，学校中医内科学等8门学科被广东省高教厅确定为省级重点学科。同年9月，广东省教育厅批准学校与省中医药管理局联合举办二级中医药职业学院。2001年1月，学校中医学被批准为第八批博士和硕士学位授权的一级学科点。同年4月，广东省教育厅同意组建广州中医药大学第三附属医院。同年10月，管理学院正式成立。

2002 年 1 月，广州中医药大学中医临床基础、中医内科学、中医骨伤科学、中医妇科学 4 个学科被确定为国家重点学科。同年 12 月，学校以优秀的成绩通过教育部本科教学工作水平评估考察专家组的评估。2003 年 4 月，广东省发展计划委员会同意学校在广州大学城建设新校区。同年 6 月，学校以优秀成绩通过“211 工程”重点学科建设项目整体验收。

2003 年，时任广东省人民政府副省长宋海和国家中医药管理局副局长李振吉在学校签署了《广东省人民政府和国家中医药管理局共同建设广州中医药大学协议书》。同年 7 月，学校决定正式成立信息技术学院和体育部，将护理系更名为护理学院，将管理学院更名为经济与管理学院，将成人教育学院更名为继续教育学院。

2004 年 8 月，广州中医药大学人文社科学院正式成立。同年 9 月，首批学生进驻大学城校区。同年 10 月，全国一级学科整体水平评估的结果显示：学校中医学排名第一，中西结合排名第三，中药学排名第六。2005 年 5 月，第三临床医学院正式成立。2006 年 1 月，学校主体搬迁进驻广州大学城校区，原三元里校区作为临床类研究生、高年级临床类本科生和重点学科、专职科研所的场地继续使用。校本部占地面积由 327 亩拓至 1377 亩，建筑面积增至 78 万多平方米。同年 4 月，学校新增生药学、药物分析学、影像与核医学、麻醉学、临床检验诊断学、思想政治教育 6 个硕士学位授予点。同年 9 月，学校被教育部批准成为开展推荐优秀应届本科毕业生免试攻读硕士研究生试点的 20 个高校之一。同年 10 月，体育健康学院成立。

2007 年 5 月，教育部学位管理与研究生教育司公布国家重点学科考核评估结果。学校中医临床基础、中医内科学、中医骨伤科学、中医妇科学 4 个国家重点学科全部顺利通过国家重点学科考核评估。2007 年 8 月，学校中医学获准成为一级学科国家重点建设学科，其下属的 13 个二级学科也全部成为当时的国家重点建设学科。同年 12 月，学校中医学专业获准成为国家第一批特色专业建设点。

2008 年，学校以优秀成绩通过教育部本科教学工作水平评估考察专家组的评估。2009 年 5 月，全国知名老中医、学校终身教授邓铁涛被授予“国医大师”荣誉称号。2010 年 4 月，学校一级学科国家重点学科中医学入选全国特色重点学科建设项目，其下属的中医基础理论、中医临床基础、中医内科学、中医骨伤科学、中医妇科学 5 个二级国家重点学科获得中央财政的重大支持。同年9月，教育部发出学位〔2010〕32号文，学校新增中药学一级学科硕士专业学位授权点，成为全国首批中药学硕士专业学位授权点，同时也是全国首批中药学硕士专业学位单位。

2011年3月，国务院学位委员会发出学位〔2011〕8号文，学校临床医学、药学获得一级学科硕士学位授权。学校同时成为首批拥有临床医学一级学科硕士学位授予权的中医院校。同年8月，学校护理学获“一级学科硕士学位授予权”。同年11月，教育部发文认定学校为首批拥有免试招收香港应届高中毕业生资格的高校。

2012年，广州中医药大学成为全国首批新增全科医学(中医学)专业学位硕士培养单位。同年，学校在附属深圳中医院举行了“广州中医药大学深圳临床医学院”揭牌仪式，这标志着学校第一个校外临床医学院正式成立。同年4月，信息技术学院更名为医学信息工程学院。同年8月，国家中医药管理局发出国中医药人教发〔2012〕32号文将学校中医护理学等15个学科增补为国家中医药管理局重点学科。

根据广东省教育厅粤教研函〔2012〕13号文，学校中医学获批为第九轮广东省攀峰重点学科，学校的中西医结合、中药学获批为第九轮广东省优势重点学科。同年，学校中医学专业通过教育部中医学类教学指导委员会认证。

2013年3月，针灸推拿学院更名为针灸康复临床医学院。2014年8月，学校禤国维教授被授予“国医大师”荣誉称号，他是广东省第二位获此殊荣的中医大家。同年9月，学校护理学被列为2014年增列的硕士专业学位授权点。同年10月，思想政治学院、外国语学院成立。

2015年4月，学校成为教育部首批开展“卓越医生(中医)教育培养计划”改革试点单位，思想政治学院更名为马克思主义学院。同年5月，广东省教育厅发出《广东省教育厅高等学校章程核准书第6号》，核准《广州中医药大学章程》，并向学校和社会公布。同年7月，学校中医学、中西医结合、中药学三个学科项目入选广东省高水平大学重点学科建设项目，成为广东省高水平大学重点学科项目建设高校。

2016年5月，深圳临床医学院更名为第四临床医学院。同年8月，广东省民政厅正式批复同意“广东省广州中医药大学校友会”成立。同年11月，第五临床医学院和佛山临床医学院成立。(广州中医药大学档案室)

(八)华南师范大学

华南师范大学始建于 1933 年，前身是广东省立勷勤大学师范学院。学校自创立以来，校址数迁而办学不辍，校名屡易而师范特色不改，始终与国家民族同甘苦、共命运，与中国教育一起成长。

1. 从勷勤大学师范学院到广东省文理学院(1933.8—1951.10)

(1)勷勤大学师范学院(1933.8—1935.3)

1933 年 8 月 1 日，勷勤大学师范学院在广州市立师范学校原址永汉路粤秀书院街正式成立，林砺儒先生任院长。学校招文史、数理化、博物地理系新生各 1 个班，于 9 月 20 日正式开学。广州市立师范学校创立于 1921 年，改办为勷勤大学师范学院前已粗具规模，有高初中学生 14 个班，附属小学学生 11 个班，共计千余人。勷勤大学师范学院成立后，原市立师范学校各班的教学继续进行，改称为附属中学；附属小学仍附属于师范学院。勷勤大学师范学院名义上是勷勤大学的一个学院，实则具有很大的独立性。其一，师范学院和工学院开办于勷勤大学校长就职之前，开办初期分属国民政府广州市教育局、广东省教育厅监督；其二，1936 年 10 月前，工学院、师范学院和商学院分开三处办学，而迁入石榴岗新址后不到一年时间，勷勤大学各学院又分散于不同的地方，少有联系，直至 1938 年 9 月勷勤大学停办。

(2)勷勤大学教育学院(1935.3—1938.9)

1935 年 3 月，勷勤大学师范学院更名为勷勤大学教育学院，增设教育学系。1936 年 10 月，教育学院迁入广州珠江南岸的石榴岗新校舍。1937 年抗战全面爆发后，教育学院于当年 10 月西迁广西梧州。林砺儒院长一贯主张思想自由，学术研究自由，他锐意革新，广罗专家，增设抗日救亡理论和统一战线政策、国际政治和世界各国革命史等战时教育课程，邀请邹韬奋、王造时、沈钧儒等一行赴重庆途经梧州时来学院作抗战形势报告，受到师生们的普遍欢迎。教育学院在梧州期间还成立了“战时教育工作社”和“战时乡村服务团”，积极投身抗日救亡运动。

(3)广东省立教育学院(1938.9—1939.9)

1938 年 9 月，教育学院独立为广东省立教育学院。此后，教育学院先后迁至广西藤县、融县东廊乡坚持办学，1939 年 8 月学校迁回广东乳源县侯公渡。

(4)广东省立文理学院(1939.9—1950.10)

1939年9月初，广东省立教育学院改名为“广东省立文理学院”，同时对学系作了调整：数理化系改为理化系，教育系改为社会教育系，博物地理系改为生物系。12月，学校北迁至连县东陂，将文史学系改为中国语言文学系并增设地理系。1942年春，学校迁至曲江县仁和乡。1944年6月，学校迁回连县东陂旧院址，两个月后又迁至罗定县䓫濮乡。1945年抗战胜利后，文理学院师生迁回广州，将汪伪政府的广东大学附属中学所在地光孝寺作为临时院址。1946年九、十月间，文理学院分批迁回石榴岗原址。1947年2月，史地系被分为历史系和地理系，理化系被分为物理系和化学系。1949年10月，广州解放，广州市军事管制委员会文教管理委员会接管了文理学院。1950年1月6日，文理学院临时院务委员会成立。当时，全院设有中文、外语、历史、社教、物理、化学、生物、地理8学系，并附设中、小学各1所，民众夜校2间。

(5)广东省文理学院(1950.10—1951.10)

1950年10月，广东省立文理学院改称为广东省文理学院。

2. 华南师范学院时期(1951.10—1982.10)

1951年10月，广东省文理学院并入中山大学师范学院和私立华南联合大学教育系，华南师范学院在文理学院原址石榴岗正式成立。1952年3月，学院迁往广州市黄华路。1952年，南方大学俄语系、私立岭南大学教育系、海南师范学院、广西大学教育系、湖南大学史地系地理专修科、南昌大学师范部地理专修科和海南师范专科学校等院校及系科调整并入华南师范学院，学院迁往石牌南方大学原址。同时，原中山大学附中、岭南大学附中、华南联大附中与华南师范学院附中四校合并调整为华南师范学院附属中学，原中山大学附小、华南联大附小、华南师范学院附小三校合并调整为华南师范学院附属小学。经过院系调整，华南师范学院的人员得到充实和加强，组织机构也随之扩充。学院设有中文、外语、历史、地理、数学、物理、化学、生物、教育、政治教育和体育11个学系，成为华南地区规模最大的高等院校之一。

为了培养祖国社会主义建设急需的人才，华南师范学院艰苦创业，以草棚、茅屋为课室，在荒山岗上修建简陋平房作为宿舍；坚持贯彻执行党的教育方针政策，突出师范性，采取加强教育实习、面向中学等措施，不断提高教育质量；积极开展科学研究，全面培养教师；开拓办学领域，举办高等函授教育。学院在艰苦探索中发展壮大，各方面工作都取得了可喜的成绩。

1966 年“文革”开始后，华南师范学院遭受严重摧残与破坏，各级党政组织陷入瘫痪状态。1970 年，暨南大学和广州体育学院停办后，体育学院并入华南师范学院，改称为“军体系”；暨南大学中文、历史、数学、物理 4 个学系并入学院有关学系。调整后，学院设有中文、政治、外语、数学、工业基础、农业基础、军体 7 个学系。同年 10 月，华南师范学院易名为广东师范学院，开始招收三年制工农兵学员。之后，由于中学师资需求量的逐渐增大，学院逐步按中文、政治、历史、外语、教育、数学、物理、化学、生物、地理、体育等 11 个学系 12 个专业(其中外语系设英语、俄语两个专业)招生。

“文革”后，学院逐步恢复元气，走上了健康发展的道路。1977 年 11 月，学院恢复旧称“华南师范学院”。1978 年，华南师范学院被确定为广东省属重点大学。1980 年秋，学校复办函授教育本科，增设夜大学本科。

3. 华南师范大学时期(1982 年 10 月至今)

1982 年 10 月，华南师范学院易名为华南师范大学，学校的发展进入一个新的历史时期。学校面向基础教育，扩大办学规模，加快系科、专业的建设步伐，不断深化教学改革，提高教学质量。在研究生招生培养、教育管理、学科专业和导师队伍建设等方面进行了一系列的探索和改革，研究生教育得到快速发展。学校积极探索成人教育改革与发展的新路子，在拓展各类办学、推进管理规范化与现代化等方面不断取得新进展，1984 年开始在中国港澳地区举办高等函授教育。

1996 年，华南师范大学进入国家“211 工程”重点建设大学行列。以此为契机，学校以学科建设为龙头，更新观念，深化改革，全面推进学校的各项事业，取得了显著的成绩，综合实力明显提高。进入 20 世纪以来，华南师范大学紧抓机遇，坚持社会主义办学方向，秉承办学特色与优势，以发展为主题，以改革为动力，以育人为根本，励精图治，奋发进取，学科建设取得重大进展，师资队伍整体水平明显提升，人才培养质量不断提高，科研水平大幅提升，社会服务能力日益增强，开放办学领域日益拓展，内部管理不断完善，办学条件明显改善，整体办学水平迈上了一个新台阶。2015 年，学校成为广东省人民政府和教育部共建高校，同年进入广东省高水平大学整体建设高校行列。

华南师范大学现有广州石牌、广州大学城和佛山南海3个校区，总占地面积3025亩，校舍面积155万平方米，藏书374万册。学校现有教育技术学、发展与教育心理学、光学、体育人文社会学(重点培育)4个国家重点学科，拥有84个本科专业、200多个硕士学位授权点、100多个博士学位授权点，学科布局覆盖哲学、经济学、法学、教育学、文学、历史学、理学、工学、农学、医学、管理学、艺术学12个门类。学校现有专任教师1979人，其中副高级以上职称1098人，博士、硕士研究生导师1161人；现有在校全日制本科生24894人，硕士研究生7553人，博士研究生842人，博士后在站98人，留学生1019人，形成了"学士—硕士—博士—博士后"完整的人才培养体系。学校与国(境)外130多所高等院校和科研机构建立了合作关系，与加拿大卑诗省高贵林市、法国留尼旺大学、拉脱维亚共和国拉脱维亚大学共建了3所孔子学院。学校在服务中国港澳台地区教育发展方面具有深厚的历史基础和先发优势，是最早在中国香港澳门合作办学的内地高校之一。

建校80多年以来，一代又一代华师人秉承勷勤大学师范学院"研究高深学术，养成社会之专门人才"的优良传统，践行"艰苦奋斗、严谨治学、求实创新、为人师表"的校训，筚路蓝缕，薪火相传，共同铸就了华南师范大学今天的繁荣与发展。(柯友良)

(九)广州美术学院

1. 缘起

1953年秋，文化部根据国家第一个五年计划中全国高校"院系调整"的宏观布局，整合中南文艺学院(湖北)、华南人民文艺学院(广东)和广西艺术专科学校(广西)三地三校的美术系(科)，创立了广州美术学院的初始建制——中南美术专科学校(校址武昌)。国务院任命时任中央美术学院党组书记的胡一川为校长，杨秋人、阳太阳、关山月为副校长。

1958年，经国务院批准，中南美术专科学校迁址广州，更名为广州美术学院并于同年开始招收本科生。

1978年，学院国、油、版、雕、工艺等专业开始面向全国招收研究生，1982年获硕士学位授予权，为全国首批取得硕士学位授予权的培养单位之一。2004年，学校开始举办同等学力硕士研究生课程进修班；2005年被国务院学位委员会批准为华南地区唯一的艺术硕士(MFA)专业硕士学位培养试点单位。

1986年,学院获准招收继续教育学生;1987年获准招收外国留学生以及中国香港、澳门、台湾地区学生。2004年,学院被确定为"广东省中小学美术教师培训基地"。

2004年9月,学院本科教育全部迁入广州大学城,从而形成"一校两区"的办学格局。

20世纪80年代以来,学院先后有"中国画"和"工业设计"被评为省级重点学科,"雕塑"为省级重点扶持学科;"水彩画""西方美术史""中国美术史""构成学"和"古典国画临摹"被评为省级重点课程;美术教育系被确定为国家教委(现教育部)试点单位。学科目录调整之后的2003年,美术学学科被评为广东省重点学科,设计艺术学学科被评为广东省重点扶持学科,"水彩画"被评为省级精品课程。

2. 学术渊源与传承

站在中国现代美术教育史的维度,在粤从事过美术教育的艺术家都成为了学院的学术渊源和学术资源:高剑父、李铁夫、冯钢百、方人定、丁衍庸、倪贻德、李金发、陈之佛、马采、关良、庞薰琹、胡根天、李桦、赖少其、邓白、黄少强、黄君璧、赵浩公、卢振寰、王益论、赵蕴修、黄笃维等。

学院创建之初是以广东、湖北和广西三地的美术教师以及中央美术学院和中央美院华东分院(现中国美术学院)的一批优秀毕业生为师资主体的。骨干教师中既有接受过鲁迅先生教诲的"一八艺社"成员胡一川等,又有20世纪30年代倡导现代主义美术的"决澜社"成员杨秋人和阳太阳以及强调"折衷中西、融会古今"的岭南画派传人关山月、黎雄才等。群贤荟萃的师资主体,营造了浓厚的学术气氛,使整个学院呈现出艰苦朴素、勤奋学习、严谨治学、结合实际、蒸蒸日上的气象。

1953年,秉持延安"鲁艺"革命传统精神的胡一川院长强调走"文艺为工农兵服务,为政治服务"的实践路线,因而形成了这一时期学院的办学特色;其成就集中体现在中华人民共和国成立初期学院创作的一大批有影响的美术作品以及1964年"广州美术学院进京作品展"之中。1983年,学院从改革开放和经济建设的角度出发,提出"设计为社会主义经济服务"的学科发展道路,进而奠定了20世纪80年代以来学院在全国美术院校现代设计教育中先行者的位置。1985 年，学院全力推动美术教育专业的发展，主张美术教育“多能”加“一专”的培养模式，从而获得了学院在艺术院校办美术教育专业的“教育部试点”资格。1992 年，学院明确了“美术、设计、教育、史论”四大模块的学科专业新格局和“以教学、科研和创作为中心，以校园建设和校产开发为两翼”的办学方略。2000 年，适逢我国高等教育跨越式发展时期，学院积极拓展办学空间，探讨规模、结构、质量、效益协调发展的办学思路。2004 年，学院迎接教育部本科教学评估，提出重点建设美术传统学科，突出发展设计特色学科，深化美术教育探索，开拓新兴交叉学科，走“外延拓展”与“内涵建设”相结合的发展道路。这些办学方针和思想的提出，无不历史性地诠释了不同历史时代对美术与设计教育的社会要求，同时也清晰地说明广州美术学院在各个历史时期美术与设计教育的发展文脉。

3. 人杰地灵、名家辈出

建校 52 年来，学院名师荟萃。其中有学院创始人、中国新兴木刻运动的先驱胡一川，著名版画家黄新波，美术教育家杨秋人、阳太阳，中国画大师关山月、黎雄才，水彩画大师王肇民，雕塑大师潘鹤，美术史论家迟轲、陈少丰。还有名师郭绍纲、姜今、徐坚白、杨之光、陈晓南、张信让、高永坚、谭畅、金景山、蔡克振、胡钜湛、郑爽、梁明诚、尹定邦、黎明、赵健等。

学院 52 年来为社会培养出一代又一代美术与设计精英：林墉、汤小铭、陈衍宁、伍启中、王玉珏、陈建中、涂志伟、司徒绵、黄中羊、王序、韩子定、王粤飞、余希洋、王习之、刘洋等。

如今，作为全国八所专业美术院校之一，寓美术、设计、美术教育和美术史论于一体、走产学研相结合道路、由众多名家组成教学实体的广州美术学院，已经成为了华南地区美术与设计教育的重镇，她为广东乃至全国的文化和经济发展作出了突出的贡献。（广州美术学院档案馆）

（十）星海音乐学院

星海音乐学院地处岭南文化中心——广州，是我国华南地区唯一的一所以音乐学科为主，协调发展相关艺术学科的教学型高等音乐艺术院校。

风雨沧桑，薪火相传。星海音乐学院至今已走过了 60 年的历史征程。学校始终以培养高素质音乐与舞蹈人才为己任，弘扬星海精神，传承优秀岭南音乐文化，遵循“求真、尚美、崇德、敬业”的校训，培养了大批具有真才实学的人才，为国家高等教育的发展和各项建设事业作出了重要贡献，赢得了国内外良好的声誉。

广东专业音乐教育的历史可追溯到1932年由中国现代音乐教育先驱马思聪、陈洪先生创办的专业音乐学校——广州音乐院。星海音乐学院的前身是1957年广东省政府创建的广州音乐学校。随后学校曾数易校名，有过停办、重建、合校、搬迁的多次变革，共经历了以下七个历史时期。

1. 广州音乐学校时期(1957.10—1958.09)

1955年，广东省为配合第一个五年计划的实施要求各行业编订事业发展规划。省文化局1955年底开始编写《广东省文化事业七年(1956—1962年)初步规划(草案)》，其第四章明确提出：1957年举办广东音乐学院并附设中等音乐学校，大量培训各种音乐人才，并大力发展音乐创作。第八章同时提到：在音乐学院、美术学院内附设儿童课余艺术小学。

《广东省文化事业7年(1956—1962年)初步规划(草案)》正式印发后，1956年6月19日华嘉同志签发《广州音乐中等音乐计划(草案)》，并以广州音乐中学筹备处的名义，先后呈报相关单位。7月12日省委文教部签批，初步同意计划草案，并指示“请即建立筹备小组进行筹备工作”。

经文化部教育司同意及广东省委批准，广州音乐专科学校成立筹备处，筹备组设在广州光孝寺内。经与广州军区协商，在省政府的支持下，广州音乐学校获准使用位于沙河顶(现水荫路)原军区幼儿园的营房作为办学场地。

1957年10月，广东省政府成立广州音乐中学。学校为中专性质，属省文化局主管。学制分三年和六年两种，招收初中及小学毕业生，设有民族器乐、管弦乐、声乐、钢琴4个专业。第一届学生共36人，其中初中12人，高中24人(其中港澳学生占1/3)。10月3日新生入学，4日举行开学典礼。10月5日，广州音专第二次筹委会会议确定，学校正式名称为“广州音乐学校”，并申请刻相关印章4枚。

1958年2月13日，上级任命陆仲任、方明为广州音乐学校副校长，同年11月，学校开设群众音乐系并招生入学。

2. 广州音乐专科学校时期(1958.09—1965.01)

1958年“大跃进”时，学校把高中办成大专性质，更名为“广州音乐专科学校”。广州音乐专科学校设有群众音乐系、学制三年，招收高中毕业生，属大专建制，并设附属中学，仍分三年和六年两种学制，招收初中及小学毕业生。1959 年学校增设民族器乐、管弦乐、声乐、钢琴四系，1960 年增设理论作曲系，学制均为三年。1964 年又由原广东省委批准筹建一个广东民间乐队，附属广州音专。广州音专属广东省高等教育局主管，而附中和乐队是属省文化局主管。音专及附中招生是统一招生，校址在一起，教员均统一使用，乐队也未曾分开活动，人员均作教员使用。

广州音乐专科学校时任校领导有：党委书记兼校长周国瑾；党委副书记兼副校长方明；副校长陆仲任、俞薇。

3. 广东艺术专科学校时期(1965.01—1968.12)

1965 年初广州音乐专科学校与广东舞蹈学校合并为“广东艺术专科学校”。学校设有民族音乐系(包括弦乐、弹拨乐、吹管乐三个教研组)、声乐系(民族声乐系和声乐二个教研组)、钢琴系(钢琴和手风琴二个教研组)、管弦系(管乐和弦乐教研组，管乐于 1963 年被撤销)、作曲系，仍属大专建制。时任校领导有：党委书记张新；校长李雪光、陈立、俞薇；副校长陆仲任、郭云英。

4. 广东人民艺术学院时期(1969.10—1978.3)

1969 年广东艺术专科学校与广州美术学院合并，改称“广东人民艺术学院”，原与音乐有关的系合并为一个系，但保留原有专业。1970 年 10 月 30 日，广东省革命委员会正式发文(粤革发〔70〕117 号)广东艺术专科学校与广州美术学院合并改为“广东人民艺术学院”，校址迁至广州市河南昌岗路。同年恢复招生，学制五年，招生对象是工农兵学员。

从 1972 年起，学校学制改为三年，均属高等院校建制。当时有教工 187 人(包括在干校的)，设音乐、舞蹈两个专业，音乐专业分民乐、声乐、管弦、钢琴、作曲五个系，另设文化课教研组共十个。

时任校领导有：革命委员会主任张新；革委会副主任李燎、李修森、钟淼、潘习程、乔屹、杨秋人、黄新波。

5. 广州音乐专科学校时期(1978.03—1981.06)

1977 年 12 月 6 日，广东省委办公厅批复(粤复字〔1977〕90 号)同意前广东艺术专科学校从广东人民艺术学院中分出来，复名为“广州音乐专科学校”，属大专建制，设附中或中专班。学校恢复作曲、民乐(弦乐、弹拨、管乐、打击乐)、管弦(弦乐、铜管、木管)、声乐、钢琴(钢琴、手风琴)五个系，并设音乐理论、马列主义、文体三个教研室(组)。学制除作曲五年外，其他均为四年，招收高中毕业生。附中学制为六年，招收小学毕业生。由高教党委、文化局双重领导，以高教党委为主。

据1978年4月统计，学校副教授及以上领导干部7人，讲师及中层干部20人，一般教职工123人，学生232人。1980年，学校增设师范专业，学制为四年，招收高中毕业生。各专业还举办进修班或短期训练班，为在职专业人员提供进修提高机会。

1980年4月11日，广州外语学院将沙河顶的校舍与土地移交学校支配使用。5月20日，学校迁往广州市沙河顶先烈东横路48号。

时任校领导有：党委书记兼校长李雪光、潘燕修；党委副书记、副校长李燎；副校长俞薇、陆仲任、李修森、李海奇。

6. 广州音乐学院时期(1981.06—1985.04)

1981年6月10日，经国务院批准，教育部教计事字136号复文，广州音乐专科学校被升格为“广州音乐学院”，并从一九七七级招生，学制定为本科四年(作曲专业五年)。(粤办函〔1981〕747号)

时任校领导有：党委书记兼院长梁寒光；党委副书记蒋超文、俞薇；院长赵宋光；副院长陆仲任、叶素、李修森、李海奇、施咏康、崔其焜。

7. 星海音乐学院时期(1985年4月至今)

为纪念广东籍人民音乐家冼星海，1985年4月22日，广东省人民政府正式批复同意广州音乐学院更名为“星海音乐学院”(粤府函〔1985〕80号)。本科学制分四年和五年(作曲)，专科二年制，中专六年制。

1985年12月2日，学校召开命名大会暨星海像揭幕仪式，同时成立校友会并选出第一届校友会委员。时任王屏山省长到会并做了重要讲话。据1985年12月统计，当时共有教职工361人，其中正、副教授和讲师近100人，教员和助教100多人；学生500多名，其中大学本科203名，专科120名，附中106名；其他人员48名；夜大专科生132名。1986年，“音乐学”二级学科被确定为省级重点学科。

2000年，学校成立了岭南音乐文化研究中心和岭南音乐展览馆，组织开展岭南音乐文化的资料采集、研究、创作、展演等活动。2000年起，学校开始招收外国留学生。2003年，学校成功获得硕士学位授权资格。2004年，学校开始招收第一届硕士研究生8人。2005年1月，学校主体迁至现广州大学城新校区，校址为广州市番禺区小谷围街大学城外环西路398号。原校区改为星海音乐学院沙河校区，由此掀开星海音乐学院发展史上崭新的一页。2005年，“岭南音乐文化研究中心”获批成为广东省人文社科重点研究基地，也是广东地区唯一一个“音乐与舞蹈”学科的省级重点研究基地。

2008年，教育部发文(教高函〔2008〕8号)公布星海音乐学院在2007年本科教学工作水平评估喜获“优秀”。2008年10月，教育部批准学校音乐学、音乐表演专业成为第三批高等学校特色专业。

2010年，音乐学、音乐表演、录音艺术和作曲与作曲技术理论被评为广东省高等学校本科特色专业建设点。2012年，音乐与舞蹈学上升为一级学科，并被评定为广东省高等学校重点优势学科，学校重点学科的建设进入全新的发展时期。

截至2017年，学校共设有现代音乐与戏剧学院、音乐教育学院、舞蹈学院、马克思主义学院、国际教育学院、音乐学系、作曲系、声乐歌剧系、钢琴系、管弦系、国乐系、艺术管理系、乐器工程系、民族声乐系、音乐基础部、人文社科部等16个本科院系(部)，还设有研究生部、继续教育学院、附属中等音乐学校、音乐研究院、音乐博物馆、岭南音乐文化研究中心、艺术交流中心、艺术实践中心、社会音乐教育培训中心等，拥有广东省普通高校人文社科重点研究基地、国家大学生文化素质教育基地(联合)和4个实验乐团。专业涵盖了作曲与作曲技术理论、音乐学、录音艺术、音乐和舞蹈等各个领域。学校现已形成了教学、创作、表演与研究四位一体的完整学科体系，中专、本科、研究生相衔接的办学层次，普通教育为主、继续教育为辅的办学格局。一级学科音乐与舞蹈是广东省优势重点学科，音乐学、音乐表演、录音艺术是国家级特色专业，音乐学、音乐表演、录音艺术、作曲与作曲技术理论是省级特色专业，钢琴专业是广东省名牌专业，音乐表演是广东省重点专业。

目前，学校教职工605人。教师队伍中有9人享受国务院特殊津贴，有5人获文化部“区永熙优秀音乐教育奖”。在校普通教育本科生4017人，成人学历教育学生556人，研究生229人，附中学生659人。

现有广州大学城校区和沙河校区两个校区，占地面积224961平方米，其中大学城校区189993平方米，建筑面积21万平方米。

曾任校领导有：党委书记蒋超文、李群标、梅树德、欧俊全、江文富、李建军，副书记梁祥云、王兴岱；院长赵宋光、蔡松琦、刘春荣、唐永葆，副院长叶素、施咏康、崔其焜、郑成伟、杜共和、朱德焜、房雨林、周广平。现任学校党委书记王秀明，副书记黄俊强、李振连；院长蔡乔中，副院长雷光耀、陶陌。（罗翠莲）

（十一）广东技术师范学院

广东技术师范学院是一所具有硕士学位授予权的省属普通高等学校，是全国独立设置的职业技术师范院校，首批广东省普通本科转型试点高校。“十二五”期间，被广东省委省政府列入省重点建设高校。

学院历史悠久，创办于1957年，前身为广东民族学院，首任院长是著名老一辈革命家罗明同志。2002年学院更名为广东技术师范学院，2002年、2005年，原广东省机械学校、原广东省经济管理干部学院和广东省财贸管理干部学院先后被并入。学院坐落于全国首批历史文化名城、海上丝绸之路发祥地和改革开放前沿地广州，共有校本部、西校区、北校区、白云校区等4个校区。

学院学术传统深厚、崇教重学，设有20个二级学院，拥有全日制普通在校生近2万人。学院现有民族学、控制科学与工程、新闻传播学3个一级学科硕士授权点，涵盖19个二级学科方向，1个独立设置的职业技术教育学二级学科硕士学位授权点，教育硕士、工程硕士（电子与通信工程硕士）等2个硕士专业学位授权点。学院是“职业学校教师在职攻读硕士专业学位”和“少数民族高层次骨干人才计划”研究生招生培养单位，有“广东省联合培养研究生示范基地”等9个广东省研究生联合培养基地。学院拥有64个本科专业，涵盖工学、理学、文学、管理学、教育学、经济学、法学、艺术学等学科门类。其中理工科专业28个，文科36个，师范类25个。有2个国家级、6个省级特色专业建设点，1个国家级、11个省级专业综合改革试点项目，国家级、省级卓越教师培养计划项目各1个，3门国家级、28门省级精品资源共享课程，国家级、省级精品视频公开课各1门。

学院坚持立德树人、学术基础雄厚，拥有一支学术水平很高、在海内外影响很大，爱岗敬业、结构合理的师资队伍。现有教职工1951人，其中专任教师1078人，正高职称140人，副高职称331人，副高以上职称人员占专任教师总数的45.2%；具有博士学位285人，占专任教师的27.35%。教师队伍中，有国家哲学社科基金规划评审组专家、享受国务院政府特殊津贴专家获得者，有全国优秀教师、第四届新世纪巾帼发明家优秀奖、高校思想政治理论课教学能手、高校思想政治理论课教师年度影响力提名人物、全国高校辅导员年度人物，广东省青年珠江学者、广东省特支计划青年文化英才、南粤优秀教师(南粤教坛新秀)、“千百十人才培养工程”省级培养对象、高等学校优秀青年教师培养计划培养对象等。

学校坚持教学、科研、社会服务、文化传承相结合，坚持产教融合，拥有一批实力较强的实验室和科研基地。学院拥有教学科研仪器设备总值约1.66亿元，图书馆藏书约208万册。学院建有广东工业实训中心，建有20个省厅级以上科研平台(包括3个省级重点实验室)、2个广东省优势特色重点学科、1个广东省特色重点学科、2个国家级和8个省级特色专业建设点、13个省级实验教学示范中心、1个国家级和11个省级大学生实践教学基地建设项目、7个省级教学团队、1个省级高校教师教学发展中心等一批国家级、省级重点建设项目。学院与顺德区人民政府、广物汽贸股份有限公司、广东省知识产权局等分别共建了广东顺德现代职业教育研究院、校企合作人才培育基地、广东技能人才知识产权实训基地。“民族发展研究中心”“职业教育发展研究中心”获批“广东省决策咨询研究基地”的称号。学院与广东工业大学共建了1个国家发改委工程实验室联合实验室。

学院突出职教特色、服务广东经济社会。作为广东“职教母机”和职业教育研究和职教师资培养培训重镇，学院致力于培养高素质职业教育师资和应用型高级专门人才，发挥培养培训职教师资的母机作用，先后被教育部、财政部、省教育厅选定为“全国重点建设职教师资培养培训基地”“国家技能型紧缺人才培养培训院校”“国家民委职业教育师资培训中心”“广东省职业技术教育协同创新发展中心”“广东省高技能人才实训基地”“广东省中职校长培训中心”“广东省中等职业学校德育研究与指导中心”“广东省职业院校教师教学发展中心”等。学院是广东省高等职业技术教育研究会理事长单位。

学院人才培养成果丰硕，获“全国第三届黄炎培优秀学校奖”“全国民族团结进步模范集体”称号，还多次获广东高等教育教学成果一等奖等多项荣誉。2012—2017年学生在“挑战杯”系列竞赛、数学建模竞赛、电子设计竞赛、飞思卡尔杯智能汽车竞赛等国内外高水平学科竞赛中屡获大奖，共获省级以上奖励1000多项。

六十年弦歌不辍，一甲子春华秋实。学院虽数易其名，沧海桑田，却始终不渝，薪火相传，秉承“厚德博学、唯实求新”的校训精神，坚持“面向职教、服务职教、引领职教、特色发展”的办学定位，积极搭建职业教育与普通教育有机互通的“立交桥”，努力创建国内一流、特色鲜明的高水平技术师范大学。（广东技术师范学院档案馆）

（十二）深圳大学

1980年8月26日，深圳经济特区正式成立。1982年初，刚刚创立一年多的深圳经济特区，百业待兴，特区人高瞻远瞩，提出“创办一所自己的大学”的规划。1983年，经国务院批准，中华人民共和国教育部发布教计字〔1983〕079号文件，批准成立深圳大学。1983年9月，深圳大学召开成立暨首届开学典礼。当年创建，当年招生，当年开学，深圳大学创造了高等教育史上的“深圳速度”。

建校伊始，深圳大学推出《深圳大学改革创新方案》，实行毕业生不包分配和推荐就业的制度、收费制度、奖学金制度、学分制制度、教职员工全员聘任制度和后勤社会化制度等多方面的改革措施，在全国引起强烈反响。

1985年，经原国家教委教研司011号文件批准，深圳大学政治经济学和企业管理专业开始招收硕士研究生，至1988年共招收4届19名硕士研究生。同时，学校还大力举办高等成人教育和留学生教育。1987年，学校创办了外国留学生教育，积极拓展国际交流与合作，开展包括学生交换、教师研修、合作办学、联合培养、共建联合学院和实验室、合作科学研究在内的多种形式的国际合作。1991年，“半工半读高等专科学院”与“开放学院”合并，成立“深圳大学成人教育学院”。1993年，时任中共深圳市委副书记的林祖基，在深圳大学教职工大会上做了《关于进一步办好深圳大学的几个问题》的讲话，明确提出了“深大应办成一所高水平、现代化、有特色的社会主义大学，具体说，应当办成一所‘特区大学’‘窗口大学’和‘实验大学’”，深圳大学的办学定位由此确立。

深圳大学不断规范办学，提高办学水平，实现华丽转身。1995年，通过了原国家教委本科教学合格评价。1996年，经国务院学位委员会批准，深大获硕士学位单位授予权，同时有3个学科、专业获得授权。1997年，学校实行学院制，明确了以本科教育为主、积极发展研究生教育的办学思路。1999年，中国工程院院士牛憨笨率其课题组十余名专家组建制落户深圳大学，成立“深圳大学光电子学研究所”。依托于此，2000年深圳大学确立了从单纯教学型向教学与科研并重型转变的办学目标。

2006年，国务院学位委员会下发学位〔2006〕4号文，批准深圳大学增列为博士学位授予单位，授权光学工程为一级学科。至此，秉承“自立、自律、自强”的校训，深圳大学形成了从学士、硕士到博士的完整人才培养体系以及多层次的科学研究和社会服务体系，逐渐成为一所学科齐全、设施完善、师资优良、管理规范的综合性大学。

深圳大学学科门类齐全、综合性强，涵盖哲学、文学、经济学、法学、教育学、理学、工学、管理学、医学、历史学、艺术学11个学科门类。学校设有27个教学学院，90个本科专业；现有国家级特色专业5个，省级特色专业10个；有省级重点学科15个。学校有博士授权一级学科3个，硕士授权一级学科34个，博士后科研流动站3个，博士后工作站1个。

深圳大学不断丰富教学资源，完善科研基础设施。学校发起组建的“全国地方高校UOOC联盟”加盟高校达110所，上线课程154门，选课学校72所，累计选课人次突破20万。校舍建筑面积达到95万平方米，仪器设备总值14.56亿元。图书馆馆舍48441平方米，全校纸本资源388万余册；数据库249种，含全文电子图书220.4万册，全文电子期刊11.7万种。学校建有国家工程实验室3个，国家工程中心1个，教育部重点实验室2个，省级重点实验室6个。

深圳大学不断深化科研体制改革，科研项目与经费增长显著，科研实力不断增强。2011年以来，国家社科基金重大项目取得突破，连年获得立项，已先后获得国家社科基金重大项目8项，立项总数居广东高校第3位。2016年，深圳大学获国家社科基金立项总数达23项、教育部人文社科研究常规项目17项，立项数在全国高校中排名第九，在全省高校排名第二；科研总经费7.78亿元，其中科技相关总经费7.23亿元，创历史新高。学校主持各类科技项目共778项，其中纵向项目534项（含国家级项目242项）；SCI收录论文1533篇，SSCI收录论文105篇。学校获科研奖励1179项，专利授权226项，其中发明专利授权148项。

深圳大学现有后海、西丽两个校区，校园总面积2.72平方公里。2017年2月，深圳大学西丽校区正式启用，医学院、生命与海洋科学院、化学与环境工程学院、材料学院4个学院整体搬迁至西丽校区。截至2017年5月，深圳大学有全日制在校生32959人，其中全日制本科生27491人，硕士研究生5272人，博士研究生196人，在职硕士研究生1300人，成人教育学生18720人，留学生811人。师资队伍结构相应地不断优化，高层次人才引进和培养成果丰硕。学校拥有中国科学院、工程院院士10人(含短聘4人)，诺贝尔奖(生理和医学)获得者1人。全校现有教职工3987人，其中专任教师2127人、技术人员1219人(其中博士后580人)、管理人员641人。2017年5月26日，深圳大学校长李清泉为诺贝尔奖获得者巴里·马歇尔(Barry Marshall)颁发聘书，正式聘用其为深圳大学特聘教授。

深圳大学将继续立足深圳，依托港澳和珠三角地区的经济社会发展，面向国际，以改革和创新的精神，培养高素质创新创业人才，引领社会的进步和发展，实现深圳大学的协调发展、特色发展、开放发展、跨越发展，加快建设成为高水平、有特色、现代化一流大学。(邓晋芝)

(十三)广东财经大学

1983年5月，学校经国务院批准设立，校名为广东财经学院；1985年6月，更名为广东商学院；2013年6月，更名为广东财经大学。经过34年的发展，广东财经大学已建设成为拥有全日制本科生、硕士生27600多人的省属重点院校，是广东和华南地区重要的经、管、法人才培养、科学研究和社会服务基地。

学校有广州和佛山三水两个校区，总占地面积2275亩，广州校区毗邻广州国际会展中心，佛山三水校区位于佛山市三水区云东海旅游经济区。学校现有校舍约70.3万平方米，教学科研仪器设备总值12532万元，图书508.9万册(含电子图书)；自主建成各类数字化教学资源1240多项。

学校现有专任教师1200多人，其中正高职称教师211人，副高职称教师398人，具有博士学位教师499人。有珠江学者特聘教授1人，珠江学者讲座教授2人，享受国务院政府特殊津贴专家12人，教育部高等学校教学指导委员会委员3人、省学位委员会委员1人、省学科评议组成员3人。有“新世纪百千万人才工程”国家级培养对象 1 人，入选教育部新世纪优秀人才支持计划 3 人，入选财政部全国会计领军(后备)人才培养工程 4 人，次入选广东高校“千百十人才培养工程”省级培养对象 21 人，入选广东省高等学校优秀青年教师培养计划项目 14 人，入选“广东省特支计划”青年文化英才项目 2 人，入选广东省理论宣传青年优秀人才项目 2 人；有广东省、广州市“十大中青年法学家”3 人。2013 年，学校首次获批设立博士后科研工作站。

学校以经济学、管理学、法学为主体，坚持商法融合，促进经济学、管理学、法学、文学、理学、工学、艺术学等多学科协同发展，已形成具有一定特色和优势的学科专业体系应用经济学、工商管理和法学 3 个一级学科是省级优势重点学科和特色重点学科，应用经济学、工商管理、法学、管理科学与工程、马克思主义理论、统计学 6 个硕士学位被授权一级学科点(覆盖 34 个硕士学位授权二级学科点)；英语语言文学硕士学位被授权二级学科点，学校还拥有工商管理(MBA)、法律(JM)、金融(MF)、保险(MI)、会计(MPAcc)、税务(MT)、公共管理(MPA)7 个硕士专业学位授权点。学校现有 57 个本科专业，其中市场营销、法学、金融学、会计学、财政学 5 个专业为国家级特色专业；市场营销专业为国家级综合改革试点项目。

近几年来，学校人才培养建设取得显著成效，2003 年 9 月获得新增硕士学位授予权，成为广东省经管类本科应用型人才培养模式综合改革示范院校和广东省创新创业教育示范学校。经济与管理实验教学中心是全国首批两个经管类国家级实验教学示范中心之一，并入选首批国家级虚拟仿真实验教学中心。具有企业家精神和潜质的经济管理人才培养模式实验区被评为国家级人才培养模式创新实验区。经管类跨专业综合实验教学团队被评为国家级教学团队。“企业仿真综合运作”课程被评为国家级精品课程，“国际贸易”和“电子商务物流”2 门课程被评为国家级双语教学示范课程。学校入选全国首批卓越法律人才教育培养基地、国家大学生文化素质教育基地；与广州市地方税务局共建的经济学实践教育基地被评为国家大学生实践教学基地。

学校坚持“求真、致用”的科学研究理念，不断提升科学研究水平。近 5 年，教师承担国家级项目 93 项，省部级项目 347 项，实现了教育部哲学社会科学研究重大课题攻关项目和国家社科基金重大项目“零”的突破。在《中国社会科学》《中国科学》《经济研究》《管理世界》《法学研究》等权威和核心期刊发表论文 2117 篇，被 SCI、EI、ISTP 三大检索收录文章 270 篇；出版各类著作195部。学校获省部级以上科研奖励28项，其中教育部高等学校科学研究优秀成果奖二等奖1项、三等奖2项，拥有3个广东省普通高校人文社会科学重点研究基地、1个广东省协同创新平台和2个广东省决策咨询研究基地。

学校顺应高等教育国际交流合作日益深化的趋势和要求，创建了“广东财经大学国际化师资海外研修基地”美国佩斯大学站和澳大利亚西澳大学站以及广东财经大学—乌普萨拉大学—斯德哥尔摩经济学院“中—欧经济合作研究平台”、广东财经大学—台湾大学“宪政与公共财政合作研究平台”、广东财经大学—香港城市大学—澳门理工学院“港澳基本法合作研究平台”3个国际暨港澳台科研合作创新平台。

学校着力构筑应用型高端人才国际化培养平台：与国（境）外70多家高等院校和教育机构建立了合作伙伴关系，共同推进实施39个国际化教育项目，创办了“中美人才培养计划”“1+2+1”本科国际商务专业实验班、广东财经大学—西澳大学“2+2”本科金融学专业实验班、广东财经大学—美国佩斯大学“2+2”本科计算机科学专业创新班；开办了SQA HND“3+1”、国际预科“1+3”等计划外涉外办学项目。学校还成为了“一带一路”高校联盟成员院校和教育部“中美人才培养计划”“121”项目创新人才培养实验基地。（广东财经大学档案室）

（十四）广州航海学院

广州航海学院是一所省属公办普通本科院校，也是华南地区唯一独立建制的海事本科院校，其前身交通部广州海运管理局创办于1964年的广州海运学校；1981年经交通部批准，广州海运学校与广州水运工业学校合并组建直属交通部的广州海运学校；1992年经原国家教委批准，广州海运学校与武汉水运工程学院广州航海分部合并组建直属交通部的广州航海高等专科学校，1998年转划为广东省人民政府管理；2002年经广东省人民政府批准，广州航务工程学校并入广州航海高等专科学校；2013年经教育部批准，广州航海高等专科学校升格为普通本科院校并更改为广州航海学院。

学校设有13个院（部），开设了航海技术、轮机工程、船舶电子电气工程、交通运输、物流工程、港口航道与海岸工程、计算机科学与技术、商务英语、船舶与海洋工程、电气工程及其自动化、通信工程、工程管理、能源与动力工程、国际商务、交通运输管理、海事管理、电子商务、数字媒体艺术、土木工程、电子信息工程、财务管理、机械工程、金融学、法学、旅游管理、国际经济与贸易等40多个专业，面向全国25个省市招生，全日制在校生近13000人。

学校重视师资队伍建设，师资力量雄厚。学校现有专任教师602人。专任教师中，具有副高以上专业技术职务218人，占专任教师比例36%；具有研究生学历教师256人，占专任教师比例44%；具有硕士学位以上412人，占专任教师比例68%；各门公共课、专业基础课、专业课都配备了高级职称教师。

学校一直以服务国家航运事业和区域经济发展为己任，已为社会输送各类人才近6万人。一大批毕业生在华南地区的航运、航道、海事、海关、海上救助、海上打捞等部门担任领导职务和业务骨干。毕业生就业率一直在全省同层次高校中名列前茅，毕业生良好的专业素质和敬业精神，受到了用人单位的高度肯定和广泛好评。

学校立足广东，依托行业，面向华南，辐射海外，服务一线，坚持“以专业为龙头，以学科为支撑，以行业为依托，以应用为导向，以服务为宗旨，紧密结合区域经济发展需要，突出行业特色，培养高素质应用型高级人才”的办学思路，遵循航海教育国际性、规范性和国防性的要求，注重规模、结构、质量、效益协调发展。

根据国家和广东经济社会发展战略，学校将按照教育部、广东省的要求，充分发挥自身的专业特色和学科优势，抢抓机遇，与时俱进、科学发展，努力把学校建设成为海事特色强、国内外知名的海事大学或交通科技大学。（广州航海学院档案室）

（十五）仲恺农业工程学院

仲恺农业工程学院是一所以农、工学科为优势，农、工、理、经、管、文协调发展的多科性省属本科大学。学校坐落于广州市海珠区珠江南畔，现有海珠和白云两校区，占地面积1676.13亩，校舍建筑面积38.9万平方米。

学校的前身为仲恺农工学校，是第一次国共合作时期近代著名的民主革命政治活动家何香凝先生等提议、国民党中央为纪念廖仲恺先生爱护农工的意愿而决定创办的。学校 1927 年 3 月建成并招收第一批农工子弟入学，何香凝先生为筹备委员会主任和第一任校长。

抗日战争时期，仲恺农工学校先后迁址于南海、中山、澳门、乐昌、罗定等地，在极其困难艰苦的环境中坚持办学，抗战胜利后，学校迁回广州原址复办。中华人民共和国的建立给学校带来了生机，人民政府多次拨款扩建校舍，充实师资，增设专业，扩大招生。党的十一届三中全会后，由于党和人民政府的重视和支持，仲恺农工学校恢复和发展得很快。1980 年被教育部定为全国重点中等专业学校。

1984 年，经教育部、农牧渔业部批准，学校升格为本科院校，定名“仲恺农业技术学院”，前国家副主席王震同志题写校名。为争取社会各界支持办学，促进学校发展，1987 年 4 月，经中共广东省委同意，学校成立了董事会，王震任任名誉董事长，时任广东省省长叶选平任第一届董事会董事长。1997 年，时任广东省省长卢瑞华任第二届董事会董事长。2006 年，学校获得硕士学位授予权，2008 年 3 月，经教育部批准，学校更名“仲恺农业工程学院”，时任广东省省长黄华华任第三届董事会董事长。2009 年 1 月，学校被教育部评为本科教学工作水平评估优秀学校。2015 年，时任广东省省长朱小丹任第四届董事会董事长。董事会成员由国家领导人、省部级领导以及港澳知名人士担任。

学校的建设和发展备受各级领导和社会各界的高度重视与关心。党和国家领导人叶剑英、邓小平、杨尚昆、王震先后为校园内的廖仲恺何香凝纪念馆、廖仲恺铜像、何香凝汉白玉塑像和廖仲恺纪念碑题字。前国家主席杨尚昆，全国人大常委会副委员长廖承志、何鲁丽、周铁农，全国政协副主席廖晖、霍英东、马万祺等多次亲临学校视察指导工作。广东省委、省政府及省教育厅的一贯关心和对学校建设的支持有力地推动了学校健康快速发展。海内外各界人士深怀对廖仲恺、何香凝及其开创的事业的崇敬和敬仰，不断在精神和物质上给予学校大力支持，霍英东、马万祺、何厚铧、崔世安、曾宪梓、何鸿燊、杨钊、刘宇新等一批港澳社会名流为学校捐款兴建实验楼、图书馆、体育馆、教学楼等，添置教学科研和医疗卫生设备，设立奖教奖学金，为学校办出特色、办出水平不遗余力。

目前，学校有白云校区、海珠校区和钟村实习农场。学校具有高级专业技术职务专任教师464人，具有硕士学位以上专任教师810人；现有百千万人才工程第二层次人选1人，973首席科学家1人，珠江学者设岗学科4个，珠江学者岗位讲座教授1人，珠江青年学者1人，南粤优秀教师10人，广东省教学名师2人，广东省高校“千百十工程”省级培养对象12人，广东省高校优秀青年教师15人，广州市珠江科技新星4人，仲恺领军学者1人，仲恺青年学者3人，省级科技创新团队2个，校级科技创新团队16个。学校图书馆藏书167.7万册、电子图书136万册，各种类型数字资源库18个并建有完善的现代电子图书系统和计算机网络服务体系。

学校现设有18个二级学院，1个教学部和华南地区最大的雅思考点；拥有博士后科研工作站1个，一级学科硕士学位授权点4个，二级学科硕士学位授权点20个，农业硕士、风景园林硕士和兽医硕士3个类别硕士专业学位授权点(其中农业硕士有15个农业硕士专业学位培养领域)，本科专业54个(其中16个名牌、特色专业，2个国家级特色专业、4个省级特色专业)。学校面向全国17个省市招生，现有全日制本科生、研究生2万余人。

学校拥有各级各类重点学科8个，省级精品课程13门，省级科研平台18个。近年来，学校承担各级各类科研课题1385项，年均科研经费达6538.39万元，承担国家级项目72项，省部级493项，主持国家自然科学基金和国家社科基金项目54项。

学校先后与英国利物浦大学、诺丁汉大学、布鲁内尔大学、布莱顿大学、爱丁堡龙比亚大学，美国夏威夷大学、威斯康星大学、圣道大学、密苏里大学，加拿大圭尔夫大学，澳洲中央昆士兰大学，新西兰林肯大学、梅西大学，日本创价大学，白俄罗斯国立工业大学，德国富克旺根艺术大学，意大利佛罗伦萨大学，台湾地区静宜大学、铭传大学、屏东科技大学等建立了友好互访和学术合作关系。

近年来，学校被评为广东省依法治校示范校、广东省高等学校创建“平安校园”优秀学校、全国暑期“三下乡”社会实践先进单位、全国无偿献血奉献奖金奖单位、广东省大中专学生志愿者暑期“三下乡”社会实践活动先进单位、广东省回乡大学生开展农业科技下乡活动先进单位、广东省青年志愿服务优秀集体，在管理和社会服务方面得到了社会广泛认可。(仲恺农业工程学院档案馆)

（十六）广东金融学院

广东金融学院前身为成立于1950的中国人民银行华南区行培训班，其成立时广州刚和平解放不久，几近瘫痪的银行系统急需大量金融人才，按照中国人民银行及中共华南分局的指示，中国人民银行华南区行决定从社会上招收青年和失业知识分子，采用延安抗大式办学方法进行短期培训，以充实各级银行机构。1950年3月16日，中国人民银行华南区行在广州市长堤路华南分区行办公大楼三楼礼堂举办了第一期银行工作人员训练班，采用内招学员的方法，学员大部分是银行职员和其他公教人员，还有部分是在广州招考的青年学生共183人，银行班班主任由延安时期的革命干部、华南区行人事室主任黄忠同志兼任，此培训班共举办两期。

华南区行培训班第二期结业以后，因银训班机构太小无法培养更多银行干部，根据中国人民银行总行指示，中国人民银行华南区行决定将银训班改为银行学校，1950年10月上旬，中国人民银行华南区行银行学校在广州市新滘区龙潭村正式成立，校长由黄忠兼任。1951年3月，学校又改名为中国人民银行广东省分行银行学校，此后两年半的时间里学校共举办了6期培训班。

1954年5月，中国人民银行广东省分行银行学校改名为中国人民银行广东省分行干部学校，校址设在广州市新滘区七星岗，此后至1958年3月，学校共办了7期培训班，培训班对提高银行干部政治思想觉悟和业务工作水平起到了一定作用。

1958年，因银行要精简机构，中国人民银行广东省分行干部学校与广东省财政干部学校合并为广东省财政银行干部学校，迁址到广州市三元里瑶台村原广东省财政干部学校所在地办学，合并后的广东省财政银行干部学校由广东省财政厅主管，此后三年实办银行干部培训的时间只有两年。

1961年1月4日，广东省贸易干部学校与广东省财政银行干部学校、广东省外贸干部学校合并，成立广东省财贸干部学校，合并后校址设在广州市三元里原财银干校和外贸干校校址。广东省财贸干部学校从1961年合并至1966年“文革”前的6年间，先后共轮训干部11000人，1966年“文化大革命”开始，广东省财贸干部学校干训停办。

1972 年夏，广东省革委会根据中央关于适当恢复中专的指示精神，决定恢复举办省直财贸各部门的中专学校。广东省编制领导小组决定在省财贸干部学校编制内划出部分教工名额，组建广东省财政银行干部学校。1973 年 7 月 7 日，广东省编制领导小组办公室发文同意恢复省商业、外贸、银行三所中专学校，由此，“广东省银行学校”正式获准复办，并自 1950 年建校以来，首次获准独立举办全日制中等学历教育，复办的广东省银行学校校址设在广州市长堤 137 号中国人民银行广东省分行内，并在 1973 年 10 月开始招生。

1979 年，按照中国人民银行总行将各省银校收归总行和分行双重管理的决定，“广东省银行学校”改为“广东银行学校”（部属中专），同年秋季，广东银行学校因扩大招生及培训规模致校舍不足，经中国人民银行总行及广东省分行同意，广东银行学校积极进行新校区建设，并决定设立“广东银行学校肇庆分校”，1980 年 9 月肇庆分校正式接收学员，新校区经过一年多的建设，也在 1981 年建成，同年 10 月 1981 级 200 名新生正式到龙洞新校址报到入学，1982 年 2 月学校整体迁入新校区，迁入新校区后重新设置的专业为：城市金融、农村金融、国际金融和保险。

1984 年，随着经济体制改革的深化和对外开放的扩大，我国的金融业得到了快速发展，培养与之相对应的高素质金融干部队伍成为了一项十分迫切的任务，中国人民银行决定选择一批银行中专升格为大专，1985 年 4 月 25 日，中国人民银行正式批准建立广州金融专科学校，专科学校附设中专部，核定广州金融专科学校规模为 1000 人（含中专 300 人），暂设金融、国际金融、保险、金融管理 4 个专业，至此历经 35 年，广东银行学校首次获准办金融高等教育。

1992 年 4 月 1 日，原国家教委对当时存在的普通高等专科学校名称进行整顿，“广州金融专科学校”在其列，正式更名为“广州金融高等专科学校”，其后 8 年是学校高速发展时期，学校完善了中层部门设置和专业设置，在校学生总数也达到了 2894 人。

2000 年，为深化教育体制改革、优化教育资源，国务院决定调整部属普通高等学校管理体制，广州金融专科学校正式调整为“中央与地方共建，以地方管理为主”，学校正式从人民银行主管划归为地方主管部门管理。

2001 年，根据省委、省政府关于建设“金融强省”的战略部署需要，广州金融高等专科学校正式推进升本工作，经过 3 年认真全面的准备，2004 年 5

月13日，教育部正式同意在广州金融高等专科学校基础上建立广东金融学院，至此，经过50多年的艰苦奋斗，全校师生梦寐以求的升本梦想终于实现。

升本后，学校更是取得了飞速发展，2012年，学校开始招收第一批港澳台生和第一批金融专业硕士研究生；2013年，招收第一批留学生；2016年，与英国诺丁汉大学、宁波一诺丁汉大学合作，联合招收博士研究生。学校现有广州校本部和肇庆校区合计占地面积近1000亩，设有18个系(部、院)，38个本科专业，形成了以金融学科为龙头，以法学、文学、理学、工学为支撑的大金融学科格局，金融学科被列为广东省重点学科，金融学专业为教育部特色专业，还拥有一批省级特色专业和示范专业。现全日制在校生规模(普通本科生、研究生)达21000多人，教工1300多人，教师中有教授近120人、博士230多人，建校以来，学校已经为社会输送了超过10万名的毕业生。(广东金融学院档案馆)

(十七)广东工业大学

1. 学校概况

广东工业大学是以工为主、理工经管文法艺多科性协调发展的省属重点大学，是广东省“高水平大学建设计划”重点建设高校。学校1995年由广东工学院、广东机械学院和华南建设学院(东院)合并组建，自1958年开始本科办学开始便招有不同层次的成人学历教育学生、港澳台生和外国留学生，现已形成“学士—硕士—博士”完整的人才培养体系。

学校隶属于广东省教育厅，按厅级单位管理，地处广州，拥有大学城校园及东风路、龙洞、番禺等校区，校园占地3348亩。学校共设有19个学院，4个公共课教学部(中心)，5个博士后科研流动站，5个一级学科博士学位授权点，27个二级学科博士学位授权点，20个一级学科硕士学位授权点，88个二级学科硕士学位授权点(含MBA)，11个学科教授评审权，3个省攀峰重点学科一级学科，7个省优势重点学科一级学科，5个省特色重点学科二级学科，有工程硕士(17个领域)、工商管理硕士、工程管理硕士、会计硕士、翻译硕士5种硕士专业学位授予权，同时具有同等学力人员申请硕士学位授予权。学校现有83个本科专业，全日制在校生44424人，其中，本科生

39508 人，硕士生 4494 人，博士生 370 人。自 2014 年起，所有本科专业均在广东省普通高等学校第一批本科录取批次招生。机械、信息、材料、化工四个学科为广东省“211 工程”三期重点建设学科。2012 年以来，工程学科位居 ESI 世界排名前 1% 行列。

学校的校训是“团结、勤奋、求是、创新”，学校提出“以更加解放的思想、更加开放的姿态、更加创新的体制机制、更加勤奋务实的工作作风，集聚海内外创新人才，多模式构建创新平台，营造创新氛围，培养创新人才”的发展思路，全面实施大学生创新行动计划、研究生拔尖创新人才培育计划、师资队伍建设“百人计划”“培英育才计划”以及团队平台重大成果培育计划等重大战略。学校现有专任教师 2000 多人，其中正高级职称 300 多人，副高级职称 700 多人。2011 年以来，学校已引进“百人计划”特聘教授百余名和 3 名学院院长。其中“长江学者”5 人、国家“杰青”8 人、国家“千人计划”教授 15 人、国家“优青”5 人、国家“青年千人”教授 9 人、教育部“新世纪优秀人才”5 人、广东省“领军人才”4 人、广东省“珠江学者”15 人、广东省“杰青”8 人，同时还聘有法国科学院院士 1 人，中国工程院院士 2 人，已组建并入选广东省“创新团队”4 个。

学校坚持把科研工作与广东经济和社会发展需求紧密结合，坚持不懈地走产学研相结合的道路，科研整体实力不断增强，2016 年到校科研经费达到 6.3 亿元。学校现有国家地方联合工程实验室 1 个、国家地方联合工程研究中心 1 个、国家发改委现代服务业产业集聚基地 1 个、教育部重点实验室 1 个、教育部国际合作联合实验室 1 个，省级重点实验室 7 个，省级工程中心 37 个，牵头或参与组建省部院产学研创新联盟 56 个，省级国际合作平台 2 个，省发改委工程实验室 1 个，省高校人文社会科学重点研究基地 1 个，省决策咨询研究基地 2 个，省普通高校哲学社会科学重点实验室 1 个，广州市人文社科重点研究基地 2 个。学校牵头组建的“广东 3C 电子产品制造装备协同创新中心”被认定为省级协同创新中心，同时学校还建有 1 个省级协同创新中心培育项目。近 3 年，学校科研成果荣获国家科技进步二等奖 1 项、省部级科学技术奖一等奖 6 项、中国专利优秀奖 2 项、教育部高等学校科学研究优秀成果奖（人文社会科学）1 项、广东省哲学社会科学优秀成果奖 6 项。学校与地方政府和工业界联合建立了“广州国家现代服务业集成电路设计产业化基地”“东莞华南设计创新院”“佛山广工大数控装备协同创新研究院”“河源广工大协同创新研究院”等多个跨学科协同创新平台。目前学校正努力在精密装备、IC设计、工业设计、制药、软物质等领域构建高水平研发平台，促进产学研和协同创新取得实质性成果。

学校致力于培养有国际视野、有坚实基础、有创新能力的人才。现有7个教育部“卓越工程师教育培养计划”试点专业，7个国家级特色专业建设点，1个国家级专业综合改革试点专业，17个省级特色专业，13个广东省名牌专业，5个省级重点专业，16个省级专业综合改革试点专业；3门国家级精品课程（含双语教学示范课程、资源共享课程），78门省级精品课程（含双语教学示范课程）；7个国家级工程实践教育中心、1个国家级大学生校外实践教学基地、1个国家级创业孵化示范基地、4个国家级众创空间、1个全国高校实践育人创新创业基地、36个省级大学生实践教学基地；3个国家级实验教学示范中心，1个国家级虚拟仿真实验教学中心，22个省级实验教学示范中心，3个省级虚拟仿真实验教学中心；1个国家级教学团队。学校办学条件良好，现有计算机17085台套，教学、科研仪器设备固定资产总值6.97亿元，校舍建筑面积156万余平方米。学校图书馆拥有藏书377.3万册、电子图书224.6万册，并采用共享方式，多渠道、大幅度拓展了信息资源使用范围。学校从学生成才观的理念转变抓起，探索性实施了“重基础、强能力、多样性、个性化”的培养方案改革，着力探索以培养创新创业精神和实践能力为重点、基于产学研全程结合的人才培养新模式与新思路，同时将人才培养（特别是本科生培养）纳入高水平科技创新平台建设规划之中。

学校高度重视对外合作与交流，推进以“学科为主体”的国际合作与交流战略，促进学科和团队与国（境）外高水平大学、科研机构和跨国企业等建立战略合作伙伴关系，搭建合作平台，对接国际一流技术，引进国际一流人才。学校高度重视服务国家“一带一路”的发展战略，加强“一带一路”沿线国家人才培养，支持“一带一路”沿线国家学生来华留学与技术培训。学校先后与国（境）外130多所大学和机构建立合作关系，开展合作办学、学生联合培养、师资培养、教学模式改革、合作科研、人才引进和平台建设等多方位合作，推进重点学科建设进入国际前沿，为学校师资队伍国际化、人才培养国际化和科研工作国际化提供良好平台。

通过一系列创新举措，学生综合素质和创新能力不断提高，学生科技创新活动、文化体育活动取得重大突破。2015年，学校承办了第十四届“挑战杯"全国大学生课外学术科技作品竞赛并摘得两项特等奖、两项一等奖、两项二等奖，以团体总分全国高校第二、广东高校第一的好成绩捧得"优胜杯"，创造了学校参加"挑战杯"竞赛的历史最好成绩，刷新了学校参加"挑战杯"竞赛的获奖层次和整体成绩的纪录。2016 年，在"挑战杯·创青春"广东大学生创业大赛中，以金奖数第一、团体总分第一捧得"创青春杯"，创造了学校参加广东省"创青春"大学生创业竞赛的历史最好成绩。在全国大学生电子商务大赛暨全国高校"创意、创新、创业"电子商务挑战赛总决赛中获得特等奖和一等奖；在第四届中国大学生方程式汽车大赛中，广工大 FSAE 车队获得营销报告第一名和总成绩第四名的佳绩；学生荣获美国大学生数学建模竞赛一等奖；学生作品分别荣获德国 RED DOT(红点)设计大奖和美国 IDEA 设计大赛铜奖；2 名学生先后荣获第七届、第十届中国青少年科技创新奖等；学校篮球队连续三年荣获全国大超联赛总冠军，2011 年荣获第八届亚洲大学篮球锦标赛冠军等；学生舞蹈节目获全国大学生艺术展演一等奖等。

学校全面贯彻落实党的十八大和习近平总书记系列重要讲话精神，坚持党对高校的领导，坚持社会主义办学方向，坚持"与广东崛起共成长，为广东发展作贡献"的办学理念，坚持以立德树人为根本任务，坚持以改革创新为根本动力，坚持人才培养的中心地位，坚持以学生为中心，坚持知识探究、能力培养、价值塑造"三位一体"的教育理念，坚持理论教育和实践活动并重、全员全过程全方位育人，形成了"学以致用、创新为魂"的培养特色。学校坚定不移地走内涵式发展道路，不断提高办学水平与质量，逐步打造以工为主、与产业深度融合、极具创造活力的特色鲜明的高水平大学。

2. 历史概述

广东工业大学 1995 年 6 月由广东工学院、广东机械学院、华南建设学院(东院)合并而成立，1995 年经原国家教委(教计〔1995〕45 号文)、省政府(粤办函〔1995〕240 号文)批准，1995 年 2 月经中共广东省委同意，组建了广东工业大学筹备组(粤组干〔1995〕46 号文)。1995 年 5 月 8 日经中共广东省委批准，设立广东工业大学党委。原三所学院的历史有文字可查的可追溯至 1950 年初，据口述历史可追溯至 1942 年，其前身分别包括广东水利电力学院、广州工学院、湖北科技大学、广东科技学院、中南科技学院、广东矿冶学院、广东工学院、广东省机械学校、广东省土木专科学校、广东省建筑工程专科学校在内等的学校。后经学校讨论确立，1958 年为建校年，校庆日为每年6月6日，据1958年至今学校已有近60年的办学历史。

学校历史发展沿革概述如下：

广州高工、北江高农、兴宁高工、海口高工、广西第六工校确有上述学校合并的事实，据称，1942年兴宁高工建校，1949年兴宁高工改名为广东省立兴宁高级工业技术学校，1953年上半年土木科调入珠江水利学校后又调入武汉中南建筑工程学校；1953年广州高工并入广东省广州水利土木工程学校。

1952年广州水利土木工校成立，1953年变更为珠江水利学校，1954年变更为武汉长江水利学校，1955年变更为广东省广州水利学校。1959年1月广东电力学校、广东省水利科学研究所、广东省广州水利学校与省电业局广州中心试验所合并为广东水利电力学院。

1954年广州市基建交通班成立，1957年变更为广州市技术学校。1958年广州业余工学院成立。广州市技术学校与广州业余工学院合并为广州高等工业学校，1958年10月23日变更为广州工学院。1961年湖北科技大学、广东科技学院与广州工学院合并为中南科学技术学院。

1962年9月广东水利电力学院与中南科学技术学院合并为广东工学院，1970年11月变更为广东矿冶学院，1982年6月变更回广东工学院。

1956年广东省机械学校（1968—1978.12停办）成立，1978年12月变更为广东机械学院。

1956年广东省城市建设局干部培训班成立，1957年变更为广东省土木工程学校，1958年8月变更为广东省建筑工程专科学校（1963—1965与1968—1973停办），1973年变更为广东省工程建筑学校，1985年9月变更为广东省工程建筑专科学校，1991年7月变更为华南建设学院（东院）。

1995年6月广东工学院、广东机械学院与华南建设学院（东院）合并为广东工业大学。1998年，广东工业大学成为国务院学位评定委员会批准的博士学位授权单位。2004年，学校入驻广州市大学城办学。2007年，学校跻身教育部本科教学工作水平评估优秀行列。2008年，学校成为第三批广东省省属“211工程”建设高校。2010年，学校3个一级学科进入广东省攀峰重点学科，7个一级学科进入优势重点学科，5个二级学科进入特色重点学科，这些学科分布于全校2/3的学院，位列广东省属高校前列。

2012年，工程学科进入ESI学科排名，列全球前1%，每年继续以百多位往前递增。

2014 年，学校整体进入一本招生。2015 年，学校入选广东“高水平大学建设计划”重点建设高校和广东“高水平理工科大学建设计划”重点建设高校，获评教育部“全国毕业生就业典型经验高校”。

2016 年，成为全国首批教育部“深化创新创业教育改革示范高校”、首批教育部“全国创新创业典型经验高校”。2017 年，学校完成教育部本科教学工作审核评估。

学校在近六十年的本科办学过程中，几经易名搬迁，始终坚持与广东省的经济建设和社会发展密切相关，演绎了一部“与广东崛起共成长，为广东发展作贡献”的办学史，为广东经济建设主战场输送了大批高素质应用型人才，为服务和推动南粤经济社会发展作出了重大贡献，这体现了学校的历史文化沉淀，展示了一代代广工大人的精神追求。学校根据广东省经济社会发展和高等教育改革的要求，遵循高等教育发展规律，结合学校的实际，集中全校师生员工的智慧，明确了办学方向，形成了符合学校实际的办学定位，科学合理地制订并与时俱进不断修正学校发展规划，坚持一张蓝图绘到底，以踏石留印、抓铁有痕的劲头抓发展，使学校实现了跨越式发展，特别是近几年，学校呈现出明显的加速发展态势，走上了科学发展、创新发展和可持续发展的轨道。

岁月如歌，薪火相传。团结、勤奋、求是、创新的精神砥砺一代代广工大人自强不息、艰苦奋斗，也激励广工大人以人为本、凝聚各方力量，宁静志远、潜心学问，以创办高水平大学为目标，走出了一条曲折而充满生机的发展之路。全校师生也必将盘点过去、立足现在、憧憬未来，站在新的历史起点上，同心同德、攻坚克难，打造一个基础坚实、前景美好的完美与产业对接、极具创造活力的高水平大学。（广东工业大学档案馆）

（十八）广东外语外贸大学

广东外语外贸大学是一所具有鲜明国际化特色的广东省属重点大学，是华南地区国际化人才培养、外国语言文化、对外经济贸易和国际战略研究的重要基地。现有在校全日制本科生 20067 人，博士、硕士研究生 2867 人，各类成人本专科生、进修及培训生、外国留学生 11000 多人。

1. 历史沿革

学校的前身是广州外国语学院和广州对外贸易学院。广州外国语学院于1964年11月设立、1965年7月正式招生，是原国家教委（现教育部）直属的三所著名外国语大学之一。广州对外贸易学院成立于1980年12月，是原国家外经贸部（现商务部）直属院校。1995年5月，广东省人民政府将两校合并组建广东外语外贸大学。2008年10月，广东财经职业学院划入广东外语外贸大学。

2. 师资队伍

建校以来，梁宗岱、桂诗春、李筱菊等名师大家荟萃学校，执教治学，为学校积累了丰厚的精神文化财富。学校现有在编专任教师1225人，其中教授、副教授比例达到53.01%，具有硕士以上学位比例达到92.82%。教师队伍中，有国务院学位委员会学科评议组成员1人，教育部专业教学指导委员会委员16人，享受国务院政府特殊津贴者10人，入选全国文化名家暨“四个一批”人才工程1人，入选“万人计划”哲学社会科学领军人才1人，入选“新世纪百千万人才工程”国家级人选3人，有突出贡献中青年专家1人，入选教育部“新世纪优秀人才支持计划”13人，获国家外专局“高端外国专家”项目资助1人、获“千人计划引智配套工程”项目资助1人，有国家级教学团队的2个、省级教学团队者13个，国家级教学名师1人、省级教学名师6人，广东省“珠江学者”特聘教授2人、“珠江学者”讲座教授3人、“青年珠江学者”3人、入选广东“特支计划”者4人、广东省“千百十人才培养工程”国家级培养对象1人、省级培养对象44人次，入选省优秀青年教师培养计划者23名，学校先后聘任“云山学者”184人。此外，学校还聘有105位客座教授和380位长短期外教。

3. 学科发展

学校辖22个教学单位，1个独立学院（南国商学院），开设72个本科专业，分属文学、经济学、管理学、法学、工学、理学、教育学、艺术学8大学科门类。72个本科专业中有2个国家级专业综合改革试点、14个省级专业综合改革试点，有8个国家级特色专业建设点（含11个专业），17个省级特色专业建设点（含20个专业），3个省级重点专业。拥有的26个外语语种外贸大学成为华南地区外语语种最多的学校。学校1981年获硕士学位授予权，1986年获博士学位授予权，是中国恢复研究生制度后较早获得硕士、博士授予权的单位。学校现有1个国家级重点学科和7个省级重点学科，拥有1个博士后科研流动站，1个一级学科博士点和12个二级学科博士点，10个一级学科硕士点和44个二级学科硕士点，7个专业学位硕士点。“面向国际语言服务的外国语言文学创新体系建设”和“服务21世纪海上丝绸之路重大战略需求的经管学科融合创新体系建设”2个学科项目入选广东省高水平大学重点学科建设项目。

4. 人才培养

学校始终不渝地践行“明德尚行，学贯中西”的校训，以培养全球化高素质公民为使命，着力推进专业教学与外语教学的深度融合，培养“双高”（思想素质高、专业水平高）“两强”（跨文化交际能力强、实践创新能力强）、具有国际视野、通晓国际规则、能直接参与国际合作与竞争、有社会责任感的国际化人才。学校拥有教育部普通高校外语非通用语种本科人才培养基地——非通用语种教学与研究中心、教育部人才培养模式创新实验区——国际化商务人才培养模式创新实验区、国家级实验教学示范中心——同声传译实验教学中心、广东省协同育人平台——多语种高级翻译人才协同育人基地和国际服务外包人才协同育人基地。2016年学校本科生和研究生的总体就业率分别为99.98%和99.40%，继续位居全国高校前茅。学校面向全国20余个省、自治区、直辖市和港、澳、台地区招生，招生批次均为第一批。

5. 科学研究

学校注重科研平台的培育和建设，形成了国家级、省级、市级和校级四级科研平台体系。此外，学校还设有省委省政府的重要智库机构——广东国际战略研究院，积极为“一带一路”等国家战略提供咨询服务。学校牵头组建的2个省级协同创新中心（外语研究与语言服务协同创新中心和21世纪海上丝绸之路协同创新中心）均获入选广东省国家级“2011协同创新中心”培育建设规划项目。学校承担国家社科基金重大项目、教育部重大课题攻关项目和创新团队项目等一系列重大、重点项目。一批高质量研究成果获高校科学研究优秀成果奖、广东省哲学社会科学优秀成果奖。学校公开发行《现代外语》《国际经贸探索》《广东外语外贸大学学报》《战略决策研究》*Asia - Pacific Translation and Intercultural Studies* 等学术期刊。

6. 国际合作

学校注重加强全方位国（境）外教育合作与交流。截至目前，已和47个国家和地区的330所大学和学术文化机构建立了合作交流关系。2016年学校通过各类项目赴国(境)外学习交流的学生为956人次，占当届学生总数(6000人)的15.93%。2016年学校共接收来自123个国家和地区的留学生2707人。学校目前开办了4所海外孔子学院：日本札幌大学孔子学院、俄罗斯乌拉尔大学孔子学院、秘鲁圣玛利亚天主教大学孔子学院、佛得角大学孔子学院。(广东外语外贸大学档案馆)

(十九)佛山科学技术学院

佛山科学技术学院地处历史文化底蕴深厚、经济社会发展活力强劲的广东省佛山市，是一所教育部批准设立的全日制普通本科院校，是广东省高水平理工科大学建设学校。学校起源于1958年创办的佛山师范专科学校和华南农学院佛山分院。1986年2月，在佛山师范专科学校基础上创建的佛山大学和华南农学院佛山分院先后更名为佛山兽医专科学校和佛山农牧高等专科学校。1995年3月，原国家教委批准佛山大学和佛山农牧高等专科学校合并组建佛山科学技术学院。2005年2月，经广东省人民政府批准，佛山职工医学院和佛山教育学院并入佛山科学技术学院。

2002年学校顺利通过教育部组织的本科教学工作合格评价，2007年以优良成绩通过教育部组织的本科教学工作水平评估，2013年7月经国务院学位委员会批成准为硕士学位授予单位。学校现有15个二级学院，48个本科专业，3个硕士学位授权一级学科点，3个硕士专业学位授权类别。拥有的15个二级学院分别为：机电工程学院、自动化学院、电子信息工程学院、数学与大数据学院、物理与光电工程学院(半导体光学工程学院)、材料科学与能源工程学院、工业设计与陶瓷艺术学院、食品科学与工程学院、生命科学与工程学院、环境与化学工程学院、交通与土木建筑学院、口腔医学院(医药工程学院)、人文与教育学院(包含公共体育教学部、公共英语教学部、公共艺术教研室)、经济管理与法学院(知识产权学院)、马克思主义学院。学校拥有的本科专业48个涵盖了工学、理学、农学、医学、管理学、法学、经济学、教育学、文学、艺术学10大学科门类。迄今为止，学校已为地方经济社会发展培养各类专业人才14万余人。

学校现有教职工1399人，其中专任教师962人，具有高级职称人员576

人，具有博士学位人员407人。有中国科学院双聘院士3人，长江学者、杰出青年基金获得者、千人计划专家、“973”首席科学家12人，青年千人、省级学者12人，海外著名大学教授、企业高管8人，特聘专才10人 。此外，学校还聘请世界著名科学家杨振宁博士、丁肇中博士及国内知名专家学者为名誉教授。学校拥有普通全日制在校生15339人，校园占地面积2230亩，建筑面积约60万平方米。

建校以来，学校始终坚持立足地方、服务地方的办学宗旨，以培养地方实用人才为根本任务，逐步形成了勤俭建校、严谨求实、开放包容的办学风格和较为鲜明的应用性办学特色。学校以立德树人为根本任务，坚持育人为本、质量立校、人才强校、特色兴校的办学理念，以培养基础扎实、精于实践、勇于创新、敢于创业的高素质应用型人才为目标。学校毕业生近3年总体就业率均在99%以上。2008—2015年学生在参加的各级各类科技文化竞赛，共获省级及以上奖1229项，其中国家级376项，省级853项，专利数12项，国内核心期刊9篇，国内一般期刊13篇。学校获国家级教学成果二等奖1项、省级教学成果奖23项。

学校稳步推进学科专业建设，机械制造及其自动化、预防兽医学等被批准为第九轮广东省重点学科“优势重点学科”。学校现有“广东省智能制造装备工程技术研究中心”等广东省工程研究中心5个，广东省高校重点实验室1个，广东省教育厅工程技术开发中心3个，佛山市工程技术中心6个，佛山市科技创新平台17个。专业中的土木工程、动物医学为国家级特色专业，机械设计制造及其自动化、动物科学为省级特色专业，国际经济与贸易为省级特色专业建设点。学校目前建有国家级大学生校外实践教学基地1个、省级大学生校外实践教学基地15个；省级人才培养模式创新实验区5个；省级试点学院1个；省级应用型本科人才培养示范学院2个；省级卓越人才培养计划3项；省级教学团队9个；省级国际化人才培养基地2个；省级大学生创业示范基地1个；省级实验教学示范中心6个；省级专业综合改革试点7个、重点专业1个、战略性新兴产业特色专业1个、应用型人才培养示范专业4个；省级精品课程2门、重点课程7门，精品开放课程14门。学校已获国家级大学生创新创业训练计划项目100项，省级大学生创新创业训练计划项目336项。

近年来学校科研实力不断增强，科研经费2010—2016连续五年在广东省排名稳居第10。科研项目总经费从2010年的5700多万元增加到2016年的2.4亿元。2010年以来，学校获得省部级及以上科研项目330项，其中国家级78项；2016年，学校获得广东省科学技术奖二等奖及上海市科技三等奖各1项、2016年中国产学研合作促进奖（个人）和创新成果奖二等奖、广东省农业科技成果推广奖二等奖2项。2016年，学校申请、授权专利819项，其中发明专利328项。

学校紧密围绕国家创新驱动发展战略的目标，以服务地方经济与社会发展需求为引领，加大产学研合作力度，实施了一系列重要举措，将服务地方打造成为学校办学的一张特色名片。学校积极推进与地方政府、企业的产学研合作，推动“校区（局/镇）联动工程”，先后与顺德区、高明区、清远市等15个政府部门、行业签订了战略合作协议，与美的集团、创维集团、海天集团、奇虎360、浪潮集团等龙头企业共建研究中心（院、所）或产学研基地165多个、联合实验室2个、广东省工程技术研究中心11个，协同创新发展中心13个。2010—2015年，学校通过服务地方企业获得横向经费接近2亿元。在全省高校“为地方社会经济发展服务平台数”统计排名中，学校2013—2015年连续3年稳居第2。继2015年之后，学校再度荣获了2016年“中国产学研合作促进奖”，这是经国家科技奖励办公室批准设立的、目前我国唯一面向产学研结合的最高荣誉奖。

学校重视国际合作与交流，先后与美国、英国、德国、澳大利亚、加拿大、日本、南非、莫桑比克、新加坡、韩国、泰国、菲律宾等20多个国家和地区高校建立了友好校际关系，进行长期的学术交流、科研合作和学生联合培养。学校与美国、英国、德国等多所高校开展科研合作；与澳大利亚皇家墨尔本理工大学等国（境）外著名高校开展形式多样的学生交流活动；促进了学校人才培养和整体学术水平提高。近年来，学校数百名毕业生到国外攻读学位，数百名在职教师出国访学或攻读学位。

2015年，学校被列入广东省高水平理工科大学建设学校。目前，学校紧密围绕中央、省、市关于创新驱动发展战略部署，对接广东打造国家科技产业创新中心和佛山建设面向全球国家制造业创新中心、国家制造业转型升级示范城市的需求，植根产业，服务产业，引领产业，坚持“高校+高端研究院所+龙头企业”特色发展模式，搭建高层次科技服务平台，推进政产学研用合作，培育高水平科技成果，打造创新技术应用转化中心和高新技术企业

“大孵化器”，努力将学校建设成为培养一流工程师和企业家的“摇篮”。学校将贯彻落实习总书记对广东工作的重要批示精神，以“四个坚持、三个支撑、两个走在前列”的宗旨统领工作全局，不忘初心、不换频道、不遗余力、不辱使命，以更大力度、更大作为、更大担当，加快推进高水平理工科大学建设。（佛山科学技术学院档案管理中心）

（二十）南方医科大学

南方医科大学前身为中国人民解放军第一军医大学，创建于 1951 年 10 月，隶属总后勤部管理。建校以来曾六变隶属、七易校名、四迁校址，历经专科学校、普通高校、重点高校三个发展时期。

1951 年 10 月到 1958 年 6 月，学校处于专科学校创建时期，从东北军区军医学校、中国人民解放军第十一军医中学到中国人民解放军第十一军医学校的建设过程中，全体教职工克服困难、边建设边教学，为抗美援朝战争以及军队卫生战线输送医务干部 1005 名。1958 年 7 月到 1979 年 4 月，学校进入普通高校发展时期的 20 余年，学校先后经历齐齐哈尔医学院、中国人民解放军齐齐哈尔医学院、中国人民解放军军医学院、中国人民解放军第一军医大学的变更发展，为军队和地方培养本科、大专、中专等多层次专业人才 6700 余名。1979 年 4 月，学校跨进全国重点高校行列，全体教职工解放思想、敢为人先，在办学模式、涉外医疗、校办产业、后勤保障社会化等方面大刀阔斧地进行了改革，开创了学校建设的崭新局面。2004 年 8 月，按照国务院、中央军委的命令，学校整体移交广东省，更名为南方医科大学。在 60 余年的办学实践中，南方医科大学始终秉持“品正、学高、敬业、爱生”的教风，不断培养“德能双修、学以致用”的学风，以传承医学、造就人才、服务人民、报效祖国为宗旨，逐渐形成了“诚信务实、自强不息、敢为人先、追求卓越”的优良传统，实现了从专科学校、普通高校到全国重点高校的跨越式发展。

今天的南方医科大学是全国首批、广东省唯一一所“部委省”共建高校，也是广东省 7 所高水平大学“重点建设高校”之一。学校现有校本部、顺德 2 个校区，占地面积 168 万平方米，建筑面积 84.5 万平方米，面向全国 31 个省、自治区、直辖市及港澳地区招生。学校现有 17 个学院，开设本科专业 30 个，其中国家特色专业 7 个，广东省特色专业 9 个，广东省名牌专业 6 个。

全日制在校生约2万人，研究生4300余人，博士招生规模位列全国独立医学院校第二。南方医科大学在学科建设、人才培养、师资队伍、科学研究、医疗实力、产业开发等方面都彰显出现代高水平大学的教育实力和医科院校的独特优势。

1. 学科建设

学校现有学科覆盖医学、理学、工学、文学、管理学、法学、经济学7大学科门类，现有10个博士学位授权一级学科，6个博士后流动站，其中医学类博士学位授权一级学科数居广东省首位，在全国医科院校中排名第二。学科拥有5个国家重点级培育学科，临床医学、药理与毒理学、生物学与生物化学、神经科学与行为学进入ESI全球前1%学科行列。

2. 人才培养

学校是国家首批试办八年制医学教育的高等院校之一，也是全国首批"卓越医生教育培养"试点高校，与20个国家和地区的51所大学、科研机构建立了友好合作关系。本科生连续8年获得大学生"挑战杯"科技作品竞赛一等奖和创业大赛金奖。

3. 师资队伍

学校现有院士3人、双聘院士1人，国家级教学团队3个，国家教学名师3人，中组部"千人计划"入选者10人，教育部"长江学者奖励计划"入选者8人，"国家杰出青年科学基金"获得者12人，"百千万人才工程"国家级人选10人，科技部中青年科技创新领军人才1人，国家特支计划"青年拔尖人才"1人，国家"优青"4人，广东省"南粤百杰"4人，广东省"引进领军人才"4人，广东省特支计划入选者19人，广东省珠江学者岗位计划入选者20人。

4. 科学研究

学校拥有国家重点实验室、国家临床医学研究中心各1个，也是国家创新人才培养示范基地和国家级国际科技合作基地。2011年以来，学校共承担科研项目2790项，获资助经费11.55亿元。学校作为第一完成单位获国家科技二等奖以上的奖励共17项，作为第一完成单位获省部级科技一等奖的共42项。2000年以来，学校有5项科研成果7次入选国家公布的年度科技十大新闻。

5. 医疗实力

学校现有11所直属附属医院，展开床位总数达1万余张。学校拥有国家临床重点专科16个，国家中医药管理局重点学科6个、重点专科4个，广东省“十二五”医学重点学科7个，广东省临床重点专科54个，广东省医疗质量控制中心6个，建成了广东省肾脏病研究所、广东省骨科研究院。南方医院惠侨楼是全国首家、规模最大的涉外医疗中心，曾被中央军委授予“模范医疗惠侨科”荣誉称号，并得到江泽民同志亲笔题词嘉勉。

6. 产业开发

自20世纪80年代以来，学校开创了全国高校产学研一体化先河，以自主研发的“三九胃泰”“正天丸”“无限极口服液”“尿毒清”等产品为基础，先后创建了深圳南方制药厂（三九集团前身）、南方李锦记营养保健品有限公司、广州康臣药业有限公司等国际知名的医药企业。学校还研制出了国际上第一个SARS抗原检测试剂盒、第一台国产“X－刀”、国家Ⅰ类新药B超心脏造影剂、地中海贫血诊断试剂盒等高端科研产品并成功实现产业化。

新的历史形势下，南方医科大学已昂首挺进我国“双一流”大学建设的快捷大道，并成为致力于打造“双一流”的高水平医科大学。学校将继承和发扬“诚信务实、自强不息、敢为人先、追求卓越”的南医大精神，不忘初心、砥砺前行。（南方医科大学档案馆）

（二十一）广州商学院

广州商学院的前身是华南师范大学增城学院，1999年招收第一批学生，是广东省第一所新机制二级学院、全国第一批独立学院。2011年学校获得学士学位授予权；2014年学校成为广东省第一所由独立学院转设的普通本科高校。

1. 办学理念

广州商学院一直坚持“应用型、开放式、国际化”的发展思路，坚持“以生为本、立德树人”的办学理念，坚持“特色立校、人才兴校、管理强校、开放活校”的发展战略，努力探索实施以德育为先，以专业实践能力为体，以信息化和国际化为两翼的“一体两翼”高素质应用型本科人才培养模式。

2. 学科特色

学校形成了以经济学、管理学为主，文学、法学、工学、艺术学协调发展的学科专业布局。电子商务学科获得广东省特色重点学科立项建设，学校开设了 28 个本科专业，拥有全日制在校本科生 16000 多人。2016 年 5 月，广州商学院经广东省人力资源和社会保障厅批准成为广东省第六批博士后创新实践基地单位。

3. 人才培养

学校坚持以人才培养为中心，坚持“以生为本、立德树人”的办学理念，探索实施以德育为先，以专业实践能力为体，以信息化和国际化为两翼的“一体两翼”的高素质应用型本科人才培养模式。近年来，学生参加了全国“挑战杯”系列大赛、国际机器人竞赛、全国电子设计大赛等活动，先后获得全国、省部级奖项 300 多项，参赛学生中涌现出一大批思想品德高尚、基础理论扎实、实践能力较强、国际视野宽广的高素质应用型人才。

4. 区位优势

学校位于广州开发区内“中新广州知识城”的核心区域。广州开发区是全国综合实力最强的国家级开发区，是广州市改革开放的窗口，有 111 家世界 500 强跨国公司在开发区投资设厂。“中新知识城”是广东省和新加坡合作打造的，引领产业转型升级的国家战略项目。地缘优势为学校人才培养和学生就业提供了良好的外部条件，这将成为高端人才引育园、创新平台聚集区和区域经济社会发展的推进器。

5. 国际化办学

学校积极探索国际化办学模式，于 2012 年成立了国际学院，重点引进国外优质教育资源，开展中外合作办学，目前已与英、美、澳、加、德国等多所名校签署协议，开展本硕连读项目。2012 年，学校经教育部批准与美国贝尔维尤大学合作举办中美本科双学位办学，统考招生，并于 2013 年起面向广东省统招中美双学位管理专业本科学生。

6. 办学成就

学校始终把质量和信誉放在第一位，教育教学与人才培养质量在广东省内外获得社会的广泛认可和赞誉。2011 年，学校获得学士学位授予权。2016 年，学校当选为广东省民办教育协会会长单位和广东省教育研究院首批“民办教育研究基地”；获得第五届全国教育科学研究优秀成果三等奖。在武书连2016中国民办大学综合实力排行榜中，广州商学院位居广东省民办大学第1名、全国位列第18位。在艾瑞深中国校友会网正式发布的《2017年中国大学评价研究报告》中，广州商学院位居广东省民办大学第1名，全国位列第50位。学校曾获“全国先进独立学院”“全国品牌影响力民办高校”“中国一流民办大学”“广东最佳民办大学”等众多荣誉。（钱嘉荔）

（二十二）广东轻工职业技术学院

1933年，为了响应我国提倡的职业教育，广东省教育厅设立“广东省立第一职业学校”，委派黄巽先生任校长，并选由教育厅收购广州市北郊三元里村前旷地六十亩为校址。广东省第一职业学校设高级土木工程科与初级机械科、初级农产制造科和初级印刷制版科，当时共招生161名。

1935年，学校改名为“广东省立农工业职业学校”。1936年，学校增设高级机械电机科。1939年，学校停招初级印刷制版科及初级农产制造科，增设高级应用化学科，并从当年起逐年停招初级科班增设高级科班。1942年，学校增设高级农田水利科，高级机械电机科分为高级机械科和高级电机科两科，并改名为“广东省立广州工业职业学校”。1943年，学校为纪念成立十周年与地政局合作增设一年制测量科。

抗日战争初期，敌机轰炸广州，1937年学校迁往顺德大良城外。1938年广州、大良相继沦陷。学校停顿三月，由水道迁到中山县北岭乡祠庙复课，实验室迁设至澳门青州，机工场设香港土瓜环。1940年中山沦陷，学校师生疏散至澳门，借鲍斯高及圣约瑟两中学课室继续上课。之后学校又奉令内迁粤北乐昌县北乡上丛村及黄村。1942年鉴于实习费用紧张乃自力更生，由省特种事业基金管理会借三十万元，利用本校机器，学校成立了“广东省科学仪器制造厂”亦即本校机械与电机工场。1944年夏，师生粤北至疏散。1945年1月，学校师生在云浮县腰古墟前水东乡祠复课。

1946年，学校迁回广州市大南路，改名为“广东省立广州高级工业职业学校”，增设中等水利科，农田水利科停招。1947年，学校迁回三元里原校址，全校共学生559人。

1949年，广州解放。党和人民政府大力发展教育事业，学校由军管会接管继续办学，校址由广州三元里迁往小北登峰路。1950年，学校由广东省文教厅领导，改名为“广东省立广州高级工业技术学校”。

1952 年 9 月，广东全省院校调整，土木科、水利科与学校分离，并入珠江水利学校；电机科、化学科、机械科三科与兴宁高级工业技术学校、湛江工业学校、广州私立天佑高级工业职业学校三校合并。

1953 年春，中南行政区院系调整，学校机械科、电机科调整到湖南长沙、湖北武汉、河南郑州等地，分别成立相应的中等专业学校；河南郑州工业学校、湖北武昌工业学校、湖南的长沙高级工业学校、湖南常德高级工业学校、江西萍乡高级工业学校等化工科和糖业科迁并于学校，更名为“中央人民政府轻工业部广州化学工业学校”；4 月学校改名为“广州化学工业学校”，由轻工业部直接领导。

1955 年由食品工业部领导，学校改名为“食品工业部广州糖酒工业学校”。1957 年，广东食品工业学校并入学校。1958 年 6 月，学校迁往广州市海珠区新港西路现校址。

1959 年，学校与轻工部属广州造纸学校合并，改名为“广东省轻工业学校”，后来又升格为“广东轻工业学院”，分设大学部和中专部，在校生 2600 多人，由广东省轻工业厅领导。1963 年 1 月，学校重新划归中央轻工业部直接领导，挂两个校牌：轻工业部广州轻工业学校、广东轻工业学院。1964 年，学校更名为“轻工业部广州轻工业学校”。

“文化大革命”期间，学校并入广东轻工业机械厂。1969 年，中央轻工业部在广州的五个直属单位（广东轻工机械厂、广东轻工业学校、广东轻工业设计院机械动力设计、糖业安装工程公司、天津安装二队）合并成立广东轻工机械厂，由广东轻工机械厂管理。

1973 年，学校复办，下放广东省接管，校名为“广东轻工业学校”，由广东省轻工业局领导。1975 年 3 月，由广东省革命委员会批准成立的广东省工艺美术学校设在本校，挂两个牌子，设国画、雕塑两个专业。

1977 年，学校由轻工业部与广东省轻工业局双重领导，日常行政工作与人事工作由广东省轻工业局负责，其他工作由轻工业部负责。1978 年，经批准，学校增设大学本科班，招甘蔗制糖专业、制浆造纸专业。1979 年，学校大学本科班增加制糖专业、糖厂装备专业。

1980 年，学校被列入全国轻工业重点中专学校。同年 11 月，轻工业部重新接管学校，并与广东省工艺美术学校合并恢复为“轻工业部广州轻工业学校”。1994 年 8 月，原国家教委批准学校为国家级重点全日制普通中专学校。

1995 年 2 月，轻工业部撤销管理，学校更名为“广州轻工业学校”，定为副厅局级单位，由中国轻工总会领导。1999 年 4 月，学校改制为“广东轻工职业技术学院”，由广东省高等教育厅领导。

2004 年，学校在佛山市南海区狮山镇软件科技园设立南海新校区，占地面积增至 1500 亩。2006 年，学校以优秀等级通过教育部高职高专院校人才培养工作水平评估。2007 年，学校被列为广东省示范性院校建设单位。2008 年，学校被列为国家示范性高职院校建设单位。2011 年，学校以优秀等级通过教育部、财政部组织的国家示范性高职院校验收。2016 年，学校被列为广东省一流高职院校建设单位。（广东轻工职业技术学院档案室）

（二十三）私立华联学院

私立华联学院现坐落于广州天河区东圃小新塘新景路，创立于 1990 年，是由华南理工大学、华南师范大学、暨南大学、广东技术师范学院等广州地区部分普通高校离退休教授联合创办。1992 年 10 月经广州市教委同意，私立广州华联大学筹备委员会成立，1994 年 4 月，经广东省人民政府批准、原国家教委备案，学院成为省属具有学历教育招生资格的民办普通高等专科学校，同年参加全国高考统一招生。学院在招生资格、贫困学生助学贷款，优秀学生获国家奖学金以及学历等方面，与公办普通高校享有同等待遇。毕业生的学历文凭由广东省教育厅监制，统一编号，并实行电子注册。同年 10 月，经清远市政府同意，学院在清远市源潭镇征地五百亩筹建华清学院作为分院招收学历文凭大专班学生，华清学校同时也是学院教育扶贫基地、三高农业试验基地和学生实习基地。2002 年学院又在广州天河区龙洞设立了分校区。

2007 年学院通过国家评估，核发办学许可证。2009 年，经广东省教育厅批准，学院取得招收外国留学生资格。2013 年初，6 层 22235 平方米的新食堂投入使用，同年 10 月 8 日，15 层 58233 平方米的教学大楼落成并投入使用。2014 年 12 月 17 日，经广东省人力资源和社会保障厅批准，广东省私立华联职业培训学院成立。

私立华联学院是广东省第一家民办大学，也是在改革开放后首批经政府正式批准开办的中国六所民办大学之一，是全国唯一一所在校名前冠以“私立”二字的大学。“教育改革命运”是学校的办学理念，“自律、乐群、勤奋、进取”是学校的校训，践行陶行知教育思想是学校办学特色之一。学院实行董事会领导下的校长负责制，是名副其实的教授办学、教授治校。学院师资力量雄厚，拥有一支以一代代退休教授为骨干、中青年为主体专兼职“双师型”的教师队伍400余人。学院现有在校学生近8000人，开设38个专业，设有专事成人高等学历教育的继续教育学院并与华南师范大学、暨南大学、广东外外语大学、华南农业大学等高校合办相沟通的自考本科学历教育。近10年来，学院毕业生就业率一直在96%以上，已为社会培养了近50000名具有实践动手能力的应用人才，职业培训学院为校内外近6000人次提供各种培训并取得合格技能证书。（私立华联学院档案室）

（二十四）汕头大学医学院

学院的前身是汕头医学专科学校（简称汕头医专）。推本溯源，至今已有90多年历史。

1924年，汕头市立高级助产职业学校创办，原名为潮州产科传习所。1928年，改名为汕头市产科学校。1938年，学校被迫停办。1946年，学校复办，改名为汕头市立高级助产职业学校。

1949年，汕头市立高级助产职业学校由汕头市军管会接管。1950年，改名为汕头市立高级助产技术学校。1951年，汕头市立高级助产技术学校和汕头市立医院护士学校合并，成立汕头市卫生技术学校。1952年，汕头市岭东高级护士学校并入，改名为广东省第七卫生学校。1953年，由潮安卫生学校和普宁助产学校合并的省第五卫生学校并入该校，成立广东省汕头卫生学校。1954年，兴宁助产学校、揭阳护士学校并入汕头卫生学校。

1957年，被省卫生厅评为省先进学校。1959年4月，汕头卫生学校升格为广东省汕头医学专科学校，设医疗专业。原汕头卫生学校改为汕头医专中专部，后并入汕头市中级卫生学校。同年9月，汕头专区医院被列为汕头医专附属医院，1965年脱离附属关系。

1966年，汕头医专划归汕头市第一人民医院，改名汕头医专附属医院。

1969年，学院举办汕头医专中西医结合试点班。1970年3月，汕头医专改名为卫生学校。11月，又改名为汕头地区人民医院卫生学校，开办外科班、西医学习中医班、赤脚医生提高班。1972年10月，汕头医专复名。12月，汕头医专恢复高等院校体制。1974年，汕头医专附属医院复办（后发展为第一附属医院）。1975年前后三年学院先后开办了汕头医专隆江分校、潮安分校、潮阳分校。

1983年8月，汕头市第一人民医院划归汕头医专，改名汕头医专第二附属医院。9月，汕头医专并入汕头大学，改名为汕头大学医学院，设医学、中医学专业，招收医疗专业五年制本科生。1984年，广东省政府决定医学院两年内作为相对独立单位，副厅级建制。1985年，学院开办夜大学临床医学专业大专班、实验技术中专班以及寄生虫学、病理学等7个短期学习班。

1986年，病理学被评为省重点学科，学校在此基础上成立肿瘤病理研究室，增设法医学、X线诊断学大专班、护士中专班。10月，汕大医学院继续作为相对独立单位，仍由各有关部门管理。1987年，学院增开夜大学中医专业大专班。1988年，汕头大学精神卫生中心正式开业。1989年，由李嘉诚先生捐资兴建的第一附属医院乔迁新址。

1990年，学校招收病理学硕士研究生。1991年，成立肿瘤研究所，下设流行病学、病因学、病理学、分子生物学、临床肿瘤五个研究室。1992年，病理学科评为省重点课程。1993年，病理学获得硕士学位授予权。2月，汕头大学医学院附属肿瘤医院成立。4月，中国预防医学科学院汕头分院成立；风湿病研究室、电生理研究室、生殖生物研究室、血液稀释研究室等也一并成立。

1994年，附属肿瘤医院正式挂牌。同年秋，学院开始作为广东省第一批招生的院校。1995年，第一附属医院被评为“三级甲等”医院。内科学（风湿病）获硕士学位授予权。1996年，“食管癌高发现场的综合防治研究”项目荣获“全国十大科技成就证书”。12月，顺利通过“211工程”部门预审。1997年，内科学（心血管病）、外科学（普外）、精神病学与精神卫生学获硕士学位授予权。1998年，病理学与病理生理学获博士学位授予权，学校设立“长江学者”特聘教授岗位，第一附属医院建立国内首家宁养院。

2001年，学校设立基础医学博士后科研流动站。8月，眼科中心竣工并投入使用。2002年，学校增设七年制（本硕连读）临床医学专业，病理学与病理生理学成为国家重点学科。2003 年，临床医学专业被评为广东省名牌专业，学院被广东省委、省政府授予“广东省先进集体”。2004 年 8 月，汕头大学医学院附属粤北医院挂牌。

2005 年，临床基本技能获国家精品课程。3 月，学校被批准为 2004 年新增临床医学硕士专业学位研究生培养单位。2006 年，学校在教育部本科教学工作水平评估中获得优秀并通过“十五”“211 工程”整体验收。2 月，学校获得药理学、生物化学与分子生物学、免疫学三个博士点；基础医学(含 7 个学科)和临床医学(含 18 个学科)2 个一级学科硕士点；流行病与卫生统计学、药物化学 2 个硕士点。4 月，汕头大学医学院附属华南医院揭牌。2007 年，学校开设医学教育全英班。10 月，汕头大学医学院附属深圳龙岗医院挂牌。2008 年，临床医学专业获教育部特色专业。2009 年，学校增设药学博士后流动站，并在国内率先成立教师成长中心。

2010 年，学校招收欧美国家本科起点留学生，并荣登中国高校 Nature& Science 论文排行榜第 9 名，并首获教育部高等学校科学研究优秀成果奖(科学技术)自然科学奖一等奖。2011 年 1 月，汕头大学精神卫生中心新院落成。4 月，临床医学获一级学科博士学位授权。6 月，附属肿瘤医院 TrueBeam 治疗中心启动。11 月，“广东省感染病与分子免疫病理重点实验室”获得省科技厅批复立项。

2012 年，临床医学专业进入 ESI 全球前 1% 行列。4 月，汕头大学医学院附属深圳儿童医院揭牌。9 月，设立临床医学博士后科研流动站。12 月，汕头大学医学院附属三亚医院揭牌；广东省重点学科评审，基础医学、临床医学(一级学科)获优势重点学科；药理学、生物化学与分子生物学(二级学科)获特色重点学科。2013 年 6 月，新医学院建设项目启动。7 月，学校被授予“国家医师资格考试实践技能考试与考官培训基地”。11 月，广东省乳腺癌诊治研究重点实验室揭牌。2014 年 9 月，“国际视野下卓越医师培养的综合改革与实践”教改项目荣获国家级教学成果一等奖。

2015 年 3 月，汕头大学医学院口腔医学系成立。4 月，汕头大学新医学院主体工程封顶。6 月，首批 3 名同学参与北京协和医学院“七转八”教育项目。2016 年 6 月，汕头大学医学院新教学中心建成。7 月，医学微生物与免疫学、病理学 2 门课程入选首批“国家级精品资源共享课”。(汕头大学医学院档案室)

(二十五)广东松山职业技术学院

广东松山职业技术学院(简称学院)地处韶关市南郊,邻近京珠高速公路,紧靠广韶公路,毗邻粤北名胜南华寺;是一所由广东省人民政府举办、广东省教育厅管理、韶关地区唯一的高等职业技术学院;现任党委书记为谢琼杰,院长为曾向昌。

学院前身为原广东韶关钢铁集团(简称韶钢)职工大学,创办于1976年3月,办学初期校名为韶关钢铁厂“七二一”工人大学;1981年6月经广东省人民政府批准“七二一”工人大学改名为韶关钢铁厂职工大学;1982年6月粤北三所冶金职工大学合并为韶钢职工大学,由韶钢管理,同年7月国家教育部以〔1982〕教工字019号文予以备案,并迁至现址办学;1994年6月广东省人民政府同意广东省韶关钢铁职工大学更名为广东省韶钢集团公司职工大学;1997年1月以良好等级通过广东省成人高校评估。

韶钢技工学校1988年3月经原广东省发展计划委员会批准成立,成立之初无独立建制,行政及其他事务均由韶钢职工大学代管;1989年7月独立建制;1998年3月学校经广东省人民政府批准改名为广东省重点技工学校。

1997年8月韶钢重组职工大学和技工学校,并入厂培训机构,成立职教中心,三位一体;1999年6月经广东省高校设置评审委员会评审一致通过韶钢职工大学改制为广东松山职业技术学院;同年9月韶钢集团公司撤销职教中心,保留职工大学和技工学校牌子;2000年6月经广东省人民政府批准同意广东省韶钢集团公司职工大学改制为广东松山职业技术学院;2001年1月教育部以教发〔2001〕1号文备案;2005年6月学校以良好等级通过教育部高职高专院校人才培养工作水平评估;2011年8月宝钢集团、广东省国资委、韶关市、韶钢四方签订《关于广东省韶关钢集团有限公司企业办社会移交及主辅分离之框架协议》,明确学院建制移交广东教育厅接收;2014年6月学院正式由韶钢成建制移交广东省教育厅管理,同年12月省编制办发文明确学院为省教育厅管理的事业单位。

学院校园面积43.7万平方米;现有教职员工503人,其中具有副高以上职称96人;现有全日制在校大专学生9157人;近年来整体就业率均在99%以上;学院以机械、电气、计算机类专业为主体,经济、文管类专业协调发展，开设39个专业，其中4个省级重点专业、1个省级示范专业、1个省级二类品牌专业、2个中央支持高职院校提升专业服务产业发展能力项目重点建设专业；建有82个校内实验实训室，87个校外实践基地，其中中央财政扶持的职业教育实训基地2个，省级高等职业教育实训基地7个，省级高等职业教育专项资金支持高技能人才培养基地建设项目2个。

学院荣获2008—2010年度广东省高校治安综合治理优秀学校、全国冶金高等职业教育先进单位、全国高等教育学籍学历管理工作先进集体、广东省心理健康教育先进集体、广东省高校毕业生入伍预征工作先进单位、广东省大学生征兵工作先进单位、广东省大中专学生志愿者暑期“三下乡”社会实践活动先进单位等荣誉称号。（杨飞）

（二十六）广东省外语艺术职业学院

1978年广东省教育厅决定创办广东外国语师范学校，报请广东省政府审批。1980年广东省人民政府函复省教育厅，同意创办广东省外国语师范学校，校址在广州市沙河元岗。

1983年广东省人民政府批准创办广东艺术师范学校，设置音乐、美术两个专业，学制三年，规模为在校生600人。1984年联合国儿童基金会与广东省教育厅联合筹办的广东省小学师资培训研究中心在广东外国语师范学校成立。1984年广东省人民政府批准广东外国语师范学校由三年学制改为三、二分段的五年学制，前三年为中师，后两年为大专。

2001年广东省人民政府批准广东外国语师范学校升格为广东外语职业学院。2001年经广东省人民政府批准广东艺术师范学校并入广东外语职业学院，合并后更名为广东省外语艺术职业学院。2002年学院筹备领导小组成立，广东省教育厅、英国驻广州总领事馆和学院合作的“中英小学英语教学资源中心”成立。2003年广东省机构编制委员会批准我院编制方案，编制为502名，同年，学院获评“全国聘请外国文教专家先进单位”。

2004年学院首次获批中央财政支持的国家职业教育实训基地建设项目，承担“计算机应用”国家职业教育实训基地项目。2005年全国规模最大的女子民乐团——学院“百花齐放”女子百人民乐团成立。2006年学院获全国高校校园文化建设优秀成果评选优秀奖。2007年学院以优异成绩通过教育部高职高专院校人才培养工作水平评估，学院被授予“全国语言文字工作先进集体”荣誉称号。

2008 年，学院舞蹈作品《悸动》获第六届中国舞蹈“荷花奖”校园舞蹈大赛普通高校组金奖。2009 年，学院获评“国家级语言文字规范化示范校”。2010 年，学院获评“全国学校艺术教育工作先进单位”与“广东省职业技术教育工作先进集体”，学院开展首届新疆喀什免费师范生培养工作。

2011 年，广东音乐展览馆在学院隆重揭幕。2013 年，广东省学前教育职业教育集团在学院成立，学院被确认为第二批省示范性高职院校建设项目立项建设单位。2014 年，学校获“全国职业核心能力优秀单位”称号。2015 年，学校获批立项建设广东省中小学教师发展中心。

目前，学校已完成二级学院设置改革，形成燕岭校区以教师教育专业为主，五山校区以职业教育专业为主的办学格局，进一步明确了“教师教育办精品，职业教育办特色”的办学思路。《广东省外语艺术职业学院章程》经广东省教育厅高校章程核准委员会评议，广东省教育厅第 12 次厅长办公会议审议通过，获得核准并予公布。（广东省外语艺术职业学院档案室）

（二十七）广东青年职业学院

广东青年职业学院（广东省团校），是一所经广东省人民政府批准成立、教育部备案、有 60 多年办学历史的全日制公办普通高等学校，隶属于共青团广东省委员会。学院为副厅级建制，地处广州市，现有白云和天河两个校区，校园占地面积 500 多亩，规划校舍建筑面积 32 万平方米，可同时容纳 12000 名大学生和数百名培训学员。

回顾学院发展历史，主要分为 7 个阶段：

1. 华南团校创建阶段（1950. 3—1955. 9）

1950 年 3 月广州刚和平解放不久，为了促进共青团工作的建设和发展，加强对共青团干部的培训工作，在中共华南分局的关怀和共青团华南工委会的领导下，华南团校于广州西村宣告成立。在第一期培训班的开学典礼上，时任中共华南分局第一书记的叶剑英同志作了讲话，明确了团校的教学方针是“理论学习、工作总结、思想反省、生产劳动相结合”，并为华南团校写下了“学习与劳动结合”的题词。

2. 广东省团校(1955.10—1957 年底)

1955 年下半年随着华南分局被撤销，中共广东省委成立，华南团校也于 1955 年 10 月更名为广东省团校。1957 年底，为满足国家重点项目冷冻厂建厂的需要，广东省委决定省团校从西村迁至荔湾东路(现荔湾北路)125 号，将原广州市行政干部学校校址及中山八路尾陈家祠的一部分作为省团校的新校址。

3. 广东省青妇干部学校(1958 年初—1960 年)

1958 年初，广东省团校与广州市团校、省妇联干部训练班合并，更名为广东省青妇干部学校。1960 年，因国家处于经济困难时期，广东省委决定停办一批包括省青妇干校在内的省直干校，故省青妇干部学校停办后合并于省委党校。

4. 广东省工青妇干校(1963.1—1966.6)

1963 年在省委的指示下，团省委又与省总工会、省妇联联合成立了广东省工青妇干校，校址设在沙河东莞庄原省机械学校内。1966 年“文化大革命”开始，省工青妇干校被迫停办，实行“军管”。

5. 广东省团校复办阶段(1982.3—1985 年底)

十一届三中全会以后，在广东省委亲切关怀下，广东省团校于 1982 年 3 月 11 日复办，校址选定在原郊区沙河公社银河大队部的旧址上。

6. 广东青年干部学院阶段(1986.1—2011.2)

1986 年 1 月 10 日，经广东省人民政府批准，广东青年干部学院正式成立，并被纳入成人高等院校体制。

7. 广东青年职业学院阶段(2011.2 月至今)

2011 年 2 月 17 日，经广东省人民政府批准，广东青年干部学院改制为广东青年职业学院，并在白云区钟落潭镇征地 500 多亩建设新校区。学院主要承担高职教育、成人教育、团干部培训、青年职业技能培训和青年工作理论创新职能。(刘可)

二

海南省

(一)海南大学

新的海南大学由华南热带农业大学、原海南大学合并组建而成。

原华南热带农业大学(原名"华南热带作物学院")创建于1958年，是为了打破中华人民共和国成立初期帝国主义对我国天然橡胶的封锁，在周恩来总理的亲自关怀下，经中央批准创建以橡胶和热带农业为主攻方向的特色大学——华南热带作物学院是海南省内唯一拥有国家级重点学科和博士点的农业部直属高校。学校与创建于1954年的华南热带作物科学研究院实行一套班子两块牌子的体制，简称"两院"，被誉为我国热带农业的"双子星"。

建校50余年来，"两院人"在极其艰苦的条件下，以深厚的爱国情怀、严谨的治学态度和无私的奉献精神，冲破了国际上认定的北纬15°以北不能种植橡胶的"植胶禁区"，创造了北纬18°~24°地区大面积种植橡胶的神话，使我国成为世界上唯一在维度最北范围内大面积种植橡胶成功的国家，并由原来的橡胶空白国奇迹般地崛起为世界第五大产胶国；同时也奠定了"两院"在国内橡胶和热带农业研究领域独一无二的地位，为我国的国防事业和热带地区经济社会发展作出了重大贡献。

原海南大学是1983年经国务院和教育部批准，在原海南师范专科学校、海南医学专科学校和海南行政区农学院(海南农业专科学校)的基础上，合并优势专业和办学资源组建的。建校20余年来，在海南省委、省政府的大力支持和海外侨胞的鼎力资助下，老一辈的海大建设者经过艰苦创业，在3000余亩的滨海荒地上建起了现代化、人文气息浓厚的美丽校园，成为哲、经、法、文、理、工、农、管多学科协调发展的海南省属重点综合性大学，取得了显著的教学科研成果，为海南培养输送了大批高层次人才，为落实“科教兴琼”战略作出积极贡献。

新海南大学是2007年8月14日，经教育部批准，由华南热带农业大学与海南大学合并组建而成的海南省属综合性重点大学，是海南省人民政府与教育部、财政部共建高校。2008年12月，经国家批准成为“211工程”重点建设高校。（海南大学档案馆）

（二）海南师范大学

海南师范大学前身为国立海南师范学院，1949年秋创建于海口琼台书院内。时值海南和平解放前夕，国民党全面溃败，大量知识分子跟随国民党军队涌入海南。为与当时的私立海南大学以及随国民党自东北迁琼的长白师范学院等学校相抗衡，时任琼崖师范学校校长符志逵罗致了一批国内教授和学者，于1949年秋在琼崖师范学校挂牌成立国立海南师范学院，符志逵为海南师范学院院长兼琼崖师范学校校长。

1950年，海南和平解放后，学院被海南军政委员会文教处接管，继续开办。1952年，全国高等院校调整，学校更名为海南师范专科学校。1953年，海南师范专科学校并入华南师范学院和华中师范学院。

1958年9月，海南师范专科学校恢复办学。在1962年的高等学校调整中，海南师专和华南师范学院成为广东省仅有的两所师范院校。“文革”开始后，学校被迫停课并中断招生，至1973年恢复招生。

1983年，在海南师范专科学校、海南医学专科学校和海南行政区农学院（海南农业专科学校）的基础上海南大学成立了，海南师专改为海南大学师范部，办学相对独立。1986年11月8日，经原国家教委同意，海南大学师范部独立为海南师范学院。1999年3月，海南师范学院与海南教育学院合并为新的海南师范学院。

2003年，学校被国务院学位委员会批准增列为硕士学位授予单位。2007年，教育部正式批准学校更名为“海南师范大学”。2009年，学校被海南省政府列为全省唯一的一所“省重点大学”进行建设。

2013年，学校经国务院学位委员会批准为博士学位授予权单位。2015年，被列为教育部、海南省人民政府共建高校。2016年，学校被纳入国家中西部高校基础能力建设工程(二期)规划。

学校现设有21个学院、4个一级学科博士点,11个一级学科硕士点、3个专业学位硕士点、62个本科专业,形成了师范与非师范性专业协调发展、教育层次完整的人才培养体系,面向全国31个省(市、区)招生。学校现有全日制学生近2万人,其中博士、硕士研究生626人,全日制本科生18060人,留学生428人。学校现有龙昆南、桂林洋、灵山三个校区,占地面积约3100亩。教学科研仪器设备总值37437万元。图书馆馆藏纸质图书199.63万册,电子图书128.02万册,各类中外文数据库18个。学校现有国家级实验教学示范中心1个,省级实验教学示范中心5个,国家级大学生校外实践教育基地1个,省级大学生校外实践教育基地1个,国家级人才培养模式创新实验区1个,国家专业综合改革试点专业1个,国家级特色专业3个;有5个省级重点学科、省级培育学科4个;有教育部重点实验室1个,省部共建重点实验室1个,省级重点实验室3个,省级人文社会科学研究基地8个,省级研究中心1个,省级协同创新中心1个,校级研究所(中心)、智库、协同创新中心32个。2015年,国家大学科技园落户学校。

学校专任教师中具有高级专业技术职务资格的有597人,其中正高级专业技术人员223人,具有博士学历366人。有国家突出贡献专家、首批国家新世纪百千万人才工程专家、教育部优秀人才支持计划人选、全国模范教师、全国优秀教师、国务院特殊津贴专家及省级各类专家等150多人。有教育部创新团队发展计划培育团队1个,省级教学团队10个。

学校为中宣部首批部校共建新闻传播学院(专业)高校。学校已经与五大洲58个国家(地区)、100多所高校和教育机构开展了学术交流活动,与境外53所大学和教育机构建立了姐妹学校关系,与10所大学合作培养人才。2009年,孔子学院总部/国家汉办批准将东南亚汉语推广师资培训基地落户学校。2013年,学校经教育部批准为中国政府奖学金生接收院校。2015年,学校与马来西亚世纪大学共建的孔子学院成立。

学校立足海南,服务地方,建设了一批独具特色的优势学科,形成了具有区位优势和地域特色的研究方向,在各自研究领域具有独特地位。马克思主义理论学科具有一级学科博士授予权,是海南省第一批省级A类学科;思想政治教育本科专业和学科教学(思想政治)一直在海南省领先。拥有省级重点人文社科研究基地3个:海南省中国特色社会主义理论体系研究中心、海南省生态文明研究中心、海南省马克思主义理论研究和教育协同创新中心。马克思主义理论学科在马克思主义理论整体性与现代性研究方面取得重要进展，在海南发展战略与生态文明理论研究方面产生广泛影响。学校的中国语言文学学科建设和拓展了具有鲜明特色与独特优势的研究方向，如中国现当代文学方向的百年中国视野下现代文学专题研究，历史化、经典化的新时期文学研究，史学建构与创作批评并重的海南文学研究，文艺学方向开启的学术新方向的“民族主义与中国文学”研究等，取得一系列成果，形成了比较突出的特色和优势。化学学科形成了热带药用植物化学、有机合成化学、无机合成与制备化学、材料物理化学等四个研究方向，热带药用植物化学研究成果在国内外产生广泛影响，建有教育部重点实验室、省级重点实验室，获得海南省科技进步特等奖、海南省“十一五”科技创新突出贡献奖，入选教育部创新团队发展计划培育团队。生态学学科拥有省部共建教育部重点实验室、国家基础科学人才培养生物学野外实践基地、海南热带生物资源研究所、热带海岸生态恢复国际研究中心等机构，创建了国内唯一一支专门从事龟类生态学研究的队伍，创建了龟鳖动物“形象检索法”，在海南生态保护研究方面有重要的影响。（海南师范大学档案馆）

三

湖南省

（一）中南大学

中南大学坐落在中国历史文化名城——湖南省长沙市，占地面积5886亩，建筑面积276万平方米、跨湘江两岸，依巍巍岳麓，临滔滔湘水，是教育部直属全国重点大学、国家“211工程”首批重点建设高校、国家“985工程”部省重点共建高水平大学和国家“2011计划”首批牵头高校。

1. 合并前的历史

中南大学由原湖南医科大学、长沙铁道学院与中南工业大学于2000年4月合并组建而成。

原中南工业大学的前身为中南矿冶学院。1952年，经当时国家政务院批准，武汉大学、北京理工大学、湖南大学、中山大学等六所著名高校的地质、矿冶类系科云聚湖南长沙，在原清华大学南迁校址上组建了我国第一所以有色金属学科为主的矿冶类高校——中南矿冶学院，并在1960年被中央确定为全国重点大学。1985年，中南矿冶学院更名为中南工业大学，完成了由单科性院校到多科性大学的转变。1997年，学校成为首批“211工程”大学。1998年，原长沙工业高等专科学校并入中南工业大学，同年9月，成为教育部直属高校。1999，学校顺利通过教育部本科教学工作优秀评价。中南工业大学具有鲜明的行业特色，在矿业工程和金属材料等领域位居世界前列。地洼学说是世界两大地质学说之一，选矿剂分子设计理论被国际选矿界公认为“长沙学派”；双频激电理论被誉为新一代激电找矿理论；粉末冶金成型及烧结理论是国际五大粉末压制理论之一；轧机变相单辊驱动理论对轧制理论具有重大突破；相图计算与设计被国际材料学界称为金氏相图计算理论，相关学科为国防建设作出重要贡献，先后为第一颗原子弹、第一枚洲际导弹、第一颗人造地球卫星、第一艘核潜艇、第一辆主战坦克提供了关键材料和重要部件，多次受到中共中央、国务院、中央军委的嘉奖。

原湖南医科大学于1914年由湖南育群学会与雅礼协会联合创建的，是我国现代教育史上首所中美合资的高等医学教育机构，初名湘雅医学专门学校，1925年更名为湘雅医科大学，1931年改称湘雅医学院，1940年8月由私立改为国立，1953年10月更名为湖南医学院。1987年改名为湖南医科大学。1996年通过“211工程”部门预审并以部省共建形式进行建设，隶属于卫生部。长期以来，湘雅按照欧美甲等医学院的标准办学，培养造就了众多高级医学专门人才，如在医学界有“内科全才”之称的张孝骞、世界“衣原体之父”的汤飞凡、名满全球的病毒专家李振翩，享有“南湘雅”的美誉。1925年，孙中山先生为湘雅医科大学第五届学生题赠勉词“学成致用”；世纪伟人毛泽东曾两次亲笔写信介绍亲友到湘雅看病“湘雅诊不好，北京也就诊不好了”。进入新时期，湘雅更是硕果累累，医学遗传学团队成功克隆人类遗传神经性耳聋疾病基因，实现了中国本土克隆疾病致病基因零的突破，被列为新中国基础研究五十年“理论建树25项成果之一”；临床药理研究团队在国际上首先证实了遗传因素引起药物反应的种族差异和个体差异；在生生殖与遗传研究团队的努力下诞生了我国首例供胚移植试管婴儿，创建了世界上最大的人类冷冻精子库，建成全世界接受试管婴儿人数最多、妊娠率最高的生殖中心。

原长沙铁道学院前身是1953年全国院系调整时的中南土木建筑学院，由武汉大学、湖南大学、南昌大学、广西大学、华南工学院、云南大学和四川大学7所高校的土木系和铁建系合并组建。1960年，经铁道部批准，以成建制的铁道建筑、桥梁与隧道、铁道运输三个系和部分公共课教研室为基础成立长沙铁道学院。长沙铁道学院是“江南唯一、专业配套”的多科性、培养高水平人才、全面为铁路建设服务的铁路高校，在交通运输领域具有雄厚的实力。1999年，长沙铁道学院成为全国第一所本科教学工作随机性水平评价达到优秀的高校，在办学实力和综合水平居全国同类院校领先地位。列车外型设计和列车撞击动力学研究相关成果被鉴定为国际先进水平；以侯振挺教授为学术带头人的数学学科在马尔可夫过程研究等方面不断取得重大成果，“Q过程唯一准则”被国际数学界称为“侯氏定理”；铁路选线的计算机辅助设计领域相关研究填补了国内空白，达到世界先进水平；桥梁时变系统横向振动分析理论达到国际领先水平，在国内外都具有重要影响。

2. 合并后的发展

(1)发展现状

中南大学自合并组建以来，秉承百年办学积淀，顺应中国高等教育体制改革大势，弘扬以“知行合一、经世致用”为核心的大学精神，力行“向善、求真、唯美、有容”的校风，各项事业快速发展，强强合并效应迅速显现，被评价为“合并组建高校成功办学的典范”。

2001 年，中南大学成为“985 工程”部省重点共建高水平大学，开启了快速发展的征程。2012 年，中南大学率先启动以人事制度改革为龙头，以人事、本科教学、学位与研究生教育、科研管理、医学教育和管理服务等为主要内容的校内综合改革，开始了新形势下高等教育体制改革的新探索，中央党校调研组认为“中南大学的改革是中国高等教育本质的返璞归真”。

经过 10 多年的建设，中南大学综合实力大幅提升，社会影响力显著增强，为国家高等教育发展和经济社会建设发挥了重要而积极的作用。

党委领导核心作用有效增强。学校始终坚持党委领导下的校长负责制，牢牢把握正确办学方向，全面提升学校党建与思想政治工作科学化水平，为改革发展稳定提供坚强的思想、政治和组织保证。先后被评为“全国党的建设和思想政治工作先进高校”“全国精神文明建设工作先进单位”“全国基层思想政治工作先进典型单位”。

一流学科建设步伐进一步加快。学校现拥有完备的有色金属、医学、轨道交通等学科体系，涵盖哲、经、法、教、文、史、理、工、医、管、艺等 11 大学科门类，辐射军事学的国内著名综合性大学。拥有一级学科国家重点学科 6 个，二级学科国家重点学科 12 个，国家重点(培育)学科 1 个；博士学位授权一级学科 29 个，硕士学位授权一级学科 44 个，博士后科研流动站 32 个。材料科学、工程学、临床医学、化学、药理学与毒理学、生物学与生物化学、神经科学与行为学、数学、计算机科学、分子生物学与遗传学、社会科学总论、免疫学、精神病学与心理学 13 个学科 ESI(基本科学指标)排名居全球前 1%，其中材料科学排名居全球前 1‰。

人才队伍力量雄厚。有中国科学院院士 2 人，中国工程院院士 14 人，国家“千人计划”入选者 57 人，“973 计划”项目首席科学家 19 人(其中青年项目2人),“长江学者奖励计划”特聘、讲座教授46人,国家教学名师7人,教授及相应正高职称人员1500余人,享受政府特殊津贴专家496人。

人才培养成效明显。学校目前全日制在校学生规模达到5.5万;先后获得国家精品课程57门,国家教学团队8个,国家级实验教学示范中心7个。在国内率先创办创新型高级工程人才实验班,成为教育部卓越工程师、卓越医师、卓越法律人才教育培养计划试点高校;是全国首批试点开展八年制医学教育(医学博士学位)的大学之一,也是全国第一所为军队培养现役军官指技合一硕士研究生的高校。2000年以来,学校为国家和社会培养了12万余名优秀人才,入选全国首批毕业生就业典型经验高校,成为我国百强企业最欢迎的10所大学之一。

创新竞争力持续提升。学校建有国家级创新平台21个,其中国家重点实验室3个、国家工程研究中心4个、国家工程实验室5个、国家工程技术研究中心2个、国家临床医学研究中心3个、国防科技重点实验室1个、国家工程化与创新能力建设平台1个,牵头组建的“有色金属先进结构材料与制造协同创新中心”的和参与组建的“轨道交通安全协同创新中心”获得国家“2011协同创新中心”首批认定。2000年以来,学校共获国家科技三大奖86项,其中获国家科技进步一等奖(特等奖)14项,入选“中国高校十大科技进展”9项。

开放办学不断深入。学校先后与20多个国家和地区的200多所大学和科研机构建立了长期合作关系,现有来自100多个国家和地区的留学生在校学习。

近年来,习近平总书记等9位中央政治局常委在内的20余位党和国家领导人相继来校视察,对学校各项工作给予高度评价。2013年11月4日,中共中央总书记、国家主席、中央军委主席习近平来校调研科技创新,对学校办学给予充分肯定。

(2)特色与优势

中南大学始终坚持服务国家目标与鼓励自由探索相结合,瞄准国家和社会重大需求,积极服务国民经济建设和国防现代化建设主战场,深入推进协同创新,取得了系列标志性成果。

学校建成了世界上最完备的有色金属学科体系,形成了具有世界先进水平的有色金属学科群。在地质、采矿、选矿、冶金、材料、机械等领域均拥有国家重点学科，引领和支撑国家有色金属产业的发展，取得了显著的成果。学校突破国外理论禁锢，建立了复杂难处理钨资源高效清洁利用新理论和新技术，使我国钨资源保障年限由不足5年延长到25年以上；成功申建高性能复杂制造国家重点实验室，承担大飞机工程所有铝合金研制项目；学校控股的湖南博云/长沙鑫航公司成为C919大型客机机轮与刹车系统的唯一供应商，实现占大飞机制造成本1/6的着陆系统“中国造”；成功研制高稳定性和高一致性的空间对接机构摩擦副，在“神舟”系列载人飞船与“天宫一号”的成功对接中发挥了关键作用。

始终坚持弘扬百年湘雅传统，强力推进医教研协同发展，在医疗卫生事业和民众健康中发挥了“国家队”的作用。目前，湘雅口腔医院已成立并运行，湘雅五医院启动建设。在推进附属医院综合改革的过程中，医教协同的工作经验得到国家卫计委推介。医疗技术攻关能力不断增强，获国家临床重点专科61个，附属医院年门急诊量达700万人次，大中型手术每年10多万台次，心肺联合、全腹腔移植等术后生存均创亚洲记录，硼中子刀治疗、器官异种移植受到广泛关注，形成了人类辅助生殖和精子库技术创新体系，成功率处于国际先进水平。湘雅医学院率先开展医疗大数据建设，制定了约1000种常见和疑难疾病的医疗数据标准，有力促进了智慧医疗、个体化医疗、医学教育和基础医学等的发展，国务院副总理刘延东给予高度评价，称之为“中国医疗改革的方向”。湘雅品牌下的国家医疗队、应急医疗队参与国内外重大救援30多起，广受好评。

轨道交通学科群为我国既有铁路提速、高速铁路、城际轨道等重大铁路工程建设和发展作出了重要贡献。学校依托“高速铁路建造科学技术科技创新平台”，建成了高速铁路建造技术国家工程实验室，高速铁路风洞、双台六自由度振动台试验系统处于国际先进水平；建有世界上规模最大、国内唯一的“列车气动性能动模型模拟试验装置”，“轨道车辆实车碰撞试验系统”和“横风动模型试验装置”填补了世界范围内该试验手段的空白；发明的列车结构塑变吸能技术及装置获得国家奖励；开发的新型自密实混凝土设计与制备技术成功解决了高速铁路无砟轨道结构的施工难题；研发的新型砂浆大规模应用于我国高速铁路建设，研究成果纳入行业技术标准和技术指南。

推进新型智库建设，为经济社会发展提供有力支撑。学校已启动中南大学科技园建设，力造“环岳麓山大学城经济圈”。“产能过剩矛盾突出的行业发展趋势和调整化解对策研究”项目成果入选中宣部社科规划办《成果要报》。“深海采矿工程”被遴选为“事关我国未来发展的重大科技项目”中9个“重大工程”之一。参与起草的《湖南省政府服务规定》成为我国首部政府服务行为规范性文件，连续多年发布《中国法律实施报告》。“两型社会”相关研究成果被湖南省政府采用，并由省政府发布了12项系列标准；知识产权研究院参与了《湖南省专利条例》等多部条例的编撰。参与卫生部批准成立的中欧生物医学研究伦理平台和卫生部辅助生殖技术法律、法规的起草及修订等工作。创建了全国最早的村落文化研究中心，集藏了有关实物、文献2万余件，专项调研报告多次得到党和国家领导人批示。

“惟楚有材，于斯为盛”，今天的中南大学正肩负着国家高水平大学建设的历史责任，努力建设世界知名的有特色研究型大学，为实现中华民族伟大复兴的中国梦做出更大贡献！（中南大学档案馆）

（二）湖南大学

湖南大学坐落在中国历史文化名城长沙，校区位于湘江之滨、岳麓山下，享有“千年学府”“百年名校”之誉。她不仅是教育部直属的全国重点综合性大学，也是国家“211工程”“985工程”重点建设的高水平大学。

学校办学起源于宋太祖开宝九年（976年）创建的岳麓书院，历经宋、元、明、清等朝代的变迁却始终保持着文化教育的连续性。1903年岳麓书院改制，与湖南省官立高等学堂（湖南省官立高等学堂起源于1897年创建的长沙时务学堂，1899年2月时务学堂撤销，在其基础上建立求实书院，1902年求实书院改为湖南省城大学堂，1903年2月，湖南省城大学堂正名为湖南省官立高等学堂）合并，在岳麓书院旧址上成立湖南高等学堂。

1912年，中华民国成立，教育部颁布了国民教育宗旨，制定了《壬子学制》和《大学令》，湖南高等学堂奉令停办，凡没有毕业的学生均按志愿送到湖南公立高等工业学校（湖南公立高等工业学校源于1903年创办的湖南省垣实业学堂，1908年湖南省垣实业学堂升为湖南官立高等实业学堂，1912年湖南官立高等实业学堂改名为湖南公立高等工业学校）和湖南高等师范学校（湖南高等师范学校源于1908年成立的湖南优级师范学堂，1912年湖南优级师范学堂改名为湖南高等师范学校）继续学习。同年，湖南高等师范学校奉省政府令迁入湖南高等学堂旧址。1914 年，湖南公立高等工业学校按教育部令，正名为湖南公立工业专门学校。1917 年，湖南高等师范学校奉教育部令停办，并入国立武昌师范学校，湖南高等师范学校并入国立武昌师范学校的当年，湖南公立工业专门学校迁入湖南高等师范学校旧址（即岳麓书院旧址）。

1926 年 2 月，湖南省政府将湖南省当时的湖南公立工业专门学校、湖南公立商业专门学校、湖南公立法政专门学校三校合并入湖南省省立大学，定名湖南大学。定名之时，学校设有理科、工科、法科、商科四科，同年 8 月，湖南甲种农业学校并入，增设农科。1927 年 4 月，奉湖南省政府令，湖南大学改为湖南工科大学，仅留理工两科。同年 7 月，湖南工科大学停办。1928 年 4 月，湖南省政府决定恢复湖南大学，设文、理、工三科。1937 年 7 月，湖南大学由省立改为国立，成为当时国民政府教育部十余所国立大学之一，设有理、工、文、法、商科。湖南大学改为国立大学的第二天（即 1937 年 7 月 7 日），我国抗日战争就全面爆发，长沙频繁遭受日军空袭，学校于 1938 年 4 月遭受日军轰炸，受到巨大人员、财产损失。学校无法在长沙继续办学，被迫于 1938 年下半年搬迁至湘西辰溪县，在辰溪县办学至抗日战争胜利后。1945 年底，湖南大学从辰溪搬回长沙岳麓山下的原址。1946 年，国立商学院（1937 年建立）并入湖南大学。1949 年 8 月，湖南省和平解放，由解放军组成的长沙市军事管制委员会接管湖南大学。同时从这年 9 月至 12 月，湖南省临时政府和中原临时人民政府先后决定：将湖南省立克强学院（1947 年建立）、湖南省立音乐专科学校（1946 年建立）、国立师范学院（1938 年建立）、私立民国大学（1917 年建立）归并到湖南大学。这样，湖南大学办学规模扩大，全校拥有工程学院、自然科学院、文艺学院、社会科学院、财经学院、农业学院、教育学院 7 个学院 26 个系 5 个专修科。1949 年 12 月，中央人民政府任命著名哲学家、教育家李达为湖南大学校长。应李达校长之请，1950 年 8 月 20 日，毛泽东同志亲笔题写了“湖南大学”校名。从 1950 年开始，湖南大学有部分院系、专业师生先后调入其他高校或以其为基础组建成新的高等院校。其中，1950 年先后有教育学院音乐系和音乐专修科师生调往武汉中原大学，工程学院水利系师生调往武汉大学；1951 年 3 月，农业学院师生调出与湖南省立修业农林专科学校组建成湖南农学院；1952 年 10 月，工程学院矿冶系和矿冶研究所师生调离学校组建成中南矿冶学院。1953 年全国高等学校进行院系全面调整，湖南大学被撤销，以湖南大学的有关院系为基础在其址上成立了中南土木建筑学院和湖南师范学院。学校其他院系的师生相继调往其他高校，其中自然科学院的数学系、物理系、化学系、生物系，文学院的中文系，社会科学院的历史系与经济系等师生调往武汉大学；财经学院的会计系、统计系、企业管理系、财政金融系师生调往中南财经学院；社会科学院的政治系、法律系师生调往中南政法学院；工程学院电机系、机械系的师生调往华中工学院；另外还有部分院系的师生调往中山大学、河南大学、华南工学院等。中南土木建筑学院由湖南大学、武汉大学、南昌大学、广西大学的土木系和建筑系，华南工学院的铁路系、桥梁系，云南大学和四川大学的铁道系组成，集中起来的这 7 所高校的土木、铁道等方面的师资、图书与仪器设备使中南土木建筑学院成为当时中南地区最强、全国较强的土木类多学科的学院。全院共设有营造建筑系、汽车干路与城市道路系、铁道建筑系、桥梁与隧道系、铁道运输系等 5 系、6 专业、6 专修科。1958 年 5 月，根据中央精神，教育部会同城市建设部，将中南土木建筑学院下放，归湖南省领导。这年 6 月，湖南省委决定，在中南土木建筑学院的基础上，成立湖南工学院。湖南工学院为新型的多学科性的高等工业学校，全校设有土木系、铁道建筑系、桥梁隧道系、铁道运输系、机械系、电机系和化工系等 7 个系共 15 个专业。在筹备成立湖南工学院的同时，湖南省委决定恢复湖南大学。1959 年 7 月，以湖南工学院为基础，湖南大学恢复。湖南师范学院同时从湖南大学原址迁往岳麓山二里半。新恢复的湖南大学是一所新型的以工为主的理、工、文的综合性大学，共设有数学系、物理系、化学系、生物系、土木系、机械系、电机系、化工系、铁道建筑系、桥梁隧道系、铁道运输系、汉语文系 12 个系、29 个专业及专门化。1960 年 7 月，铁道建筑系、铁道运输系、桥梁隧道系三个系从湖南大学调出成立长沙铁道学院。1963 年 6 月起，湖南大学隶属第一机械工业部，同时，第一机械工业部撤销其隶属的湘潭电机学院，将该学院的电瓷、碳素、金防、电机、电器 5 个专业并入湖南大学。这年 9 月，第一机械工业部将湖南大学列为部属重点高校。1965 年 3 月，上海机械学院及南京机械制造学校汽车专业师生及有关实验设备全部调入湖南大学。1966 年开展“文化大革命”，学校停课，1961 级学生延迟至 1967 年 12 月毕业；1962 级、1963 级学生分别至 1968 年和 1969 年毕业，1964 级、1965 级学生于 1970 年同时毕业。从 1966 年“文化大革命”开始到 1971 年，学校每年都没有招收新生。只1970年招收了两年制机制、电机两专业两个试点班学生76人，学生实行“厂来厂去”。从1972年开始，学校连续招收了五届“工农兵”大学生。1978年全国恢复高考招生，湖南大学同年被列为全国重点大学。1998年学校被调整为教育部直属高校。2000年，湖南大学与湖南财经学院(1960年建立)合并组建成新的湖南大学。2002年，湖南计算机高等专科学校(1979年建立)并入湖南大学。

新组建的湖南大学理科基础坚实、工科实力雄厚、人文学科独具深厚文化背景，经济管理学科富有特色。

在长期的办学历程中，学校继承和发扬“传道济民、爱国务实、经世致用、兼容并蓄”的优良传统，积淀了以校训“实事求是、敢为人先”，校风“博学、睿思、勤勉、致知”为核心的湖南大学精神，形成了“基础扎实、思维活跃、适应能力强、综合素质高”的人才培养特色。中华人民共和国成立以来，学校已为国家和社会培养了一大批高级专门人才，许多毕业生成长为著名的专家学者、企业家和优秀的党政管理人才，师生中先后有34人当选为学部委员和“两院”院士。

学校设有研究生院和23个学院，学科专业涵盖哲学、经济学、法学、教育学、文学、历史学、理学、工学、管理学、医学、艺术学11大学科门类；拥有24个博士学位授权一级学科，36个硕士学位授权一级学科，23个专业学位授权；建有国家重点学科一级学科2个，国家重点学科二级学科14个，博士后科研流动站25个。

学校现有教职工近4000余人，其中专任教师1800人，教授、副教授1100余人，院士8名(含双聘院士)，“千人计划”学者53人，“万人计划”学者13人，“长江学者奖励计划”特聘、讲座教授15人，国家杰出青年基金获得者21人，国务院学位委员会学科评议组成员6人，入选“国家千百万人才工程”人选23人，国家创新人才推进计划中青年创新领军人才2人，教育部新世纪优秀人才支持计划入选者134人，湖南省“百人计划”学者64人，湖南省“芙蓉学者奖励计划”特聘教授、讲座教授17人，享受政府特殊津贴专家201人，国家教学名师4人，国家自然科学基金创新研究群体3个，教育部“长江学者与创新团队发展计划”创新团队8个，湖南省自然科学基金创新研究群体11个。学校现有全日制在校学生35000余人，其中本科生20000余人，研究生15000余人。

学校设有国家工科（化学）和国家理科（化学）基础课教学基地、国家示范性软件学院教学基地、全国大学生文化素质教育基地，拥有7个国家级教学团队、6门双语教学示范课程、6个人才培养模式创新实验区、4个国家级实验教学示范中心、5个“卓越计划”国家级试点专业、5个国家级大学生校外实践基地、1个国家级虚拟仿真实验教学中心。近年来，学校获得国家级教学成果奖1项，二等奖7项，获得国家精品课程25门、国家精品视频公开课8门、国家级精品资源共享课22门。近5年来获得省部级以上大学生竞赛奖励近1400项。

学校设有2个国家重点实验室、2个国家工程技术研究中心、1个国家级国际联合研究中心、1个国家级国际合作基地、1个国家工程实验室、1个原国家国访科工局国防重点学科实验室、5个教育部重点实验室、4个教育部工程技术研究中心、2个教育部高等学校学科创新引智基地、14个湖南省重点实验室、1个湖南省工程技术研究中心、1个省工程实验室、4个湖南省高校重点实验室、3个机械工业重点实验室、15个湖南省省级社科研究基地等。参与建设的3个国家级“211协同创新中心”获认定，牵头建设的省级协同创新中心2个。

近10年来共承担各级各类科研项目8000余项，获国家自然科学二等奖2项、国家技术发明二等奖4项、国家科技进步二等奖14项、国家专利金奖1项，教育部高等学校科学研究优秀成果奖一等奖17项、二等奖24项，湖南省科学技术一等奖36项、二等奖60项，湖南省哲学社会科学优秀成果奖一等奖11项、二等奖24项。

学校还建设有国家级大学科技园，在长沙高新区麓谷建立了产学研基地，建立了56个高水平校地企产学研平台，与32个省（市、自治区）和上千家企业建立了产学研合作关系。学校运营管理的国家超级计算长沙中心是国家设立的第三家国家超级计算中心，现已为高校、科研机构、政府和企事业等近数百家用户单位提供高性能计算、云计算及大数据处理服务。

学校已与世界上160多所高校和科研机构建立了学术合作与交流关系，每年聘请的长短期外国专家达300多人次，全年招收来自70多个国家和地区的各类留学生以及港澳台学生1000余人。与韩国湖南大学、加拿大里贾纳大学、美国科罗拉多州立大学合作成立了孔子学院，成为湖南省在海外建立孔子学院数量最多的高校。

学校校园占地面积153.196万平方米，校舍建筑面积104.593万平方米。拥有藏书690余万册，其中中外文数字资源本地镜像128TB。全网支持下一代互联网IPV6，万兆骨干地面有线网已覆盖所有的教学楼、办公楼和学生公寓，无线校园网已覆盖南北校区教学区，校园网联网计算机达3万多台，出口宽带6.7G，结合移动技术实现多渠道的信息化教学、管理及服务，数字化校园建设成绩显著。

中华人民共和国成立以来，湖南大学的建设与发展得到了党和国家领导人的亲切关怀和充分肯定，刘少奇、华国锋、胡耀邦、江泽民、胡锦涛、朱镕基、温家宝、李克强等领导同志先后到学校视察，留下了“湘楚人才的摇篮”“惟楚有才，今斯更盛”“千年学府，百年名校”等赞誉。

“麓山巍巍，湘水泱泱，宏开学府，济济沧沧；承朱张之绪，取欧美之长……”历经千年沧桑的湖南大学，将继承和发扬岳麓书院优秀的教育和文化传统，遵循现代大学办学规律，重点突破，整体提升，改革创新，强化特色，为创建国际知名的高水平研究型大学奋勇前行，为实现中华民族伟大复兴的“中国梦”而努力奋斗！（湖南大学档案馆）

（三）湘潭大学

湘潭大学坐落在毛泽东同志的故乡、中国历史文化名城——湖南省湘潭市，是湖南省唯一一所教育部共建大学、湖南省唯一一所没有经过大规模合并的老牌综合性全国重点大学，湖南省人民政府与原国家国防科工局共建高校，是全国首批具有硕士学位授予权的单位，湖南省首批招收留学生和国防生的高校，是“全国首批深化创新创业教育改革示范高校”。学校综合办学实力稳定在全国高校第80位左右。在2016—2017泰晤士高等教育世界大学排行榜中，居内地高校第39名。2017年US News世界大学排行榜中，居内地高校第76名。

毛泽东同志一生心忧天下，从不过问家乡的具体事项，但唯一关心的是湘潭大学的建设和发展。1958年9月10日，毛泽东同志亲笔为学校题写校名，并嘱托“一定要把湘潭大学办好”。后因故停办。但毛泽东同志始终惦记着湘潭大学，在1974年10月最后一次回湖南时，他再次指示要把湘潭大学“恢复起来，再办起来”。

湘潭大学学科覆盖文、史、哲、理、工、医、经、管、法、艺10大门类，化学、材料科学、工程学、数学4个学科的ESI排名进入全球大学和科研机构前1%。现设有21个学院(系部)、1个独立学院，85个本科专业。现有3个国家重点学科，2个湖南省优势特色重点学科，19个湖南省"十二五"重点学科；8个一级博士学位授予点，7个二级博士学位授予点(不含一级学科下的二级学科)，30个一级硕士学位授予点，3个二级硕士学位授予点(不含一级学科下的二级学科)，13个硕士专业学位类别，11个博士后科研流动站。

学校现有专任教师1452人，具有高级职称或博士学位的教师比例超过70%；有留学经历的教师达到25%；拥有正高职称人员314人，副高职称人员628人。其中，中国工程院院士1人，特聘中国科学院院士、中国工程院院士15人，国家"千人计划"人选1人，"万人计划"人选2人，"长江学者"特聘教授3人，国家杰出青年科学基金获得者4人，国家青年拔尖人才1人。

学校现有各类全日制在校学生36803人(其中博士、硕士研究生6283人)，留学生376人。近年来，学校获得国家综合改革试点专业1个，国家级特色专业11个(其中国家二类特色专业1个)，国家精品课程9门，国家精品资源共享课9门，国家精品视频公开课3门，国家级教学成果奖6项，国家精品教材、国家规划教材14种；有国家地方联合工程研究中心1个、国家地方联合工程实验室2个、国家国际科技合作基地1个、教育部高校人文社会科学重点研究基地2个、教育部工程研究中心2个、教育部重点实验室3个。学校2002、2008年两次获教育部本科教学工作水平评估"优秀"等级，2012年获湖南省研究生培养过程质量评估"优秀"等级。学校是2012年全国50所"毕业生就业典型高校"之一。

近五年，学校承担国家科技重大专项子课题、国家"863"和"973"(子项)项目、国家杰出青年科学基金、国家自科基金重点项目等国家级项目499项，省部级项目1180项；获得教育部高等学校科学研究优秀成果奖(科学技术)科技进步二等奖、湖南省科技进步一等奖、湖南省自然科学一等奖、高等学校科学研究优秀成果奖(人文社会科学)二等奖、湖南省哲学社会科学一等奖等省部级奖励60余项。在国内外学术刊物和学术会议上发表论文8700多篇，出版专著1000多部，被SCI、EI收录论文数和论文国际被引用数在全国高校排名均稳定在第70名左右，SCI论文发表数连续4年位居省属高校第一；社科论文人大复印资料转载量和综合指数进入全国高校前5%。近5年签订产学研合作项目925项，申请专利1000余件，科研成果转化率居湖南省高校前列。

近年来，学校在国际国内外的影响日益扩大，对外交流与合作不断加强。学校与北京大学签署交流合作备忘录，与湖南省多个地市建立战略合作伙伴关系，并先后与美、英、德等20多个国家和地区的60多所国际知名大学建立了广泛深入的校际交流合作关系。学校现有国家汉办批准的两所孔子学院——西班牙莱昂大学孔子学院与乌干达麦克雷雷大学孔子学院。

学校立足“生态校园、数字校园、文化校园”的建设目标，全面建成有鲜明特色的高水平现代大学的发展愿景，办学条件日臻完善，教学、科研、学习、生活等各方面设施齐备，校园环境优美，依山傍水，风景优美，是学生学习和教师教学科研的理想殿堂。学校校园绿地率已达到52%，绿化覆盖率达到55%，基本形成了以三个广场为核心，四山、三园、三泉等景点为主体，画眉潭、荷花池、琴湖等水体为纽带的山水生态校园体系，学生公寓的规模、管理达全国一流水平。（湘潭大学档案馆）

（四）吉首大学

吉首大学是办在湖南西部民族地区的一所具有地方性、民族性的湖南省属综合性大学。校园分吉首校区和张家界校区，校本部在湘西土家族苗族自治州首府——吉首市。学校总占地面积2400余亩，建筑面积近60万平方米。

吉首大学创办于1958年9月，当时国务院批复，按综合性大学建设，以湘西土家族苗族自治州为主管理。1960年，湖南省对全省高校做出调整方案，吉首大学不在保留之列。国务院批复湖南高校该调整方案时将吉首大学保留。但改为师专，保留校名。1978年4月，湖南省向国务院呈报《关于恢复吉首大学的请示》。同年8月，国务院批准恢复吉首大学并将其改建为省属综合性大学。1979年学校开始招收本科学生。

1984年时任湖南省委书记焦林义来校现场办公，形成的《关于吉首大学建设几个问题的座谈纪要》进一步明确了吉首大学是一所地方性的具有民族特色的综合性大学，主要是为湘西和湖南省内其他少数民族地区培养人才，并同意在吉首市南郊砂子坳征地扩建。1992 年，学校主体迁入砂子坳校区。

1997 年，吉首大学顺利通过原国家教委组织的本科教学工作合格评估，2000 年 8 月，吉首市卫生学校并入吉首大学，同时恢复原医疗系，组建医学院。2002 年 10 月，武陵高等专科学校并入吉首大学，同年，学校在张家界市征地 2137 亩，建设张家界校区。2003 年，学校被批准为硕士学位授权单位。2006 年 6 月，湘西州人民医院并入学校，成为学校第一附属医院。同年，学校接受了教育部本科教学工作水平评估，2007 年 5 月，教育部公布吉首大学本科教学工作水平评估为优秀。2012 年，学校被纳入国家"中西部高校基础能力建设工程(一期)"规划高校获得博士人才培养项目。2014 年，学校获得博士后科研流动站并建立湖南省高校"2011 协同创新中心"。2015 年，学校建立了院士工作站、博士后流动站。2016 年，学校被纳入国家"中西部高校基础能力建设工程(二期)"高校成为湖南省政府与国家民委共建高校。

目前，学校在专业建设方面建有 50 个一级学科，78 个本科专业，覆盖 13 大学科门类。学校建有省重点学科 5 个(其中优势特色重点学科 1 个)；建有"服务国家特殊需求博士人才培养项目"1 个，博士后科研流动站 2 个(民族学、工商管理)；建有"博士后科研流动站协作研发中心"1 个；建有一级学科硕士点 14 个(涵盖 70 多个二级学科)，二级学科硕士点 3 个，专业硕士点 3 个；建有国家级特色专业 3 个，本科专业综合改革试点专业 1 个，"卓越医生教育培养计划"专业 1 个，"卓越农林人才教育培养计划"专业 1 个，省级特色专业与重点专业 11 个。

平台建设方面。学校建有院士工作站 1 个；建有国家地方联合工程实验室 1 个，国家级实验教学示范中心 1 个，国家级工程实践教育中心 1 个；建有湖南省高校 2011 协同创新中心 3 个；建有部、省级研究基地、示范中心、重点实验室和大学生实践教育基地、创新训练中心等共 40 余个。学校还是教育部"教育装备国际交流实验园"。

师资队伍方面。学校现有教职员工 1700 余人，其中专任教师 1100 余人，博士生导师 15 人，硕士生导师 200 余人，专任教师中教授 200 余人，副教授 490 余人，硕士以上学历占专任教师总数的 70%。学校有"国务院政府特殊津贴"专家 16 人，"新世纪百千万人才工程"国家级人选 1 人，教育部"新世纪优秀人才支持计划"7 人；湖南省"百人计划"2 人，湖南省"121 人才工程"22 人，"湖南省政府特殊津贴"专家 2 人，湖湘青年英才、国家民委优秀中青年专家1人；有曾宪梓教育基金奖获得者4人，宝钢教育基金奖获得者1人；有全国先进工作者、优秀教师等13人；有国家级教学团队1个，省级优秀教学团队3个，省级科技创新团队4个。

学生规模方面。学校有各类在籍学生3万余人，其中在校本专科生2万余人，博士生、硕士生、留学生近千人。此外，吉首大学张家界学院(三本独立学院)有全日制本科生7200余人。

科研方面。近三年来，学校先后承担各级各类科研课题900余项，获国家级、省部级科研成果奖共13项。近3年来，学校获国家自科基金项目73项，社科基金项目49项，立项经费8600多万元。社会科学研究以区域经济、民族文化、民族历史为重点，差异哲学、民族人类学、民族传统体育文化、沈从文研究、文化创意产业、旅游经济等研究成果在国内外有较大影响。自然科学研究以武陵山片区特色资源开发、利用与保护为重点，提出了“三带”理论，研发了“米良一号”猕猴桃品种及深度开发，在杜仲、葛根、椪柑醋、矿产品与金属材料加工等方面取得了一系列科研成果。(吉首大学档案馆)

(五)长沙理工大学

长沙理工大学是一所以工为主，工、理、管、经、文、法、哲、艺等多学科协调发展，以本科教育为主体，具有博士后科研流动站、博士学位授予权和硕士生推免权的多科性大学。2003年4月，经教育部和湖南省人民政府批准，学校由交通部所属的原长沙交通学院和原国家电力公司所属的长沙电力学院合并组建而成。

长沙交通学院肇始于1956年交通部在长沙市涂家冲创建的长沙航务工程学校。在60年多的办学历程中，校名几经更改，依次为：湖南航务工程学校、湖南省航务学校、湖南交通学院、湖南省交通学校、长沙交通学校。“文化大革命”中曾一度停办，1971年学校恢复，又更名为湖南省交通学校。1978年经国务院批准定名为长沙交通学院，成为直属交通部的一所本科院校。2000年，学校实行中央与地方共建，以地方管理为主的管理体制，历经风雨沧桑，成为全国交通系统人才培养摇篮之一。

长沙电力学院前身为电力工业部1956年初筹建的长沙水力发电学校。在60多年的办学历程中，学校几易其名：长沙水力发电学校、长沙地质钻探学校、长沙水力发电学校、湖南水利水电学院、湖南电力学院、长沙水利电力学校、湖南省水利电力学校、湖南省电力学校。1983 年，在省属中等专业学校的基础上建立起长沙水利电力师范学院，属电力部部属高校。1994 年，更名为长沙电力学院，由电力部为主管理。1995 年 1 月起，学院加入华中电力集团，实行部、电力集团共同领导，以电力集团为主的管理体制。2001 年 7 月和 2002 年 5 月，湖南省水利水电学校和湖南轻工业高等专科学校先后并入。学校顺势发展，因时而变，至 21 世纪初，已成为全国电力系统人才培养的重要基地。

湖南轻工业高等专科学校前身为 1958 年 7 月在长沙市南门外扫把塘成立的湖南省轻工业学校。1985 年 4 月，经湖南省人民政府批准，学校的大专与中专部分开办学，其大专部更名为湖南省轻工业专科学校。1993 年 10 月，学校更名为湖南轻工业高等专科学校，隶属湖南省轻工业集团总公司（原省轻工业厅）管理。学校为轻工等行业培养了一大批人才。2002 年 5 月，学校并入长沙电力学院。

湖南省水利水电学校源于 1956 年 3 月在南岳衡山大庙创办的湖南省水利学校，1957 年 2 月迁至长沙市南郊黄土岭。建校后，学校与长沙电力学院三合两分，几易校名，曲折发展，为湖南水利水电建设培养了一大批人才。2001 年 7 月，学校并入长沙电力学院。

经过 60 多年的建设和发展，学校积淀了以“博学、力行、守正、拓新”校训和“铺路石精神”为核心的“长理文化”。学校自建校以来为交通、电力、水利、轻工等行业和区域经济社会发展培养了 40 余万高级专门人才。学校本科招生第一批次覆盖全国，毕业生就业率连续多年保持在 95% 以上，是全国先进基层党组织、湖南省文明标兵单位、湖南省依法治校示范学校。

长沙理工大学是国家“中西部高校基础能力建设工程”高校。现有金盆岭、云塘两个校区，校园占地面积 2980 亩，校舍总建筑面积 120 万平方米，固定资产总值 35.67 亿元。图书馆纸本藏书 331.19 万册，电子图书 78.26 万册，中外期刊 1347 种，拥有教育部科技查新工作站和中国电机工程学会电力科技查新工作站。

学校坚持“人才强校”发展战略，现有专任教师 1931 人，其中教授 283 人，副教授 664 人，具有博士学位的教师 743 人。学校拥有中国工程院院士 1 名，双聘中国工程院院士 3 名，国家“千人计划”人选 3 人，“973 计划”项目首席科学家1人，“长江学者”特聘教授2人，“国家杰出青年基金”获得者4人，国家“高端外国专家项目”(文教类)计划人选4人，享受国务院政府特殊津贴专家60人，国家级教学名师5人，全国优秀教师7人，湖南省科技领军人才2人，湖南省“百人计划”人选12人，湖南省“团队百人计划”1个。学校设有18个教学学院，1个独立学院和1个继续教育学院。现有全日制在校学生36000余人，其中博士、硕士研究生近5000人。

学校紧紧依托行业，建成了水平较高、特色鲜明的本科教育教学体系。现有本科专业62个，其中国家级特色专业9个、国家级本科人才培养模式创新实验区1个(土木工程专业)、国家级专业综合改革试点专业1个(会计学专业)、通过国家工程教育专业认证的专业9个、列入教育部“卓越工程师教育培养计划”的本科专业5个、教育部批准的中外合作办学本科教育项目1个(土木工程专业)。学校先后获准为教育部“卓越工程师教育培养计划”试点学校，教育部“大学生研究性学习与创新性实验”“国家级大学生创新创业训练计划”项目实施学校。近5年来，学校获得省级教学成果奖22项；大学生获得国家级各类学科竞赛和科技成果奖202项，省级学科竞赛和科技成果奖1233项。

学校拥有“十二五”省级重点学科11个，工程学进入ESI全球排名前1%；现有3个博士后科研流动站，3个一级学科博士学位授权点，15个二级学科博士学位授权点，21个一级学科硕士学位授权点，111个二级学科硕士学位授权点，8个硕士专业学位授权点，具有授予同等学力硕士学位资格。学校拥有国家级科研平台2个、教育部创新团队2个、省级创新团队7个、省部级重点实验室和工程(技术)研究中心等自然科学创新平台33个、省级哲学社会科学研究基地14个。

学校主持完成的“膨胀土地区公路建设成套技术”项目2009年获得国家科学技术进步奖一等奖；主持完成的“混凝土桥梁施工期和使用期安全控制的关键技术”“混凝土桥梁服役性能与剩余寿命评估方法及应用”“沥青路面状态设计法与结构性能提升技术及工程应用”项目分别于2006、2011、2012年3次获得国家科学技术进步奖二等奖。近5年来，学校主持承担国家级项目365项，实现了国家重点基础研究发展计划(“973计划”)项目历史性突破，并获国家科技支撑计划课题、国家“863计划”课题、国家社会科学基金重大项目、国家杰出青年基金项目等高端项目资助；获得国家科技成果奖4

项；职务发明专利475项。

学校坚持开放办学，广泛开展国际合作交流，先后与美国、英国、法国、加拿大、俄罗斯及中国港澳台等20多个国家和地区的70余所高等院校和科研机构建立了交流与合作关系。学校具有招收和培养来华留学生资格，是中国政府奖学金来华留学生培养单位。

面向未来，学校将传承和发扬优良办学传统，实施“质量立校、学科兴校、人才强校、依法治校”战略，坚持改革创新，强化内涵发展，全面提升办学质量和育人水平，积极推进“双一流”建设，为建成特色鲜明的高水平大学作出新的更大贡献。（长沙理工大学档案馆）

（六）湖南农业大学

湖南农业大学坐落在中国历史文化名城长沙，占地面积3400亩。办学始于1903年10月8日创办的修业学堂，历经湖南省私立修业农业学校、湖南省私立修业高级农业职业学校、湖南省立修业农林专科学校等办学阶段。周震鳞、黄兴、徐特立、毛泽东等先后在此执教。1951年3月，湖南省立修业农林专科学校与湖南大学农业学院合并组建湖南农学院，毛泽东主席为其亲笔题写校名。1994年3月更名为湖南农业大学。

在一个多世纪的办学历程中，学校恪守“朴诚、奋勉、求实、创新”的校训和“质量立校、学术兴校、人才强校”的办学理念，形成了“产学研结合”的办学特色，发展成为以农科为特色、多学科协调发展的教学研究型大学。学校现为国家“2011协同创新中心”牵头建设单位，是农业部与湖南省人民政府共建大学、全国首批新农村发展研究院试点建设单位、教育部本科教学工作水平评估“优秀”高校、全国文明单位。

学校设有20个学院、1个独立学院和研究生院，学科涵盖农、工、文、理、经、管、法、医、教、艺10大门类。学校有博士后科研流动站10个，博士学位授权一级学科8个，硕士学位授权一级学科19个，硕士专业学位授权类别8个，是全国首批获得硕士学位授予权单位、湖南省首批获得博士学位授予权、设立博士后科研流动站的省属高校；有本科专业72个、专科专业2个；有国家重点学科1个，省优势特色学科2个，省部级重点学科16个。学校的动植物科学领域、农业科学领域的ESI学科排名进入全球前1%。作物学、园艺学、农业资源与环境、畜牧学 4 个一级学科在教育部第三轮学科评估中进入全国前十。

学校现有专任教师 1289 人；有中国工程院院士 1 人、双聘院士 4 人、美国科学院院士 2 人，高级职称专家 797 人，博士生导师 309 人。有国家有突出贡献的中青年专家、全国杰出专业技术人才、享受国务院政府特殊津贴专家等 84 人；有“芙蓉学者计划”特聘教授、湖南省教学名师、湖南省优秀教师等 305 人；有 2 个教育部高校科技创新团队，3 个农业部科研杰出人才及其创新团队，6 个省创新团队，以及省级“2011 协同创新中心”引进的水稻生理生态、水稻种质资源、油菜分子生物学 3 个创新团队，有 1 个国家教学团队、6 个省优秀教学团队。

学校现有在校普通全日制本科生 26689 人(其中独立学院 5916 人)、专科生 427 人，在校研究生 4294 人。获批国家首批卓越农林人才教育培养计划改革试点专业 8 个、国家级专业综合改革试点项目 1 个、国家级特色专业 6 个、国家精品开放课程 4 门、国家级实验教学示范中心 2 个、国家级虚拟仿真实验教学中心 1 个、国家级大学生校外实践教育基地 1 个、国家级农科教合作人才培养基地 4 个、全国重点建设职教师资培训基地 1 个、全国农业硕士实践教育示范基地 1 个；获得国家级教学成果奖 11 项、省部级教学成果奖 105 项；1 篇博士论文入选全国百篇优秀博士论文，2 篇获提名奖；学生在省部级及以上学科竞赛中获得奖励 1000 余项。学校先后培养输送了包括著名学者、政界要人、商界精英等在内的 30 万余名高素质人才。毕业生就业率稳居湖南省属高校前列。学校先后获评全国普通高等学校毕业生就业工作先进集体、全国毕业生就业典型经验高校。

学校现有牵头组建的国家级“2011 协同创新中心”1 个、省级“2011 协同创新中心”3 个；国家级科研平台 8 个、省部级科研平台 48 个。获得国家级科技成果奖 26 项、省部级科技成果奖 500 余项；审定新品种 300 余个；获授权专利 1400 余项。依托经新农村发展研究院，学校建立了 5 个现代农业综合示范基地、22 个特色产业基地，与 76 个县(市、区)人民政府建立了科技战略合作关系，与 180 多个涉农企业签署了科技项目合作协议。目前，湖南省有 40% 以上的重要涉农企业应用学校的技术成果、40% 左右的主要农作物推广新品种由学校选育。在湖南省十大标志性农业产业化龙头企业中，学校持续与唐人神、隆平高科、湖南正虹、金健米业、省茶叶公司、大湖股份、金浩植物油公司等企业进行紧密的产学研合作；为隆平米、临武鸭、安化黑茶、东江鱼、永州熙可、湖南烟草等系列湖南名优农产品品牌提供技术支撑；选育出的油菜、水稻、玉米、马铃薯、花生、茶叶、葡萄、棉花、柑橘、生猪、烟草、蔬菜等新品种和形成的实用技术成果推广覆盖全国。

学校先后与20个国家和地区的20多所大学及国际机构建立了合作办学关系，与英国格林威治大学、美国加州州立大学弗雷斯诺分校合作举办了国际合作教育本科项目4个、专科项目2个，与加拿大布鲁克大学、澳大利亚南澳大学、美国加州州立大学圣贝纳迪诺分校等6个大学合作举办了学分互认校际交流项目，与波兰弗罗茨瓦夫环境与生命科学大学开展了风景园林双硕士学位研究生联合培养项目合作，是湖南省最早开办中外合作办学项目的高校之一。

展望未来，学校将秉承"朴诚、奋勉、求实、创新"的校训和"质量立校、学术兴校、人才强校"的办学理念，坚持"产学研结合"的办学特色，坚定不移地走以提高质量为核心的内涵式发展道路，为全面建成特色鲜明、优势突出的高水平教学研究型大学而不懈努力！（湖南农业大学档案馆）

（七）中南林业科技大学

中南林业科技大学坐落于中国历史文化名城长沙，是湖南省人民政府和国家林业局重点建设高校。2012年入选国家中西部基础能力建设工程。学校校园占地面积1370亩，拥有一个占地面积达7.96万亩的国家级森林公园。校舍建筑总面积101万平方米，固定资产总值23.8亿元，教学科研设备总值3.52亿元，图书馆藏书277万册。学校为全国绿化模范单位和全国首批建筑节能示范高校，校园环境优雅，绿树成荫，学校绿化覆盖率达60%以上，拥有植物1100多种，是国际植物园保护联盟单位。

中南林业科技大学由原湖南林业学校、原湖南林业技工学校、原湖南省农业机械研究所、原湖南经济管理干部学院合并组建而成。

原中南林业科技大学的前身之一是成立于1958年的湖南林学院，其历史可以追溯到1947年成立的克强学院。学校的另一个前身是华南农学院林学系，它的历史可追溯到1917年成立的广东公立农业专门学校。1963年，在时任中南局第一书记陶铸同志的直接关怀下，湖南林学院迁往广州与华南农学院林学系合并成立中南林学院，直属林业部管理。陶铸同志亲自为学校选择了校址，亲笔勾画了中南林学院的蓝图，亲自为中南林学院题写了校名。1970 年 10 月，中南林学院与华南农学院合并，成立广东农林学院。1974 年，学校从广州搬迁到湖南溆浦县并更名为湖南林学院。1978 年恢复中南林学院校名，1980 年株洲新校址破土动工，1981 年起学校迁往株洲。2000 年，学校转为省部共建。2003 年，学校主校区迁往长沙市原湖南林学院校址，实现了历史性的回归。2005 年，教育部正式批准学校更名为中南林业科技大学。

原湖南林业学校创办于 1954 年 2 月，是一所兼备林业生物类、森林工程类、经济管理类、土建工程建设类和政法类等多学科的全国重点中等专业学校。学校隶属于湖南省林业厅主管。湖南林业学校建校 47 年来，为国家培养输送各类中高级林业建设人才 19200 余人。其中中专毕业生 14600 余人，大专毕业生 300 余人。各种类型的培训班学员 4200 余人。2000 年 11 月，湖南林业学校并入中南林学院。

原湖南省林业技工学校于 1979 年在常德市桃源县创建，隶属于湖南省林业厅主管。是一所以培养中高级林业技术工人为主的技术学校。学校 1983 年搬迁至长沙市黄土岭，1988 年迁入湖南林业学校，2000 年和湖南林业学校同时并入中南林学院。经历了创建、搬迁、停办、恢复、重建发展的历史过程，共培养技工学生 2600 多人，为我省林业技工教育作出了历史性的贡献。

原湖南省农业机械研究所成立于 1958 年 6 月，湖南省人民委员会为适应湖南省当时农业生产“大跃进”和农业技术革新运动发展的需要，以会农机字第 515 号文通知决定成立湖南省农业机械研究所。根据湖南省人民委员会指示，湖南省农业机械研究所在原省重工业厅机电工业局农业机械研究室和原湖南省农业机械厂农改科的基础上扩建组成，隶属于湖南省人民委员会领导。2003 年 6 月，湖南省农业机械研究所并入中南林学院。

原湖南经济管理干部学院是省委、省政府为适应党和国家工作重心转移，尽快培养和造就一支各类高级经济管理人才队伍而建立的新型高等学校。学院于 1982 年 6 月在韶山创建，其前身为湖南工交干部学校。20 世纪 90 年代初期，学院加挂“长沙企业管理培训中心”牌子，被列为国家经贸委所属的全国十九所培训中心之一，由国家经贸委和省政府双重领导。1997 年国家经贸委授权学院为全国520户大型企业领导人员工商管理培训的十五所院校之一，负责湖南、湖北、广西、江西、贵州五省区的大型企业领导人员的工商管理培训。2001年通过评估，学院成为全国企业经营管理者培训的八个重点基地之一。"长沙企业管理培训中心"更名为"国家经贸委长沙经理学院"，成为国家经贸委下属的六家经理学院之一。2003年7月经省人民政府批准学院加挂"湖南经济管理职业学院"牌子，正式纳入普通高等教育序列。2006年4月，学院与中南林业科技大学合并。湖南经济管理干部学院办学24年来，共培养各类经济管理人才56626人，其中在中南五省区国务院直属的520户大型重点企业和湖南400多家国有大中型企业担任中层以上领导职务的人员中，学院的毕业生达3000余人。

经过合并组建后，学校继续秉承"求是求新、树木树人"的校训，栉风沐雨，百折不挠，砥砺前行，积累了丰富的办学经验，形成了鲜明的办学特色，成为一所涵盖理、工、农、文、经、法、管、教、艺等九大学科门类，具有博士后科研流动站、博士学位授予权和硕士生推免权，富有特色的多科性大学。（中南林业科技大学档案馆）

（八）湖南中医药大学

湖南中医药大学坐落于中国历史文化名城长沙，依岳麓南坡，临湘江西岸，环境幽雅，风光秀丽，是湖南省重点建设的本科院校，是全国首批设立国家级重点学科的高校，也是首批招收博士研究生、留学生及港澳台学生的中医药院校。大学办学历史悠久，已栉风沐雨走过了83年的历程。

1. 1934—1952年 湖南国医专科学校时期

大学前身为1934年的湖南国医专科学校。于1933年冬季由湖南中医界张牧庵、吴汉仙和中药界黄菊翘、郭厚坤等一批名流发起和创办，于1934年3月17日国医节之日，正式成立并开始招生。学校采用学分制管理，教学内容以传统中医学为主，辅以西医学；重视培养学生临床实践能力，注重医德教育。学校培养了大批后来有所建树、造诣很深的国医人才，如任应秋、谭日强、夏度衡等。

2. 1953—1959年 湖南中医进修学校时期

随着湖南和平解放，湖南中医药事业开始步入复兴之路。1953年9月

30日，经中南行政委员会卫生局批准，10月7日复经中央人民政府卫生部批准，当年11月，湖南省中医进修学校正式成立。学校办学宗旨为提高中医师的素养和业务水平，办学方针为“发扬祖国医学遗产，逐步提高中医的业务水平和社会主义觉悟”，课程设置以中医学为主，主要是培训全省各级各类医疗卫生单位的在职医务人员，举办中医进修班、针灸培训班、西医离职学习中医班等。

3.1960—2005年 湖南中医学院时期

1960年6月，普通高等本科院校湖南中医学院成立，当年11月1日召开湖南中医学院成立大会暨首届中医专业1960级新生入学典礼，是日被定为学院校庆纪念日。自20世纪60年代以来，学院历经国民经济困难时期、“文革”时期、改革振兴时期等阶段，一代代中医人团结奋进，在教学、科研、医疗等方面创造了骄人业绩，有力推动了中医药事业发展，更为日后的发展和腾飞打下了扎实基础。

1979年，中医学院成为全国首批取得中医类研究生学历教育资格的院校。1990年，原湖南科技大学成建制并入湖南中医学院。2002年，湖南中医学院与湖南省中医药研究院合并。

4.2006年至今 湖南中医药大学时期

2006年，经教育部批准，湖南中医学院正式更名为湖南中医药大学。2012年，大学进入湖南省一本招生序列。目前，学校与湖南省中医药研究院实行校院合一的管理体制。现任党委书记为黄惠勇、校长秦裕辉。

学校现有2个校区，占地面积1393亩，建筑面积52万平方米。学校学科门类齐全、中医药特色鲜明，设有18个学院、24个本科专业，涵盖医、理、工、管、文等5大学科门类，并构建了以中医药学科为主体的三级重点学科体系。中医诊断学在本学科研究领域居国内领先水平。

学校坚持人才强校战略，拥有刘祖贻、熊继柏2位国医大师，现有专任教师1321人，具有副高以上职称教师798人，有博士生导师108人、硕士生导师422人。学校坚持质量办学，不断创新人才培养模式。现有全日制本科生18643人、研究生1875人。建校以来，学校培养了7万余名以发展中医药事业为主体的精英人才。

学校坚持聚焦国家和区域的重大战略，深入推进科技创新和中医药产业化，积极服务经济社会发展。建有科研平台56个，其中国家级3个、部级21

个。近年来获国家级及省部级科技成果奖112项，授权专利116项，立项各级各类科研课题1100余项。

学校拥有5个校办合资企业，牵头成立了湖南中医药产业创新联盟，先后与湘西、怀化等10个地市签订近100项产学研战略合作协议，合作金额近2000万元。古汉集团、九芝堂、正清制药、汉森制药四大上市公司的拳头产品，如古汉养生精口服液、妇科千金片、乙肝宁冲剂、肝复乐、驴胶补血冲剂、汉森四磨汤、天麻首乌片等都由学校研制或参与研发，畅销国内外，累计产值超过200亿元。

学校现有直属附属医院3所，非直属附属医院13所，拥有刘祖贻、熊继柏、王行宽、潘敏求、张涤等一批知名中医临床专家。建设有1个国家中医临床研究基地1个、国家临床重点专科12个、国家中医药管理局重点专科25个、国家中医药管理局重点学科14个。

学校坚持开放办学，对外交流活跃。现有境外学生427人。学校与马来西亚林肯大学合作开展了我省首个境外合作办学项目，与韩国圆光大学共建孔子学院，与巴基斯坦卡拉奇大学联合成立了“中—巴民族医药研究中心”，与卢森堡合作建立了“中—卢中医药合作研究中心”；与美国、加拿大、新加坡、日本等20多个国家和地区建立了长期交流合作关系。

湖南中医药大学将始终秉承“文明、求实、继承、创新”的校训精神，坚持“质量办学、特色办学、开放办学”的理念，遵循现代高等教育发展规律和人才培养规律，充分发挥中医药特色优势，深化综合改革，强化内涵建设，努力建设同类一流、国际知名、中医药特色鲜明的高水平教学研究型大学。（湖南中医药大学档案馆）

（九）湖南师范大学

湖南师范大学位于历史文化名城长沙，是国家“211工程”重点建设大学。学校前身为国民政府于1938年创立的国立师范学院。建校以来，学校历经搬迁、重建、合校多次变革，在国家独立、民族解放和社会主义建设的道路上砥砺前行，努力建设教育教师特色鲜明、国内一流、国际上有影响的高水平综合型大学。

1938年夏天，国民政府根据抗战建国急需大量人才的需要，决定独立创建一所国立师范学院。同年10月27日，中国第一所独立设置的“国立师范学院”在湖南安化县蓝田镇李园正式成立，廖世承受聘为院长。国师始设国文、英语、史地、数学、理化、教育和公民训育7个学系，学制5年。建校之初确立的“仁爱精勤”校训，一直沿用至今。国师在蓝田苦心经营6年，1944年6月，在日寇的炮火声中，国师被迫迁往湖南溆浦县仲夏乡马田镇，办学进入艰难时期。抗战胜利后，国师想要迁址南京、长沙的计划未成，后遵国民政府教育部训令迁址湖南衡山县南岳镇。在战火纷飞年代，国师创建12年，由创立、坚守而鼎盛，由鼎盛、挫折再复校，筚路蓝缕，历经坎坷。

湖南和平解放后，1949年10月，中共湖南省委、省政府决定将国师合并到湖南大学。同年12月底，国师由南岳迁往长沙岳麓山，正式并入湖南大学。1953年全国院系大调整，湖南大学被撤销。1953年9月，以原国师为基础，合并湖南大学、南昌大学、河南平原师院的部分系科，组建湖南师范学院，院址设原湖南大学内岳麓书院。1959年5月，学院开始迁址岳麓山二里半，二里半校区自此成为学院主校区至今。

1957年10月，长沙师专并入湖南师范学院。长沙师专成立于1955年6月，其前身为1953年初创办的湖南教师进修学院。1961年9月，湖南艺术学院、湖南体育学院并入湖南师范学院。湖南艺术学院前身为1958年7月创办的湖南艺术专科学校，1959年春，湖南文艺干校并入湖南艺术专科学校。同年，湖南艺术专科学校更名为湖南文艺学院，后又更名为湖南艺术学院。湖南体育学院创建于1958年7月，1959年5月湖南师范学院体育科和刚成立的湖南体育学校并入湖南体育学院。1962年1月，湖南大学中文系、政治经济系并入湖南师范学院。1963年，湖南大学生物系也并入湖南师范学院。这些学校与学科的并入，对湖南师范学院的发展起到很大作用，奠定了湖南师范学院众多优势学科的坚实基础。

“文化大革命”期间，学院的办学受到冲击。1966年至1969年，学院停止招生。1970年开始恢复招收工农兵学员。在此期间，为适应半工半读形式的需要，学校于1975年创建岳阳平江分院。

1977年，学院恢复高考招生。1979年，学院招收首届研究生。1981年，学院获5个专业的硕士学位授予权。1982年，学院获14个专业的学士学位授予权。1984年9月，学院改名为湖南师范大学。1988年8月，湖南省图书情报学校并入湖南师范大学职业技术学院。1990年12月，湖南师大被批准为博士学位授予单位。1996 年 11 月，学校通过“211 工程”部门预审。1999 年 12 月，学校获教授任职资格评审权。

2000 年 4 月，湖南教育学院与湖南师范大学合并，组建新的湖南师范大学。湖南教育学院前身为湖南教育干部学校，1953 年成立矿冶速成中学，1955 年改名为湖南工农速成中学，1958 年改名为湖南科技学校，1962 年湖南教师进修干部学校、湖南教育行政干部学校与湖南科技学校合并为湖南教育干部学校，1980 年扩建为湖南教育学院，同年，湖南省中小学教学辅导部和湖南师范学院平江分院合并、移交湖南教育学院。2001 年 12 月，湖南政法管理干部学院与湖南师范大学合并。湖南政法管理干部学院前身为 1956 年创办的湖南省政法干校，1984 年改名为湖南政法管理干部学院，1988 年与省司法学校合并。2002 年 10 月，湖南医学高等专科学校并入湖南师范大学。湖南医学高等专科学校前身为 1911 年创立的长沙雅礼护病讲习所，1914 年更名为雅礼护病学校，1935 年更名为湖南私立湘雅医学院附设高级护士职业学校，1951 年更名为湘雅护士学校，1961 年更名为湖南护士学校，1965 年更名为湖南省卫生学校，1984 年与省卫生厅干部进修学院合并为省卫生职工医学院，1989 年建立湖南医学高等专科学校。2000 年，湖南省委、省政府批准学校建立人民武装学院。湖南师范大学人民武装学院系全日制高等本科学院，其前身为 1993 年创立的湖南省人民武装学校。2007 年，国家语委批准学校在俄罗斯喀山大学建立孔子学院。通过多年办学积累及院校整合，湖南师范大学已成为了拥有涉及哲学、经济学、法学、教育学、文学、历史学、理学、工学、农学、医学、管理学、军事学、艺术学 13 个学科门类的综合性师范大学，实现了跨越式发展。（湖南师范大学档案馆）

（十）湖南理工学院

1900 年，美国基督教会神学博士海维礼和夫人海光中在岳州创办湖滨大学，学校分正斋、中斋、蒙斋，是一所集大学、中学和高小三位于一体的教会学校。抗战时期，学校一度迁往沅陵、永绥（花垣县）。1951 年 12 月，人民政府全面接管原湖滨大学附中贞信学校，1952 年春改为长沙区立师范学校，6 月更名为湘潭专区师范学校，9 月更名为岳阳师范学校。1969 年 11 月，岳阳地区师范成立，1975 年 8 月更名为湖南师范学院岳阳分院，1978 年更名为岳阳师范高等专科学校，1980 年岳阳市基础大学并入岳阳师专。1999 年 7 月，岳阳师专与岳阳大学（1985—1999）、岳阳教育学院（1980—1999）合并升本，命名岳阳师范学院。2003 年 2 月，更名为湖南理工学院。

湖南理工学院是一所以理工为主，理、工、文、经、管、法、教、艺等多学科协调发展的全日制普通本科高校，是经国务院学位委员会批准的硕士学位授权单位，也是湖南省首批获得“十三五”国家产教融合发展工程应用型本科规划高校。

学校依山傍水，风景秀丽，坐落在全国文明城市、国家历史文化名城、中国优秀旅游城市、国家首批沿江对外开放城市、湖南门户城市——岳阳市，被誉为“湖南最美高校”。学校现有全日制本科生、硕士研究生 23000 余人（含独立学院），来华留学生 37 人。学校拥有校园面积 2000 余亩，东院和南院（新校区）两个校区环抱南湖，紧密相连，湖岸线长达 3.7 千米；校舍总建筑面积近 70 万平方米，固定资产总额 12 亿元，教学、科研仪器设备总值近 2 亿元，各类图书藏书 260 余万册（含 127 万种数字图书）。学校各类学习、生活和文化体育运动设施配套齐全，是“全国文明单位”，学校荣获“全国师德建设先进单位”“全国学校艺术教育工作先进单位”“全国绿化先进集体”“全国群众体育先进单位”。

近年来，学校发展势头迅猛。于 2006 年 12 月高标准通过教育部本科教学工作水平评估；2009 年被国务院学位委员会批准为 2008—2015 年新增硕士学位授予立项建设单位（全国共 26 所高校，湖南仅 2 所高校），这奠定了学校在全国新办本科院校中的前茅排名；2013 年正式成为硕士学位授予单位；2015 年获得教育、艺术两个类别专业硕士学位授予权，2016 年又获机械工程专业硕士学位授予权，并且通过评审被推荐为“十三五”国家产教融合发展工程应用型本科规划高校，这标志着学校发展正式进入国家发展战略规划，为学校的改革发展带来了新契机。

学校拥有一支结构合理、素质优良、层次较高的师资队伍。学校现有教职员工 1270 余人，其中教授 136 人，博士 171 人，硕士生导师 115 人，外籍教师 20 余人，有国家“千人计划”特聘学者、国务院政府特殊津贴专家、教育部“新世纪优秀人才支持计划”人选、“国家友谊奖”获得者、省级教学名师等高层次人才 150 余人，聘请了世界钢琴大师迈克尔·阿卡德夫等近百名国内外知名学者、专家为学校专、兼职教授。

学校坚持产教融合、校企合作，深化教育教学改革，先后获得湖南省教育体制改革试点项目2项，教育强省建设重点推进工作项目1项，国家级专业综合改革试点项目2项，教育部“产学合作专业综合改革”项目3项。“十二五”期间，学校获准立项的本科教学“质量工程”项目数量在湖南全省二本高校中名列前茅。2009年学校两项教学成果获得国家级教学成果奖二等奖，在全省同类高校中首屈一指。目前学校设有18个院(部)，54个本科专业，有国家级特色专业建设点4个，省级特色专业9个，国家级实验教学示范中心1个，国家级大学生校外实践教育基地1个，国家级大学生创新创业计划项目22个，省级实践教学平台32个。

学校注重培养学生的创新精神和实践动手能力，“十二五”期间，学生在省级以上学科竞赛获奖1200余项，在全国大学生电子设计竞赛、全国数学建模竞赛、全国大学生英语演讲比赛、全国大学生艺术展演中多次获得一等奖，涌现了一年内成功申报6项国家实用新型专利的学生创新典型。学校坚持“爱心育人”的办学特色，关心学生成长成才，学生考研录取率、就业率稳居全省同类院校前列。学校与大型国企央企建立了合作关系，开办了“订单班”，中央电视台对此还进行了专题报道。学校被评为“全国普通高校毕业生就业工作先进集体”。

近年来，学校对接国家和湖南深入实施创新驱动发展战略和加快推进产业转型升级的应用型人才需求，主动融入区域优势产业和新业态发展，与行业企业搭建重大学科平台27个。此外，学校较早获批了湖南省重点实验室、省级工程技术研究中心等，拥有湖南省社科研究基地3个、省普通高校哲学社会科学重点研究基地1个、省普通高校产学研示范基地3个、省普通高校重点实验室2个等科研平台。学校现有省级重点建设学科5个，学术硕士学位授权点3个，专业硕士学位授权点3个。近5年来，共获国家自科基金项目35项，国家社科基金项目14项；获省级以上科技奖励8项，其中湖南省科技进步奖一等奖1项；《云梦学刊》《当代学术史研究》栏目入选教育部第三批“名栏建设”工程。

学校致力于为地方经济建设和社会发展服务，联合中石化巴陵分公司、中石化长岭分公司、湖南省血吸虫病防治所等企业院所，分别成立了“石油化工催化与分离关键技术协同创新中心”和“洞庭湖区血吸虫病防控协同创新中心”等有一定影响的创新平台；与当地政府建立了全面合作框架协议，成立了湖南省屈原文化研究基地、天岳幕阜山文化研究中心、岳州窑产学研基地等。

学校坚持开放办学，注重拓展学生的国际视野，1985 年开始招收培养留学生，先后与美国、德国、加拿大、俄罗斯、日本、韩国等国高校建立友好校际关系，实施“3 +1”“2 +2”等多类型的本硕协同培养项目。先后有 10 余名外教荣获“潇湘友谊奖”“芙蓉奖”等奖励，其中 1 名外籍教师荣获国家“友谊奖”，受到国家主席习近平以及原国务院总理温家宝的亲切接见。学校被国家外国专家局评为“国家引进国外智力先进单位”。

在长期的办学过程中，几代办学者传承湖湘文化精髓与先进文化思想，践行“至善穷理”校训和“三个为本”(学生为本、教师为本、发展为本)的办学理念，坚持实施“严格要求，严格管理”的治校方略，逐步形成了“严谨、和谐、求实、创新”的优良校风，学校党委被评为全省先进基层党组织、全省基层党建示范点、全省高校先进基层党组织，多次在湖南省思想政治工作会议、全省大学生思想政治教育工作会议和全省高校党建工作会议上作典型发言。进入“十三五”的新时期，湖南理工学院正在抢抓机遇，坚持产教融合、校企合作，推进“转型发展、内涵发展、特色发展”，为早日建成“有较高社会影响力的特色鲜明的地方大学”而不懈奋斗！(湖南理工学院档案馆)

(十一)湘南学院

1. 历史沿革

湘南学院是2003 年经湖南省人民政府、教育部批准，由郴州师范高等专科学校、郴州医学高等专科学校、郴州教育学院、郴州师范合并组建而成的全日制普通本科院校。学校位于享有“天下第十八福地”之美誉的湖南“南大门”——郴州市，前临宽阔笔直的郴州大道，后倚风景秀丽的王仙岭生态公园是“湖南省园林式单位”“湖南省文明高等学校”“国家语言文字规范化示范学校”。

湘南学院校史最早可以追溯到民国时期湖南省第三女子师范学校。1912 年，湖南在长沙、桃源、衡阳分别设立第一、第二、第三女子师范学校(现在的长沙师范、桃源师范、郴州师范)，随着时局变化，先后易名为省立第三初级中学、省立第六女子中学、省立衡阳女子中学。中华人民共和国成立初期，湖南省立三师正式易名为郴州师范，1950 年郴州医专的前身郴州卫校正式挂牌成立，1958 年 9 月郴县专区师范专科学校成立，后改名为郴州地区师范专科学校（郴州师专），郴州地区教师进修学院创建于 1979 年，1990 年更名为郴州教育学院。

改革开放特别是撤地建市以来，郴州经济迅猛发展。为实施“科教兴邦”战略，实现郴州经济跨越式发展，2001 年，郴州市委、市政府作出了四所学校合并的决定。2001 年，湘南学院筹建工作指挥部成立，湘南学院新校区正式奠基开工。2003 年 9 月，湘南学院成立。

2. 学科特色

学校坚持“转型发展、内涵发展、特色发展”的方针，以区域经济发展需求为导向，不断深化教育教学改革，积极改造传统专业，调整优化学科、专业结构，谋划“大学科”布局，建立紧密对接产业链的专业体系。在大文科、大理科、大医科、大工科等学科的布局下，重点做好应用化学、电子信息技术（微波陶瓷材料）、药理学（新药研发）、环境艺术、中小型产业（经济管理）等基本布局，创建学科品牌，催生和培育新兴学科，形成新的学科生长点和特色学科，形成一批对接本地的产业群（链）优势学科。

（1）建立企业行业参与的专业建设新的机制。学校及二级院系都建立了有政府、行业、企业各界人士参加的专业建设指导委员会，经常召开专业设置论证及专业建设座谈会，邀请医院、学校等企业行业专家为学校的专业建设与改造把脉问诊。

（2）贴近经济社会发展需要设置新专业。重点发展与地方经济关联度高、就业渠道广的应用型专业（集群），实现学校的专业链与地方行业产业链的集群对接。着力发展医疗卫生与康复养老、冶金、光电子信息、经贸管理、文化创意等专业（专业群）。目前，学校的应用型专业数量已经占到专业总数的 70% 左右，适应地方经济社会发展需要的专业体系逐步形成。

（3）建立专业退出机制。学校采取“先退后立”“不退不立”的措施强力推进专业调整。一些社会适应性不强的专业停止招生，对于退出专业的专任教师，学校拿出经费将这些教师送出去转岗培训，从而使得部分教师转向、部分教师转岗，达到分流的目的。

（4）通过项目引领加强专业内涵建设。加强对已立项的国家、省、校三级质量工程项目建设，积极培育、申报新一轮教学综合改革项目（质量工程项目)，形成一批应用型特色专业、综合改革试点专业。同时，学校还配套建设一批校级综合改革试点专业，从而逐步形成专业转型与综合改革梯度建设的良好态势。

3. 办学成就

近年来，湘南学院在转型发展的道路上目标坚定，勤于探索，真抓实干，取得一定成效。

(1)促进了学生全面发展，人才培养质量显著提高。学生实践能力、创新能力、团队合作能力等综合素质显著提高，就业竞争力明显提升，目前，学生初次就业率基本保持在90%以上，对口就业率达到了80%，学校毕业生成为合作企业优先选择的对象。

(2)创新能力和服务地方的能力得到增强。学校主持了湖南省软科学研究重点项目《大湘南承接产业转移战略发展的对策校研究》、国家自科基金项目《湘粤赣边界禁止开发区域生态协调发展机制研究》等一系列贴近和服务地方的项目，积极为区域经济建设献计献策。郴州市“十三五”规划编制中的第一个重大委托项目《国内外经济形势与政策走向对我市经济社会发展影响研究》都是交由湘南学院完成的。学校还直接参与地方经济文化建设，如新型介质陶瓷及微波工程的研发应用，降压口香糖、杜仲茶、杏鲍菇工厂化生产技术等项目，为地方带来巨大的直接经济效益。

(3)学校声誉不断提升。湘南学院的应用技术本科转型建设也得到了教育行政部门的肯定，学校转型发展的经验被国家教育体制改革领导小组办公室向全国宣传推荐(《教育体制改革简报》2016年第62期)；学校成为全省唯一连续3年获得教育信息化示范试点项目的学校。近年来，学校先后获得“湖南省教育信息化创新应用示范学校”“湖南省大学生就业创业示范校建设校”“湖南省平安高校”“国家住院医师规范化培训基地协同单位”“湖南省创新型院校”等荣誉。2014年3月，学校顺利加入了“中国应用技术大学联盟”并在教育部首届“产教融合发展国际论坛”(驻马店论坛)上，应邀作大会典型发言，受到时任教育部副部长鲁昕同志以及与会同仁的高度赞扬。2014年6月，学校被湖南省委、湖南省人民政府确定为“湖南省普通高等学校转型发展试点学校”和“湖南省校地合作”试点单位。《湖南日报》以《走进春天——湘南学院发展应用技术教育纪实》为题，用2个版面详细报道了学校转型发展的先进事迹，《光明日报》《中国青年报》等媒体对学校转型发展

都作了跟踪报道。政府、社会、家长和学生对学校的认可度不断提升。（湘南学院档案馆）

（十二）衡阳师范学院

衡阳师范学院是1999年3月经教育部批准，由原衡阳师范高等专科学校与原衡阳教育学院合并升格的省属全日制普通本科院校。2001年2月，原湖南第三师范学校并入。

学校前身可追溯到湖南官立南路师范学堂。1903年（清光绪二十九年），湖南巡抚赵尔巽奏准清政府，决定在衡州（今衡阳市）设立南路师范学堂。1904年冬，在“振兴教育，首重师范”的口号声中，“湖南官立南路师范学堂”创立，校址建于今衡阳市江东岸的晒金坪。这就是百年师范——衡阳师范学院的源头。1912年2月，湖南官立南路师范学堂改称“湖南公立第三师范学校”。1914年4月改“公立”为“省立”，称“湖南省立第三师范学校”。其间又几经更名。至1953年，改名为“衡阳师范”。1962年10月，经湖南省人民委员会批准，学校更名为“湖南省第三师范学校”。

衡阳师范专科学校是1958年经教育部批准成立的全国首批8所师专之一，最初与衡阳师范（湖南省第三师范学校前身）合在一起。1959年下半年，衡阳师专与衡阳师范共同建立了中共衡阳师范专科学校委员会。1966年、1969年、1973年，衡阳师专与湖南三师又先后经历了分开、合并、分开。1993年6月，衡阳师范专科学校更名为“衡阳师范高等专科学校”。衡阳师专办学历史共40年，在“文革”结束前，学校发展起落无常；改革开放之后，学校迅速发展，后升格为衡阳师范学院的主要力量之一。衡阳师范学院的另一主要力量是衡阳教育学院，衡阳教育学院的前身是衡阳市教师进修学院，创建于1979年，1991年更名为衡阳教育学院。

学校创立之初，湖南官立南路师范学堂首届监督（即校长）曾熙就提出了“南学津梁”的教育思想，这一教育思想的提出旨在培养学生继承和发扬南方先贤先进学术和先进的教育思想，挽救民族于危殆，振兴中华。在这种思想潜移默化的影响下，学校不仅为国家的基础教育培养了大批合格师资，而且成为了“湘南的革命摇篮”。在第一次和第二次国内革命战争时期，学校进步师生积极投身中国革命的洪流，涌现了一个革命家群体。据不完全统计，学校先后有恽代英、张秋人、蒋先云、黄静源、蒋啸青、陈为人、雷晋乾等120多名校友为国捐躯。中华人民共和国成立后，黄克诚、江华、张经武、张平化、张际春、曾希圣、唐天际、周里等部分校友担任了省级以上的重要领导职务。他们为中国新民主主义革命的胜利和社会主义革命与建设建立了不朽的功勋。

一个多世纪以来，学校始终坚持为地方基础教育服务的宗旨，师范教育弦歌不辍。在1949年以前，尽管社会动荡不安，办学条件极为艰苦，师范教育的质量仍一直稳居全省的前列。中华人民共和国成立后，原衡阳师专和湖南三师的办学水平居全国同类型、同层次学校的前列，并涌现了一大批全国优秀教师、全国优秀班主任。三所学校为基础教育及地方经济建设和社会发展培养了10万余名各级各类应用型人才。三校整合后，教师教育的优势和特色进一步显现。

进入21世纪，学校的发展步入快车道。2006年学校以优异成绩完成教育部本科教学水平评估；2013年，学校成为湖南省首批协同创新中心（即“2011计划”）立项建设高校；2015年，学校成功入选教育部—中兴通讯ICT产教融合创新示范基地第一批合作院校；2017年，学校成功入选教育部—凤凰卫视·凤凰教育高校数字媒体产教融合创新应用示范基地第一批合作院校，是“全国应用技术大学（学院）联盟”成员单位。

学校现有东、西两个校区，校园面积2166亩；有全日制在校学生2万多人；有专任教师919人，其中具有正高级专业技术职务159人（二级教授13人），具有博士学位教师230人；有享受国务院特殊津贴专家、全国优秀教育工作者、全国优秀教师、教育部新世纪优秀人才等头衔和荣誉的98人。

学校现已形成文、理、工、教、管、艺协调发展的学科专业结构。有58个全日制本科专业，其中，1个国家级特色专业、1个国家级综合改革试点专业。有1个联合国科教文组织国际自然与文化遗产空间技术分中心、1个国家地方联合工程实验室、1个国家级大学生校外实践教育基地。

学校大力加强科研工作。近年来承担省级及以上科研项目280多项，其中国家社科基金重大项目等国家级科研项目60项；承担国家级和省级教改项目140多项。积极推进产学研用结合，服务地方经济社会发展成效显著。

学校积极开展国际学术交流与合作办学。近年来，获得30多项国家留学基金、湖南省海外名师和省级引智项目；先后与美国、英国、韩国、中国港台等国家和地区的10多所高校建立了良好合作关系；并已招收首批留学生。

学校始终坚持质量立校，着力为基础教育和职业技术教育培养优秀教师，为地方经济和社会发展培养高素质应用型人才。积极推进协同培养、产教融合、校企合作，大力实施"一师范专业对接一省级示范中学、一非师范专业对接一国内一流企业"转型发展战略，与省内外200多家单位建立了深度合作关系。

学校秉承"厚德、博学、砺志、笃行"的校训，不断推进各项事业全面发展。先后获得全国中小学骨干教师培训计划实施单位、全国农村校长助力工程实施单位、全国环境教育示范学校、全国大学生社会实践活动先进单位、全国模范职工之家单位等荣誉称号。

当前，学校正在积极推进内涵发展、转型发展、特色发展，努力建设特色鲜明的地方高水平应用型大学。（衡阳师范学院档案馆）

（十三）湖南科技学院

湖南科技学院是一所经教育部批准，由湖南省教育厅主管的公办全日制普通本科院校。学校创建于1941年，前身为湖南省立第七师范学校，2002年由零陵师专升格为本科院校，定名零陵学院，2004年更名为湖南科技学院。经过70余年的建设和发展，湖南科技学院现已成为一所综合性应用型本科院校。发展历程划分为以下七个时期：

1. 创业维艰：湖南省立第七师范学校时期（1941.4—1953.8）

1941年，湖南省国民政府为保障和发展战时教育，决定创办省立七师。因考虑战时安全问题，选址道县办学。学校的得名，是因1938年初湖南省国民政府调整行政督察区，零陵等8县为第七区，故名"七师"。学校筹建工作于1941年5月开始，是年秋正式招生，设有高师、简师两部。1943年9月，学校又创办七师附属小学作为教育实习基地。1944年8月下旬，日寇突然压境，省立七师决定南迁山区坚持办学；9月10日，学校仓促迁至道县广贤乡第七保土地塘暂避战乱；11月1日，再迁宁远县九嶷山区湾井乡。日寇投降后，学校迁回道县重建。当时，学校校舍遭日寇蹂躏损毁殆尽，校具校产被洗劫一空。1953年2月，学校奉命搬迁到地委行署所在地零陵。自道县至零陵杨梓塘，学校雇木排装运校具和行李顺潇水而下，师生均徒步行走，翻山越岭，历经3天时间，行程约200华里。

2. 曲折前行：零陵师范学校时期(1953.8—1971.5)

1953年8月，湖南省立七师更名为零陵师范学校，改由零陵地区主办，实行省地共管；9月，七师附小也从道县迁至零陵河西唐生智公馆，改称零陵师范附小。此后的近20年间，学校管理日趋规范，建立健全了党团组织和党政机构，组建了强有力的干部队伍和高素质的教师队伍；办学条件逐步改善，先后修建了多栋教学楼及学生和教师宿舍，添置了图书资料和仪器设备；组织了一系列如“一听”“二冲”“三循环”教改实验。

这一时期学校的发展经受了极“左”教育思想的影响和冲击，教学安排大量的时间用于生产劳动，教学思想强制推行苏联经验。1957年有11位教师被清洗出校。在“文化大革命”中，全校65名教职工中一度有32人被揪斗，有2名教师被迫害致死。在“斗批改”“停课闹”革命的政治风潮中，学校正常的教学秩序被完全打乱，曾一度被迫停止招生。可以说，零陵师范自建立之日起直至20世纪70年代初，走过了一段极为坎坷曲折的发展道路。

3. 短暂过渡：零陵地区中学师资培训班(1971.5—1976.10)

1971年5月，零陵地区行署在零陵师范基础上创办了零陵地区中学师资培训班，其学制为一到两年，毕业生享受专科待遇。地区中学师资培训班和零陵师范同在一个校园，实行两块牌子、一套人马的管理体制。各学科分为高师、中师两种班级，高师班培养初中教师，中师班培养小学教师，实行大专和中专两种学制。学校先后引进了数十名优质师资，建设了一批教学和生活用房。实行开门办学方针，建立了教学、生产、科研三结合的教研体制，并筹建校办工厂、农场，师生轮流下工厂、农场劳动学习。这种模式不仅培养了大批地方急需的中学教师及其他人才，同时也标志着学校高等教育的起步。

4. 转型新生：湖南师范学院零陵分院时期(1976.10—1981.7)

1976年10月，湖南省委批准在零陵地区中学师资培训班基础上创办湖南师范学院零陵分院，开展正式的专科教育。湖南师范学院零陵分院并不是湖南师范学院的分支机构，二者之间不存在隶属关系。零陵分院与零陵师范仍同在一个校园，实行两块牌子、一套人马的管理体制。国家恢复高考制度前，学校对学员实行“社来社去”，半工半读的办学体制。

1979年5月，零陵分院与零陵师范分家，零陵师范搬迁至黄溪岭另建新校园，原校址全部留给零陵分院。至此，学校正式步入高等教育发展轨道，迎来全新的机遇与挑战。

5. 改革振兴：零陵师范专科学校时期(1981.7—2002.3)

1981 年 7 月，国务院批准成立零陵师范专科学校。学校实行省地双重领导，以省为主的管理体制，办学经费及建设项目投资由省教育厅安排。1993 年 6 月，学校更名为零陵师范高等专科学校。学校围绕创新人才培养模式，培养合格中学教师，全面推进教育教学改革，取得了突出成效。1985—1989 年 实施改革专业思想教育、改革教育实习制度、强化职业技能训练的“三项”改革，其成果获国家级优秀教学成果特等奖；1990—1993 年实施的农村中学教师培养模式的“综合改革”，其成果获国家级优秀教学成果二等奖；1993—1997 年实施师专教育改革与农村初中教育改革的“对接研究”，其成果获国家级优秀教学成果二等奖；1997—2000 年实施的“师专素质教育的研究与实践”，其成果获国家级优秀教学成果二等奖。

这一期间的教育教学改革提升了学校的育人质量和办学影响力，20 世纪 90 年代学校被誉为“全国师范教育改革的一朵奇葩”。

6. 提升层次：零陵学院时期(2002.3—2004.7)

2002 年 3 月，经教育部批准，零陵师专升格为本科院校，定名为零陵学院。学校实行省市共建管理、以省为主的管理体制。学校为了树立和增强本科意识，尽快实现专科办学到本科办学模式的转变做了一系列工作。学校确立了“立足永州、面向湖南、辐射全国”的办学定位和“质量立校、人才兴校、创新强校、特色名校”的办学理念；按照本科办学标准，加强教学基本建设；大力鼓励中青年教师攻读硕士、博士学位，同时制定了一系列引进人才的优惠政策，广纳各类贤才；学校占地面积从 809 亩增加到 1063 亩，固定资产从 9600 万元增加到 2 亿多元，建筑面积从 16 万平方米增加到 31 万多平方米，教学仪器设备从 2100 多万元增加到 5000 多万元；发展非师范专业，改善单一师范学校面貌，实现从师范教育向多学科教育的转变；扩大招生范围，生源遍及全国 28 个省市，招生人数都有较大增加。实施科研工作“三张牌”战略，努力培育科研工作的亮点与特色。高度重视制度建设，制定和实施了一系列管理制度，促进了管理工作的科学化与规范化。

7. 蓬勃发展：湖南科技学院时期(2004 年 7 月—至今)

2004 年 7 月，教育部同意零陵学院更名为湖南科技学院。学校秉承“德才兼备、自强不息”的校训精神，按照“树立精品意识、汇聚精英人才、强化精心育人、推行精细管理、培育精励校风、建设精美校园”的战略，以创建高水平应用型大学为目标，以社会需求为导向，以转型发展、内涵发展、特色发展为主线，大力推进“双一流”建设，努力使学校成为永州及湘西南地区的人才培养基地、科技研发平台、政府决策智库、文化引领高地和品质永州名片。学校教学和人才培养质量不断提高，毕业生就业率长期保持在92%以上。学校荣获全国普通高等学校优秀教学成果奖、全国普通高等学校教学管理工作先进单位、全国毕业生就业典型经验高校、全国五四红旗团委、全国高等院校后勤工作先进集体、湖南省大学生就业创业优秀示范校、湖南省高等学校党建和思想政治工作先进单位、湖南省思想政治工作先进单位、湖南省文明高等学校等称号。学校建有13个教学学院，44个普通本科专业，面向全国28个省(市、区)招生。学校现有普通本科在校学生14000余人，成人教育在校学生5000余人。现有教职员工近1100人，其中专任教师670人，具有副高以上职称327人，具有硕士以上学位772人，有省“121人才工程”人选7人，享受国务院政府特殊津贴人员1人，湖南省政府特殊津贴人员1人，省级学科带头人5人，省级青年骨干教师48人，涌现出了被誉为“湖湘师表”的张京华教授等一批知名学者。学校占地面积76.3万平方米，建筑面积45万平方米，教学仪器设备总值1.4亿元，图书资料107万册，固定资产总值7.3亿元。学校现有2个“十二五”省级重点建设学科、1个省级重点实验室、1个省级工程实验室、1个省级工程技术研究中心、1个省科技创新团队、1个省高级校产学研合作示范基地、6个省级研究基地、3个省级优秀教学团队、14个校级科研机构、3个校级协同创新中心。近5年来，全校教师共获得省部级以上科研项目360余项，其中国家自科基金项目9项、国家社科基金项目13项，获省级以上科研奖励20余项，其中国家级教学成果奖一等奖1项。近年来，全校教师发表学术论文4000余篇，其中被三大检索收录300余篇，出版著作、教材260余部。《湖南科技学院学报》被评为“中国人文社科学报核心期刊”“全国百强社科学报”，《柳宗元研究》栏目被评为“全国社科学报特色栏目”。(吴青霞)

(十四)湖南商学院

1949 年 12 月 16 日，为适应国营商业的建立与迅猛发展，长沙市军管会贸易处开办干部训练班，在《新湖南报》刊登招生广告，面向全省招收会计和业务人员共计 80 名，这拉开了湖南商学院财经教育的序幕。1950 年 1 月 21 日，培训班在《新湖南报》上刊登了初试录取学员名单，实际招收 62 人，在民主西街十五号开办了一期训练班。1951 年 2 月，训练班迁往轩辕殿教学，1951 年 6 月间，改称湖南省财经干部训练班商干大队，卞河同志接任专职班主任工作。至 1951 年 9 月止，训练班共为全省商业行政部门和企业输送 457 名财务干部。

1951 年 9 月中旬，湖南省商业厅和文教厅联合决定，由商业厅接办湖南私立自治女子职业学校，接收该校上学宫街校址地基 4100 平方米，房屋 39 间，以及校具和图书等，另租用民房 18 间，将原商干大队与自治女校合并，组建“湖南贸易专科学校”。是年 10 月 8 日开学典礼时，学校正式定名为“湖南贸易学校”，受省商业厅和省文教厅双重领导，其性质为中等技术学校。当时学校共有学生 449 人，机构极为简单，校长一人，下设教导和总务二处，校长由省商业厅副厅长李君九兼任，卞河任教导处主任，全校共有教职工 44 人，其中教员 16 人。

1952 年 10 月，湖南贸易学校得以壮大，湖南省商业厅将湖南资江贸易学校合并进湖南贸易学校，随调 7 名教师、干部，带来两个会计班学员共计 104 人，并将部分校具、图书从益阳运抵长沙。

1953 年 11 月，湖南贸易学校更名为湖南省商业干部学校。1954 年 10 月 12 日，省商业厅决定将三汊矶原石油仓库基地、房屋全部移交省商业干部学校，学校派刘信才等同志赴三汊矶进行建校工作，共投资 35 万元，建成教学楼、学生宿舍、礼堂、职工宿舍、食堂等 4200 多平方米，能容纳学生 600 人。1956 年 2 月，省商业干部学校全部迁往三汊矶新址，上学宫街校舍移交省百货公司长沙纤维织品批发站。

1958 年 5 月，全国机构大改革，省商业干部学校与省合作干校、省服务干校合并，仍称“湖南省商业干部学校”，学校第一副校长为谢鲁彬，副校长为王兴、吴松久。学校迁往小林子冲新址，三汊矶校址移交省商业厅所属野生纤维制纸厂。1958 年 12 月，根据当年 8 月中共中央财贸政治部工作会议精神，省商业干部学校、省财政干部学校、省粮食干部学校、省统计干部学校、中国人民银行湖南省分行干部学校五所干部学校合并，改称“湖南省财贸干部学校”，校址设在石佳冲，校长雷震宇，副校长李芳甫、裴新源。学校由省委财贸政治部领导，实行党委领导下的分工负责制，学校在两年内培训在职干部 3678 人。

随着经济迅速发展，“培养新生力量，输送一定数量的高级专业人才”的需求迫切。1960 年，省委发出指示：在原财贸干校的基础上建立财经高等学校，是年 8 月 22 日，省委批复省委财贸政治部，同意成立湖南财贸学院，归属省委宣传部、财贸政治部和省教育厅领导。

1963 年 6 月，根据商业部关于商业部门要自己办校来培养商业干部和技术人才的指示精神，省商业厅党组向省委财贸政治部申报恢复商业干校和开办商业职业学校。8 月 3 日，省委办公厅批复同意恢复商业干校，定名为“湖南省商业厅干部学校”，1964 年 9 月 21 日，第一期财会调训班开学，学制 7 个月。到“文化大革命”前，共培训 908 人。“文革”期间，学校经历了一段波折，1968 年夏，“军宣队”进驻商业厅“支左”，接管了学校，1969 年 3 月，学校 67 名教职工大部分去福田、草市五七干校劳动。

1971 年，全省国营商业系统职工已发展到 24 万多人，急需培养一批专业人才。1972 年 4 月，省革委会下达《关于成立湖南省商业学校的批复》，同意成立湖南省商业学校，校址设在三汉矶原校址。6 月 15 日，李文良同志被任命为学校副政委，10 月 12 日，湖南省商业学校党委成立，阎德功任书记。1973 年 2 月 20 日，周祥印同志被任命为省商业学校副校长，学校升格为中等专业学校。

1978 年，党的十一届三中全会以来，我国进入一个全新的发展时期。1978 年秋冬季，经省纪委批准学校，学校招收了两个班的商业经济专业大专学生共计 100 名，学制 3 年，此后连续 3 年，共招收大专班学生 326 人。1983 年 2 月 19 日，经国务院批准，湖南商业专科学校成立。康少宏任党委书记、校长，徐春林任党委副书记、副校长。1983 年学校在校职工 233 人，专任教师 102 人。

1980 年，湖南省商业厅根据商业部的要求和部署，湖南省商业干部学校成立，1985 年 1 月，经省政府批准，在省商业干部学校的基础上，省商业管理干部学院成立，学校规模1000人，学制2—3年。这是湖南商学院前身的重要组成部分。1985年11月21日，省委任命王兴任省商干院党委书记，12月2日，省政府任命廖九如、邓蜀先为副院长。到1990年，商干院已有教职工285人，在校学生1300人。学校采取学历教育与短期培训相结合，开设了大专班、本科班、干部专修科、函大班与电大班。1985年至1994年10年间，学院共培养近5000名大专毕业生。从1992年起，学院还举办了以大专为起点的本科教育，两年制大专教育。

1988年，省商业厅报请省人民政府《将湖南省商业管理干部学院与湖南商业专科学校两校合并成立湖南商学院的请示》，在省领导的高度重视下，1988年，省政府致函原国家教委，请求批准将湖南省商业管理干部学院与湖南商业专科学校合并成立湖南商学院，1994年2月5日，原国家教委下发了同意成立湖南商学院的通知，“湖南商学院由省人民政府领导、管理”，“湖南商学院全日制在校学生规模为3000人，招生实行本专科并举，近期以专科生为主，逐步转向以本科为主”。邓蜀先、廖九如、谭兴无任党委副书记，罗桂廷、唐德斌任党委委员。1999年，湖南商学院招生就业制度改革实验成功，本科教学工作获得了教育部的肯定和专家的好评。2006年，学校获得了本科教学工作水平评估优秀的结论。

2009年2月14日，省学位委员会专家组对学校“新增硕士学位授予单位项目建设规划”进行论证。3月，学校正式进入新增硕士学位授权单位项目建设阶段。2011年，学校通过国务院学位委员会组织的验收与审批，成为硕士学位授予单位，2015年硕士研究生培养质量验收的合格，为建设高水平的商科大学奠定了坚实基础。

近年来，湖南商学院获得长足发展，综合实力不断提升，已成为“十三五”国家产教融合发展工程应用型本科高校、全国首批百强“深化创新创业教育改革示范高校”、全国高校实践育人创新创业基地。

截至2017年6月，学校校园占地1340.61亩，建筑面积48万余平方米；有总值1亿余元的教学仪器设备，200余万册的图书馆藏书；设14个教学院(部)、60个科研机构以及教育部首批批准成立的独立学院——北津学院。学校有普通全日制在校学生2.1万余人；有4个一级学科硕士学位授权点、2个硕士专业学位授权点，有5个省级重点建设学科，8个省级社科研究基地，1个省级教育科学研究基地，1个省高校产学研合作示范基地，1个省级高校创新团队，2个省级“2011协同创新中心”，1个省级重点实验室；有49个本科专业，其中，2个教育部高等学校“第一类特色专业建设点”，1个“第二类特色专业建设点”，1个国家级专业综合改革试点项目，5个省级专业综合改革试点项目，5个省级重点专业，2个省级资助建设专业，9个省级特色专业；有1个教育部“人才培养模式创新实验区”建设项目，2门国家级精品课程，1门国家级精品资源共享课，10门省级精品课程，8个省级优秀教学实习基地，4个省级教学团队，5个湖南省普通高校校企合作人才培养示范基地，3个省级大学生创新训练中心。

学校现有教职工1252人，其中，具有正高职称者136人，具有副高职称者256人，具有博士学位者195人，国务院学科评议组成员1人，教育部人文社会科学委员会学部委员1人，教育部科学技术委员会学部委员1人，湖南省科学技术协会副主席1人，全国优秀教师3人，全国师德先进个人1人，全国“三八红旗手”1人，国家自然科学基金委创新研究群体首席教授1人，“长江学者创新团队”首席教授1人，国家杰出青年基金获得者1人，首届中国杰出社会科学家1人，“万人计划”哲学社会科学领军人才1人，全国文化名家暨“四个一批”人才1人，“百千万人才工程”第一、二层次国家级人选1人，教育部高等学校教学指导委员会委员3人，享受国务院政府特殊津贴的专家9人，教育部“新世纪优秀人才支持计划人选”2人，“芙蓉学者计划”首届特聘教授1人并荣获“芙蓉学者”贡献奖，湖南省优秀社会科学专家1人，湖南省新世纪“121人才工程”人选14人，湖南省教学名师3人，获湖南省“徐特立教育奖”1人，湖南省普通高等学校学科带头人(含培养对象)10人，湖南省普通高校青年骨干教师(含培养对象)72人。

学校近5年共承担各级各类科研项目1105项，其中，国家社会科学基金重大项目1项，教育部人文社科重大项目2项，国家社会科学和自然科学基金重点项目5项、其他项目87项，国家软科学重大项目4项，教育部人文社科项目44项，国际招标项目1项，省社会科学基金重大项目18项。国家级、省部级课题数量在湖南省省属一般院校中名列前茅。目前是湖南省唯一一所获教育部高等学校科学研究优秀成果(人文社会科学)一、二、三等奖的高校。

学校遵循“至诚至信，为实为新”的校训，坚持立德树人，以育人为本，以教学为中心，坚持培养基础扎实、综合素质高、实践能力强、具有市场意识和创新精神的应用型高级专门人才，陶汝琴同学入选中国教育新闻网“2016 年度十大教育人物”和湖南省“2016 年度十大教育人物”之首。学校面向 30 个省、直辖市、自治区招生，近年来年度就业率一直稳定在 95% 以上，为地方经济建设和社会发展作出了应有的贡献。学校对外交流日益广泛，已与美国、荷兰、英国、爱尔兰等国家的 10 余所大学和科研机构建立了合作办学和校际交流关系。（湖南商学院档案馆）

（十五）南华大学

南华大学是由原中南工学院、原衡阳医学院合并，原核工业第六研究所并入组建而成的综合性大学。

1959 年，为适应发展核武器、建设核工业的需要，第二机械工业部在核工业厂矿较为集中的衡阳创办了以培养铀矿冶高级专门人才为主的高等院校——衡阳矿冶工程学院，先后更名为衡阳工学院、中南工学院。

1958 年，为适应湖南医疗卫生事业发展、提高人民的卫生保健水平的需要，湖南省人民政府在衡阳创办了以培养医学高级专门人才为主的高等院校——衡阳医学院。

1962 年，为适应我国第一批铀矿山相继投产的需要，第二机械工业部在原江西矿物局研究所基础上组建南昌矿业研究所，几经变迁，发展为中国核工业第六研究所。

2000 年 3 月，原中南工学院和原衡阳医学院合并组建南华大学。2002 年 10 月，核工业第六研究所并入，核工业四一五医院同时划转为南华大学附属医院。

学校实行工业和信息化部、国家国防科技工业局、中国核工业集团公司、中国核工业建设集团公司与湖南省人民政府共建，具有博士、硕士、学士三级学位授予权、推荐优秀本科生免试攻读硕士研究生及硕博连读资格和招收外国留学生和中国港澳台地区学生资格，是本科一批招生高校、教育部卓越人才教育培养计划项目试点高校。现任党委书记王汉青教授，校长张灼华教授。

学校有本科专业 75 个，建有国家级特色、国家国防重点、国防紧缺、省级特色专业 30 个；现有一级学科博士学位授权点 3 个、二级学科博士学位授权点1个(非一级学科覆盖)；一级学科硕士学位授权点18个、二级学科硕士学位授权点7个(非一级学科覆盖)；专业硕士学位授权类别8个(其中工程硕士领域11个)。学校设有一级学科博士后科研流动站3个，学科专业分布于哲学、经济学、法学、文学、理学、工学、医学、管理学和艺术学9大学科门类。

学校设置核科学技术学院、核资源工程学院、医学院、环境保护与安全工程学院等19个学院；拥有直属型附属医院4所、协作型附属医院11所，其中直属型附属第一医院、第二医院、南华医院为三级甲等医院和临床学院。

学校共有专任教师2945名，校本部有专任教师1702人，直属型附属医院有医学教师1243人，校本部有兼职教师444人。校本部专任教师中，具有硕士、博士学位的教师1332人；具有高级职称的教师865人。学校国家国防科技创新团队、部省级创新团队、省高校科技创新团队、省级教学团队14个；国家级突出贡献中青年专家、享受国务院政府特殊津贴专家90名，省部级学科学术带头人、教学名师、优秀中青年专家220余名；特聘中国科学院和中国工程院院士10名。

学校拥有中央与地方共建高校基础实验室20个，国家级“本科教学工程”大学生校外实践教育基地建设项目2个；有国家级工程实践教育中心1个，国家级实践教学示范中心1个，国家级虚拟仿真实验教学中心2个；中央与地方共建高校特色优势学科专业实验室14个，中央支持地方高校发展专项资金项目实验室23个；省级实践教学中心10个；省级研究生创新培养基地、校企合作人才培养示范基地、卓越计划校企合作基地、学生创新训练中心13个；综合性实习基地200余个，其中省级优秀实习基地24个。

学校拥有国家国防支撑学科和省级重点学科10个；获批国家核应急宣传与培训基地、国家核应急医疗救援队；建成湖南省协同创新中心2个；建设建成湖南省工程实验室1个、重点实验室6个、工程技术研究中心2个，部级科研平台12个，省高校重点实验室5个，省高校科技创新团队4个，省高校产学研示范基地3个，省社科研究基地4个；附属医院拥有国家级专科(学科)4个，省级重点专科(学科)49个，省级临床医疗示范基地1个，省级医学研究中心1个，衡阳市重点科研平台6个。

学校坐落于南岳衡山之麓、湘江之滨的历史文化名城——衡阳市，拥有包括红湘和雨母两个校区，校园总占地面积 2600 余亩，校舍建筑面积 80 余万平方米，教学科研仪器设备总值 32840 余万元。图书馆总藏书 347 万册，年订购中外文期刊 2500 余种，是湖南省高校数字图书馆和数字资源共享平台联盟单位。主办《中国动脉硬化杂志》《中南医学科学杂志》《南华大学学报·自然科学版》《南华大学学报·社会科学版》等学术期刊。

学校成立了由省部政府机构、核工业四大央企、大型科研院所、大型三甲医院、大型企事业单位等组成的董事会；与中国工程物理研究院、中国原子能科学研究院、中国核动力研究院、北京大学、清华大学、英国剑桥大学和南威尔士大学、美国哈丁大学和蒙哥马利奥本大学、澳大利亚堪培拉大学、乌克兰国立矿业大学、日本早稻田大学、国际原子能机构等国内外 100 多所院校和机构，在科学研究、学术交流、教师培训、学生培养等方面建立了长期的合作关系。

58 年来，学校为国家及地方输送了 15 余万名高素质专门人才，培养了一批以中国科学院院士、省部级领导、大型企业负责人为代表的杰出优秀人才；毕业生广泛服务于祖国各地和军队、国防工业、核工业、医疗卫生、环境保护、装备制造、金融管理等行业，为国家的建设和发展、为社会的文明和进步、为地方的经济和社会发展做出了积极贡献。学校按照“一基三实”“一路三建”发展思路，即夯实人才队伍之基，把人才培养做实、把科学研究做实、把服务社会做实；走内涵发展之路，加强学校本科专业综合评价与排名建设、学科水平评估建设、ESI 标志性创新能力建设，为建设国内一流大学而努力奋斗。（南华大学档案馆）

（十六）长沙学院

长沙学院是 2004 年经教育部批准在原长沙大学（专科）基础上建立的普通本科高等学校。学校位于我国中部历史文化名城——湖南省长沙市，是长沙市人民政府举办的唯一一所普通本科院校，也是湖南省唯一一所实行省市共建、以市管理为主体制的本科院校，先后获得“长沙市文明单位”“湖南省文明高等学校”“湖南省党建工作先进高校”“湖南省思想政治工作先进单位”“湖南省文明单位”等称号，2016 年被遴选为“十三五”国家产教融合发展工程应用型本科规划高校。长沙学院的发展有三个源头，分别是湘江师范及其前身长沙市革委会师训班、长沙职业技术师专及其前身长沙基础大学和作为职业大学的长沙大学。

1. 湘江师范

1970 年 11 月，长沙市教育局为解决普及中小学教育所急需的师资，决定从市属十所中学选拔高中毕业学生进行短期培训，最初定名为长沙市革命委员会教师培训班。第一期师训班设在长沙县长桥即长沙市一中分校，第二至四期校址设在长沙清水塘长沙市一中原初中部。

1972 年 9 月，市革委会决定将师训班迁到本市南门外省粮食干校，正式定名为长沙市师范学校。1974 年 1 月，市革委会决定长沙市师范学校搬出省粮食干校旧址，将市郊雨花亭银行干校部分校舍拨给长沙市师范学校。1974 年 8 月 3 日，市革委会决定，因省教育厅决定恢复长沙师范学校，长沙市举办的长沙市师范学校改名为长沙市湘江师范学校，校址定在南郊雨花亭原银行干校校址。1975 年 2 月 7 日，市革委会决定长沙市湘江师范学校迁往长沙县高塘岭市二十五中校址，即原长沙市第四中分校校址。

1978 年 3 月，湘江师范临时搬到坪塘市第十五中学分校过渡。1981 年 4 月 25 日，湖南省教育厅同意确定湘江师范学校于长沙市北郊洪山庙办学。11 月，湘江师范搬到市北郊洪山庙新校址，结束学校历时 10 年搬迁 7 次的历史。

1988 年 11 月 3 日，长沙市编制委员会同意湘江师范下设特殊教育师范部，并面向省内各地区招收应届初中毕业生。1994 年 8 月，湖南省人民政府决定将长沙市湘江师范学校并入长沙职业技术师范专科学校。湘江师范并入职业技术师专后，特殊教育师范部转至浏阳师范举办。

2. 长沙职业技术师专(原长沙基础大学)

1978 年 7 月，长沙市决定开办湘江师范大专班，首批面向长沙地区招收物理、化学、英语师范生，学校借用长沙市少年之家作为临时校址。1979 年 1 月 11 日，长沙市革命委员会批准成立长沙基础大学筹建处。1979 年 2 月 7 日，湖南省革命委员会批准建立长沙基础大学，由长沙市领导。学校首批招收电子、机械类专业学生。

1980 年 4 月 1 日，经湖南省革命委员会批准长沙基础大学新校址建于长沙市北郊洪山庙，征用土地 78 亩。1981 年底，长沙基础大学新校舍建成，学校地址定为长沙市洪山庙 21 号。

湘江师范大专班与长沙基础大学办学初期系两块校名，一套班子管理学校。学校主要招收走读学生，学生在租用的长沙市内几所小学教室上课。学校 1980 年增设工业与民用建筑、企业管理专业，1983 年增设中文教育和数学教育等专业。1982 年初，湘江师范大专班与长沙基础大学职工和学生迁入洪山庙新校址，3 月 1 日学生开始在新校址上课。

1983 年，学校首建学生宿舍，从此结束长沙基础大学学生走读的状况。1986 年 8 月，省、市教育主管部门协商确定并报请原国家教委批准，将长沙基础大学更名为长沙职业技术师范专科学校。学校更名后仍属专科层次，实行省、市共管，以市为主的管理体制，学制三年。普通师范专业与工科专业并存，以普通师范专业为主，主要面向长沙地区招生分配。办学经费是湖南省按学生人数拨给，长沙市负责基本建设费、设施配套费和通用设施费。1987 年 3 月，长沙基础大学经原国家教委批复更名为长沙职业技术师范专科学校。

1994 年 8 月，长沙市湘江师范并入长沙职业技术师范专科学校。1996 年 4 月，长沙职业技术师范专科学校并入长沙大学。

3. 长沙大学

1983 年 5 月 4 日，长沙大学创办。长沙大学为湖南省第一所职业大学，是由教育部接受世界银行贷款，在全国首批建立的 17 所短期职业大学之一。学校经省人民政府批准，原国家教委备案，由长沙市人民政府举办。定址北区熙宁街 39 号(原长沙市第九中学校址)。学校设有中文秘书、工业与民用建筑、纺织、计算机应用等 15 个专业，在省内高等院校、科研单位聘请兼职教师授课。各专业面向长沙市及周边招生并实行走读。学制 3 年，学生毕业后获得国家承认的大专学历，学校向用人单位推荐，经用人单位同意接收，由省教委统一派遣，享受大专毕业生待遇。1983 年 9 月 18 日，长沙大学正式开学。

1995 年 6 月 13 日，长沙市人民政府呈请湖南省人民政府转报原国家教委，要求将长沙职业技术师范专科学校成建制并入长沙大学。

4. 三校合并与长沙学院建立

1996 年 4 月 23 日原国家教委在全国高等教育学校设置评议委员会评议的基础上，以教计〔1996〕56 号文件批准，正式将长沙职业技术师范专科学校并入长沙大学，组成新的长沙大学。新长沙大学本部校址定洪山庙 21 号，原长沙大学熙宁街校址为南院。1996 年 9 月 25 日，合并后的长沙大学举行挂牌庆典。

2000 年 4 月 10 日，湖南省教育委员会批复同意学校与湖南师范大学合作举办专本沟通教育。至 2007 年最后一届专本沟通学生毕业，共培养四届专本沟通学生 1500 余名。2002 年、2003 年，长沙市政府先后两次划拨学校用地 1624 亩，学校占地面积达到 2130 亩。

2004 年 5 月 19 日，教育部同意在长沙大学(专科)基础上升格为本科，并更名为长沙学院。学校实行省市共建、以长沙市管理为主的体制。2004 年 9 月，首批 8 个本科专业本科生 1008 人入校。2005 年开始面向全国招生。

2013 年，长沙学院通过教育部本科教学工作合格评估。

近年来，学校紧紧围绕“建设特色鲜明的高水平应用型地方大学”的远景目标，充分利用独特的地域优势和管理体制优势，主动融入长沙经济社会发展需要，紧密对接长沙支柱产业集群，积极组织开展产教融合、协同育人、协同创新，基本形成以工程类应用性学科专业群为主体，文化创意类与现代服务类学科专业群为两翼，理、工、文、管、法、艺等多学科协调发展的学科专业结构布局。学校现有 43 个本科专业，全日制在校生 13648 人，教职工 998 人。(长沙学院档案室)

(十七)湖南城市学院

湖南城市学院是一所省属普通本科院校。学校位于千年古城益阳，人文底蕴深厚，自然环境优美。

学校的前身为 1970 年创办的益阳地区师范专科学校和 1978 年创办的益阳基础大学。2002 年 3 月，经教育部批准，由当时的益阳师范高等专科学校和湖南城建高等专科学校合并为湖南城市学院，是我国大陆第一所以“城市”命名的公办全日制高等院校。2013 年 5 月，学校城乡规划专业高标准通过了住建部专业评估。2013 年 12 月，学校顺利通过教育部本科教学工作合格评估。2014 年，学校成为“教育部信息化建设试点单位”。

学校校园面积 1568 亩，建筑面积 53.4 万平方米。学校拥有固定资产 14.1 亿元；各类图书藏书 181 万册，电子图书 2.4 万册；设有 13 个二级学院，51 个本科专业，涵盖理、工、文、管、教、艺、经、农等多个学科。学校面向30个省、市、自治区招生，现有全日制在校学生16500多人，成人教育学生6500多人。

学校现有教职工1207人，其中专任教师918人，具有高级职称的教师434人，具有硕士、博士学位的教师763人，教师中有教育部新世纪优秀人才计划人选2人，全国优秀教师1人，享受国务院特殊津贴的专家7人，省级优秀教师5人，省级教学名师4名，省新世纪“121人才工程”人选13人，省普通高校学科带头人10人，省普通高校青年骨干教师58人。

学校坚持以教学为中心，注重教学改革，不断提升教学质量。学校现有国家级实验教学示范中心1个、国家级特色专业1个、国家级综合改革试点专业1个；湖南省重点建设学科5个，省普通高等学校重点专业4个，省普通高等学校特色专业6个；省级优秀实习教学基地7个，省级实践教学示范中心3个，省级虚拟仿真实验教学示范中心2个，省级基础课示范实验室1个，省级大学生创新训练中心2个，省级校企合作人才培养基地3个。近年来，学校累计获国家级教学成果奖3项，省级教学成果奖26项。

学校立足建设行业，突出城市主题，产学研用结合，为社会培养了一大批高素质高等应用型人才；湖南省60%以上县市级城建部门技术骨干均为湖南城市学院毕业，学校被誉为“城建人才的摇篮”。学校连续13年毕业生年度就业率达到95%以上，毕业生在湖南高校本科生毕业五年薪酬排行榜上连续3年排名第3。学校被评为“全国毕业生就业典型经验高校”和“湖南省大学生就业创业示范校”。

学校重视科学研究工作，科研水平快速提升。学校现有湖南省重点实验室1个，博士后科研流动站协作研发中心1个，省社科研究基地2个，省高校社科重点研究基地1个，省应用基础研究基地1个，省高校重点实验室1个，省高校产学研合作示范基地2个，省高校科技创新团队1个。近年来，学校累计获国家自然科学、社会科学基金项目32项，国家社科基金项目优秀成果1项，教育部人文社会科学成果奖1项，省科学技术奖6项(其中省科技进步二等奖2项)，省哲学社会科学优秀成果奖9项(其中二等奖4项)，省部级课题近250项；规划建筑设计成果获省部以上奖励63项，是湖南省规划设计领域获奖等级最高、奖项最多的单位，在城乡规划、生态规划、建筑设计、地理信息系统开发与应用研究等方面处于湖南省先进水平。《湖南城市学院学报》(社会科学版)是“全国百强社科学报”和“湖南省十佳优秀理论资助期刊”，由于办刊特色明显，2015 年已由国家新闻出版广电总局下文批准更名为《城市学刊》。

学校充分利用学科专业优势，紧密结合地方经济社会发展实际，积极主动服务地方经济社会发展。学校是首批入驻湖南省大学科技产业园的高校。由学校主持制定的《镇(乡)村绿地分类标准》被住建部批准为国家行业标准，学校编制的“长株潭生态绿心地区空间发展战略规划”获国际招标第一名。牵头成立的湖南省城市科学研究会积极研究城市建设和发展中的现实问题。学校现有规划建筑设计研究院、监理公司、土木工程检测中心、黑茶研发公司等校办企业，其中规划建筑设计研究院拥有 6 项甲级设计资质，是“国家高新技术企业”，年产值过亿元。

学校注重国际合作与交流，常年聘请语言外教和专业外教来校执教，2007 年开始招收留学生。先后与韩国、英国、美国、新西兰、加纳、中国香港澳门等国家和地区高校进行了学术交流和学生交换，被马来西亚大使馆授予“马来西亚高等教育年度优质合作院校”荣誉称号。2013 年起，毕业生赴国外担任汉语教师志愿者的人数逐年增加，学生海外就业渠道不断拓宽。2014 年，教育部批准学校与新西兰维特利亚理工学院合作举办视觉传达设计专业本科教育项目。2015 年，孔子学院总部/国家汉办批准学校与加纳海岸角大学合作举办的孔子学院是湖南省二本院校中的第一所孔子学院。

经过长期的办学实践，学校形成了“品学兼修，知行统一”的校训精神，先后获得了“全国群众体育先进单位”“湖南省文明单位”“湖南省文明高校”等荣誉和奖励，赢得了良好的社会声誉。2016 年，学校第三次党代会明确了建设特色鲜明的高水平应用型大学的奋斗目标。在新的起点上，学校正以学风、教风、工作作风建设为抓手，激发活力、挖掘潜力、传导压力，为实现“十三五”发展规划目标，创建“一流”学院、建设特色鲜明的高水平应用型大学而努力奋斗。（湖南城市学院档案馆）

(十八)湖南财政经济学院

1933 年 4 月，熊崇煦、李士元、王季范等著名教育家向长沙市政处请求创办厚生会计讲习所，并推举陈家瓒充任所长，校址择定长沙市楠木厅 4 号房屋。同年 5 月，省教育厅以经字第 6914 号文指令长沙市政处，准厚生会计讲习所以补习学校登记(学校校名仍使用厚生会计讲习所)。

1938 年，楠木厅在大火中被焚，厚生会计讲习所停办。1940 年，爱国商人罗徵年，得知厚生会计讲习所复办之艰难，便倾其所有积蓄和怡庄房产，投入其恢复重办。1941 年 8 月，经呈请市政处及省教育厅批准，厚生会计讲习所在长沙西乡油草铺枫树嘴怡庄恢复招生开学。厚生会计讲习所董事会成员予以调整，董事长转由罗徵年担任。1942 年，厚生会计讲习所更名为湖南私立厚生会计学校。董事会成员重新调整，陈家瓒因年老多病辞去所长职务，董事会推举罗徵年任校长。

1950 年 9 月，湖南私立厚生会计学校由湖南省人民政府接管。1951 年 4 月，湖南省文教厅任命陈纯为湖南私立厚生会计学校校长。同年 10 月，湖南省财政厅税务局同意接收湖南私立厚生会计学校，改名为湖南厚生会计学校。由陈纯担任校长。1952 年 11 月，湖南厚生会计学校与税务干部训练班合并，改名为湖南省财政学校。1952 年底，时任湖南省副省长夏如爱兼任湖南省财政学校校长，陈纯、孟兴任副校长。1954 年 1 月，根据中央财政部的通知，报经湖南省人民政府批准，湖南省财政学校停办。

1958 年 12 月，由中共湖南省委批准，将湖南省财政干部学校、湖南省粮食干部学校、湖南省统计干部学校、中国人民银行湖南省分行干部学校及湖南省商业干部学校 5 所财经类干部学校合并，组建成立湖南省财政贸易干部学校，校长由雷震宇担任，校址在长沙市石佳冲。

1960 年 4 月，经中共湖南省委同意，湖南省财政贸易干部学校被撤销，湖南省财贸学校成立，性质为中等专业学校，属省委财贸工作部领导。同年底，报经湖南省人民委员会同意，湖南省财贸学校划归湖南财贸学院管理，成为财贸学院附属中专部，对外仍称湖南省财贸学校。1965 年 9 月，湖南省财贸学校改名为湖南省财政会计学校，归属省财政厅领导。

1969 年初，在“文化大革命”的冲击下，湖南省财政会计学校被撤销。

1970 年 12 月，根据湖南省革委会党的核心领导小组指示精神，“湖南省五七总校财会训练班”成立。训练班由省革委会生产指导小组领导，省财政金融局管理。原省财政会计学校全部校舍、家具及教学用具等归训练班使用，凡能担负教学的教师归队担负训练班的教学任务。1973 年 3 月，根据湖南省革委会财贸办公室通知，湖南省财训班改为湖南省财会学校，由省财政金融局领导。1978 年，湖南省财政金融局被撤销，改设省财政局和省人民银行，湖南省财会学校隶属省财政局领导。

1979 年 1 月，中共湖南省委以湘经办〔1979〕6 号文件批示：原湖南省财会学校改为湖南财经学院，湖南省财会学校仍继续开办，另择校址，重建校舍，隶属于省财政厅管理。1981 年 12 月，湖南省编委批准成立湖南省财政干部学校，与湖南省财会学校合署办公。

1985 年 5 月，教育部以教计字〔1985〕054 号文件，批准在原湖南省财会学校的基础上建立湖南财经专科学校。1993 年 5 月，根据原国家教委通知，学校改为“湖南财经高等专科学校”。

2010 年 3 月，教育部致函湖南省人民政府，同意在湖南财经高等专科学校基础上建立湖南财政经济学院，明确湖南财政经济学院系本科层次的普通高等学校，由湖南省人民政府领导和管理。同年 5 月，湖南省人民政府发出通知，明确湖南财政经济学院由省人民政府主办，省教育厅归口管理，省财政厅协助管理。（湖南财政经济学院档案馆）

（十九）湖南工业大学

湖南工业大学是一所具有 50 多年办学历史的综合性大学，是“服务国家特殊需求博士人才培养项目”高校。其前身株洲工学院是中国包装总公司唯一直属的本科院校。自 2000 年起，学校实行省部共建、以省为主的管理体制。2003 年、2004 年经湖南省政府批准，学校先后整体接收了湖南城市建设学校和湖南省财会学校，2006 年 2 月，经教育部批准，株洲工学院更名为湖南工业大学，同年合并了株洲师范高等专科学校和湖南冶金职业技术学院。2006 年 12 月，湖南省人民政府和中国包装总公司共建湖南工业大学。

50 余年来，学校从小到大，由弱到强，从专科到本科，由本科到研究生教育，由专门学院到多科性大学，办学规模不断扩大，办学层次不断提升，办学实力不断增强，办学特色日益鲜明。

学校以包装教育为特色，是我国第一个被国际包装协会（IAPRI）接纳的会员单位，是中国包装联合会包装教育委员会的主任单位，也是全国高校中唯一的中国包装联合会副会长单位和中国包装技术培训中心。

1995 年，学校作为首批试点的院校，率先通过原国家教委本科教学工作合格评估。2003 年，学校被国务院学位委员会批准为硕士学位授予权单位。

2008 年被教育部评定为本科教学工作水平评估优秀高校；2009 年获得外国留学生招收资格；2010 年以优秀成绩通过硕士研究生培养过程质量评估；2013 年获"全国毕业生就业典型经验高校 50 强"；2013 年底获"服务国家特殊需求博士人才培养项目"招生权，2014 年开始招收博士研究生。学校还是"服务国家特殊需求博士人才培养项目"高校。

学校现有两个校区，占地面积 3388 亩。拥有较先进的计算机网络服务体系。学校有 22 个教学院(部)和 1 个独立学院，建立了以工为主，工、理、管、文、经、法、教育、艺术等协调发展的学科体系有 1 个"服务国家特殊需求博士人才培养项目"，11 个硕士学位一级学科硕士学位点，涵盖 50 个二级学科硕士学位点，9 个硕士研究生专业学位的授权领域；有 60 个本科专业；有国家级教学团队 1 个，省级教学团队 4 个；有国家级实验教学示范中心 1 个，省级基础课示范实验室实践教学示范中心 6 个；有国家级特色专业 4 个，省级特色专业 12 个，省级重点专业 8 个，国家级精品课程 3 门、省级精品课程 19 门。学校形成了以包装教育为特色，多学科交叉渗透、协调发展的学科专业体系。

目前，学校与美国密执根州立大学、德国斯图加特应用科技大学、法国兰斯大学、韩国延世大学、香港城市大学、香港理工大学等国内外知名大学建立了广泛的科研合作和学术交流关系；并与国内东南大学、中南大学等十多所高校联合培养博士研究生。

近年来，学校共承担国家级教改项目 10 项，省部级教改项目 235 项；获国家级教学成果奖 1 项，省级教学成果奖 41 项。学校拥有生物医学工程、材料科学与工程、机械工程、电气工程、土木工程 5 个省级重点学科，建有"绿色包装与生物纳米技术应用""先进包装材料与技术"等 3 个省部级重点实验室，及"产品包装创新工业设计中心""包装设计艺术与技术研究基地"等 13 个省部级研究基地(含技术中心)。学校共承担国家级科研项目 117 项，省部级科研项目 1223 项；获国家级科技进步二等奖 4 项，湖南省自然科学一等奖 1 项，省部级科技成果奖 73 项，专利 191 项。学校牵头主持承担的"特殊室内环境净化关键技术与成套设备产业化开发"项目，荣获 2010 年省科技厅第三批重大科技专项。"冬冷夏热地区节能关键技术与示范"获得国家"十二五"科技支撑项目的立项资助。

学校在广东省建立了东莞包装学院，作为学校在沿海地区的实践教学基地和人才服务窗口；与中国社会科学院联合组建的“全球低碳城市联合研究中心”通过对全国近百个城市的调查，完成了中国低碳城市排名这一重大科研项目，从2011年开始每年对外联合发布《中国低碳城市发展绿皮书》；与株洲市人民政府签订了全面科技合作协议，并组织11个项目负责人与株洲市有关单位签订产学研合作协议；与株洲南车时代集团及株洲清水塘循环经济示范区等国内知名高科技企业和国家重点建设区域建立了全面合作关系；成功承办了“2010北京国际包装博览会·中国包装教育展”等大型国际学术会议。

学校以“厚德博学，和而不同”为校训，“明德、精业、求实、创新”为校风，坚持立足湖南，面向全国，主动服务湖南新型工业化和中国包装现代化的办学导向，努力培养厚基础、宽口径、强能力、高素质、具有创新精神和实践能力的应用型高级专门人才。办学50多年来，学校为国家输送了13万余名高素质专业人才。近5年来，毕业生一次性就业率位居全省高校前列。目前，学校正努力为把学校建设成为在国内同类院校中具有较大影响力和鲜明包装教育特色的高水平综合性大学而努力奋斗。（湖南工业大学档案馆）

（二十）湖南女子学院

湖南女子学院创建于1985年，前身是湖南女子职业大学。学校是新中国成立后第一所公办全日制女子普通高校，是目前全国三所女子本科院校之一，是全国妇联与湖南省人民政府共建的一所女子院校，是世界女子教育联盟成员。

1985年2月，经湖南省人民政府批准、原国家教委备案湖南女子职业大学成立，时任中共中央总书记胡耀邦同志题写校名，并题词：“祖国的兴旺发达，需要更多的妇女人才。”原国家主席刘少奇夫人、全国政协原常委王光美同志担任名誉校长。学校由湖南省妇联、湖南省教委共同管理，行政关系隶属湖南省妇联。2010年3月，经教育部评估批准升格为全日制普通本科院校，更名为湖南女子学院，成为湖南省教育厅直管的省属本科院校。

建校初期，省妇联副主任邵国秀兼任校长，宋光辉、邹启本先后担任副校长、主持工作，黄金鼎、黄海群、罗婷历任校长。2014年至今，杨兰英任校长。尹大春（兼）、易银珍先后担任党委书记。2014年至今，罗婷任党委书记。

建校以来，学校从无到有，从小到大，经历了一条曲折艰辛的创业之路。1985 年，学校从租来的两间平房起步，到南郊的荒山野岭上拓址新建，设置工业经济、经济法律两个专业，招生第一届大专生 169 人；从 1990 年暂停大专招生到 1992 年启动中专部招生，学校一路坎坷，风雨兼程，第一代女大人以对女性教育的执着坚守，使学校顽强生存下来。1995 年学校恢复大专招生，2000 年开始面向全国多个省（直辖市、自治区）招生，2001 年 6 月顺利通过省教育厅专科教学合格评估。2003 年，学校确立了“整体申本、提升办学层次”的奋斗目标。2006 年 11 月，被评为教育部人才培养工作水平评估“优秀”等级。2008 年 7 月，学校成为全国妇联与湖南省人民政府共建的一所女子院校。学校经过 7 年的申本征程，于 2010 年 3 月成功通过申本评估，升格为本科院校。2014 年，学校通过学士学位授权单位评估。

目前，学校拥有全国首批妇女/性别研究与培训基地、湖南省公民礼仪素质研究基地、湖南省湖湘女性文化研究基地、湖南省高等教育（女性教育）学科研究基地、湖南省教育科学现代家政教育研究基地。学校建设了 14 个校级研究机构，国内第一个女性教育发展史馆。学校是“湖南省文明单位”“湖南省文明高校”“湖南省平安单位”。

学校现有 11 个系（部），构建了文学、经济学、管理学、教育学、艺术学、法学、工学等多学科协调发展、以女性教育为鲜明特色的学科体系，建有 2 个省级重点建设学科，10 个校级重点建设学科。学校开设 28 个本科专业，拥有 3 个省级综合改革试点专业，2 个教育部特设专业，1 个省级资助建设特色专业。学校拥有《女性学》国家级精品课程，8 门省级精品课程，3 门省级特色视频公开课程，设置了女性学、现代礼仪、女性形体、家庭生活科学等女校特色课程。学校建有女性学省级教学团队，3 个省级优秀实习教学基地，3 个省级实践教学建设项目。

学校面向 20 个省（市）招生，在校学生近 10000 人。现有教职工 600 余人，其中教授、副教授等 239 人，博士、硕士近 400 人。拥有新世纪百千万人才工程国家级人选、享受国务院政府特殊津贴专家、国家级教学名师、教育部新世纪优秀人才、湖南省新世纪 121 人才工程人选等高层次专家、学者。

学校占地面积 38.47 万平方米，建筑面积 20.78 万平方米。图书馆藏书 130 余万册，固定资产总值 4.69 亿元。建有 120 个校内实训室，60 多个校外实训基地，省人社厅、省妇联 SYB 培训基地，大学生创业孵化基地。

学校实施应用办学、特色发展、内涵建设战略，秉承"懿德睿智、笃行臻美"的校训，努力打造鲜明的校园文化品牌，致力于培养具有开拓创新意识、自尊、自信、自立、自强的"四自"精神和传统美德的高素质女性人才，学生在国际、国内大赛中多次获得优异成绩。学校着力培养学生应用能力，主动对接国家发展战略，服务地方经济社会和妇女发展需求，针对女性就业优势，以家政学、社会工作、旅游管理等特色优势专业为应用型办学突破口，紧密对接地方政府、行业企业，打造生活服务类、经管财会类、文学语言类、文化艺术类、工科类应用特色专业集群。学校建立了校企紧密协同机制，联合培养应用型高素质女性人才。近年来，学校应用型人才培养质量不断提高，毕业生就业率一直保持在 90% 以上，学校多次被评为"湖南省普通高校毕业生就业工作先进单位"和"湖南省普通高校就业工作'一把手工程'优秀单位"，学校应用办学成效引起了地方政府、行业企业、社会各界的热切反应，学校办学社会认同度和社会影响力日益提升。

学校坚持开放办学，对外交流与国际合作日益扩大，与俄罗斯、美国、日本、马来西亚、韩国、中国台湾等国家和地区的高校建立了合作办学和校际交流关系，已成为我国女性教育国际交流的重要窗口。（湖南女子学院档案室）

（二十一）湖南第一师范学院

湖南第一师范学院其前身为南宋绍兴年间（1161 年）著名理学家张栻创办的长沙城南书院，1903 年始立为湖南师范馆。1912 年和 1914 年相继改为湖南公立第一师范学校和湖南省立第一师范学校，解放后更名为湖南省第一师范学校。2008 年升格为普通高等本科院校，并更为现名。

1161 年，南宋理学名儒张栻创建城南书院，并担任岳麓、城南两书院山长，名震天下，与朱熹、吕祖谦并称"东南三贤"。1167 年，朱熹专程赴湘与张栻"会讲"。在一师"校志"中，记载着他俩当年以城南书院《十景》为题的唱和诗 20 首。今书院坪和书院路即系城南书院创建而留名。灵官渡（原称朱张渡）亦因主张"会讲"、横渡湘江而得名。虽说城南书院比隔河相望的岳麓书院要晚建 100 多年，但较之国际上有名的牛津、剑桥、巴黎和莫斯科大学，就创建时间而言却要早一些。张栻死后100来年，随着南宋的崩溃，曾经盛极一时的城南书院在元代成了僧寺。到了明清两朝，又经历了几度兴废。1820年，湖南巡抚左杏庄按城南书院原貌进行大规模复建，1822年落成。此后，贺熙龄、胡达源、陈本钦、孙鼎臣、何绍基、郭嵩焘等讲学其中。祁藻视学湖南，亦旅课城南。曾国藩、左宗棠、李元度、罗泽南藏修于此。皮锡瑞、张百熙、黄兴、杨昌济、李肖聃也在这里求学。那时城南书院被称为“规模大备，与岳麓书院巍然并列”，“名贤讲学，风教蔚然，得人颇盛”。尽管如此，至清末的维新变法、兴学图强时期，持续2000来年的封建教育业已衰败，作为湖湘文化形成和发展的重要教育、学术基地——城南书院再也无法自振。从南宋至此，经历了700多年，并在12、19世纪两度兴盛的城南书院完成了它的历史使命。

1903年2月，湖南巡抚俞廉三创立湖南师范馆于长沙黄泥塅，命岳麓并城南书院山长王先谦为馆长。这标志着湖南师范教育的发端和湖南第一师范的诞生。当时国内与一师一起建立的还有保定、济南、南通、湖湘师范。同年11月，湖南巡抚赵尔巽毅然废城南书院为湖南师范学堂，将湖南师范馆迁入，改馆长为监督，委刘棣蔚担任。1904年2月，湖南分路办学之议起，在常德、衡阳设西路和南路师范学堂，湖南全省师范学堂改为湖南中路师范学堂。1910年4月，长沙饥民暴动，中路师范学堂被殃及而焚毁，旋按日本青山师范学校风貌兴建。1912年2月，谭延闿督湘，以路界名称不好，将中、西、南三路师范学堂改为第一、二、三师范，湖南中路师范学堂更名为湖南公立第一师范学校，改监督为校长，委文启泉担任。1914年2月，又改公立一师为省立一师。1926年秋，湖南中等教育由仿效日本式的普通中学与师范学校分立的双轨制改为美国式的单轨制——综合中学，一师与省立男女高中合并为湖南省立高级中学，分设教育科。1927年5月，学校因“马日事变”而停办至1928年底。1929年1月复校，湖南反动当局借口一师出“暴徒”和“过激派”，为“端正趋向”“挽回风气”，将其迁至国民党省党部毗邻的省党校院内开办，谓之“新一师”。1938年2月，因抗战以避空袭，学校迁至湘乡西阳蓬嘉台。11月12日，长沙大火，书院坪校舍化为灰烬。1939年2月，一师与省立一中等7校合并为湖南省立第一临时中学，分设师范部，再迁安化桥头河。1941年1月再次复校。1946年2月，学校于抗战胜利后迁回长沙，以岳麓山左家垅原高级农校的房屋为校舍。一师由封建教育转变为民主教育及其发展，从清朝末年到新中国建立经历了近半个世纪。

1949 年 8 月，长沙和平解放，学校定名为湖南省第一师范学校，周世钊任校长。从此，学校实行生机勃勃的社会主义教育，在历史的征途中揭开了新的一页。1954 年，一师由左家垅迁回书院坪。1966 年至 1968 年，学校按 1911 年所建原貌复建。1992 年，学校开展培养大专程度小学教师的实验。2000 年，升格为高等师范专科学校。2002 年，学校设立“专本沟通”专业，开始培养本科程度的小学教师。与此同时，1950 年建立的校史陈列室于 1963 年改为毛主席陈列室，1964 年再改为毛泽东同志青年时期革命活动陈列馆，2003 年定名青年毛泽东纪念馆。1956 年学校建立校办工厂、农场，1969 年工厂改为教学仪器厂，1990 年升格为北京教具中心湖南分中心。1956 年学校建立高级函授部，1960 年改为湖南省函授师范学校，1969 年撤销，1981 年恢复，1984 年升格为湖南省小学师资培训中心。2000 年湖南省第一师范学校升格为湖南省第一师范学校（专科）。2008 年湖南省第一师范学校（专科）升格为湖南第一师范学院（本科）。

学校以师范教育为特色，现有城南书院校区和东方红校区，校园占地面积 1346 亩。在职教职工 1000 余人，其中教授 92 人，副教授 261 人，博士 107 人，硕士 546 人，享受政府特殊津贴专家 3 人，省级教学名师 1 人。学校现有 12 个教学院部，有 31 个本科专业，覆盖了教育学、文学、理学、工学、管理学、经济学、法学、艺术学 8 大学科门类，全日制在校本科生 16000 余人。学校拥有 2 个省部级科技创新团队和 2 个省部级教学团队，国家和省级教学科研平台 46 个。学校为全国重点文物保护单位、全国爱国主义教育示范基地、全国红色旅游经典景区、国家卓越小学教师培养计划单位、国家级小学骨干教师培训基地、国家级教育体制改革试点单位、全国学校艺术教育先进单位、全省小学教师培养培训和教研教改基地、湖南省语言文字规范化示范学校。（湖南第一师范学院档案馆）

（二十二）湖南涉外经济学院

湖南涉外经济学院是经教育部批准成立的民办普通本科院校。学校创建于 1997 年，2000 年经湖南省人民政府批准设置为高职专科学校；2005 年经国家教育部和湖南省人民政府批准，升格为本科院校。

学校校园面积95.60万平方米，拥有全日制在校学生27067人，现有教师1528人，拥有副教授以上的教师328人，享受国务院特殊津贴专家5人，学校有纸质图书162万册，电子图书110.4万册，教学设备仪器总值10064.87万元。学校设有11个二级学院开设了48个本科专业，10个专科专业，涵盖了经济学、法学、教育学、文学、理学、工学、管理学、艺术学8个学科门类。建校近20年，学校累计为国家和社会培养各类专门人才77669人。

学校近年来取得了一系列办学成果，现有省级重点建设学科2个，省级工程技术研究中心1个，省级人文社科研究基地3个。学校先后荣获“中国民办教育创新与发展贡献奖”“中国优秀民办学校”荣誉称号，被湖南省评为“湖南省优秀民办学校”“湖南省十佳民办学校”。（湖南涉外经济学院档案室）

（二十三）湘潭大学兴湘学院

湘潭大学兴湘学院创办于2001年8月，是经教育部和湖南省人民政府批准（湘政函〔2001〕138号），由湘潭大学按照新的机制和模式举办的湖南省首批公有民办二级学院之一。学院实行董事会领导下的院长负责制，湘潭大学校长任董事长。学院坐落在湖南省湘潭市雨湖区羊牯塘街道羊牯塘社区，校园占地面积近270亩，建筑面积约20万平方米。

2001年9月，湘潭大学同意成立湘潭大学兴湘学院，学院同时成立董事会，由时任湘潭大学校长李树丞任董事长，刘巨钦任院长，郑金华任临时党总支部书记，韩孟秋任副院长。学院开设电子信息工程、新闻学、法学、国际经济与贸易、英语、计算机科学与技术6个本科专业，共招生260人。学院相继成立教务办公室和学生工作办公室。10月，学院成立湘潭大兴湘学院直属工会小组和共青团湘潭大学兴湘学院委员会，副院长韩孟秋兼任组长，罗建文同志任首届团委书记。至此，学院机构建设初见雏形，管理干部共5人。

2002年，湘潭大学收购湘潭经济专修学院并将其更名为第三教学区，划拨给学院作为办学基地。

2003年7月，学院成立招生与就业指导办公室。12月，学院第二届领导班子成员为：刘巨钦任院长，郑金华任党总支部书记，周春初任党总支部副书记，韩孟秋、林成章任副院长，罗建文任院长助理。

2004 年 2 月，学院根据教育部颁发的《关于规范并加强普通高校以新的机制和模式试办独立学院管理的若干意见》(教发〔2003〕8 号)重新登记，被正式批准成为独立学院(教发函〔2004〕10 号)。8 月，学院成立行政办公室。9 月，时任湘潭大学校长罗和安任学院董事长。同年，学院与湘潭大学国际交流学院合作招收工商管理、国际经济与贸易、会计学等本科专业国际合作项目学生，该类学生可同时获得湘潭大学兴湘学院本科文凭和国外合作大学本科文凭。

2005 年 9 月，为进一步加强学院教学质量监控与外籍教师管理工作，学院成立教学评估办公室。

2006 年 3 月，经湘潭大学党委批准湘潭大学兴湘学院党委成立，郑金华任党委书记，周春初任党委副书记，下设 1 个教工党支部和 13 个学生党支部。

2007 年 6 月，学院为 2007 届毕业生独立颁发学历证书。11 月，学院第三届领导班子成员为：刘巨钦任院长，黄德华任党委书记，周春初任党委副书记，韩孟秋、季多武任副院长，罗建文任院长助理。学院在中国科学研究评价中心发布的中国独立学院排行榜中名列第 35 位，居湖南省独立学院首位。

2008 年，根据教育部 26 号令《独立学院设置与管理办法》文件精神，学院党群行政机构设置逐步完善，设有党委、直属工会小组、团委，教务办公室、学生工作办公室、招生与就业指导办公室、院办公室、教学评估办公室和综合档案室。

2009 年 9 月，学院投资近亿元新建集教学、办公、图书资料、学术报告厅、计算机实验室等于一体的多功能综合教学办公楼群。

2011 年，学院第四届领导班子成员为：刘巨钦任院长，黄德华任党委书记，周春初任党委副书记，季多武、罗建文任副院长，柳劲、张晓鹏任院长助理。

2012 年 5 月，学院获批新增学士学位授权单位，国际经济与贸易、金融学、法学、汉语言文学等 29 个专业获批新增学士学位授权专业(湘学位〔2012〕4 号)。

2013 年 6 月，学院领导班子成员调整为：刘巨钦任院长，陈旭任党委书记，颜文革任党委副书记，季多武、罗建文任副院长，柳劲、张晓鹏任院长助理。8月，新建3栋学生公寓并投入使用。12月，时任湘潭大学校长黄云清任学院董事长。

2015年，学院第五届领导班子成员为：刘巨钦任院长，陈旭任党委书记，颜文革任党委副书记，季多武、罗建文任副院长，柳劲、张晓鹏任院长助理。5月，学院兴湘餐厅建成营业。

2016年4月，学院领导班子成员调整为：刘巨钦任院长，陈旭任党委书记，颜文革任党委副书记，唐春、罗建文任副院长，柳劲、张晓鹏任院长助理。

2016年7月，学院对1至5栋学生宿舍进行整体维修改造，学院办学条件逐步改善。

2016年12月，时任湘潭大学校长周益春任学院董事长。

学院依托湘潭大学的综合办学优势，共享湘潭大学师资队伍、图书资料、教学设施和学科优势。学院现有在编管理干部12人，聘用制管理人员56人，并长期聘请外籍教师担任英语教学。学院设有48个本科招生专业，涵盖文学、理学、工学、法学、经济学、管理学等6大学科门类，现有学生6212人。学院秉承湘潭大学"博学笃行、盛德日新"的校训，倡导"以学生为主体，以教师为主导，注重多样性、开放性、应用性、创新性和复合性"的教育理念，引导学生"高品味做人、高层次成才、高水平就业"，强化应用型课程教学，强化英语听、说、读、写、译能力教学，全面培养重实践、强能力、高素质的应用型高级专门人才。

学院教育教学质量享有良好声誉。学生代表队在各类竞赛活动中荣获国家级、省部级团体奖励80余项，荣获个人单项奖励1400余项，连续三年蝉联"CCTV杯"全国大学生英语演讲比赛湖南赛区本科二组团体一等奖，学生先后荣获全国大学生英语竞赛特等奖、湖南省大学生电子商务"创新、创意及创业"竞赛决赛一等奖、第十四届中国大学生广告艺术节快客创意实战奖金奖、第二届国防科学技术大学英语辩论邀请赛一等奖等荣誉。在校大学生创新创业蔚然成风，涌现了一大批创新创业典型人物，其中2012级市场营销专业学生段小桃创办了"斯挺正装"服装品牌，并在全国各地开了14家连锁店；2015年10月19日，中央电视台财经频道(CCTV2)《经济信息联播》栏目对该生创业事迹进行了报道。以2015级电子商务班王智成为代表的麦田工作室团队荣获第九届全国大学生网络商务创新应用大赛总决赛特等奖等多项国家级、省部级奖项。近5年来，学院研究生考取率保持在15%左右，先后有2000余名毕业生考取中国科学院、浙江大学、武汉大学、同济大学、美国威斯康星大学、德国海德堡大学、日本名古屋大学等国内外高校或科研院所的硕士研究生，年终就业率保持在92%以上。（湘潭大学兴湘学院档案室）

（二十四）湖南农业大学东方科技学院

湖南农业大学东方科技学院成立于2002年，位于长沙市芙蓉区，是由湖南农业大学主办、教育部首批确认的全日制本科独立学院。学院秉承“励能笃行、知新致远”的院训，解放思想，开拓创新，全院教职工团结拼搏，综合实力日益增强，先后获得“全国先进独立学院”“全国教育教学管理示范院校”“全国创建‘平安校园’示范学校”和湖南省高校“先进基层党组织”“湖南省普通高校毕业生就业工作优秀单位”等殊荣，现为中国独立学院协作会副理事长单位和全国民办本科高校协作会副会长单位。

学院以“全面发展、突出专长、强化实践、注重应用”的应用型本科人才为培养目标，以强化专业建设作为教学建设的重点，充分发挥学院发展潜力，适应国家和地方经济社会发展需要，基础理论与实际应用并举，文理渗透，理工结合，重点突出，整体优化的学科专业结构布局。构建以工、管为主体，工、管、教、理、农、经、艺、文、法9大学科门类协调发展的多学科体系。

学院为加强专业建设，制定了学院特色专业培育和建设规划，以优化人才培养方案作为专业建设核心，以推进人才培养模式创新作为专业建设突破口，明确了特色专业建设目标，推进专业人才培养模式、教学团队、课程体系、教学方式方法、实践环节、教学管理等相关环节的综合改革，提升专业建设水平。目前，学院共分两批建设园林、会计学、环境设计、食品科学与工程、应用心理学、金融学、计算机科学与技术、水利水电工程8个特色专业。

经过15年的发展，学院从建院初的8名教职工，8个专业，714名学生发展到如今170名专职教职工，38个专业，6000余名在校生，已为社会培养了22000余名人才。

面对新常态、新机遇，学院将坚持党的基本路线和社会主义办学方向，坚持共享发展、内涵发展、创新发展、转型发展理念，与时俱进，开拓创新、凝练特色、形成品牌，把学院建设成为省内一流、全国有影响力的独立学院！（湖南农业大学东方科技学院档案室）

（二十五）中南林业科技大学涉外学院

中南林业科技大学涉外学院成立于2002年6月，是经湖南省人民政府批准设立，教育部确认，具有独立法人资格的全日制本科独立学院。

2001年11月22日，湖南省教育厅《关于同意吉首大学等11所普通高等学校筹办民办学院的批复》（湘教函〔2001〕155号），同意中南林学院筹办中南林学院理工学院。后经省教育厅同意更名为中南林学院涉外学院。

2002年6月19日，湖南省人民政府《关于同意成立湖南农业大学东方科技学院等10所普通高等民办学院的批复》（湘政函〔2002〕124号），批准正式设立中南林学院涉外学院。

2004年1月18日，教育部下发《教育部关于对湖南省普通高等学校举办的独立学院予以确认的通知》（教发函〔2004〕10号），对中南林学院涉外学院予以确认。

2004年7月31日，中南林学院与湖南总利投资控股集团有限公司签订《中南林学院涉外学院联合办学协议》，合作举办涉外学院，引入民间资金，实现合作办学。学院民营资本突出，资产产权明晰，在管理体制上贯彻实施董事会领导下的院长负责制，作为真正引进社会资金进行规范办学的独立学院，在湖南省内发挥了积极的示范作用。

2006年4月6日，教育部下发《教育部办公厅关于同意中南林学院涉外学院更名为中南林业科技大学涉外学院的通知》（教发函〔2006〕23号），同意中南林学院涉外学院更名为中南林业科技大学涉外学院。

2007年7月，中南林业科技大学与湖南旺湘科教产业投资有限公司签署《合作开办中南林业科技大学涉外学院协议书》，由湖南旺湘科教产业投资有限公司负责全额投资建校，与中南林业科技大学进行紧密型合作办学。新校区建设拉开帷幕。

2010年10月，中南林业科技大学涉外学院整体迁入新校区即长沙市望城区丁字湾校区，校区占地面积近500亩，校舍面积20万余平方米，教学楼、实验楼、艺术楼、图书馆、体育馆、学生公寓、食堂等教学、文娱、服务场所和校园网、多媒体教室、语音室、同声传译室、计算机房、电子阅览室、体操房、跆拳道室、乒乓球室等教学文体设施齐备。

2015年9月，北京北方投资集团通过股权变更取代湖南旺湘科教产业投资有限公司成为实际投资方。中南林业科技大学涉外学院由此成为北方国际大学联盟的新成员，以实现高端化、国际化、个性化的办学目标和培养具有国际视野和创新意识的应用型人才为己任，步入快速发展的新阶段。

截至2017年5月，中南林业科技大学涉外学院拥有备案专业44个，招生专业20个，现有全日制本科在校学生11482人，已为社会培养和输送高素质应用型人才20000余人。学院开拓进取，锐意创新，力争成为国内外高等教育市场有一定影响、特色鲜明的新型大学。（中南林业科技大学涉外学院档案室）

（二十六）湖南文理学院芙蓉学院

2002年，湖南文理学院芙蓉学院是经湖南省人民政府批准，首批成为教育部确认的实施全日制普通高等本科学历教育的独立学院。

2004年，芙蓉学院顺利通过教育部办学条件和教学水平专项检查评估。

2005年是芙蓉学院独立办学的第一年，当年招生人数达632人，招生专业共13个。2005年学院还实行了独立财务核算，建成了学院官方网站，开通了广播站、电台，第一时间将学院的信息更新公布。12月，《湖南日报》以《出水芙蓉》为题报道了学院的办学特色和成果，称芙蓉学院为全省独立学院的后起之秀。

2006年，芙蓉学院办学初具规模。办学规模增至1800人，有44个教学班级，涉及16个本科专业。

2008年，学院成立了大学英语、大学体育等6个教研室，形成相对稳定的教师队伍。12月，省教育厅对学院办学情况进行了全面检查，对学院各方面工作成绩予以充分肯定。

2009，学院招生扩大到国内24个省市，新增4个专业。

2010年，学院形成自有师资基本骨干队伍，成立了文学与社会科学系、理学系、工程与技术系、经济与管理系、艺术与体育系五个教学系和一个公共基础课教学部，颁布实施了《湖南文理学院芙蓉学院院系二级管理实施方案》，明确了各职能部门和各系(部)职责，在母体学校指导下完成了“五系一部”系(部)负责人的选聘工作，配备了相应的教务、学工专干。公共基础课教学部下设大学英语、高等数学、计算机基础、大学体育 4 个教研室，其中，计算机基础教研室被省教育厅评为“优秀教研室”。学院还正式成立教学督导评估中心，选调专人进行教学督导工作。

2011 年，芙蓉学院校园总面积达到 456 亩。

2012 年，学院顺利通过湖南省人民政府学位委员会学士学位授予单位和授权学科专业评估，被湖南省人民政府学位委员会列为学士学位授予单位。成立了人力资源部，基本建立独立人事管理体系。学院成立了学院董事会，基本实现了董事会领导下的院长负责制。

2013 年，学院顺利通过省学位办对市场营销等 6 个学科、专业的评估。

2014 年，学院承办湖南省独立学院联席会年会，参编了《独立学院发展与创新研究》一书并在其中刊载论文 3 篇。同年，《中国青年报》以《十载春秋育人路，一曲桃李争艳歌》为题报道了学院在师资队伍建设方面所做的工作和取得的成效。

2015 年，在母体学校国际交流处的支持下，学院与澳大利亚麦考瑞大学、新西兰商学院、新西兰林肯大学、泰国博仁大学进行了深入友好的合作洽谈，为学生出国深造开拓渠道。11 月，《中国教育报》以《科学定位谋发展，多元育人促转型》为题报道学院办学成效。

2016 年，学院新增日语、思想政治教育 2 个专业，申报“财务管理”新专业，获省教育厅批准。

十五年来，学院依托母体学校优质的教学资源办学，坚持“以学生为根本、以市场为导向、以质量为生命”的办学理念，把教育质量作为学校的立足之本，实施“素质 + 能力 + 特长”的人才培养模式，将学历教育与职业技能培养有机结合，面向区域经济和社会发展对人才的市场需要，着力培养和造就具有创新精神的本科学历层次的高级应用型技术人才和管理人才。学院通过自主聘用教师和选聘母体学校教师的方式，建设起一支优秀的教师队伍，拥有计算机基础课等省级优秀教研室，思想道德修养与法律基础等一批省级精品课程。近年来，16 名教师获得省级各类教学竞赛一、二、三等奖，2011、

2012年，学院荣获湖南省普通高校教师课堂教学竞赛优秀组织奖。学院不断强化实践教学，成立了20多个学生社团和协会，多次荣获湖南省普通高等学校“三下乡”先进单位、省级“大学生百优社团”等荣誉称号。学生在全国及湖南省历届大学生艺术展演、英语演讲比赛、“挑战杯”大学生课外学术科技作品竞赛、机械创新设计竞赛、化学技能竞赛等活动中屡获大奖。建立了一批学生实践、实习基地，确保学生综合素质和职业技能的全面提高。近几年来，学院毕业生一次性就业率一直保持在90%以上。（湖南文理学院芙蓉学院档案室）

（二十七）长沙师范学院

长沙师范学院前身为毛泽东主席的老师、杰出的教育家徐特立先生于1912年创办的长沙师范学校，2013年4月教育部批准其升格为普通本科院校。学校办学历史悠久，人文底蕴深厚，名师荟萃，英才辈出。在百年发展历程中，汇聚了杨昌济、朱剑凡、周谷城等学者名流；培养了以田汉、许光达、廖沫沙、刘英等为杰出代表的大批国家栋梁之材和5万余名扎根基层、乐于奉献的专业人才。

1. 历史沿革

1912年3月，徐特立先生创办长沙师范学校；1912年9月，学校迁址城北荷花池浏潭寺；1926年10月，长沙女子师范学校并入长沙师范学校；1944年4月，学校毁于抗日战争炮火，被迫停办；1945年9月，抗战胜利，学校复学；1949年10月，学校改为省属，定名湖南省长沙师范学校；1950年3月，湖南省女子师范学校(原校址设湘潭)与长沙师范学校合并，定名为湖南省女子师范学校；1950年8月，学校在全国率先举办幼儿师范教育专业；1952年，学校更名为湖南省长沙女子师范学校；1959年2月，学校更名为湖南省幼儿师范学校；1959年3月，学校开办幼教大专班；1974年3月，学校更名为长沙师范学校，举办普通师范和幼儿师范教育专业；1984年，湖南省教育厅批准学校实施学前师范高等专科教育；1985年，学校成立函授部，自办幼师中专函授，与北京师范大学、华中师范大学、中国音乐学院等联合举办本、专科成人教育；1985年冬，学校被列为联合国儿童基金会援助学校；1991年6月，湖南省教育厅批准在学校设立湖南省幼教师资培训中心，负责培训湖南全省幼儿园园长和骨干教师；1999 年，学校开始举办五年一贯制学前师范高等专科教育；2003 年 10 月，学校从荷花池整体搬迁至星沙；2004 年 5 月，湖南省政府批准学校设置为湖南儿童工程职业学院；2005 年 5 月，经国家高校设置评审委员会专家组评审、教育部批准，学校更名为长沙师范学校，明确学校类型为“普通师范专科学校”；2013 年 4 月，经教育部批准升格为长沙师范学院。

2. 学校发展概况

学校现有南(星沙)、北(安沙)两个校区，校园面积 1153. 35 亩，建筑面积 39. 48 万平方米。学校设有教学系部 11 个，开设本科专业 19 个、专科专业 28 个，全日制在校本专科生 11174 人；在职教职工 719 人，其中正高职称 54 人，副高职称 149 人，具有博士、硕士学位的 528 人，其中博士 47 人，在读博士生 30 人。

学校是教育部卓越教师培养计划改革项目实施单位，幼师国培课程标准研制单位和示范性培训单位，国家西藏学前师资培养基地，国家动漫游戏人才培养基地，湖南省学前教育人才培养、科学研究和社会服务“主阵地”；已建成省级重点(特色)专业 3 个，省级专业综合改革试点项目 2 个，教师教育国家级精品资源共享课 3 门，省级精品课程 7 门，获评省级高等教育教学成果一等奖 6 项。

学校拥有湖南省学前教育研究中心、湖南省徐特立研究基地、湖南省儿童教育文化创意产学研基地、湖南省幼儿体育研究基地等平台。近 4 年来，学校承担省部级以上项目 248 项，出版学术专著 45 部、教材 95 部(其中主编 55 部)，发表学术论文 1574 篇；获得国家发明专利、实用新型专利、外观设计专利等 172 项；举办的《学前教育研究》，是中国学前教育研究会会刊、全国学前教育领域唯一理论核心刊物、CSSCI 来源期刊。

学校本着“厚德博学、特立笃行”的校训，坚定不移走“转型发展、内涵发展、特色发展”之路，实现了规模、结构、质量、效益的健康协调发展。学校校风、教风、学风优良，毕业生深受用人单位欢迎，就业率一直保持在 95% 以上，中央电视台、湖南卫视、湖南日报等新闻媒体予以报道，誉为“长师”现象。

学校以教师教育为主体，以学前教师教育和儿童发展支持领域教育为重点，相关学科专业协调发展，面向湖南、辐射全国，培养高级应用性专门人才，努力建设学前教师教育特色鲜明、全国有影响的应用型普通高等师范本科院校。先后获得“全国语言文字工作先进集体”“全国教育系统先进集体”“湖南省文明高等学校”“国家级语言文字规范化示范校”“全国艺术教育先进单位”“教育部首批国培示范性集中培训项目培训资质机构”等称号。（长沙师范学院档案馆）

（二十八）湖南信息学院

湖南信息学院是经教育部批准的普通高等学校。1997 年 12 月，经湖南省委批准湖南信息专修学院创办，校址设在长沙市马坡岭。2004 年 5 月，经湖南省人民政府湘教函〔2004〕105 号文批复，湖南信息科学职业学院（筹）筹建，于 2004 年 9 月学校整体搬迁至星沙经济开发区毛塘工业园。2005 年 3 月，经湖南省人民政府湘政函〔2005〕31 号文批复，在湖南信息专修学院的基础上湖南信息科学职业学院建立起来，并被纳入普通高等学校序列。2014 年 6 月，经湖南省人民政府湘政函〔2014〕81 号文批复，同意在湖南信息科学职业学院基础上建立湖南信息学院，学校升格为本科层次的普通高等学校。

学校坚持以公益性办学为原则，以“教育报国”为己任，以“自强不息、敢为人先”为校训，以“立品行、求品质、讲品位、创品牌”为校风，以“创新、内涵、特色、优质、共享”为发展理念，以“信息化、生态化、国际化”为办学定位，以“产教融合、校企合作、工学结合、双证融通”为人才培养模式，以“人格健全、专业健实、身体优美、心理健康”为人才培养标准。以办“世界先进、中国特色的技术大学”为发展目标。

学校现有在校生 13000 人，固定资产总值为 7.5 亿元，教学、科研仪器设备资产总值 6106 万元，馆藏文献 104 万册，专任教师 650 人。学校现占地面积 1000 多亩，生态化的校园风景如画，五湖五园五桥五广场相映成趣，建成了有线无线全覆盖的“顶级信息高速公路”“一心三云”信息应用总平台，实现了管理服务一卡通，视频监控一站通，教育教学全联通，是湖南省首批教育信息化试点高校。

学校不断创新人才培养模式，以与国防科技大学合作建设的北斗卫星开放实验室为引领，以国家、省市支持建设的 100 多个实验实训中为依托，以 1000 多家校企合作企业为支撑，形成了校校、校政、校企合作共赢的协同创新育人机制。学校不断创新学生工作“书院制”改革，构建了“聚智”“智能”“聚思”“聚美”四大书院育人新格局中，创新了毕业生创业、就业、考研分类指导，建立了学生多元发展的培养机制。连续5年就业率和就业质量排名始终保持在湖南省高校第一方阵前位，用人单位满意率保持在92%以上。

学校先后获得教育部人才培养工作水平评估“优秀”等级、中央综治委平安园建设“”优秀成果奖”“湖南省委省政府全省综治工作先进单位”“湖南省文明单位”“湖南省文明高校”“湖南省示范性院校”“湖南省党建工作先进高校”“湖南省平安高校”“湖南省信息化校园示范高校”“湖南省大学生就业创业示范建设院校”等多项荣誉。（湖南信息学院档案馆）

（二十九）长沙民政职业技术学院

长沙民政职业技术学院的前身是创办于1984年的民政部长沙民政学校，1988年民政部党组决定筹建长沙社会工作学院（本科），并成立了正司级干部任组长的筹备组，筹备组于1989年解散，学校1999年经国家教育部批准升格为高等职业技术学院。2000年实行民政部与湖南省共建、以省管理为主的新体制，为湖南省教育厅直属的普通公办高等院校；2009年成为全国首批（28所）国家示范性高等职业院校，2015年成为湖南省首批（8所）卓越高等职业技术学院建设单位。学校坚持立足民政、面向社会、适应市场、开放办学，以服务为宗旨，以就业为导向，走产学研结合的发展道路，面向民政行业和区域现代服务业工作一线，培养德、智、体全面发展，心理健康，拥有具有“爱众亲仁”道德精神和“博学笃行”专业品质的高素质技能型专门人才。

学校现有民政与社会工作学院、商学院、电子信息工程学院、软件学院、艺术学院、医学院、殡仪学院、外语学院、财经管理学院9个二级学院和通识教育中心、思想政治理论课教学部、体育部3个教学部。组建了“社会管理与服务”“健康养老服务”“民政信息及智能化技术服务”“现代商务服务”“创意设计与传媒”“应用外语服务”6个特色专业群；有省部级以上示范（重点、骨干、特色）专业22个，其中国家重点建设专业8个，省级示范性特色专业2个、省级中高职衔接试点专业1个、湖南省中职专业课教师公费定向师范生联合培养本科试点专业1个。学校有国家级重点实训基地2个，主持建设国家级职业教育师资培养培训基地1个，省级生产性实习实训（教师认证培训)基地2个。学校有国家级专业教学资源库1个，国家级精品资源共享课17门，省级和教育部教指委精品课程22门，名师空间课堂15个，专递课堂及同步课堂资源2个，牵头开发湖南省高职院校学生专业技能抽查标准6个。

学校面向全国招生，现有全日制在校生1.8万余人；有1名国家级教学名师，3名省级教学名师，9名省级专业带头人和25名省级普通高校青年骨干教师，中青年教师全部具有硕士学位；142名教师具有英国知山大学、美国费里斯州立大学等国外、境外访学经历。校园占地面积1024余亩，建筑面积45万平方米，教学仪器设备总值9600多万元。有2.35万平方米面积的现代化图书馆。学校有1.53万平方米、8000坐席的现代篮球馆，成功承办了第28届亚洲男子篮球锦标赛、湖南省第十届大运会等大型体育赛事；拥有第二代最新数字校园网，配备300余间智慧教室；建有现代服务共享型实训基地和虚拟现实学习中心，校内专业实验实训室258个，校外实训基地369个。

学校积极创新“产教融合、校企合作、工学结合”人才培养模式，实施学分制，推行小班制教学，开展现代学徒制试点。学校已与民政行业和金蝶软件、博世、三菱电机、南方航空、德邦物流等知名企业建立了紧密合作办学关系。

2010年，学校在全国率先建设“网络学习空间人人通”，探索创建的“网络学习空间人人通”建设模式，现已成为国家教育信息化“三通工程”的重要组成部分，建设经验向全省、全国推广。目前，教师已积累了80万个空间教学资源，师生互访近2亿次。学校在联合国教科文组织举办的首届“国际教育信息化大会”和国务院召开的全国教育信息化视频会议上作大会发言。

学校教师获得国家级教学成果奖9项，省级教学成果奖28项；获得国家级信息化教学比赛一等奖4项，省级信息化教学设计比赛一等奖12项。学生获得省级以上技能竞赛和教学竞赛一等奖500余项，其中国家级一等奖16项。

在中国科学评价研究中心、武汉大学中国教育质量评价中心联合中国科教评价网发布2016年中国专科(高职高专)院校竞争力排行榜中，学校名列全国第5名。招生录取分数线已连续9年位居全省高职第一，超过三本录取分数线。学校已经成为国家宏大社会工作人才队伍培养基地和湖南省现代服

务业高技能人才培养基地，正朝着创建一流高职学院、一流专业群的“双一流”目标迈进。（长沙民政职业技术学院档案室）

（三十）湖南大众传媒职业技术学院

湖南大众传媒职业技术学院成立于2000年7月，是在原湖南银行学校和湖南教育电视台的基础上，按“前台后院”模式组建的一所公立传媒类高职学院。2002年，原长沙县教师进修学校并入；2004年，原湖南省广播电视学校整体并入。学院实行由湖南省教育厅、湖南省新闻出版广电局、湖南广播电视台共建，湖南省教育厅主管的管理体制，为国家首批骨干高职院校。2015年学院成为湖南省首批立项的卓越校建设单位，2016年又成功立项为国家产教融合示范校。目前学院还是国家汉办设立在湖南的“国际汉语言文化传播基地”依托学校，湖南广播电视台节目生产基地和韶山之声电台节目生产基地，被誉为“广电湘军”的摇篮。

学院坚持“立足湖南、面向全国，服务文化产业、突出传媒特色”的办学定位，秉承“创意点亮人生”的校训，实施“引台兴校、原创强校、服务荣校”的发展战略，致力于为湖南文化强省建设和传媒产业发展培养综合素质高、传播沟通能力强的创意型技术技能人才。学校现设有35个专业，基本形成了以“媒介内容生产”为核心，以“传媒艺术”和“传媒技术”为支撑，兼及“传媒管理”和“文化教育”的专业发展格局，重点建设新闻出版与广播影视、动漫与艺术设计、新媒体技术三大特色专业群，面向全国30个省、市（自治区）招生，现有在校学生近万名。

学院内设新闻与传播学院、影视艺术学院、视觉艺术学院、新媒体技术学院、管理学院、国际传播学院6个二级学院和思想政治课教学部、体育课教学部2个教学部，实行校院（部）两级管理。学院现有教职员工640人，其中高级职称教师173人，博士、硕士307人。学院是全国广播电视编辑、记者、播音员和主持人资格考试考点，汉语水平考试（HSK）考点，雅思（IELTS）考试考点。

学院主校区位于长沙市星沙国家级经济技术开发区，与湖南广电中心毗邻，是一个新建的环保型智能化校园，学校先后获得“湖南省文明单位”“湖南省职业教育先进单位”“湖南省平安单位”“湖南省五四红旗团委”“湖南

省园林式单位”“长沙市综合治理先进单位”“国家级语言文字规范化示范校”等称号。（湖南大众传媒职业技术学院档案室）

（三十一）湖南铁道职业技术学院

湖南铁道职业技术学院是一所以工科专业为主，文、管、经等专业共同发展的高等职业院校。学院主要面向轨道交通、装备制造、电子信息、商贸管理等行业，培养适应岗位需求的准工艺师、准技师等高端技能型人才。学校始办于1951年，2000年7月经湖南省人民政府批准，原株洲铁路电机学校和铁道部工业职工大学合并升格为湖南铁道职业技术学院。2004年，学校在教育部高职高专院校人才培养工作水平评估中获得“优秀”。2009年通过教育部、财政部验收，学院成为全国首批28所国家示范性高等职业院校之一。2009年11月，学校由中国南车集团移交湖南省人民政府管理，纳入教育厅直属单位。2011年5月，学院通过湖南省高校党建先进评估。2012年6月，现代企业大学中国南车大学落户学校。2015年7月，被立项湖南省首批卓越院校建设单位。

学校秉承“明德、弘毅、博学、笃行”的校训，发扬“团结、勤奋、严谨、求实”的校风，不断深化“以学习者为中心”的办学理念，践行“和、搏、乐”核心价值观，以就业为导向，以职业能力培养为核心，走校企合作、产学研结合的高职办学之路，培养具有“阳光心态、用心做事、成就你我”的湖南铁道特质的学生。

学校现有全日制高职在校生9500余人，年短期培训规模7000人次；设有铁道牵引与动力学院、铁道供电与电气学院、铁道车辆与机械学院、铁道通信与信号学院、铁道运营与管理学院5个二级学院及思政课部、体育课部、继续教育学院，开办高职专业（方向）41个。学校现已建成国家教学资源库1个，拥有国家精品专业1个，国家教改试点专业2个，湖南省精品专业7个，湖南省示范性特色专业2个，湖南省示范性特色专业群1个，湖南省特色专业2个，湖南省教改试点专业6个；湖南省生产性实习实训（教师认证培训）基地2个，省级精品课程23门，国家精品课程12门，国家级资源共享课程12门，立项“十二五”国家规划教材42本。

学校现有专任教师395人，其中教授、副教授等高级职称教师占36%，

“双师”素质教师占80%。学校现有全国优秀教师2名，全国“黄炎培杰出教师”1名，教育部行业教学指导委员会委员3人，“万人计划”入选者1人；湖南省职业教育评估与咨询委员会专家6人，湖南省徐特立教育奖获得者1名，省级以上教学名师3名，省级优秀“双师教师”1名，省级以上专业带头人14名，省级以上青年骨干教师20名，铁道行业名师4名，湖南省辅导员年度人物2名；拥有国家级教学团队2个，省级教学团队5个。

学校是教育部指定或评定的全国重点建设职教师资培养培训基地、国家骨干教师师资培训基地和中德师资培训国内基地，是中南五省唯一的国家高职高专先进制造技术学生实训(师资培训)基地，是首批“国家高技能人才培训基地”。拥有轨道牵引实训中心等8大实训中心，共140间实训车间(室)。学校校办产业年销售收入过亿元。

学校高度重视毕业生就业指导与推荐工作，与全国各铁路局、各地铁公司、中国中车股份有限公司、北汽集团、格力集团、深圳华为、三一重工等270余家企业建立了长期人才供需关系，为毕业生开辟了广阔的就业渠道，毕业生就业率年均达到了95%以上。在麦可斯(MyCOS)全国示范性高职院校2008届毕业生就业能力排行榜中，学校名列前三，毕业生工作能力指数及工作能力满意度高出全国平均水平3个百分点。连年获得“湖南省毕业生就业工作先进单位”称号。

学校先后荣获“全国职业教育先进单位”“全国军民共建社会主义精神文明先进单位”“2010—2011年度全国毕业生就业典型经验高校”“湖南省党建工作先进高校”“湖南省文明标兵单位”等百余项省部级以上荣誉称号。学校正朝着“特色鲜明、国内一流、国际知名的高职院校”目标迈进，努力为中国职业教育的发展作出新的贡献。(湖南铁道职业技术学院档案室)

(三十二)湖南科技职业学院

湖南科技职业学院由湖南省教育厅主管，中华职业教育社主办，是湖南省人民政府与中华职业教育社共建的公办高等职业学院。

学校始建于1958年，前身为湖南省轻工业学校。2001年8月经湖南省政府批准，学校与湖南省轻工业厅职工大学、湖南省工艺美术学校、长沙煤炭安全技术培训中心共同组建为湖南科技职业学院(国家公办全日制普通高等职业院校)。2003 年 5 月经省政府同意，湖南省第二轻工业学校(含原湖南工业科技职工大学)并入。2007 年 10 月，湖南省人民政府与全国中华职业教育社签署协议共建湖南科技职业学院。

学校秉承“至诚至公、精业乐业”的校训，坚持“质量立校、人才强校、开放办校、创新兴校”的办学理念，培养了大批高素质技术技能人才，取得了多项科技创新与社会服务成果。学校是国家示范性骨干高职院校、湖南省示范性高职院校和湖南省唯一获批国家示范性软件职业技术学院的高等院校，2016 年学校入围湖南省卓越高职院校建设单位。学校先后荣获“中国软件产业发展推动机构”“全国黄炎培职业教育优秀学校”“全国高职高专科研工作先进单位”“湖南省黄炎培职业教育优秀学校”“湖南省文明单位”“湖南省普通高校毕业生就业一把手工程优秀单位”等荣誉称号。2009 年，学校牵头组建了湖南轻工职业教育集团。

学校位于湖南省会——长沙，分为雨花校区和暮云校区，教学楼、实训楼、图书馆、体育馆等教学、生活设施配套齐全。学校占地面积近千亩，正在建设新校区。

学校立足湖南，对接轻工产业和战略性新兴产业，坚持学历教育和社会培训并举，面向全国 22 个省(市、区)招生，现有在校生 12000 多人。学校设有软件学院、艺术设计学院、机电工程学院、商学院、药学院、陶瓷设计学院、人文与音乐学院 7 个二级学院，形成了以轻工信息技术、轻工设计艺术、轻工装备技术 3 个特色专业群为重点，以轻工商贸服务、生物医药 2 个专业群为支撑的优势明显的专业体系。

学校现有 1 个国家实训基地、4 门国家精品课程、4 门国家精品资源共享课、6 门省级精品课程、2 个省级示范性特色专业、1 个省级特色专业、6 个省级精品专业、4 个省级重点实习实训基地。近年来，学校教学科研成果数量质量在全省高职院校中处于前列。

学校充分利用资源优势，主动服务地方经济社会的发展，积极开展“教育扶贫”，是湖南省扶贫办确定的“雨露计划”省级培训基地、精准扶贫创业致富带头人省级培训基地和中华职业教育社全国温暖工程农民转移培训基地。学校先后荣获“全国青年农民转移就业先进单位”“全国实施温暖工程先进单位”和“湖南省扶贫办‘雨露计划’示范基地”等荣誉称号。(湖南科技职业学院档案室)

（三十三）湖南交通职业技术学院

湖南交通职业技术学院是湖南省交通运输厅直属的全日制普通高等学校，是全国示范性高等职业院校，是湖南省首批卓越高等职业院校建设单位。学院前身是成立于1956年的湖南交通学校。1999年，湖南交通学校与湖南省交通厅干部学校合并，2001年经湖南省人民政府批准湖南交通职业技术学院成立，其后相继并入了湖南公路技工学校和湖南交通高级技工学校。

学院始终坚持“立足交通行业，面向市场经济，服务富民强省”的办学定位，牢牢把握“好品德、好技能、好使用、好形象”的育人标准，已逐步发展成为了湖南省交通行业一线人才培养的主基地，湖南全省交通行业一线70%的管理骨干、技术骨干从这里走出，累计培养了10万余名技术技能型人才，被誉为“路桥湘军”的摇篮。毕业生就业率稳定在92%以上，“订单”专业就业率100%。学校先后荣获“全国普通高校毕业生就业工作先进单位”“全国毕业生就业工作典型经验高校”“全国交通职业教育先进集体”“湖南省文明标兵单位”“湖南省普通高校毕业生就业一把手工程优秀单位”“湖南省职业教育先进单位”等荣誉称号。

学院现占地728亩，建筑面积29.49万平方米，各种教学仪器设备总值9738万元，馆藏图书84.8万册；全日制普通高职在校生12536人，现有专任教师468人，其中正高职称26人，副高职称146人，博士5人。学校拥有省级专业带头人12人，省级青年骨干教师15人、交通部专业带头人3人，交通部教学名师1人，教育部国内访问学者5人，省级学科带头人1人，全国交通技术能手3人，湖南省技术能手1人，长沙市技能大师1人。

学院构建了交通土建技术、汽车技术服务、智能交通技术、交通运输服务4个交通特色专业群，以及工程机械运用技术和建筑工程技术两个其他特色专业群，形成了以交通为特色的专业发展体系。学校现设专业31个，其中省级教育教学改革试点专业4个，国家示范性高职院校重点建设专业6个，中央财政支持建设专业2个，省级精品专业6个，省级高职示范性特色专业2个，省级高职特色专业2个，中央财政支持国家重点实习实训基地2个，省级生产性实习实训（教师认证培训）基地3个。

学院积极探索特色办学教学，先后开创了“订单培养”“系企一体”“秋去春回、工学交替"等工学结合人才培养模式，实行个性化的培养模式，培养适应社会需求的人才。2007年至今，学院建设了5门国家级精品课程、5门国家级精品资源共享课程、8门省(部)级精品课程、4门国家专业资源库课程、3门湖南省职业教育名师空间课堂、2本全国高等教育精品教材，2015—2016学年主编出版国家规划教材13本。

学院坚持学历教育与职业培训并举，积极履行社会服务功能，牵头组建了湖南省交通运输职业教育集团，先后与中国中铁、中国铁建、上海大众、三一重工、中联重科、湖南路桥等知名企业建立了长期稳定的合作关系，设有校外实训基地126个，已成为全国交通干部培训基地、湖南交通行业职业培训基地、全国交通教指委高职高专师资培训基地、湖南省退役士兵职业教育和技能培训基地、交通行业职业技能鉴定和技术服务中心。近3年来，学院共举办各类社会培训130余期，培训规模突破了36000人次。

学院面向未来，以内涵建设为重点，以改革创新为动力，密切跟踪行业企业发展需求，不断追求专业建设源于企业、高于企业，服务行业、提升行业，努力建设成为国内一流的高职院校。(湖南交通职业技术学院档案室)

(三十四)湖南体育职业学院

湖南体育职业学院是湖南省人民政府批准、教育部备案、湖南省体育局主办的一所国有公办全日制普通高等学院。1958年，湖南省体育运动学校创办。1984年12月，湖南职工体育运动技术学院成立。2002年5月，经湖南省人民政府湘政函〔2002〕109号文件批准，在湖南职工体育运动技术学院和湖南省体育运动学校实质性合并的基础上湖南体育职业学院正式建立。学校被纳入普通高等学校序列，由省体育局主办主管，教育业务由省教育厅管理。

建校以来，学院秉承"办有灵魂的学校、育有品格的学生"的办学目标，"根植行业、育人为本、服务社会"的办学理念，"质量立校、特色兴校、人才强校"的办学战略，"以服务为宗旨，以就业为导向，注重内涵发展、注重特色发展、注重科学发展"的办学方针，依托体育行业，锐意进取，改革创新，为国家和湖南省经济社会发展作出了积极的贡献。学院先后获得"长沙市绿化工作先进单位""国家高水平体育后备人才基地""体育行业特有工种职业

(国家级)培训基地”“全省中小学体育师资认证培训基地”和“全省体育传统项目学校体育教师培训基地”等称号，是教育部人才培养工作水平评估“优秀”院校、湖南省示范性(骨干)高职院校，被誉为奥运冠军的摇篮和高端体育人才的基地。

学院在竞技体育取得了辉煌成绩，培养了熊倪、龚智超、杨霞、龙清泉、王明娟、田卿、向艳梅 7 名奥运冠军，唐九红等 42 名世界冠军以及近 300 名亚洲和全国冠军，在第 26、27、29、30、31 届奥运会和 7、8、9、10、11、12 届全运会上连创辉煌，为湖南竞技体育跻身和巩固全国前列做出了重大贡献，先后荣获“全运会完成任务先进集体”、“全国体育系统先进集体”和“全国群众体育工作先进单位”光荣称号。

学院坐落于人杰地灵、风景秀美、交通便利的长沙市体育新城，现占地面积 45.93 万平方米，拥有固定资产总值 8725.46 万元(截至 2016 年底)，教学、科研仪器设备资产总值 1932.59 万元，馆藏文献 13.45 万册。学院拥有全日制在校高职学生 3859 人，教职员工 274 人，享受政府特殊津贴的有突出贡献的专家 4 人，教授 37 人，研究生学历 50 人，“双师型”专业专任教师近 60 人，国家和省级优秀教师(教练员)11 人，省级中青年骨干教师培养对象 4 人、国内访问学者 4 人。学院拥有唐辉、贺益成、胡常临等一批培养了奥运及世界冠军的国家级教练。同时，学院还聘请了 60 余名来自体育行业企业一线的专家和能工巧匠担任兼职教师，通过内培外引，建立了一支“人文体育素养高、体育教学技能精湛、结构合理、专兼结合”的师资队伍。

学院专业体系特色鲜明，有体育教育系、社会体育系、运动系、体育产业与管理系、思想政治课部、继续教育部等四系两部，开设了体育教育、体育运营与管理、社会体育、体育保健与康复、运动训练、民族传统体育、高尔夫球运动与管理、国际标准舞、健身指导与管理、电子竞技运动与管理等十个专业，拥有 3 个省级教学团队、1 个省级精品专业、1 个省级特色专业和 2 个中央财政支持建设专业。学院通过大力推进“产、学、研、训、赛”五环相扣的人才培养模式改革，正加快构建“以体为主，以经、教为两翼，医、艺、文、管多学科协调发展”的专业格局。

学院实习实训条件一流，拥有 40 个校内实习实训室(基地)和 1 个校企共建“生产性”实习实训基地，各实训中心、实验室实物设备、教学系统、实训系统等设备精良、功能齐全，设施设备水平均达到国内乃至亚洲一流，校内“生产性”实习实训基地——湖南省奥体阳光青少年体育俱乐部是国家级青少年体育俱乐部。此外，学院还在长沙、上海、广州、深圳等地建立了74个稳定的与专业教学相配套的校外实习实训基地，为“理学一体、工学结合”实践教学体系的建立奠定了良好的基础。

学院人才培养质量突出，遵循“厚德、强能、尚勇、创新”的校训，营造了“全员育人、全程育人、全方位育人”的校园文化氛围，建立了学校、家庭、社会、用人单位四方联动的育人机制。学院全面实行毕业证和职业技能证“双证书”制度，近3年来，有两千余名学生通过了劳动厅组织的各类职业鉴定考试，资格证书取证率在90%以上。学生凭借扎实的技术水平，在全国及省内大学生运动会、国际国内体育舞蹈大赛、跆拳道及武术比赛等重要赛事中屡获佳绩。

学生就业前景宽广。学院依托湖南体育职业教育集团，与省内外一批知名体育企业或教育机构签订合作办学及就业协议，大力实施“订单式”人才培养，先后与特步有限公司开办了“特步班”、与湖南梯田国际教育集团开办了“幼儿教育师资班”、与湖北海鑫国际船舶管理有限公司开办了“国际邮轮乘务订单班”等，并与武汉体育学院、湖南师大体育学院、湖南农业大学开展专升本合作办学，与湖南工业大学建立研究生联合培养基地，搭建了毕业生继续教育平台。多年来，毕业生初次就业率均保持在88%以上，2016年毕业生初次就业率达到92.4%，2016年毕业生年终就业率达到95%以上。多年来，学院为社会培养了一大批基层体育教师、教练、社会体育指导员、保健康复人员、体育经营管理人员等行业企业一线的优秀体育人才，深受社会和用人单位的好评。学院正致力于把学院建设成为国内一流的体育高职院校和具有引领力的现代体育培训中心。（湖南体育职业学院档案室）

（三十五）湖南工程职业技术学院

湖南工程职业技术学院是湖南省人民政府批准、教育部备案、湖南省地质矿产勘查开发局主办的一所国有公办全日制普通高等学院。1958年6月，湖南省地质局党组决定并报湖南省委批准，在原地质局职工训练班的基础上创办湖南省地质学校（1995年3月更名为长沙工程学校），校址设在长沙市雨花亭。1978年7月，湖南省地矿局“七二一”工大成立。1981年2月，经省政府同意，原湖南省地质局所属的物探队、四〇二队、区调队三所“七二一”工大的基础上组建湖南省地质局职工大学。2002 年 5 月经湖南省人民政府湘政函〔2002〕109 号文批复，同意在湖南工程职工大学和长沙工程学校实质性合并的基础上正式建立湖南工程职业技术学院，纳入普通高等学校序列。

建校以来，学院秉承“传承地质文化，培养高素质技术技能工程人才”的办学理念，遵循“德技共举、知行合一”校训，依托国土地勘行业，锐意进取，改革创新，为国家和湖南经济社会发展作出了积极的贡献。学院先后获得“国土资源职教工作先进单位”“国土资源部地勘行业职业技能鉴定工作评估优秀鉴定站”等荣誉称号。学院是教育部全国高职高专人才培养工作水平评估“优秀”院校，是“湖南省党建先进高校”“湖南省示范性（骨干）高等职业院校”“湖南省文明单位”“湖南省平安高校”。

学院现占地面积 600 余亩，固定资产总值 3.3 亿元，教学、科研仪器设备资产总值 5346.26 万元，馆藏文献 62.85 万册。学院拥有全日制在校生 9000 多人，专兼职教师 500 余人，其中“双师”素质专任教师比例为 86%，高级职称 148 人，拥有 2 个省级教学团队、6 名省级专业带头人、8 名省级骨干教师，建立了一支相对稳定、结构合理的专兼职教师队伍。

学院设有资源工程系、建筑工程系、土木工程系、信息工程系、管理工程系、基础课部、思政课部和继续教育学院等“五系两部一院”，开办有工程测量技术、建筑工程技术、工程造价、软件技术、会计电算化等 30 个专业。目前，学院拥有 1 个省级示范性特色专业群、2 个央财重点支持专业、2 个省级特色专业、3 个省级精品专业、3 个省级教改试点专业。学院还是湖南省职业院校建筑工程技术专业、工程测量技术专业、酒店管理专业技能竞赛赛点单位。

学院实习实训条件优良，在湖南省内首创建筑工程情境教学区，建成了各类校内综合实训室（场）116 个，与国内外知名企业共建实习基地 178 个。其中，学院 5 个专业实训区被国家、湖南省确定为“中央财政支持建筑技术实训基地”“湖南省工程造价校企合作生产性实习实训基地”“湖南省工程测量技术实训基地”“湖南省建筑工程专业课教师专业技能教学水平认证培训基地”“湖南省环境地质工程技术专业生产性实习实训（教师认证培训）基地”。

学院积极推行“双证书”制度，由国家人力资源和社会保障部确认为“国家职业技能鉴定所”“特有工种职业技能鉴定站”和“OSTA 计算机信息技术考试站”。学生在取得学历证书的同时还可以获得与专业相应的国家职业资格证书。学院从 2003 年起与湘潭大学、湖南农业大学等本科院校联合开办自考专升本教学班，与吉首大学、湖南城市学院等签订专升本协议，毕业生可升入相应本科院校就读。学院连续三届在省普通高校毕业生就业工作“一把手工程”专项督查评估中获得优秀单位，2014—2016 年连续三年被评为“湖南省大学生就业创业示范校”。（湖南工程职业技术学院档案室）

（三十六）保险职业学院

1985 年创立的湖南保险职工大学为中国保险管理干部学院前身，占地 25 亩，从 1985 年 4 月开始至 1986 年 4 月湖南保险职工大学先后举办了中南六省（市）经理统考、农村保险业务干部、军队转业干部等 12 期培训，共培训 800 多人。

1986 年 8 月 6 日中国保险管理干部学院正式成立，定址在长沙大托乡黑石铺，并报原国家教委备案，隶属中国人民保险公司，为我国唯一一所保险专业的成人高等学校，为正厅局机构。

1988 年中国保险管理干部学院正式搬迁新址——长沙市园艺场。校园占地面积 90000 平方米，建筑面积 400000 平方米，建有教学楼、办公楼、计算机楼、图书馆、大礼堂、教职工和学生宿舍、食堂等。

2000 年初，学院在国务院调整学校管理体制中改为培训中心，但学院上下同心协力，努力保持学历教育不中断；2001 年开始探索成立“中国保险职业学院”，2002 年 4 月，中国人寿保险公司批复同意申办“保险职业学院”并致函湖南省政府提出办学申请；2003 年 3 月，湖南省政府正式行文，批复同意成立保险职业学院改制为全日制公办普通高等职业院校，是全国唯一专门从事保险教育的全日制公办普通高校，同时也是中共中国人寿保险（集团）公司委员会党校、中国人寿保险（集团）公司直属教育培训机构，学院的国民教育业务由湖南省教育厅管理，面向全国招生。

近年来，学院着眼构建现代职业教育体系，以深化“订单”培养模式为抓手，全面提升人才培养质量和毕业生就业质量。先后与国寿旗下寿险、财险、投资、电商等子公司及吉祥人寿、人保寿险、阳光保险等公司签订订单培养协议，组建各类订单班20余个，学生660余人。

学院是国家金融行业职业教育指导委员会成员单位、中国保险学会常务理事单位、湖南保险学会副会长单位、湖南保险行业协会常务理事单位，先后主持中国保监会保险高管培训教材《保险基础知识导论》编写、金融专业国家教学资源库建设项目和中职保险事务专业教学国家标准制订工作。

1995年12月，湖南省教委确认学院获得成人高校办学水平评估第一名；1996年1月，湖南省教委在《湖南日报》刊登公告，授予学院“湖南省成人高校优秀学校”；1997年原国家教委授予学院“全国成人高等教育评估优秀学校”的称号；2006年，学院在国家教育部人才培养工作水平评估中，荣获优秀等级。2010年，学院在毕业生就业“一把手”工程评估中获得优秀等级。2012年，学院荣获“湖南省文明高校”的称号。2013年，学院顺利通过教育部人才培养工作评估。学院为“中国保监系统文明窗口单位”“湖南省优秀职业院校”“湖南省文明高等学校”。

学院建院30年以来，为社会培养了十几万人才，为保险金融行业输送了数以千计的中高级管理干部，为湖南地方经济社会发展和保险行业科学发展作出了重要贡献。伴随着中国保险业的腾飞和中国人寿建设国际一流金融保险集团事业的蓬勃发展，保险职业学院将主动作为、积极进取，持续强基础、推转型，促升级、提水平，显特色、创品牌，保平安、固和谐，力争早日建设成为特色鲜明、品牌卓越的金融保险职业综合教育培训品牌学院。（保险职业学院档案室）

（三十七）长沙商贸旅游职业技术学院

长沙商贸旅游职业技术学院是2013年7月1日经湖南省人民政府批准成立、教育部备案、长沙市人民政府主办、湖南省教育厅主管业务、以“服务湘商、湘旅、湘菜产业”为办学定位的全日制公办普通高等院校。其前身为国家级重点中专学校——长沙市商业学校和省级重点职业中专学校——长沙市商业职业中专学校。

长沙市商业学校创办于1959年10月，始名长沙财贸中学，它是中华人民共和国成立后长沙市创办的第一所市属职业教育学校。校址设在长沙市北区新河美孚公司贮油场旧址（现长沙市湘江世纪城所处位置）。1962 年迁址到河西溁湾镇窑坡山，更名为长沙市商业学校。经历几十年的艰苦奋斗，学校得到了日益壮大和发展，先后被评为湖南省文明单位、湖南省花园式单位、湖南省重点中专学校、国内贸易部重点中专学校、国家级重点中专学校。学校还开办了普通中专、高职五年制大专、函授本科等办学层次，形成了中等、高等职业技术教育、函授大学、自考助学教育、职业培训的多功能教育格局。

长沙市商业职业中专学校创办于 1956 年 9 月，始名“湖南省长沙市第十七初级中学”，它是新中国成立后长沙市创办的第一所市属中学。校址设在长沙市劳动广场东北角的燕子岭，经历了 30 多年的艰苦奋斗和改革发展，1985 年，在比较出色地完成了普通教育任务后按照上级要求转型为职业学校，先后更名为长沙市食品职业中专学校、长沙市商业职业中专学校，被评为湖南省重点职业中专学校。

两校均创建于 20 世纪 50 年代，经历了在艰苦中创业、在改革中发展、在创新中提升、在追求中前进的办学历程。近 60 年来，学院为社会输送了大批优秀人才，被誉为“商界黄埔”“经理摇篮”。（长沙商贸旅游职业技术学院档案室）

（三十八）湘潭医卫职业技术学院

湘潭医卫职业技术学院是面向全国招生的公办全日制医卫类高职院校。学校办学历史溯源于 1915 年美国基督教长老会创办的广德高级护士职业学校。2001 年 8 月，经湖南省人民政府批准，原湘潭市职工大学与湘潭市机电工业中专合并组建湘潭职业技术学院；2004 年 11 月，原湘潭卫生学校整体并入。2015 年 6 月，经湖南省人民政府批准，教育部备案同意，学校更名为湘潭医卫职业技术学院。

百年积淀，桃李芬芳，学校为湖南卫生事业的发展作出了重要贡献，受到各级领导的高度重视，赢得了社会的广泛认可。国务院原总理温家宝、原副总理李岚清等党和国家领导人亲临学校视察，对学校的发展给予了充分肯定。

学校现有两个校区，校本部地处湘潭市政治经济文化中心，河西校区傍依风景秀美的雨湖公园。学校占地350亩，建筑面积18万平方米，固定资产3亿多元。学校现设有临床学院、护理学院、医学技术学院、医疗设备与管理学院、医学基础课部、公共(思政)课部和继续教育学院等五院两部，开设了临床医学、口腔医学、护理(含涉外护理、康复护理方向)、助产、康复治疗技术、药学、医学检验技术、口腔医学技术、医疗设备应用技术、医疗器械维护与管理、医学影像技术、卫生信息管理、会计等15个专业，在校学生11000余人。学校师资力量雄厚，现有教职工500多人，专兼职教师400余人，其中教授、主任医师等正高职称18人，副教授及其他副高级职称教师169人，“双师型”教师200余人，具有研究生学历或硕士以上学位教师127人。

学校拥有临床仿真实训中心、中央财政扶持的护理实训中心、人体生命馆、计算机网络中心等80余个现代化校内实验实训室；拥有附属中心医院——湘潭市中心医院(三甲综合医院)和附属康复医院——湘潭市第六人民医院(民政部、湖南省人民政府“部省共建”养老示范项目医院)等两所附属医院；拥有空军总医院、解放军第309医院、火箭军总医院、广州军区广州总医院、南京军区福州总医院、中南大学湘雅医院、广东省工伤康复医院等医卫类定点实习就业基地170余家；国家职业技能鉴定所、教育部国际护理教育基地、国家卫计委卫生行业职业技能鉴定培训基地、湖南省乡村医师培训基地等先后落户学校。同时，学校还是“世界卫生组织妇幼健康教育湖南培训中心”和“联合国开发计划署(UNDP)援助中国护理发展项目”院校。

学校秉承“广德爱众、砺能善医”的校训，坚持“立德树人、砺能就业、特色兴校”的办学理念和“校企合作、工学结合”的人才培养模式，不断深化教育教学改革，突出职业能力和职业素质的培养，与大型医院、高等院校等单位深度融合，形成了以高职教育为主，职业培训、继续教育多元并举的办学格局，立足培养适应卫生事业发展需求的高素质技术技能人才。

学校先后获得全国五四红旗团委、全国高职高专科研工作先进单位、湖南省普通高校招生工作先进单位、湖南省普通高校毕业生就业工作“一把手工程”优秀单位、省级园林式单位、省级安全文明先进单位等荣誉称号。

面向未来，学校走专门化、特色化发展道路，立足湖南，辐射周边省市区，致力于建成教育教学水平高、质量过硬的全国一流医卫高职院校。

学院各届院领导：

2001—2009 年党委书记：周克武；院长：刘小波

2010—2015 年党委书记：杨南南；院长：刘小波

2015 年 6 月更名为湘潭医卫职业技术学院

2015—2016 年党委书记：杨南南；院长：刘建强

2017 年至今党委书记：刘建强；院长：廖晓燕

（湘潭医卫职业技术学院档案室）

（三十九）湖南艺术职业学院

1951 年，华中高级艺术职业学校由湖南省文教厅接办，改名为湖南省艺术学校，它是今天湖南艺术职业学院的前身。

1953 年在教育部“以培养工业建设和学校师资为重点，发展专门学校”方针的指导下，学校被撤销；同时省文教厅在此基础上创办了湘剧小演员训练班。

1957 年 4 月，经湖南省政府批准并报文化部备案，省文化局开始筹建湖南省戏曲学校。9 月正式成立，次年春季开始招生。在那之后的 3 年里，湖南省戏曲教育事业呈现了生机勃勃的局面。

1959 年，湖南省文化局将省戏曲学校作为附属学校交给湖南艺术学院领导，并更名为湖南艺术学院附属戏曲学校；1960 年，学校由东塘迁至河西左家垅艺术学院内。经过近两年的发展，学校成为了一所拥有五百余名师生且专门培养花鼓戏、湘剧和京剧表演人才的附属戏曲学校，被誉为培养艺术人才的园地。

1961 年 6 月，为贯彻党中央“调整、巩固、充实、提高”的八字方针，湖南省艺术学院在 8 月被撤销，学校经调整后改名为湖南戏曲艺术学校。原美术系舞台美术科和音乐系戏曲音乐科学生转到湖南师范学院艺术系；美术、音乐、舞蹈预科班的学生转到戏曲学校继续学习。

1964 年 4 月学校更名为湖南省戏剧学校。

1966 年 5 月“文化大革命”爆发，学校停办；1973 年在湖南省戏剧学校广大知识分子的努力下，学校开始筹建。1976 年，原湖南省戏剧学校恢复为湖南省艺术学校，并开始招生。

随着党的十一届三中全会的召开，党工作重心的转移以及改革开放的不断发展，湖南省艺术学校进入了全面建设和发展阶段，成功地实现了三次跨越：1998 年 6 月学校被评为湖南省重点中专学校；2000 年 6 月被评为首批国家级重点艺术中专学校。2002 年 9 月，经湖南省人民政府批准，湖南省电影学校并入，学校升格为湖南艺术职业学院，2007 年学校在人才水平评估中获优秀等级，2009 年学校确立为湖南省级示范高职学院，2010 年发改委批准学校在星沙松雅湖建设新校区，规划 2018 年实现整体搬迁，目前学校正朝着升本的目标迈进。学院现有戏剧、音乐、舞蹈、影视、美术、社文 6 个专业系以表演艺术为主的 25 个专业，有学生 5000 多人。

建校 60 多年来，学院坚守艺术为本，以舞台表演为特色，以培养高素质技艺型、应用型艺术人才和艺术精英为己任，秉承“追求卓越，不厌平凡”的校训和“围绕舞台，造就人才；依托文化，面向市场”的人才培养理念，先后培养出了一批“梅花奖”“文华表演奖”获得者，涌现了受毛泽东主席、江泽民总书记、胡锦涛总书记、朱镕基总理接见的彭俐侬、陈祝安、刘赛、黄璜等艺术名流，更有歌唱家张也、雷佳、王丽达、北京奥运会开幕式《画卷》创作者沈伟、电影《张思德》主演者吴军、影视歌模多栖明星瞿颖等蜚声海内外的艺术名家，被誉为“文艺湘军”摇篮，创造了一种独特的“艺术现象”。（湖南艺术职业学院档案室）

（四十）湖南化工职业技术学院

湖南省化学工业学校始建于 1958 年春，创建之初被命名为株洲市化学工业学校，校址设在株洲市二中内。同年 8 月，更名为湖南化学工业学校，隶属于湖南省化工局，确定校址在株洲市清水塘。1959 年 8 月，原湖南工业学校化工科并入学校。1960 年 1 月，与原湖南省石油化工学校合并组成湖南省化工石油学校。1962 年学校迁往长沙市与湖南省轻工业学校合并，组成湖南省轻工化工学校。原株洲市的校舍由省轻工化工厅委托株洲化工厂代管。1966 年，“文化大革命”开始，学校受到严重冲击，教职员工被下放，学生被迫陆续离校。1970 年，学校完全停办。

1972 年 12 月 30 日，经湖南省革命委员会批准，学校在株洲市原址恢复。1973 年 6 月 19 日，湖南省化工工业局批准启用“湖南省化学工业学校”新印章。学校一手抓招生教学，一手抓恢复校园，步子越走越扎实，道路越走越宽广。1980年，学校被国家确定为重点中专。同年6月，为满足全省石油化工企业的需要，湖南省编制委员会批准成立湖南省石油化工干部学校。1982年6月，湖南省人民政府办公室批准成立湖南省化工职工大学。这两所学校虽有湖南省石油化学工业局领导和机关人员任职，但日常管理和教学组织均由湖南省化学工业学校负责。学校担负起了全市石油化工系统多类型、多层次的培训任务。从1985年起，学校办学规模进一步扩大，由原本省内招生转为面向全国10个省(市)招生。同时，教学质量也得到稳步提高，在中专学校办学水平评估中屡次折桂，被誉为湖南省工科中专学校的王牌。1994年，学校再次跻身国家级重点中专学校行列。

1998年9月，经湖南省人民政府批准，原湖南省化学工业学校与原湖南省资江化工学校合并，组建新的湖南省化工学校。2000年，学校第三次跻身国家级重点中专学校行列。

2003年4月14日，湖南省政府湘政函〔2003〕71号文件批复，同意在湖南省化工学校(湖南省石油化工职工大学)基础上正式建立湖南化工职业技术学院，同时撤销湖南省化工学校建制。湖南化工职业技术学院由湖南省石化行管办主办主管，省经贸委归口管理，教育业务由省教育厅管理。学校全日制在校学生规模暂定为4000人。学校纳入普通高校序列，发展迈上了新台阶。

2006年，湖南化工职业技术学院在湖南化工机械学校设立了中专部，运转状况良好。为进一步整合办学资源、做大做强湖南化工职业教育，2008年以来，在湖南省石化行管办的主持和协调下，湖南化工职业技术学院和湖南化工机械学校(湖南工业高级技工学校)就两校合并事宜进行了多次交流与沟通。2008年12月，两校在深入调研的基础上，进行了可行性分析论证。两校领导班子统一了意见、达成了共识，一致认为两校合并可以实现资源共享、优势互补，有利于解决两校目前存在的一些困难和长远发展的问题。同时，两校初步征求了教职工意见，两校教职工对合并表示了充分的理解和支持。2009年3月，原湖南省石化行管办主任刘益民、原株洲市人大副主任王建之和两校领导召开协调会，就两校合并和以一个户头进入株洲市职教科技园的有关事宜达成共识。4月，湖南省石化行管办召集相关部门和两校领导召开了两校合并专题会议，达成初步意向，并成立了两校合并筹备领导小组。同年7月，湖南化工职业技术学院将设在湖南化工机械学校的中专部升格为东校区。8 月，两校分别向省石化行管办提交了两校合并的请示，并得到批准。10 月，省石化行管办向湖南省人民政府提交两校合并的请示。11 月，合并工作进入实质性阶段，为确保合并工作顺利进行，省石化行管办制定了平稳过渡方案，对合并工作的组织领导、人员安置、工资待遇、资产处置、学生安置和管理、发展规划等进行了安排。

2010 年 1 月 13 日，湖南省人民政府就两校合并事宜正式下文（湘政函〔2010〕20 号），同意湖南化工职业技术学院和湖南化工机械学校（湖南工业高级技工学校）合并。两校合并后的名称为湖南化工职业技术学院。湖南化工机械学校建制被撤销，湖南工业高级技工学校牌子被保留。

2008 年，株洲市委、市政府决定在云龙新区建设职教大学城，学院积极响应市委、市政府号召。2010 年 2 月，学院正式签约进入市职教科技大学城建设新校区。同年 4 月，为加强新校区建设的组织领导，规范管理，确保工作进程和工程质量，学院成立了新校区建设工作领导小组和新校区建设指挥部。新校区建设于 2011 年 2 月完成土地报批工作。7 月，由于株洲职教城调整学院用地，学院开始重新进行规划设计工作，并于当年年底完成了总体规划、修建性详规和单体建筑方案的规划审批工作。2012 年 7 月 29 日，学院隆重举行了新校区奠基仪式。2014 年 9 月，新校区迎来第一批入住新生，整个新校区建设预计于 2017 年底完成。（湖南省化学工业学校档案室）

（四十一）湖南工艺美术职业学院

湖南工艺美术职业学院前身为益阳市“七二一”工艺美术大学，创建于 1975 年 5 月，性质为业余职工大学，学制两年，校址设在益阳市人民印刷厂内。

1978 年 3 月，湖南省轻工业局基于省轻工系统对工艺美术设计人才的需求，决定与益阳市人民政府联合办学。学校性质由业余职工大学改为全脱产职工大学，学制由两年改为三年，招生范围由益阳市扩大到全省。校址由益阳市人民印刷厂迁到了市资江瓷厂。

1979 年，湖南省轻工业局〔79〕湘轻第 213 号文件明确学校由湖南省轻工业局主办，益阳市二轻工业局代办。校名由益阳市“七二一”工艺美术大学改为湖南省益阳市“七二一”工艺美术职工大学。

1981年，湖南省政府办公厅以湘政办函〔1981〕209号文件，正式批准学校为职工高等学校。6月初，学校校址从益阳市资江瓷厂迁到新址，即现在的校址。11月，湖南省计委湘计劳〔1981〕322号文件，批准湖南省服装技工学校成立。学制为两年全日制。该校与湖南益阳市"七二一"工艺美术职工大学合署办校，实行两块牌子，一套班子管理。

1982年3月，湖南省政府办公厅〔1982〕107号文批准湖南省益阳七二一工艺美术大学更名为湖南省工艺美术职工大学。4月，湖南省二轻工业厅（省轻工业局分成省轻工业厅与省二轻工业厅）与益阳市协商后，以〔1982〕湘二轻政字第144号文件完全接办学校。教育部以〔1982〕教工农字019号文件批准湖南省工艺美术职工大学为教育部备案的成人高等学校。从此学校成为一所国家独立设置的成人高等学校。

1983年12月，湖南省政府办公厅以湘政办函〔1983〕454号文件批准，停办"湖南省服装技工学校"，建立"湖南省服装工业学校"，继续与"湖南省工艺美术职工大学"，实行两块牌子、一套班子管理。湖南省服装工业学校，为全国第一所省属服装中专学校，学校级别由正科级升为正处级。

1995年12月，湖南省教委湘教通〔1995〕145号文《关于全省职工大学和管理干部学院评估结果的通报》确认学校（湖南省工艺美术职工大学）被评为合格成人高校。

1997年7月17日，湖南省人民政府办公厅湘政办函〔1997〕175号同意湖南省服装工业学校更名为湖南省工艺美术设计学校（国家级重点中专）。两所学校合办在一个院内，实行两块牌子，一套班子的管理体制，隶属湖南省二轻工业厅（即湖南城镇集体工业联社）。

1999年9月，经湖南省教委批准（湘教成处〔1999〕21号），开办电脑美术设计、装潢广告设计专业三年制高职大专班，试办三年制高职。2000年，大专班开始招收五年制高职学生，第一、二、三届高职毕业生就业率100%，当大学生面临就业难题时，学校的高职毕业生仍然保持了96%以上的高就业率，每年都有来自全国各地的许多用人单位来校选拔和预约毕业生。

2002年5月，学校的服装设计专业（三年高职）被省教育厅确定为全省首批23个高职教学改革试点专业之一，成为湖南省唯一的高职服装重点专业。2002年12月，在湖南省教育厅组织的首次全省高职专业评估中，该校参评的两个三年高职专业，装潢设计和电脑美术设计均被评为优秀专业。9

月，学校申报的省教育科学“‘十五’规划课题”加入《WTO与中国的高职艺术设计教育》获省教育科学规划领导小组批准立项，这标志着该校在高职艺术设计教育研究领域的独特地位。

2003年6月，湖南省教育厅关于筹建湖南省工艺美术职业学院等7所高等职业学校的批复（湘教函〔2003〕99号），同意以湖南省工艺美术职工大学（湖南省工艺美术设计学校）为基础，筹建湖南工艺美术职业学院。2004年12月，学校通过湖南省高校设置评审委员会专家审查，去筹转正为湖南工艺美术职业学院。

2005年3月，湖南省人民政府湘政函〔2005〕38号关于建立湖南工艺美术职业学院的批复如下：

1. 同意湖南省工艺美术职工大学改建为湖南工艺美术职业学院，同时撤销湖南省工艺美术职工大学的建制。

2. 湖南工艺美术职业学院属专科层次的高等职业学院，纳入普通高等学校序列，由省城镇集体工业联社主办主管，教育业务由省教育厅管理。

3. 学校全日制在校学生规模暂定3000人，招收高中阶段教育毕业生，按教育部有关规定确定学制。

4. 加强对学校的领导，努力改善办学条件，加强师资队伍建设和实践性教学环节，突出高等职业教育的办学特色，把学校办成合格的高等职业学校。

2008年1月，湖南省教育厅在《关于湖南网络工程职业学院等8所学校人才培养工作水平评估结果的通报》（湘教通〔2008〕7号）中，确认了学院在教育部高职高专人才培养工作水平评估中评为优秀等级。

2009年1月，湖南省教育工委湘教工委通〔2009〕6号文件，学院被评定为湖南省党建工作合格高校。

2010年9月，湖南工艺美术职业学院成为全国100所“国家示范性高等职业院校建设计划”骨干高职院校立项建设单位（湖南仅4所），于2011年启动建设。2014年7月10日，教育部、财政部公布了“国家示范性高等职业院校建设计划”骨干高职院校建设项目第二批建设院校验收结果（教职成函〔2014〕11号），学院国家骨干高职院校建设项目在财政部、教育部验收中荣获“优秀”等级。

2015年4月，湖南工艺美术职业学院由原湖南省城镇集体工业联社管理划归湖南省教育厅管理(湘编〔2015〕1号)。

2016年,学校成功立项为湖南省“平安高校”建设单位,成功获批湖南省卓越高职学院立项建设单位。(湖南工艺美术职业学院档案室)

(四十二)湖南汽车工程职业学院

株洲职业技术学院创办于1957年,创办时校名为株洲市曙光中学,属民办性质。1970年改建为株洲市第九中学,属公办性质。1986年更名为株洲市财会职业高中,1988年更名为株洲市第二职业学校,1989年更名为株洲市环保职业中专,1995年更名为株洲市职业中专,1996年加挂株洲机械电子工业学校(普通中专),1998年更名为株洲市第一职业中专学校。2002年株洲市第一职业中专学校与株洲汽车齿轮厂所办学校合并,2003年株洲科技职业技术学院开始筹建,2004年株洲科技职业学院与株洲市交通技工学校合并。2005年3月经湖南省人民政府批准,在株洲市第一职业中专学校(株洲机械电子工业学校)的基础上建立株洲职业技术学院,同时撤销株洲第一职业中专学校(株洲机械电子工业学校)建制。2013年7月经湖南省人民政府批准学校更名为“湖南汽车工程职业学院”。

学校坐落于株洲市红旗北路,毗邻沪昆高速和长株高速,交通便利,环境优美,占地784亩,校舍建筑面积近20万平方米,建有7个实训中心、89个实训室和102个校外实训基地。学校馆藏纸质图书29万册、电子图书32万册,总资产4.2亿元。建设中的新校区坐落在长株潭“两型社会”云龙示范区,占地面积539亩,建筑面积21.5万平方米,按照现代、绿色、集约、共享理念规划设计,承山而建,傍水而起,山林书院,鸟翠墨香,形成了三山两水的景观格局,一环串五区的功能布局体系,“生态聚落”化的建筑组团。这座现代简约、工业气质的生态海绵校园将于2017年9月实现搬迁入驻。

学院2008年通过教育部高职高专人才培养工作水平评估并获得“优秀”等级,2009年获评“湖南省文明高等学校”,2010年获评“湖南省文明单位”,2011年立项湖南省示范性(骨干)高职院校,2012年获评全国职业院校魅力校园,2014年获评全国职业教育先进单位,2015年入围全省首批8所省卓越高等职业技术学院立项建设单位和6所本科中职专业教师联合培养高职院校,2016年成为全省4所士官生定向培养高职院校之一。

学院是湖南省第一所全面对接汽车产业、培养技术技能人才的公办全日制专科层次的普通高等职业院校，由株洲市人民政府主办主管，教育业务由省教育厅管理；副厅级单位。学校坚持“对接产业、工学结合、提升质量、推动职业教育深度融入产业链，有效服务经济社会发展”的办学思路，牢牢把握“立足汽车行业、服务汽车产业、培养汽车人才、打造汽车品牌”的发展方向，深度融入汽车产业链，主动对接汽车前、后端产业。相继被确认为国家技能型紧缺人才示范性培养培训基地、中央财政支持的职业教育实训基地、湖南汽车制造业高技能人才培养培训基地、湖南省服务外包与电子商务人才培养基地、湖南省旅游教育培训示范基地、湖南省教育科学学科研究基地；与中外名企共建有特斯拉英才培训项目、宝马汽车售后英才教育(BEST)项目湖南教学中心、保时捷汽车 PEAP 项目教学中心、上海通用汽车 ASEP 项目湖南教学中心、博世汽车技术教学合作院校和博世诊断中心、北京汽车售后服务人才(BSEP 项目)培养培训中心、上海大众 SCEP 项目、长安福特 STWP 项目、沃尔沃英才培训项目、安卓学院、德马吉多轴数控加工中心、齐配集团人才培养培训基地等校企育人基地。

为更好地服务于地方经济和社会发展，凸显办学优势和办学特色，学校正致力于构建以汽车类专业为主体、以电子信息类和经济贸易类专业为两翼的专业建设格局，实现学校办学有特色、系部建设有特点、学生培养有特长的“三特”目标，加快把学校建设成为省内一流、国内有影响、高水平有特色的高等职业院校。(湖南汽车工程职业学院档案室)

(四十三)长沙电力职业技术学院

长沙电力职业技术学院是湖南省唯一的电力类公办全日制普通高校，由国网湖南省电力公司主办，教育业务由湖南省教育厅管理。学院坚持“依托行业，服务行业；对接企业，提升企业”的办学定位，以培育“电力工匠”为己任，按照“依法治校、质量兴校、人才强校、文化立校、品牌亮校”的思路，突出转型发展、内涵发展、特色发展、创新驱动发展，近年来毕业生就业率一直保持在 95% 以上，居湖南省高职高专院校前列。

学院坐落于长沙经济技术开发区，校园占地面积 460 余亩，固定资产 2.2 亿元，建筑面积 10 余万平方米。学校构建了覆盖发电、输电、配电、变电到用电的实训基地；拥有电气控制、变配电设备安装、电能计量装置、输电线路实训场、汽轮机检修、水（火）电仿真实训室等80多个与现场同步的实训室及79间多媒体教室；拥有现代化的体育馆、标准田径运动场、篮球场、网球场；建有省内独树一帜的拓展实训场；国网湖南省电力公司所属发电、供电、施工、修造等企业为学院学子磨炼技能提供了天然的实训基地。学院地理位置优越，校园环境优雅，是青年学子理想的求学深造场所。

学院设有经国家批准的职业技能鉴定站，承担了所有电力行业特有工种和22个社会通用工种的职业技能鉴定工作。学院与湖南人文科技学院、湖南工学院签订了普通高等教育“专升本”合作协议，为优秀毕业生搭建了成长成才通道；学院还设有武汉大学函授站、长沙理工大学自学考试助学点，可以让相应专业学生完成的本科学业。

学院现有教职工400余人，其中副高以上职称96人，“双师型”教师105人。学院还常年聘请了具有实践经验的工程专家、高校知名教授、教育专家为兼职教师。学院办学经验丰富，师资力量雄厚，形成了学历教育、技能教育、远程教育和技能鉴定等多形式的教学、考评体系。建校60年以来，学院共为电力行业及社会输送了各类技术人才4万余名，先后开设电力类、动力类、经管类和计算机类等30多个专业。近年来，学院先后获得“教育部高职高专人才培养工作水平评估优秀等级单位”“国家技能人才培育突出贡献奖”“全国电力行业高技能人才培训基地”“全国优秀教育机构”“全国‘三下乡’社会实践先进单位”“湖南省文明单位”“湖南省文明高校”“湖南省落实就业‘一把手’工程优秀高校”“湖南省普通高校招生工作先进单位”等荣誉称号。2016年获得湖南省普通高等学校就业创业工作“一把手”工程督查优秀单位。

学院人才培养质量高，无缝对接和适度超前的职业教育特色受到湖南省教育厅领导的高度肯定。近年来学院学子在国家级、省级各项竞赛中表现突出、成绩优异，展现了扎实的专业功底和专业技能。2015年，学院学子参加全国电力行业大型火电机组集控运行技术技能竞赛，获得了一等奖第一名；2016年，学院学子参加“挑战杯”全国职业学校创新创效创业大赛，荣获特等奖。

学院设立就业指导中心，负责全院学生的就业指导和毕业生就业推荐工作。全过程进行就业指导，多方位拓宽就业渠道，建立了广泛的毕业生就业网络。近几年来，学院毕业生就业率位居湖南省高校第一方阵(保持95%以上)，对口就业率和就业质量高(对口就业率达80%以上)，毕业生大多被推荐到国家电网公司、中国南方电网公司、中国核能电力股份有限公司、中国广核集团、中国大唐集团、中国华能集团、深圳能源集团公司、深圳供电局有限公司、湘潭钢铁集团、长沙黄花国际机场、各省(市)电力建设公司、华润湖南电力有限公司、凯迪生态环境科技股份有限公司、湖南永清环保集团公司等国家重点企事业单位就业。就业单位遍布全国21个省、市、自治区，毕业生就业前景广阔。

学院坚持走"以质量求生存、以特色铸品牌"的内涵发展之路，在新的征程上，正朝着行业一流和省内一流的目标奋勇前行！（长沙电力职业技术学院档案室）

(四十四)湖南水利水电职业技术学院

学院的办学历史大致分为三个时期：1980—1987年技校时期，为艰苦创业时期；1988年—2002年中专时期，为艰难发展时期；2003年至今高职时期，为快速发展时期。

1980年7月，经湖南省人民政府批准，开办省水利技工学校，设施工机械、机电两个专业，规模300人，属省水利厅二级机构。

1984年5月，湖南省水利水电厅(原水利厅)决定，学校更名为"湖南省水利水电技工学校"。

1988年4月，省劳动人事厅、省计委、市劳动局等单位组成的技校验收组到学校检查验收，同意其转办中专。同年5月，学校更名为"湖南省水利水电学校泉塘分部"。

1989年10月，湖南省水利水电学校泉塘分校设立，办学规模640人。

1998年7月，学校更名为"湖南省水利水电工程学校"，结束了"名不正言不顺"的历史。

从2003年开始，学校进入实质性申办和筹建高等职业技术学院时期。

2005年3月，湖南省人民政府正式批准建立湖南水利水电职业技术学院，学院由水利厅主办主管，教育业务由省教育厅管理，在校学生规模暂定为4000人。5月28日，学院举行隆重的揭牌庆典。

升格后的学院进入了全面建设和发展阶段。2008 年，学院在教育部的人才培养工作水平评估中获评“优秀”，并在 2013 年以全部指标合格的优异成绩通过教育部第二轮人才培养工作评估；2012 年 1 月，水利部确定学院为水利高等职业教育示范院校、全国水利定点培训机构；2013 年 7 月，湖南省教育厅确定我院为湖南省示范性(骨干)高职院校、湖南省教育信息化试点学校；2015 年通过全国水利示范高职院校验收，立项省示范性特色专业群、校企合作生产性实训基地；2016 年通过湖南省示范(骨干)高职学院验收，入选全国首批水利行业高技能人才培养基地；经过长期不懈努力，2017 年 5 月，省政府批准学院改扩建工程，这从一定程度上改善了学校办学基本条件，学院发展迎来新的机遇期。

30 年来，学院秉承“上善若水，求真致远”的院训精神，明确了建设“省内领先、行业示范、国际知名”示范高职院校的发展目标，注重优化专业布局、突出水利办学特色，不断强化优势专业建设，形成了以水利、水电为龙头，土木、机械、财经相协调的专业发展格局，坚持工学结合，提升质量，推动高等职业教育深度融入水利产业链，为水利事业跨越式发展提供了有力的人才支撑，办学成果得到了各级领导和社会各界的充分肯定，先后获得“全国水利高等职业教育示范院校”“湖南省示范性(骨干)高等职业院校”“教育部人才培养工作水平评估优秀学校”“湖南省文明单位”“湖南省教育信息化试点学校”“湖南省高职高专招生就业先进单位”“湖南省普通高等学校体育工作先进单位”“湖南省‘五四’红旗团委”“湖南省直单位学习型党组织建设先进集体”等多项荣誉。《中国教育报》《中国水利报》《湖南日报》《人民长江报》、湖南电视台、湖南教育电视台等主流新闻媒体对学院的教育教学改革多次进行过报道。(湖南水利水电职业技术学院档案室)

(四十五)湖南现代物流职业技术学院

2005 年 3 月，经省人民政府批准，湖南省物资学校与湖南省石油化工职工大学合并升格为湖南现代物流职业技术学院。学院前身——湖南省物资学校正式创建于 1965 年 7 月，当年招收学生 200 名，校址在省农业机械化学校校园内。由于受到“文化大革命”的冲击，学校于 1968 年停办。1978 年，学校恢复，校址在长沙县梅花乡，当年招收学生 100 名，1983 年，学校迁入现址——长沙市远大二路东郊泉塘。

湖南省石油化工职工大学创办于1979年，校址在长沙市砂子塘。2004年5月，两校合并筹建湖南现代物流职业技术学院，经过艰苦努力的建设，2005年3月，学院由筹备状态转为正式状态，成为全国第一所以现代物流为主导专业的高职学院，学院总部设在原湖南省物资学校，原湖南省石油化工职工大学校区成为学院成教处的办公地，从此，成人教育和社会培训在此积极地展开着。（湖南现代物流职业技术学院档案室）

（四十六）湖南高速铁路职业技术学院

湖南高速铁路职业技术学院是经湖南省人民政府批准、教育部备案，衡阳市人民政府与广铁集团（公司）共建的全日制公办普通高等学校。学校办学历史悠久，成就辉煌，被誉为铁路的“黄埔军校”。其中衡阳铁路工程学校于1951年由铁道部创办，首任校长是原铁道部部长、铁道兵司令郭维城将军。

校名变迁：1951—1953年衡阳铁路中级技术学校（中专），1953—1958年衡阳铁路工程学校（中专），1958—1962年衡阳铁道学院（本科），1962—2005年衡阳铁路工程学校（中专），2005—2011年湖南交通工程职业技术学院（高职），2011年至今湖南高速铁路职业技术学院（高职）。

为实现教育资源的优化配置，优势互补，充分发挥现有资源的效益，1969年10月衡阳铁路职工学校和2000年8月衡阳铁路运输技工学校分别并入衡阳铁路工程学校（保留衡阳铁路运输高级技工学校高级技工办学层次），隶属于铁道部。2004年9月学校移交衡阳市委、市政府管理，2005年4月学校升格为湖南交通工程职业技术学院，2006年4月衡阳市职工大学并入，2011年4月更名湖南高速铁路职业技术学院，是全国第一所以“高铁”命名、中南地区唯一以铁路工程建设为主体专业的高职院校。教学业务归口湖南省教育厅管理。

学院占地800亩，现有全日制学生12000余人，全年完成岗位培训6万多人天。拥有一支以高铁专家、两院院士沈志云为引领，专业技术精，服务能力强，行业知名度高的专兼结合的教师队伍。教职工在职人数600多人，其中副高以上职称130余人，博士、硕士160多人，“双师型”教师人数占

85%以上。

学院设有铁道工程系、铁道建筑系、铁道运输系、铁道电信系、铁道机电系和思想政治理论课与体育课教学部等5系1部26个专业。学院拥有中央财政支持的铁道工程技术专业、铁道通信信号专业，省级示范性特色专业群——铁道工程技术专业群，省级特色专业——铁道交通运营管理；拥有中央财政支持的建筑工程技术实习实训基地、铁道交通运营管理实习实训基地，省级实训基地——轨道交通综合实训基地、建筑工程技术生产性实习实训基地、铁道交通运营管理校企合作生产性实习实训基地。学院形成了覆盖高铁六大核心技术、“专精”结合、高铁特色鲜明的专业格局。学院面向全国27个省市招生，着力为铁路行业和区域经济发展培养“素质高、技能强、适应快”的技术技能型人才。近3年毕业生就业率平均达95%以上。

在66年的职业教育办学历史中，学院办学成绩斐然，为我国铁路和地方经济社会发展培养了数以万计的高素质应用型人才，如今，学院已经成为全国职业教育先进单位，全国职业技术学校职业指导工作先进学校，教育部人才培养工作水平评估优秀学校，湖南省示范性(骨干)高等职业院校，火车头奖杯获得单位，中国地方铁路协会培训基地，南方高铁人才培养与技术合作基地，香港地铁培训基地，铁道部危险货物运输技术培训基地，湖南省招生就业工作先进单位，湖南省职业教育与成人教育先进单位，湖南省园林式单位，湖南省百佳文明卫生单位，湖南省文明高校，湖南省文明单位，湖南省平安高校。2002年获ISO9000国际国内认证，2008年获高职版认证。

目前，学院正积极发挥行业背景深厚和地方政府鼎力支持的双重优势，借外力壮实力、联企业强内涵，齐心协力促改革，聚精会神谋发展，努力为铁路现代化建设和湖南省“四化两型”建设提供人才保障与智力支持，朝着“建全国一流、特色鲜明高职院、创高铁品牌、创师生满意、创文明标兵单位”的目标奋勇迈进。(湖南高速铁路职业技术学院档案室)

(四十七)湖南铁路科技职业技术学院

湖南铁路科技职业技术学院是经湖南省人民政府批准、教育部备案设立的公办全日制高等学校，由株洲市人民政府举办，湖南省教育厅业务管理。学院前身是株洲铁路机械学校，成立于1956年，由原铁道部批准设立，广州铁路局主管，1958 年更名为株洲铁道学院，举办本科教育，1962 年，国家大中专院校调整，恢复举办中专。2005 年 3 月，经湖南省人民政府批准、教育部备案，升格为全日制高职学院。

学院是湖南省卓越职业院校建设单位、湖南省示范性(骨干)高职学院、教育部人才培养水平评估优秀学校、国家首批教育信息化试点单位、国家首批数字校园实验校建设单位、湖南省首批教育信息化创新应用示范学校、湖南省大学生就业创业示范高校、湖南省首批大学生就业“一把手”工程优秀示范学校、湖南省首批大学生示范性创新创业孵化基地、南方铁路运输职业教育集团牵头学校和株洲市产教联盟发起学校，是株洲市人民政府与广州铁路集团公司共建学校。学院是湖南省文明单位、湖南省党建先进高校、湖南省创先争优示范单位、全国诗词进校园优秀学校。

学院牵头组建的南方铁路运输职业教育集团是经湖南省教育厅批准的跨地区、跨行业、跨层次的职教集团。集团成员有广州铁路集团总公司、上海铁路局、武汉铁路局、南方铁路局，长沙地铁、深圳地铁、广州地铁等全国 20 多家城市地铁公司，中国中车株洲电力机车公司、中铁轨道公司等国内知名轨道交通装备制造企业，科研院所，行业协会、大中专院校及铁路员工培训基地等，该集团是合作培养铁路和城市轨道交通专门人才的联盟机构，集团内实行教学师资、实训基地、教学资源等共建共享，是合作办学、合作育人、合作发展、合作就业的实体平台。

学院培养全日制三年制高职学生，目前在校学生 11000 余人，设有铁道机车车辆与机械学院、铁道运输管理与经济学院、铁道工程与信息学院、铁道供电与电气学院、继续教育与国际学院、创新创业学院和基础课部、思政课部、体育部，开设铁路和城市轨道交通类专业 16 个以及服务轨道交通的非铁路相关专业 6 个，是一所特色鲜明的铁路行业院校，每年 4 月通过单独考试面向湖南招生，6 月通过普通高考面向全国招生。

学院与广州铁路集团总公司合作建设的铁路综合实训(培训)基地线路总长近 3000 米，使用全真实铁路线上在用设备器材进行教学化改造，其中通信信号基地是广铁集团在公司外与学校共建的唯一基地，可以满足高速铁路、普速铁路和城市地铁各专业的学生实训、职工培训、考证等需要。学院与中国铁建、西南交通大学和肯尼亚铁路学校合作建设的肯尼亚铁道学院，与马来西亚吉隆坡大学合作建设的吉隆坡大学铁道学院是伴随“一带一路”

战略走出去培养东非和东南亚铁路人才的基地。

学院弘扬以“铁的纪律、团结协作、敢于负责、甘于奉献、奋勇争先”火车头精神为核心的学院文化，按照“重点走好两条钢轨，重视走出两条钢轨，加快走向国际市场”为战略发展，以“服务铁路和城市轨道交通业、服务长株潭经济社会发展、服务全体教师和学生”为办学宗旨，正朝着建设“行业排头兵、省内双一流、国家优质校、国际有影响”的优质高职学院快速前进。（湖南铁路科技职业技术学院档案室）

（四十八）湖南外国语职业学院

湖南外国语职业学院是湖南省人民政府批准、中华人民共和国教育部备案的一所全日制普通高等院校。前身为浏阳外国语进修学院，始创于1993年，2006年5月经湖南省人民政府批准、教育部备案正式升格为高等职业院校。学院是中南地区唯一独立设置的外国语职业学院，也是中南地区小语种最齐全的外国语职业学院。学院现为中国国际教育交流协会常务理事单位、中国西部教育顾问单位。

学院始建于1993年，2006年升格为普通高等职业学院。20多年来，特别是“十二五”以来，学院不断深化“民主、开放、多元、包容、创新”的办学理念，始终坚持专家治校、名师治学、内涵发展、创新引领，办学规模不断扩大，办学实力不断增强。学院现设有英语系、西语系、东语系、涉外经济管理系、护理系、中职教育部、公共课部7个教学系部以及开展非学历教育的继续教育部，形成了以三年制学历教育为主体、五年制学历教育为补充的办学体系。截至2016年底，学院有在校学生近9820人，教职员工560人，建有浏阳、长沙两个办学校区，其中，浏阳校区占地面积近9万平方米，建筑面积5万多平方米，固定资产和地产总值超过2.5亿元，属学院全额投资，土地、校舍、资产均具有独立产权。长沙校区为与湖南税务高等专科学校合作办学校区，协议可使用占地面积为22万平方米，建筑面积为9万平方米。两个校区教学、实训、运动、生活、服务配套设施齐全，符合教育部大专层次职业院校办学的基本标准。学院正在启动建设的新校区位于长沙市望城区丁字镇，建设用地683.33亩，其中商住地200亩，教育、科研用地总计483亩，总建筑面积30万平方米，预计投资10亿元。

"十二五"以来，学院坚持构建"市场化、职业化、国际化"特色办学体系，以努力建成我省小语种应用型人才培养基地、涉外商务人才培养基地、服务外包人才培训基地、国际教育合作交流中心为目标，加强内涵建设，提升办学质量，累积发展优势，现已成为目前中国高校中被世界职业教育院校联盟吸纳为会员的 5 所高校之一，是《长沙市"十二五"教育事业发展规划》中重点支持建设的高校、中国教育国际交流协会常务理事单位、中国西部教育顾问单位、长沙市骨干民办学校、教育部人才培养工作评估合格高校、湖南省党建工作评估合格高校、国家民政部"规范化办学评估""5A"级学校、湖南省毕业生就业工作评估"优秀"高校，同时也是"湖南省服务外包人才培训基地""湖南省职业技能鉴定先进单位""长沙市服务外包人才优秀培训基地"。

学院是中南地区唯一独立设置且小语种最齐全的外国语职业学院，设有 10 个应用外语类专业、7 个商贸服务类专业以及包括涉外护理、社区护理 2 个方向的护理专业，形成了应用外语、涉外商贸服务、涉外医疗护理三大特色专业板块，专业设置均紧密对接对外商贸行业、外资及中外合资企业、服务外包产业、涉外医疗产业，与市场需求的匹配性强。目前，应用外语专业已经成为具有较强市场吸引力和社会认可度的"拳头产品"，以湘雅医院知名教授、博士为学术和管理团队的涉外护理专业成为了广受市场欢迎的特色专业。

学院根据人才培养目标，将人才培养规格定位为"双素养、双技能、双证书"，即"人文素养 + 职业素养、外语技能 + 专业技能、学历证书 + 职业资格证书"。针对文科专业特征，学院构建了"能力本位、双证融通"的"模块化课程体系"，全力推行"外语 + 专业 + 技能"的创新培养模式，形成了日益鲜明的人才培养特色和稳定提升的学生培养质量，取得了较为丰富的人才培养成果，以 2016 年为例，学院日语专业学生代表队在 2016 年"J. TEST 杯"第五届全国高职高专日语技能竞赛中，获得团体赛一等奖和 2 个个人赛特等奖；英语专业学生在"2016 年湖南省职业技能竞赛高职英语口语（英语专业和非英语专业组）竞赛"中，荣获专业组一等奖，非英语专业一等奖；在 2016 年"外研社杯"全国英语阅读大赛（湖南赛区复赛）中，学院 3 名选手与来自全省各地 40 多所本科院校的 110 位选手竞赛同台竞技，荣获 2 个二等奖、1 个三等奖。

作为世界职教联盟的成员单位，学院与近30所国外高校和教育机构建立了紧密合作交流关系，推动了多个人才培养合作项目和外向型校企合作项目，引入了国外先进的教学理念、优质的教育资源、共享的师资力量、创新的教学模式；依托国外高校、教育机构和国境外企业，建立了学分互认、语言研修、带薪实习、学历提升等不同形式的“学生国际合作培养”通道，基本形成了“学校培养 + 企业培养 + 国外培养”的“三元结合”模式，有效搭建了人才培养和境外就业平台。学院在成为省内对外交流与合作最活跃高校的同时，也成为长沙市引进高端海归人才的重要窗口和长沙通向世界的重要桥梁之一。（湖南外国语职业学院档案室）

（四十九）湖南广播电视大学

湖南广播电视大学创办于1979年，是一所利用现代信息技术，以现代远程开放教育为主体、多种教育类型协调发展的省属高等学校。2003年，经湖南省人民政府批准，学校率先在全国电大系统利用校本部资源开展高等职业教育，挂牌成立湖南网络工程职业学院，实行“两块牌子、一套人马”的办学体制。

学校位于湖南省长沙市区，校园占地面积13.7万平方米，建筑面积10万多平方米，固定资产4亿多元，其中教学仪器设备5000多万元。学校下设在市州和行业、企业的分校有20所，县级电大教学站点有126个。省校和各市州分校、县级教学站点均建有校园网、多媒体网络教室、安装了电大在线教学平台、VBI卫星接收系统和双向视频系统，建成了天网（卫星电视网）地网（互联网和宽带专用网）人网（办学网络）合一、覆盖全省城乡的办学系统。全省电大系统共有专职教师4000余名，管理人员800余名，技术人员400余名，兼职教师2000余名。省校本部共有教职工416名，其中正、副教授160人，博士、硕士150人。

办学37年来，学校坚持以服务全民终身学习为己任，紧紧围绕湖南全民终身教育体系建设和学习型社会建设要求，大力开展学历补偿教育和非学历继续教育培训，累计在经、法、教、文、理、工、农、医、管等9大学科80个本、专科专业中进行招生，培养本、专科毕业生62万余人，开展非学历继续教育培训近1000万人次，现有各类学历教育在籍学生近16万人，在加快湖南经济建设和社会发展，促进教育公平，推进高等教育大众化等方面作出了一定的贡献。学校先后获得中央电大教学成果奖近百次，获得湖南省高等教育省级教学成果奖 18 项，湖南省哲学社会科学优秀成果奖 40 多项，是教育部开放教育评估优秀学校、教育部高职高专人才培养工作水平评估优秀学校，先后被评为湖南省文明高校、湖南省双文明单位、全省高校党建工作先进单位、湖南省党风廉政建设先进单位、湖南省就业工作先进单位等。

21 世纪以来，湖南省委、省政府提出“依托湖南广播电视大学及其办学网络，建设湖南终身教育公共服务体系”，“以广播电视大学为基础组建开放大学，建立远程教育网络体系，初步建成全省终身教育公共服务体系”，这为学校的转型发展带来了难得的契机。为此，学校采取了一系列强有力措施贯彻落实，重点打造“一行二库三台一体系”，即湖南终身教育学分银行，全省数字化学习资源库、全省学习者档案库，全省全民终身学习服务平台、全省干部教育在线学习平台、全省老年人在线学习平台，全省社区教育组织体系，为我省构建全民终身教育体系做了必要的准备。其中，全民终身学习服务平台（湖湘学习广场）被教育部评为“全国终身学习公共服务平台建设示范基地”，干部教育在线学习平台已成为省委干部教育培训的主要阵地之一，老年人学习在线已有近 4 万名老年学员注册学习。数字化学习资源库已整合各类优质教育资源近 200 T，学习者档案库已建档近 60 万个。学校还在全省成立社区学院 63 所、社区学校 625 所、社区学习中心 1538 个，协助省教育厅组织的全民终身学习活动周连续 5 年获得全国优秀组织奖。

目前，学校正按照湖南省委、省政府的统一部署，在省教育厅的直接领导下，有序地推进开放大学的云平台、人才队伍、学习资源、学分银行、办学条件等重点方面的建设，积极探索与湖南省情相适应的开放大学发展模式，力争建成全国一流的省级开放大学，努力成为能适应湖南经济社会发展和人的全面发展需要，更好地满足人民群众多样化、个性化学习需求的新型大学，在推进湖南终身教育体系、学习型社会建设中发挥引领与支撑作用。（湖南广播电视大学档案室）

（五十）湖南人文科技学院

1. 学校沿革

学校创建于1978年，始称涟源师范大专班；1981年更名为湖南师范学院涟源分院；1983年更名为娄底师范专科学校；1986年娄底地区进修学院（1980年创建）并入；1993年更名为娄底师范高等专科学校；2000年娄底师范学校（1978年创建）并入；2004年升格为湖南人文科技学院；2006年涟邵矿务局技工学校（1958年创建）并入；2007年娄底市农业科学研究所并入；2008年学校获学士学位授予权；2011年学校成为湖南省第一个农业推广专业硕士学位研究生培养试点单位。

2. 学科专业

学校设有15个学院，现有本科专业50个，硕士专业学位点1个。学院有省级重点建设学科3个、教育部特色专业2个、省级特色专业5个，教育部第一批本科专业综合改革试点专业1个，省“十二五”综合改革试点专业2个，省高等学校“2011协同创新中心”1个，省级教学团队2个、省级精品课程6门、省级优秀教研室4个、省级示范实验室及实践教学示范中心各1个、省级大学生创新训练中心2个，省级校企合作人才培养示范基地3个，省级优秀实习教学基地6个、稳定的实习教学基地110个，教育部大学生龙狮培训基地1个，省哲学社会科学研究基地1个、省中国特色社会主义理论体系研究中心基地1个、省高校重点实验室1个、省高校哲学社会科学重点研究基地1个、省高校科技创新团队1个、省应用基础研究基地1个、省高校产学研示范基地2个。

3. 办学特色

学校坚持特色兴校的办学理念，弘扬“人才至上，仁爱满园”的优良校风。根据人才培养规格需求，结合学校校名实际，重点围绕“人文科技融合，培养学用兼备的高素质人才”目标，在加强传统文化教育、开展素质拓展活动，组织人文科技大讲坛，培养学生动手创新能力，多措并举开展思想政治教育与德育等各个方面做了大量富有成效的工作，培养出了以“全国无私奉献优秀大学生”蒋小波、“全国自强之星”提名奖获得者罗尚军等为代表的一大批立志成才、品学兼优的青年楷模，在人文科技融合，培养学用兼备的高素质人才方面逐步培育办学特色。

4. 科研实力

学校设有18个研究所，自2004年升本以来，教师出版学术专著108部，主参编教材93部；在省部级以上刊物发表学术论文6325篇，其中CSSCI论文487篇，被新华文摘、光明日报和人大报刊复印资料全文转载的论文45篇，被SCI、EI、ISTP三大检索系统收录的论文401篇；已取得国家发明专利13项；获各级教学成果奖、科技进步奖、社会科学成果奖等103项，其中，获国家科技进步二等奖1项，省科技发明一等奖2项，省自然科学二等奖1项、省哲学社会科学优秀成果奖二等奖2项；承担各级各类研究项目791项，其中国家自然科学基金项目17项、国家社会科学基金项目8项、教育部人文社科研究项目11项。《湖南人文科技学院学报》为全国高校百强社科期刊，《曾国藩研究》专栏被评为全国高校社科期刊特色栏目。

5. 教学质量

学校面向全国招生，目前拥有在校全日制学生15650人（其中硕士研究生74人）。学校大力推进"教学质量工程"，注重学生创新能力的培养，大力开展大学生社会实践活动，全面推进校园文化建设，致力提升人才培养质量。近5年来，学生在学科竞赛和艺术展演活动中获得国家级奖项37项，省级奖项404项；在武术、龙狮、体育舞蹈、定向越野等体育比赛中获国家级奖项33项；学生参加数学建模竞赛获国家级一等奖3个、二等奖2个，美国数学建模竞赛获二等奖1个，电子设计赛获国家一等奖1个，英语演讲比赛获省一等奖5个，二等奖3个，三等奖5个；2011年，在全国第十二届"挑战杯"课外学术科技作品大赛中获二等奖1个、三等奖3个；2012年，在湖南省第五届"挑战杯"创业大赛中参赛的8个项目全部获奖，获2金2银4铜；2013年，在全国"挑战杯"大学生创业计划大赛中获国家三等奖1个，省级二等奖2个、三等奖5个；2014年，在全国"挑战杯"大学生创业计划大赛中获国家二等奖1个、三等奖2个、省级一等奖1个、二等奖3个、三等奖5个。2013、2014届本科毕业生初次就业率分别为82.54%、85.78%，在同类院校中处于较高水平。学校先后同美国、英国、泰国、韩国、新西兰、中国台湾等国家和地区的多所高校建立了教学、科研及人才培养等方面的友好合作关系，取得了良好的成效。

6. 管理成效

学校积极开展党建和思想政治工作，切实加强管理，狠抓内涵发展，先后荣获“娄底市十大品牌”“湖南省文明单位”“湖南省先进基层党组织”“湖南省党建评估先进单位”“全国全民健身先进单位”“湖南省园林式单位”“湖南省高校科研管理先进集体”“湖南省高校招生工作先进单位”“湖南省普通高校就业工作优秀单位”“湖南省普通高校毕业生就业工作‘一把手’工程优秀单位”“湖南省高等学校成人教育工作先进单位”“湖南省大学生助学管理工作先进单位”“湖南省学生资助工作先进单位”“湖南省大学生心理健康教育先进单位”“湖南省高校大学生心理健康教育研究先进单位”“湖南省思想政治教育先进单位”“湖南省学生军训工作先进单位”“湖南省平安单位”“全国大学生社会实践活动先进单位”“湖南省依法治校示范学校”。（谭伟贞）

四

河南省

(一)郑州大学

2000 年 7 月 10 日，为落实“科教兴豫”和人才强省战略，河南省委、省政府报请教育部批准，将郑州大学、郑州工业大学、河南医科大学合并，组建了新的郑州大学。2001 年 1 月学校召开干部任命大会，新组建的校部机关 20 个职能部门的 110 名处级干部正式上岗，这标志着新的郑州大学实质性融合迈出了关键一步。

郑州大学医科教育源于 1928 年的国立第五中山大学医科(1942 年国立河南大学的前身)。

1. 原河南医科大学(1928—2000 年)

1928 年的古都开封，在一批留学归国的博士倡导下，河南大学创设了医科，后改为医学院。这是河南省由政府创办的、高起点、高规格的第一所高等医学院校，开启了河南医学高等教育的先河。建院初期，医学院不分系，只分前期部和后期部。前期部按课程性质建立教学组织——学馆，分设解剖、生理、病理、药理、细菌学馆；后期部分设内科、外科、妇产科、眼科、耳鼻喉科、皮肤花柳科、小儿科、精神病科、理疗科 9 个教学科室。1928 年 9 月河南省立中山大学增设医科及附属产科，招生名额 40 人，实招 47 人，学制 7 年，首任主任陈雨亭。医学院同时附设护理、助产、医药职业学校。

1952 年 8 月河南大学医学院独立建院，改名“河南医学院”。归中央卫生部和中南卫生部领导，委托河南省卫生厅代管，经费仍由中南卫生部拨发，卢长山担任院长。

1958 年学院由开封迁址郑州。新址选定郑州金水河畔。

1984 年 7 月 20 日河南省政府发文，批准学校更名为河南医科大学，其学校性质、规模、培养目标、归属和领导体制均维持原状不变。

2. 原郑州大学(1956—2000 年)

原郑州大学创建于 1956 年，是中华人民共和国创办的第一所综合性大学，建校伊始便肩负起推进中原教育和社会发展的重任。经过数十年的建设发展，特别是 1996 年被列入国家“211 工程”重点建设高校之后，学校从小到大，成绩斐然。到 2000 年合校前，学校已成为了文理渗透、理工兼容，文、理、工、财经、政法等学科门类齐全的综合性大学。

1955 年初，高等教育部拟把在青岛的山东大学迁往河南郑州，改称“河南大学”，并在郑州设立筹建处。

1956 年 2 月，中央高等教育规划座谈会正式确定，将拟建的河南大学校名改为“郑州大学”，9 月开学，设数学、物理、化学三个系，招生 735 人，学制 4 年。教职工总人数 270 人，其中教师 53 人，教辅 42 人，教职工与学生人数之比为 1∶2.7。

1962 年 1 月，院校调整，郑州师院并入学校，设立郑州大学校务委员会，设立科学研究处(下设自然科学研究科、人文科学研究科)、会计室、校医院等。教务处增设教务科，教学设备科。人事处增设人事科、学生科、档案科。

1991 年 11 月，黄河大学并入郑州大学后，学校总规模为全日制在校生 10000 人(包括研究生、本科生、专科生)，其中工科学生为 5000 人。

1996 年 11 月，河南省政府组织专家对郑州大学“211 工程”进行部门预审，郑州大学顺利通过“211 工程”主管部门预审，被列入国家“211 工程”重点建设高校。

3. 原郑州工业大学(1963—2000 年)

原郑州工业大学的前身是 1963 年建立的郑州工学院，是原化学工业部直属重点院校。合校前的郑州工学院使已成为了以工为主，文、理、经多学科发展的高等工科学校。

1963 年 4 月化工部与河南省政府商定，将郑州大学机械工程系、电机工程系、土木工程系、水利工程系与原河南化工学院合并成立郑州工学院。8 月经教育部转报国务院批复“同意”之后，郑州大学筹备处设立。

1996 年 4 月，学校更名为郑州工业大学。1998 年 6 月国家石油和化学工业局正式通知：学校管理体制由原化工部管理转为省部共建，以河南省管理为主的体制。8月河南省召开部属学校共建调整工作动员暨欢迎大会，从此，学校结束了30多年隶属于原化学工业部的旧体制，进入了中央与省共建的新的管理体制。

4. 郑州大学

郑州大学是国家“211工程”重点建设高校、国家“中西部高校提升综合实力计划”入选高校、河南省人民政府与教育部共建高校。学校总占地面积5700余亩，校本部4个校区分别是：主校区（郑州市科学大道100号）、南校区（原郑州大学：郑州市大学北路75号）、北校区（原郑州工业大学：郑州市文化路97号）和东校区（原河南医科大学：郑州市大学北路40号）。学校面向全国招生，现有全日制普通本科生5.5万人、各类在校研究生1.9万人以及来自80余个国家和地区的留学生1800余人。

学校校本部设有47个院系，111个本科专业，设有哲学、经济学、法学、教育学、文学、历史学、理学、工学、农学、医学、管理学、艺术学12大学科门类；有凝聚态物理、材料加工工程、中国古代史、有机化学、化学工艺、病理学与病理生理学国家重点（培育）学科6个；化学、临床医学、材料科学、工程4个学科（领域）ESI排名进入全球前1%。学校有21个一级学科博士点、3个独立设置的二级学科博士点、54个一级学科硕士点；1个博士专业学位授权点、22个硕士专业学位授权点、24个博士后科研流动站；现有教职工5700余人，其中两院院士、学部委员10人，国外院士3人；“国家杰出青年科学基金”获得者7人、长江学者7人、国家“百千万人才工程”人选23人、国家“千人计划”人选6人，教授734人，具有博士学位教师1932人。中国工程院何季麟院士担任河南省资源与材料工业技术研究院院长，英国医学科学院尼克·莱蒙院士担任郑州大学医学科学院院长，南振中先生、张海先生、二月河先生等来学校执教。

学校有国家级特色专业14个、国家级实验教学示范中心5个、通过国际工程教育认证的专业8个、国家级本科专业综合改革试点项目6个、全国专业学位教育综合改革试点类别3个、国家级人才培养模式创新实验区2个、国家级工程实践教学中心7个、国家理科基础科学研究和教学人才培养基地1个、国家级虚拟仿真实验中心1个、国家级大学生校外实践教育基地2个、国家大学生文化素质教育基地1个、国家级精品课程14门、国家级双语教学示范课程2门、国家级精品视频公开课4门、国家级精品资源共享课14门、国家级教学团队 4 个、国家级教学名师 5 人；先后获国家级教学成果奖 9 项，国家规划教材 40 部。学校滋兰树蕙、桃李芬芳，87.77 万名校友成为民族复兴大业的建设者和各行各业的中坚骨干，形成独具特色的“郑大品牌”。

合校以来，郑州大学根据李克强同志“着力打造全国一流大学，努力建成中部地区的人才高地、科研基地和交流合作中心”的批示，坚持“实质合并、平稳过渡、改革创新、加快发展”的工作方针，秉承科学精神，不断推进深度融合，认真落实《郑州大学发展战略规划》《郑州大学学科建设与师资队伍建设规划》和《郑州大学校园建设规划》关于学校近、中、长期的主要建设任务和战略举措，奋力破解“在对外开放和社会主义市场经济条件下，如何办好社会主义新型大学；在经济相对落后地区和资源比较缺乏的条件下，如何创建全国一流大学；在三校合并、多校区运行且又缺乏现成经验的局面下，如何领导和管理好巨型大学”这些学校面临的全新难题，扎实履行高等学校人才培养、科学研究、社会服务和文化传承与创新的四大职能，取得了一个又一个令人瞩目的成绩。

在此期间，学校实现河南本土培养院士和河南外籍院士零的突破；在 2005 年国家第十批学位点申报评审中实现一级学科博士点零的突破并达到 8 个，博士点总量获大幅提升，并在国家“211 工程”地方综合大学中跃居第一；2006 年以优秀等级通过高等学校本科教学工作水平评估；2012 年学校入选国家“中西部高校提升综合实力工程”高校（国家“一省一校”工程），跨上了国家建设“有特色、高水平”大学的新平台；2015 年成为首批入选国家外国专家局和教育部共同实施“国际化示范学院推进计划”的地方高校，学校国际化办学进入了一个更高的发展阶段。

目前，郑州大学已顺利完成综合性大学的布局，多学科交叉、相融互补，各学科门类均衡发展，人才培养体系完备，科技创新深入扎实，国际交流与产学研合作广泛。随着 2015 年大学章程的颁布实施，学校开启了依法治校的新征程：确立了综合性研究型大学的发展定位；确立了“以‘一省一校’为主线，以协同创新为抓手，加快学校转型发展与内涵建设步伐，全面提高教育教学质量”的发展思路；确立了综合改革方案，正在为建设一流学科、创建一流大学而努力奋斗。（张予宏）

（二）河南大学

1912 年 9 月，河南大学的前身河南留学欧美预备学校在八朝古都开封的清代河南贡院旧址上诞生，首任校长为著名教育家林伯襄先生。

20 世纪 20 年代初，河南督军冯玉祥将军应教育界人士在河南创办大学的要求，决定从查抄军阀赵倜的财产中拨出专款作为大学的筹备基金。1923 年 3 月 3 日，中州大学举行开学典礼，在河南留学欧美预备学校基础上建立的中州大学设文、理两科，国内知名学者冯友兰先生、曹理卿先生分任文、理科主任。

1927 年 6 月，在冯玉祥将军的支持下，河南公立法政专门学校、河南省立农业专门学校并入中州大学，成立国立开封中山大学（国立第五中山大学），7 月改为河南中山大学。中山大学增加了法科、农科和医科。1929 年 8 月，中山大学将各科改为学院，分为文、理、法、农、医 5 个学院。

1930 年 8 月，学校更名为河南大学。9 月 13 日，河南省政府颁发河南大学印章及校长职章。从此，河南大学被正式命名。

抗日战争期间，河南大学先后辗转于河南信阳、南阳、洛阳，陕西西安、宝鸡等地 8 年，在极其艰难困苦的条件下坚持办学不辍。因办学成绩斐然，国民政府行政院 1942 年 3 月 10 日决议，擢升省立河南大学为国立大学。1946 年夏，设立工学院。稍后，将黄河水利工程专科学校并入河大工学院。到 1947 年底，河南大学共有 6 个学院，16 个学系。

1948 年 8 月，中共中央中原局以河南大学一批进步师生为基础在宝丰成立中原大学，著名历史学家、河南大学教授范文澜任校长。11 月，中共中央中原局将中原大学迁往开封河南大学校址办学。1949 年 8 月，中原大学迁往武汉办学，主要系科成为今天中南财经政法大学的前身和华中师范大学的主要基础。同年，河南省人民政府以中原大学医学院、教育系师训班 500 余人和河南行政学院 400 多人为基础，接回 1948 年 6 月被迫迁到苏州的河南大学 1200 余名师生，重组河南大学，省政府主席吴芝圃兼任校长，下设文教学院、农学院、医学院、行政学院 4 个学院。河南大学的历史翻开了新的一页。

1952 年至 1953 年全国院系调整时，河南大学农学院独立并发展为河南农业大学；河南大学医学院独立并发展成为河南医科大学；河南大学行政学院独立并发展为河南政法干部管理学院；河南大学水利系并入武汉大学；财经系并入中南财经学院；植物病虫害系并入华中农学院……1953 年 8 月 6 日，政务院文教委员会和教育部决定院系调整后的河南大学改称河南师范学院，把平原师范学院并入河南师范学院，称为河南师范学院二院，仍留新乡原校址办学。1955 年 8 月 16 日，中共河南省委、省人民政府对河南师范学院继续进行调整，将文科集中在校本部所在地开封办学，理科集中在二院所在地新乡办学。1956 年 11 月，河南师范学院校本部及二院分别独立为开封师范学院和新乡师范学院。开封师范学院设中文、历史、地理、外语 4 个系。1959 年，开封师范专科学校并入学校，新增物理、化学、数学、生物 4 系，后又增设政教系和体育系。1962 年 7 月，河南艺术学院并入，建立了艺术系；河南体育学院并入体育系；郑州大学地理系并入地理系。至此，学校有中文、历史、政教、地理、外语、数学、物理、化学、体育、艺术 10 个系。

1979 年 8 月，开封师范学院更名为河南师范大学，增设了教育系。1984 年 5 月恢复河南大学校名。学校也由师范院校逐渐发展成为河南省重点建设的综合性大学。

2000 年 7 月，学校与开封医学高等专科学校、开封师范高等专科学校合并，组建了新的河南大学。

2008 年 10 月 17 日，河南省人民政府和教育部签订省部共建河南大学协议，河南大学正式进入省部共建高校行列。

目前，河南大学是一所拥有文、史、哲、经、管、法、理、工、医、农、教育、艺术 13 个学科门类的综合性大学。学校设有 33 个学院(部)，94 个本科专业，42 个硕士学位授权一级学科，20 种硕士专业学位授权类别，12 个博士学位授权一级学科，15 个博士后科研流动站。学校现有教职工 4300 多人，其中专兼职院士 14 人，正副高级职称 1600 多人。全日制在校生有 5 万人，其中研究生近 1 万人，留学生 500 人。学校拥有棉花生物学国家重点实验室、纳米杂化材料应用技术国家地方联合工程研究中心和抗体药物开发技术国家地方联合工程实验室，特种功能材料、植物逆境生物学、黄河中下游数字地理技术实验室等教育部重点实验室 3 个，教育部工程技术研究中心 1 个，省级协同创新中心 4 个。学校建有教育部黄河文明与可持续发展研究中心、国家教育部体育艺术师资培训培养基地、国家体育总局社会科学研究基地及国家大学生文化素质教育基地等 4 个国家级教育、科研基地；办有出版社和多种学术刊物，图书馆藏书750万册(件)。校区总面积220万平方米，建筑面积147万平方米。学校有三个校区，分别是开封明伦校区、金明校区和郑州龙子湖校区，其中明伦校区近代建筑群是国家重点文物保护单位。

建校百余年来，河南大学严守“明德新民，止于至善”的校训，在一代代学人的精心铸造下，逐渐形成了“团结、勤奋、严谨、朴实”的优良校风和“百折不挠、自强不息”的河大精神，在推动社会发展、科技进步、经济建设和教育振兴的过程中实现着自身的价值。在以范文澜、冯友兰、董作宾、冯景兰、罗章龙、郭绍虞、罗廷光、萧一山、樊映川、毛礼锐、姜亮夫、嵇文甫、任访秋、党鸿辛等一大批专家学者、院士为代表的名师执教下，河南大学已培养了近50万名各类人才。在河大校友中，有院士、学部委员57人，省部级以上领导干部近150人。不少校友如侯镜如、袁宝华、王国权、赵毅敏、尹达、邓拓、白寿彝、杨廷宝、高济宇、姚雪垠、周而复、吴强、马可、赵九章、梁光烈等都成为蜚声中外的社会名家。

作为一所具有厚重历史的高校，河南大学正乘风扬帆，充满信心，朝着建设高水平大学的方向迈进。(齐彦波)

(三)河南理工大学

河南理工大学始创于1909年，是河南省建立最早的高等学校和全国第一所矿业专门学校，经历了焦作路矿学堂、福中矿务大学、私立焦作工学院、国立西北工学院、国立焦作工学院、中国矿业学院、焦作矿业学院等不同的办学阶段，辗转四省、迁址十次，历尽沧桑，备极艰辛，但始终坚持“兴学育人、强校报国”理念，为国家能源工业与地方经济社会发展培养了大批人才，作出了独特贡献。

1898年6月21日，英国福公司通过《豫丰公司与福公司议定河南开矿制铁以及转运各色矿产章程》，获得了“专办怀庆左右、黄河以北诸山各矿”60年的权利。同时，该协议第十三条规定：福公司于各矿开办之始，即于矿山就近开设矿务铁路学堂，由地方官绅选取青年颖悟学生二三十名，延请洋师教授，培养专门人才，以备路矿因材选用，此项经费由福公司筹备。1909年3月1日，开学典礼大焦作路矿学堂隆重举行，学校首批招生20人，设矿务学门，学制四年，培养采矿、冶金和铁路方面的人才。

1915 年 5 月 7 日，英国福公司与华商中原公司合组福中总公司，中原公司与福公司共同负担办学经费，学校更名为河南福中矿务学校。1915 年 6 月 1 日，学校在开封复校，招收预科生 60 名，学制三年。1919 年 2 月，根据教育部颁布的《专门学校令》，学校易名福中矿务专门学校。1920 年 4 月，学校迁回焦作，李鹤出任校长。李鹤毕业于美国密西根大学建筑工程系，上任伊始，即加强学校管理与建设，推行"整顿课程，删汰冗员，核减靡费，添聘教授，精神大振"的整顿举措。1921 年夏，学校设置采矿冶金科，易名福中矿务大学。1923 年 11 月，年仅 28 岁、刚从美国留学回来的张仲鲁出任校长。张仲鲁致力于革新进取，增筹经费，建筑校舍，充实课程，改预科为二年，本科为四年。后因中原公司没有给予学校应有的支持，张仲鲁愤然辞职，至 1931 年 4 月，张仲鲁复任校长，学校易名为"私立焦作工学院"，设置两科四系，即采矿冶金科的采矿系、冶金系；土木工程科的路工桥梁系、水利系；取消预科，附设高中，学制三年；建成主体三层两翼二层的科学馆，校舍面积进一步扩大，教学科研设备进一步充实。

1933 年 7 月，张清涟接任院长，在时任中福公司整理专员、学校董事长孙越崎的支持下，他以美国科罗拉多矿物大学、密苏里大学、哥伦比亚大学为蓝本，制定了办学规程，聘请留学欧美的名流来校任教，投资购买仪器设备，改善办学条件，办学质量得到广泛赞誉，被教育部巡视专员评价为"可与海内工程学府相撷颃""东方的科罗拉多""海内办理成绩较良的工校之一"。这一时期被誉为焦作工学院发展的黄金时代。

1937 年 10 月，抗日战争全面爆发。在学校董事长孙越崎的坚持下，学校整体西迁，先后在西安、天水等地坚持办学。1938 年 7 月，根据教育部命令，学校迁至陕西城固，与北平大学工学院、北洋工学院、东北大学工学院联合组成国立西北工学院。1946 年 8 月，抗战胜利，学校在河南洛阳关林暂行复校。1947 年 10 月，奉命迁至郑州，1948 年 9 月再迁至苏州。1949 年 4 月，学校被华东人民政府接管，改名为国立焦作工学院。1949 年 6 月，华北人民政府批准焦作工学院迁回焦作。同年 12 月，中央人民政府政务院决定将学校划归燃料工业部领导。

1950 年 3 月，华北煤矿专科学校并入焦作工学院。1950 年 9 月，焦作工学院改名为中国矿业学院。1951 年 2 月，学校主体迁往天津，原校址继续办学。1958 年 9 月，中共河南省委批准建立焦作矿业学院。1961 年 10 月，郑州煤炭工业学院并入焦作矿业学院。1995 年 4 月 5 日，焦作矿业学院恢复焦作工学院校名。2004 年 5 月，学校更名为河南理工大学。

进入 21 世纪后，学校抓住高等教育大发展的历史机遇，在河南高校率先征地建设新校区，办学规模持续扩大，办学层次、办学水平快速提升，先后取得博士学位授予点、本科教学水平评估优秀、获建教育部长江学者创新团队、国家重点实验室培育基地等一系列工作的突破，成为省重点建设的骨干高校、河南省与国家安全生产监督管理总局共建学校，并成功入选国家中西部高校基础能力建设工程。

在长期办学实践中，学校始终坚持服务煤炭工业的办学方向，在采矿、地质、测绘、机电、土木等学科形成了较为突出的学科优势和办学特色。学校首创煤矿瓦斯地质理论，提升了我国煤矿瓦斯防治与抽采水平，破解了煤矿瓦斯治理世界难题；建立陆相痕迹相模式，为石油和天然气勘探提供了新的方法；攻克煤矿十千伏直接下井供电技术难题，大大提高了井下设备工作效率；创立分段式永磁直线同步电梯设计理论和方法，并与焦作市合作成立了直驱电梯产业技术研究院，开展直驱电梯产业化研究；开发研制航空数字摄影测量仪，为加快国内航空数字摄影测量做出重大贡献；完成的“煤层瓦斯安全高效抽采关键技术体系及工程应用”研究成果，为攻克松软煤层安全高效抽采这一世界难题提供了基础理论、技术体系和工程示范。

目前，学校占地面积 4100 余亩，建筑面积 140 余万平方米，设有 22 个学院和后备军官学院、国际教育学院、继续教育学院、安全技术培训学院；有专任教师 2401 人，其中院士(含双聘)10 人，国家“百千万人才工程人”选 3 人，国家“千人计划”专家 1 人，国家级教学名师、全国模范教师、全国优秀教师和省骨干教师等 200 余人；有全日制在校生 36000 余人，其中研究生 3600 多人；与 30 多个国家和地区的 60 余所高校和科研机构建立友好合作关系，并从多个国家招收留学生。学校建有 5 个博士后科研流动站、4 个一级学科博士点、32 个二级学科(方向)博士点；18 个一级学科硕士点、119 个二级学科(方向)硕士点，75 个本科专业，有工商管理(MBA)、公共管理(MPA)专业硕士以及汉语国际教育专业硕士招生权，并在 17 个工程领域招收培养工程硕士；有 2 个省优势特色学科、21 个省一级重点学科；建成 10 个国家级特色专业、6 个教育部“卓越工程师教育培养计划”试点专业、6 门国家级精品课程等 55 个国家级本科教学工程项目，获得 69 项国家、省级教学成果奖；建有科技部、教育部、国家发改委、国家安监总局、国土资源部、国家测绘局、国家体育总局等国家级、省部级重点实验室、工程中心等科研平台49个，有国家、省部级教学科研团队38个，近五年获得国家科技进步二等奖3项、省部级以上科技奖励137项，年度科研总经费突破2.7亿元，服务经济社会发展能力显著增强。

当前，河南理工大学正高举中国特色社会主义伟大旗帜，传承兴学育人、强校报国的价值追求和“以德为先、育人为本”的办学理念，主动适应国家能源工业及地方经济社会发展的需求，积极以“双一流”建设为引领，全面深化综合改革，奋力推进内涵、质量、特色协调发展，续写无愧于历史、无愧于时代、无愧于未来的壮丽诗篇。（河南理工大学档案馆）

（四）河南工业大学

河南工业大学位于河南省省会郑州市，是河南省重点建设高校，河南省人民政府和国家粮食局共建高校。学校秉承“明德、求是、拓新、笃行”的校训，大力弘扬“崇尚科学、勇于探索、报国兴学、自强不息”的工大精神，坚持“育人为本、质量立校、特色发展”，在人才培养、科学研究、社会服务和文化传承创新等方面作出了重要贡献。

2004年5月13日，教育部批准郑州工程学院和郑州工业高等专科学校合并组建河南工业大学。

郑州工程学院的前身是1956年6月在北京成立的中央粮食干部学校。1959年4月21日，粮食部以中央粮食干部学校为基础，组建北京粮食专科学校。1960年8月，北京粮食专科学校迁到河南郑州，更名为郑州粮食学院，至20世纪80年代初期郑州粮食学院仍是我国唯一的粮食本科院校。学校先后隶属于粮食部、商业部和国内贸易部，1998年划归河南省管理。2000年更名为郑州工程学院。

郑州工业高等专科学校的前身为郑州机器制造学校，创建于1956年2月，先后更名为河南省机器制造专科学校、郑州机械专科学校和郑州工业高等专科学校，是27所全国示范性高工专重点建设学校之一。学校曾经隶属于第一机械工业部、机械电子工业部、机械工业部，1998年划归河南省管理。

经过半个多世纪的建设，河南工业大学已发展成为一所以工学为主，工学、理学、经济学、管理学、法学、文学、艺术学、农学和教育学等多学科协调发展的办学格局，具备学士、硕士、博士三级人才培养体系，入选国家首批"2011 协同创新计划"、教育部"中西部高校基础能力建设工程"和"卓越工程师教育培养计划"，建有"食品科学与工程"博士后科研流动站、小麦和玉米深加工国家工程实验室、粮食储运国家工程实验室和全国粮食行业(郑州)教育培训基地，已经成为全国粮食行业、磨料磨具行业和河南省重要的人才培养、科学研究基地。

学校办学特色鲜明，学科优势突出，拥有全国最完整的粮油食品学科群和实力雄厚的超硬材料学科群，是服务国家特殊需求粮食安全(产后)博士人才培养项目建设单位，荣获国家教学成果奖 2 项；现有 20 个教学单位、68 个本科专业、20 个硕士一级学位授权点；拥有 5 个国家级特色专业、3 个国家级卓越工程专业、3 个国家级综合改革试点专业，涵盖 18 个省级一级重点学科。学校具有同等学力申请硕士学位授予权和高校教师硕士学位授予权。

学校现有教职工 2175 人，副高级职称以上 912 人，专任教师 1587 人，博士 621 人。教师队伍中享受国务院政府特殊津贴专家 24 人，百千万人才国家级人选 1 人，全国优秀教师 7 人，河南省中原学者 2 人，省级特聘教授 10 人，省部级优秀教师、优秀专家、教学名师等 90 余人。现任教师中，有国际标准化组织食品技术委员会谷物与豆类分会主席、国际谷物科技协会研究院院士卞科教授，国际谷物科技协会主席王凤成教授，三届奥运会田径裁判王晏教授等知名学者。

学校全日制在校生 33000 余人，其中博士、硕士研究生 1300 余人，本科生 28000 余人，外国留学生近百人。学校面向全国招生，为国家输送了 15 万余名合格毕业生，整体就业率连年位居河南省高校前列。学校形成了"团结进取，务实高效"的校风、"博学奉献"的教风和"勤奋诚信"的学风，坚持文化育人，开设人文教育公选课，举办系列校园科技文化体育活动，促进了校园文化建设与学生全面发展。学校与美国、英国等 20 多所境外高校开展合作交流。作为国家援外培训承办单位，已培训来自 86 个发展中国家的粮食官员 500 余名。

学校占地面积 2826 亩，建筑总面积 89 万平方米，是河南省高校"数字化校园"示范单位，"智慧校园"和"网络学习空间"建设试点单位；有 1 个国家级实验教学示范中心，7 个省级实验教学示范中心，1 个省级虚拟实验教学中心。

学校拥有一支实力雄厚的科研队伍，先后承担国家自然科学基金、国家社会科学基金、“863”计划、国家科技攻关计划等国家级科研项目 307 项，承担省部级各类科技计划项目 961 项；获省部级以上科研奖励 106 项，其中获国家科技进步奖 7 项；主持、参加制定或修订国际标准、国家标准 174 项，其中主持并获得国家标准贡献奖一等奖 1 项，是全国粮食行业的最高奖励。学校拥有 29 个国家、省部级科技平台。

学校积极服务国家战略需求和地方经济建设，在粮食储运、仓厂建设、粮食经济与物流管理、超硬材料等方面取得了一批重大成果，有力地推动了行业科技进步，产生了显著的经济社会效益。

学校先后荣获“全国普通高等学校毕业生就业工作先进集体”“全国毕业生就业典型经验高校”“全国五四红旗团委”“全国模范教工之家”“河南省文明单位”“全省学校行风建设先进单位”等荣誉称号。（河南工业大学档案馆）

（五）河南农业大学

筚路蓝缕，栉风沐雨，河南农业大学走过了百余年的办学历程。

1902 年 7 月，河南大学堂创建，承载了“作育人才”“修明学术”的使命，成为河南近现代高等教育的开端。

1903 年，根据清廷《钦定学堂章程》，河南大学堂更名为河南高等学堂。河南高等学堂办学持续至 1912 年。

1912 年，民国肇造，百业待兴。中华民国教育部 1 月份颁布的《普通教育暂行办法》要求将学堂改称学校，监督改称校长。为此，河南高等学堂改名为河南高等学校，由时经训担任校长。同年 10 月，中华民国教育部又公布了《大学令》，规定“大学预科须附设于大学，不得独立”，致使河南高等学校面临被废弃的处境。时任校长时经训根据河南的农业历史与地位，提出了变通改办农业专门学校的建议，并以河南都督张镇芳的名义上报中华民国教育部，于 1912 年 11 月 15 日获得批准。河南高等农业教育由此发轫。

1927 年，冯玉祥任河南省主席，河南公立农业专门学校与河南中州大学、河南公立法政专门学校合并为国立中山大学，随后改名为河南中山大学，河南公立农业专门学校成为河南中山大学的农科。

1930 年 8 月，河南中山大学改名为省立河南大学，农科改为农学院。20 世纪 30 年代的农学院共有 50 多位教授，绝大多数为留学归来的博士。细胞遗传学家李先闻教授和水稻遗传育种学家赵连芳教授成为民国中央研究院的院士，后来成为台湾现代农业的奠基人。农学院院长、植物病理学家涂治教授 1955 年成为我国首批学部委员，他也是新疆农业大学的创办人。生物学家乐天宇教授是毛泽东主席的好友，在延安期间发现并建议开垦南泥湾，中华人民共和国成立后任北京农业大学（现中国农业大学）第一任校务委员会主任（校长）兼党委书记。

"七七"事变后，华北沦陷，学校开始了漫长的 8 年流亡办学，先后搬迁到镇平县安国城、嵩县潭头镇、淅川县荆紫关和陕西省宝鸡市。抗日战争胜利后，学校陆续迁回开封。

1944 年中华民国教育部综合评估中，河南大学被评为全国国立大学第 6 名，农学院更是名列第 4。

1946 年秋季开学后全部学生搬迁到了干河沿新院址。教学和科研活动逐渐恢复，并将原来的农艺、园艺和森林 3 个系扩充为农艺、园艺、森林、植物病虫害、畜牧兽医和农业化学 6 个系。

1948 年开封即将解放，部分教师前往豫西解放区参加了革命，大部分教师和学生南迁到往江苏省苏州市的狮子林办学。

1949 年 4 月，河南省全境解放，省委、省政府决定重建河南大学，学校又从苏州搬回到开封。

河南大学农学院时期持续了 22 年，共培养了 622 名本科毕业生，他们多数成为新中国各条农业战线的骨干。

1952 年，中华人民共和国教育部进行全国院系调整。学校重新独立，并更名为河南农学院。独立建院初期，学校服从国家需要，支持新中国农业高等教育，将植物病虫害系划归华中农学院；畜牧兽医系划归江西农学院。

1956 年经国务院批准，学校随省政府从开封搬迁到郑州现在的校园办学。这一时期中国玉米育种奠基人之一吴绍骙教授从三个方面作出突出贡献：一是在国际上第一个用田间实验的方法证明了杂种优势理论；二是在我国第一个把杂交育种优势理论运用到玉米育种领域；三是在国际上首创了作物异地培育理论，使作物育种时间缩短了一半，直到现在全国的育种单位仍在利用这个理论，其效益之大已无法用数字估量。

1960年，河南农学院被评为全国文教战线先进单位。

1962年，作物遗传育种学科被教育部批准招收研究生，这是新中国首批研究生教育，也是河南省首次实现研究生招生。

1966年“文化大革命”开始，学校停止招生长达6年。

1971年，学校迁到许昌办学。在许昌艰难的办学条件下，学校积极倡导和主持小麦、玉米的高产、稳产、低成本研究，其成果的推广应用为解决河南人民的温饱问题作出了历史性贡献，获得1978年国家科学大会奖和河南省重大科技成果奖。

1984年，经河南省人民政府批准，学校正式更名为河南农业大学。

2002年和2008年先后接受教育部教学评估，两次获得评估优秀学校。学校作物学科是河南省唯一，也是全国省属农业高校中唯一的国家一级重点学科，产出了河南省高校第一个全国优秀博士论文提名奖。学校依托雄厚的学科实力和良好的科研平台，连续主持国家粮丰工程，创造了多个国内和国际粮食最高产纪录，为河南小麦、夏玉米总产量连续9年创历史新高，相继突破800亿斤、900亿斤和1000亿斤大关，为全国粮食实现恢复性增长起到了重要作用。

2008年，学校提出了建设全国一流农业大学的奋斗目标。当年省委1号文件即明确提出，支持河南农业大学向全国一流迈进。

2009年，学校成为全国第一所农业部和国家林业局与地方省政府合作共建高校。

2002—2010年，学校就获得国家科技进步奖、国家技术发明奖等省部级以上奖励107项，在河南省高校和全国农业类高校中名列前茅。

2011年，由学校牵头组建的河南粮食作物协同创新中心成为国家“2011计划”首批14家中心之一，成为河南高等教育发展史上重要的里程碑。

今天的河南农业大学已经发展成为一所优势特色鲜明的涵盖农、医、理、工、文、经、管、法、教、艺10大学科门类的综合性大学。在郑州文化路、龙子湖和许昌新区有三个校区，占地面积5000亩。学校下设20个学院，拥有5个一级学科博士学位授权学科，25个博士点，85个硕士点，73个本科专业。在职教职员工2100多人，全日制在校生32000余人。学校建有5个国家级、53个省部级研究中心、重点实验室、研究基地。

河南农业大学的地位源自党和国家对农业的高度重视，源自“三农”发展的切实需要，源自河南全国第一农业大省的特殊地位，源自一代代农大人不负厚望、厚生丰民、引领现代农业发展所取得的一系列辉煌成就。（孙庆娟）

（六）河南师范大学

河南师范大学是一所历史悠久的省属重点大学。其前身是始建于1923年的中州大学和创建于1951年的平原师范学院。在多次的社会变迁中，学校历经了河南省立中山大学理科、省立河南大学理学院、国立河南大学理学院等时期。

1949年8月，平原省建立。应建设之急需，1950年10月，平原省人民政府决定建立一所大学，校名暂定为“平原大学”。1951年3月，经教育部批准，学校定名为“平原师范学院”。1951年11月23日，平原师范学院举行了盛大的开学典礼。学校设有4个系，7个专业，在校学生485名，教职员工181名，教师83名，其中教授10余名。

1953年8月，平原师范学院与设在开封的河南大学合并成立河南师范学院，设一院、二院两个分院。一院在开封办学，由原河南大学的文科与平原师范学院的文科合并而成；二院在新乡办学，由原河南大学的理科与平原师范学院的理科合并而成。调整后，二院设有数学、物理、化学、生物4个系，成了单纯的理科师范学院，一直持续多年。其后，1955年根据国务院高等院校院系调整精神，二院更名为河南第二师范学院，1956年学校再更名为新乡师范学院。

1956—1965年间，学校得到较大发展，共招收学生6708人，毕业学生6007人，为新中国培养了大量合格人才。1975年始，学校恢复文科专业，进入文理共同建设和发展时期，但专业设置仍以理科为主。1985年6月，学校更名为河南师范大学，从此进入了一个全新的快速发展时期，2007年，被教育部确定为本科教学工作水平评估优秀学校，2012年，入选国家中西部高等教育振兴计划支持高校，2015年，成为河南省第三所省政府与教育部共建高校。

建校以来，学校以振兴中国教育事业为己任，坚持以人才培养为中心，艰苦创业，开拓创新，逐步发展成为一所涵盖经济学、法学、教育学、文学、理学、工学、农学、历史学、管理学、艺术学 10 大学科门类的综合性师范大学。目前，学校各类在校学生 48000 余人，教职工 2500 余人，其中双聘院士、国家千人计划、万人计划、“长江学者”讲座教授、国家中青年科技创新领军人才、国家有突出贡献中青年专家、享受国务院特殊津贴专家、教育部新世纪优秀人才、国家外专局高端外国专家、中原学者、省特聘教授等人才近百人；学校占地面积 106.41 万平方米，建筑面积 82 万平方米，教学科研仪器设备总值 5.05 亿元，学校藏书 253.44 万册。学校设有 24 个学院，80 个本科专业，2 个博士学位授权一级学科，16 个博士学位授权二级学科，4 个博士后科研流动站，25 个硕士学位授权一级学科，9 个硕士专业学位授权类别。“化学一级学科”和“前沿物理与清洁能源材料特色学科群”分别入选河南省首期优势学科 A 类学科和特色学科 A 类学科。2017 年学校化学、工程学 2 个学科进入 ESI 全球前 1% 排名，学校进入 ESI 中国大学综合排名百强榜(河南省仅 2 所高校入围)。2017 年全球自然指数排名中，学校位居全国高校第 51 位，亚太地区高校第 110 位。

河南师范大学以校风淳、教风正、学风浓、教学水平高享誉省内外。近年来，学校不断深化教学改革，教育教学质量不断提高。主持获得国家教学成果二等奖 4 项，国家教学质量工程项目 47 项，包括国家精品开放课程、国家双语教学示范课程 15 门，国家规划教材 12 部，国家特色专业和专业综合改革试点专业 8 个，国家实验教学示范中心 4 个，国家教学名师 2 人，国家级教学团队 2 个等。1 篇博士论文获得全国百篇优秀博士学位论文，实现了河南省和我校该项荣誉的突破。学生在国际、国内竞赛中屡获佳绩，先后获得中国音乐金钟奖、中国校园戏剧奖、中国舞蹈荷花奖、中国青少年科技创新奖、教育部“东芝杯·中国师范大学理科师范生教学技能创新大赛”创新奖等专业类最高奖以及省部级师范生技能大赛、文化艺术奖励 300 余项。根据近几年的中国大学评价，学校教师水平，教师绩效和办学性价比均位居河南省高校前列，综合排名始终保持在河南省前三名。

河南师范大学始终重视科学研究和技术开发，注重政产学研用相结合。近年来，学校主持承担包括国家“863”“973”、国家科技支撑计划、国家自然科学基金重大、重点项目，国家社会科学基金重点项目、国家星火计划、河南省重大科技专项等在内的国家级、省部级科研项目 1300 余项；主持获得国家科技进步二等奖、国家自然科学二等奖 2 项；主编（著）学术著作、教材 260 余部；以第一作者单位在 SCI、SSCI、A&HCI、EI 源期刊发表学术论文近 2100 篇，在 CSSCI、中文核心期刊发表论文近 4500 篇；授权专利 520 项，其中授权国家发明专利近 150 项；学校建有省部级以上科研平台 33 个，其中省部共建国家重点实验室培育基地、国家地方联合工程实验室、教育部重点实验室等 4 个；牵头建设河南省产业技术创新战略联盟 2 个，建有全球唯一的帕瓦罗蒂音乐艺术中心，拥有河南省规模最大、种类最多的生物标本馆。

河南师范大学积极开展对外交流，先后与美国、俄罗斯、英国、德国、法国、瑞典、日本、韩国、巴西、泰国等国 40 多所院校建立了校际联系和友好协作关系。2015 年，学校作为创始成员单位之一推动的“中俄文化高校联盟”获得两国政府批准，这标志着学校教育国际化战略迈上新台阶。2017 年，与法国佩皮尼昂大学共建“中法教学基地”，合作举办的“法语”本科教育项目获教育部批准。学校聘请诺贝尔奖获得者柏诺兹教授、葡萄牙科学院院士瓦任达斯教授、国际科学计量学主席卢梭教授、日本创价学会创始人池田大作先生、意大利著名男中音歌唱家保罗·科尼先生、意大利著名艺术指导马可·贝雷依先生、法国佩皮尼昂大学前任校长弗朗索瓦·佛菲教授、美国生物化学家陈亨教授以及中国科学院陈宜瑜院士等 300 多位国内外知名学者为特聘教授或名誉教授，还常年聘有美国、英国、日本、意大利、法国、韩国等国的外籍专家来校任教。

忆往昔，九十余年沧桑砺洗，蕴积涵育，一代代师大人团结勤奋、求实创新、严谨治学、甘于奉献，办学效益显著，为社会培养各类毕业生 20 余万人，他们以良好的政治素质、扎实的专业技能、严谨的工作作风和骄人的工作业绩博得了社会各界的赞誉，为国家的现代化建设作出了贡献，也为母校赢得了荣誉。望未来，学校将进一步发挥优势，彰显特色，整合优化办学资源，深化综合改革，不断提高办学水平和质量，努力把学校建设成为国内知名、区域引领、特色鲜明的高水平大学！（河南师范大学档案馆）

（七）河南财经政法大学

河南财经政法大学位于河南省郑州市，是河南省重点支持建设的骨干高校之一，河南省博士学位授予权立项建设单位。

学校由原河南财经学院和原河南省政法管理干部学院于 2010 年 3 月合并组建而成。

原河南财经学院是 1983 年 4 月在郑州师范专科学校基础上成立的。郑州师范专科学校的前身是 1949 年 9 月由郑州市立初级师范学校和郑州市立临时师范学校合并成立的河南省立郑州师范学校，1953 年 3 月定名为河南省郑州师范学校。1978 年 12 月升格为郑州师范专科学校。1982 年郑州师专撤销，参与组建河南财经学院。1983 年河南财经学院正式招生，1993 年获批硕士培养单位。

原河南省政法管理干部学院的前身可追溯到中共中央中原局于 1948 年 7 月在河南宝丰创办的豫西行政干部学校。1949 年 4 月学校迁往开封，同年 6 月改称河南行政学院；遂并入河南大学，成为河南大学行政学院；1952 年 2 月从河南大学分出，改建为河南省人民政府干部学校；1955 年 8 月从开封迁至郑州，同时更名为河南省人民委员会干部学校；1956 年 8 月更名为河南省政法干部学校。1984 年 10 月学校与河南省政法干部学院（原中央第二政法干部学校）合并，保留河南省政法干部学院名称；1985 年 6 月定名为河南省政法管理干部学院。

学校现有三个校区，占地面积 2129.15 亩，总建筑面积 110.66 万平方米。全日制在校生 28000 余人。学校建有各类教学实验室，教学、科研、体育等基础设施齐全，图书馆纸质藏书 262.56 万册，电子图书 568.17 万册。

学校以经济学、管理学、法学为主干，涵盖文学、理学、工学、艺术学、哲学等学科门类。现有河南省重点建设一级学科 8 个、二级学科 2 个，“经济管理与现代服务业学科群”入选河南省优势特色学科建设工程。学校现有应用经济学、理论经济学、工商管理、管理科学与工程、农林经济管理、法学、哲学、地理学 8 个硕士学位授权一级学科，55 个学术型硕士学位授权二级学科，10 个硕士专业学位授权类别；现有 65 个本科专业，其中金融学、会计学、工商管理、国际经济与贸易为国家级特色专业，财政学为国家级专业综合改革试点。学校建设有 6 个省级实验教学示范中心，是省级卓越法律人才培养基地和省级卓越工程师培养基地。

学校现有教职工 2000 余人，其中专任教师 1500 余人，副高级以上职称近 700 人，具有博士学位者 500 余人；拥有一批国家有突出贡献专家、国际欧亚科学院院士、享受国务院政府特殊津贴专家、国家“百千万人才工程”第一层次、省管优秀专家、省级学术技术带头人、省级创新人才、全国模范教师和省级教学名师。

学校注重复合型、创新型、应用型人才的培养。2008年在教育部本科教学工作水平评估中荣获优秀等级。近年来，学生在全国性学科竞赛、创新技能竞赛中获国家级奖励270项。学校推行本科生导师制，指导本科生撰写出版《退休行为与退休政策》等8部专著，主要数据和核心观点被全国知名媒体报道，对国家相关政策演变产生积极影响。多年来，学校毕业生当年就业率始终保持在90%以上，被评为“河南省最具就业竞争力示范院校”“河南高等教育就业质量最佳示范院校”，是河南省确立的“河南省毕业生就业市场财经政法类分市场”和“河南省大学生创业示范基地”。

学校现有河南省经济与社会发展研究院省级智库1个，城乡协调发展和现代服务业省级协同创新中心2个，河南经济研究中心等省级人文社科重点研究基地10个。近5年来，学校承担完成省部级以上科研项目700余项，发表高层次学术论文1500余篇，获得省部级以上科研成果奖60多项，出版学术著作410余部。以杨承训、李小建为代表的专家学者向中央及省委、省政府建言献策，受到领导重视和批示。学校教师主持或参与多项国家和地方法律法规的起草、修订工作，担任地方国家机关法律咨询专家，每年为社会办理百余起法律援助案件，与相关部门联合开展研究项目，积极服务行业发展。

学校先后与美国、英国、俄罗斯、澳大利亚、新西兰、爱尔兰、印度等国的大学及文化教育机构建立了友好关系，开展多模式、宽领域的国际合作交流。积极引入优质境外教育资源，逐步建立与国际接轨的专业教学课程体系，共同培养具有世界眼光的高层次人才。近年来，学校实施骨干教师海外培训计划，提升教师国际化水平，以15个中外合作办学项目为平台，加大访问学者的派出力度，先后派出百余人次。

学校先后获得“河南省思想政治工作先进单位”“河南省普通高校先进党委”“全国五四红旗团委”“河南省‘平安校园’”“河南省文明单位”“国家级节约型公共机构示范单位”等荣誉；先后被评为“河南公众满意的十佳本科院校”“河南考生心目中最理想的高校”“河南省高等教育质量社会满意院校”“河南最具品牌影响力的典范高校”“河南十大领军高校”。

目前，全校师生秉承“博洽通达、弘毅致远”的校训，弘扬“团结、勤奋、求实、创新”的校风．实施“人才强校、质量立校、学术兴校、特色名校、制度治校、文化厚校”发展战略，为建成国内有地位国际有影响特色鲜明的高水平大学而努力奋斗！（徐朝钦）

（八）华北水利水电大学

华北水利水电大学占地面积2336亩，学校建有花园校区（河南省郑州市北环路36号）和龙子湖校区（河南省郑州市金水东路136号）两个校区，是水利部与河南省共建、以河南省管理为主的高校，是河南省重点支持建设的骨干高校，是“金砖国家网络大学”中方高校牵头单位。经过66年的建设与发展，学校已发展成为以水利电力为特色，工科为主干，理、工、管、农、经、文、法、艺等多学科协调发展的大学。

1. 因水而生、奋发有为——北京时期（1951—1969）

中华人民共和国成立伊始，水电建设亟待振兴。在水利部首任部长傅作义先生的主持下，北京水利学校于1951年创建了，这是华北水利水电大学的前身，从此学校与共和国的水利水电建设事业结下了不解之缘。1958年10月，北京水力发电学校、北京水力发电函授学院并入北京水利学校，合并成立北京水利水电学院，成为新中国培养水电建设人才的重要阵地。北京水利水电学院继承了三校的优良校风和严谨的办学传统，培养了大批优秀的水电技术人员，为新中国的水电建设事业作出了重要贡献。

2. 艰苦磨砺、矢志不移——岳城时期（1969—1976）

1969年10月北京水利水电学院迁至河北省磁县岳城水库办学。1970年3月20日划归河北省管理，1971年1月1日更名为河北水利水电学院。岳城时期是学校发展史上最为艰苦的时期。棚屋荒野，布衣蔬食，办学条件极为简陋。但学校为了国家水利水电事业的发展，仍然坚持扎根工程一线招生办学，广大教师不畏艰辛，坚守岗位，行化雨之春风，健自强之远志，带领学生下工地、勤实习，入农村、做调查，搞科研、常攻关，培养了一批高素质的人才。

3. 恢复调整 发愤图强——邯郸时期（1977—1989）

1977年学校从岳城迁到邯郸，办学条件得到较大改善。1978年更名为华北水利水电学院。饱经磨砺之后，全校师生员工仍以培养水利建设人才为己任，同心协力，励精图治，锐意改革。学校教学、科研工作阔步发展，取得了一批重大成果。思想政治工作卓有起色，文体活动蓬勃开展，实验设备和图书资料逐步完善，学校各项工作取得了可喜成绩。1990 年以后，学校迁到郑州市办学，邯郸分部作为学校一部分继续招生。

4. 兴校强校、今日辉煌——郑州时期(1990 年至今)

自 1990 年学校迁至郑办学以来，在水利电力部领导的关爱下，通过学校领导和广大师生员工的共同努力，学校平稳地度过了边建校、边搬迁、边办学的建设过程，办学环境改善，学科建设发展迅速，科研成果斐然，走上了改革发展的快车道，在教学科研、行政管理、社会服务、思想政治工作、后勤社会化等方面都取得了长足的发展。办学规模和办学空间实现了新的跨越，这为学校腾飞奠定了坚实的基础。2013 年 5 月，学校更名为华北水利水电大学。

学校缘水而生、因水而存、借水而兴，伴随着新中国水利水电建设事业而发展壮大。学校经历了多年边建校、边搬迁、边办学的艰苦卓绝历程，从北京到河北，最后到河南，筚路蓝缕、矢志不移，主动服务区域经济社会发展和国家水利电力事业，形成了“育人为本、学以致用”的办学理念和“情系水利、自强不息”的办学精神。学校设有水利学院、电力学院等 20 个教学单位，黄河科学研究院、水文化研究中心等 31 个研究机构。学校是国家首批硕士学位授予权单位，是博士学位授予权单位，是教育部第二批“卓越工程师教育培养计划”高校。学校现有 64 个全日制本科专业，包括 9 个国家级、省级卓越计划建设专业，15 个国家级、省级综合改革试点专业，17 个国家级、省级特色专业建设点；拥有 13 个省级一级重点学科，3 个博士学位授权一级学科，19 个博士学位授权二级学科，13 个硕士学位授权一级学科，58 个硕士学位授权二级学科，7 个专业硕士学位类别，15 个硕士专业学位授权点。2012 年，学校入选中西部高校基础能力建设工程高校。

建校以来，学校为国家培养了近 20 万名高级专业技术人才和管理人才，包括国家部委部长、武警水电部队将军和省部级领导近 20 名，全国道德模范获得者吴新芬，第五届全国道德模范提名奖、全国优秀大学生、全国优秀共青团员等十余项荣誉称号的孟瑞鹏，“雨果奖”获得者刘慈欣，组建“中国蓝天救援队”的安少华等各领域杰出校友，彰显了学校“下得去，吃得苦，留得住，用得上，干得好”的人才培养特色。

学校先后被授予“全国水利科技先进集体”“全国高等院校本科教学工作水平评估优秀单位”“全国教育系统先进集体”“全国高校毕业生就业工作先进集体”“全国教育系统纪检监察先进单位”等荣誉称号。连续三届被评为“省级文明单位”，并被评为“省级文明标兵单位”。2016年获批水利部“国家水情教育基地”。学校以国家“双一流”建设和河南省高校分类发展为契机，立足河南，面向全国，持续巩固提升本科教育基础地位，积极发展研究生教育，大力拓展国际合作办学，为区域经济社会发展和国家水利电力事业提供有力的人才资源和智力支撑。（华北水利水电大学档案馆）

（九）郑州轻工业学院

郑州轻工业学院位于河南省会郑州市，是河南省重点建设高校。1977年6月，经国务院批准，教育部同意建立郑州轻工业学院，实行以河南省为主、河南省和轻工业部双重领导的管理体制。1977年10月，河南省革委会确定将原来由郑州轻工业机电学校改建的郑州电机电器厂和在原校址上建立的河南省轻工业机电学校划归郑州轻工业学院。1978年6月，学校管理体制变为以轻工业部为主、轻工业部和河南省双重领导。1979年9月，学校开始面向中南五省区招收120名本科生，轻工机械制造工艺及设备和轻工电气自动化2个专业各60名。1983年3月，经教育部批准，学校正式获得学士学位授予权。

1998年6月，学校获准成为硕士授予单位，电机与电器学科成为学校第一个硕士学位授权点。1998年8月，高校管理体制改革，学校转为中央和河南省共建，以河南省管理为主的管理体制。

2008年10月，学校在郑州国家高新技术产业开发区建设的科学校区正式启用。2009年11月，学校被列入省级博士单位立项建设规划，并将参照国家博士单位立项建设有关规定进行管理。2011年11月，河南省人民政府与国家烟草专卖局签署协议，河南省人民政府、国家烟草专卖局共建郑州轻工业学院，学校走上省部共建的发展道路。

2016年1月，学校与禹州市人民政府签订合作框架协议书，学校在原陶瓷职业学院校舍基础上，建设郑州轻工业学院禹州校区。

目前，郑州轻工业学院是一所以工为主，工、理、文、艺、经、管、法、教、农等多学科协调发展的普通本科院校。学校一直面向全国招生，现有东风校区、科学校区和禹州校区 3 个校区，在校生共计 20000 余人。学校办学特色鲜明，学科优势突出，近年来，以教学质量工程建设为契机，大力推进教育教学改革，不断调整优化学科专业结构，教育质量稳步提高。学校现有 65 个本科专业，其中 4 个国家级特色专业建设点，1 个国家级专业综合改革试点项目，6 个教育部“卓越工程师教育培养计划”试点专业。学校是河南省博士授予权立项建设高校，拥有 10 个一级学科硕士授权点，8 个二级学科硕士授权点，18 个专业硕士学位授权点。

学校持续推进“招生—培养—就业”联动改革，人才培养质量稳步提升。建校以来，学校已为国家输送 10 余万名合格毕业生，毕业生整体就业率始终保持在 95% 以上，学校被评为“全国毕业生就业典型经验高校”“河南省普通高校毕业生就业工作优秀单位”和“河南最具就业竞争力示范院校”。全国烟草行业、家电行业、电池行业、食品行业、工业设计行业的大批中高层管理人员和技术骨干均为学校毕业生。学校还获得“全国贯彻《学校体育工作条例》优秀高等学校”“全国高校军训先进单位”“河南公众最满意的十佳本科院校”“河南最具影响力的十大教育品牌”“河南考生心目中最理想的高校”“河南高校综合实力 20 强”等荣誉称号。

学校始终坚持办学以人才为本、以教师为主体，大力推进人才强校战略，汇聚和造就了一批高水平学科带头人和学术骨干。学校现有教职工 1800 余人，其中拥有博士学位教师 600 余人。拥有双聘院士、河南省“百人计划”人选、省级特聘教授、享受政府津贴专家、省管优秀专家、省级中青年骨干教师、省厅级以上学术技术带头人等 200 余人，形成了以院士及河南省特聘教授为核心，以学术造诣深厚的教授、博士为中坚，以中青年教师为支撑的专业技术职务、学历层次和年龄结构比较合理，专兼结合，具有较高教学科研水平的师资队伍。学校有 14 个学科副教授任职资格评审权。

学校设有河南省环境污染治理与生态修复协同创新中心等近 40 个科研机构，加入了河南省国家大学科技园。学校拥有 1 个教育部科技创新团队、13 个河南省科技创新团队、12 个厅（市）级科技创新团队。

学校设施先进，环境优美，教学科研仪器设备总值近 6 亿元，拥有 600 MHz 超导核磁共振波谱仪、X 射线光电子能谱仪、X 射线衍射仪、气相色谱四级杆飞行时间质谱仪、稳态瞬态荧光光谱仪、透射电子显微镜、热场发射扫描电子显微镜、高分辨液相色谱质谱联用仪等一大批先进的仪器设备；拥有电子图书系统和计算机网络服务体系，ACM、ACS、AMS、CA、IEEE、Wiley、Elsevier 和中国知网等中外文数据库 176 个，其中中文数据库 90 个，外文数据库 86 个。学校拥有功能齐全、覆盖全校的千兆校园网，出口带宽达到 7GB，建有河南省教育信息港，是河南省数字化校园建设示范学校。

学校在利用国际和社会教育资源开展合作办学方面走在河南高校的前列。学校先后与美国、英国、日本、澳大利亚、韩国、加拿大等国教育集团和院校建立了合作办学关系，经常选派专家、学者赴国外讲学、深造、考察，并聘请外籍专家来校任教、进行学术交流。学校设有河南省最早的雅思考试中心，并被英国驻华使馆誉为“中国最好的考点之一”。

学校凝练了“为之则易，不为则难”的校训，形成了“崇德、尚学、和谐、创新”的校风。学校是省级文明单位，坚持文化育人，积极开展大学生社会实践、科技文化艺术节、社团潮等第二课堂活动，为大学生素质教育搭建了广阔平台，促进了校园文化建设与学生全面发展。（郑州轻工业学院档案馆）

（十）中原工学院

1. 学校历史沿革

中原工学院 1955 年创建于山西榆次，初名为“榆次纺织机械工业学校”隶属纺织工业部。

1957 年，学校迁至郑州市，更名为“郑州纺织机械制造学校”。

1958 年，青岛纺织干部学校电机专业并入学校，同年，学校划归河南省纺织工业局管理，校名改为“河南省纺织工业局纺织机电学校”，接着，省政府根据河南纺织行业发展的需要，将学校改建为“河南纺织机械学院”，实行本科、中专并存。

1959 年，全国院校调整，撤销本科专业，“河南纺织机械学院”停办，保留中专，又回归纺织工业部管理，学校改称为“郑州纺织机电学校”。

1960 年，纺织工业部报经国务院批准将学校更名为“郑州纺织机械学院”，学校再次升格为本科院校。

1961 年，国家进行国民经济调整，学校本科再度停办，恢复“郑州纺织机电学校”校名。由于经济困难，学生放长假，教师下放，1963 年，才得以复学。

“文革”期间，学校先后划归河南省、郑州市纺织局管理。1970 年，郑州市革命委员会决定将学校撤销，改建为“郑州纺织机械配件厂”。

1978 年，纺织工业部经与河南省政府协商，决定恢复“郑州纺织机电学校”，并重归纺织工业部管理。

1980 年，经国务院批准，学校更名为“郑州纺织机电专科学校”，招收首届专科生。

1987 年，学校升格为“郑州纺织工学院”，成为面向全国招生的普通本科院校。

1998 年，高校管理体制改革，学校实行省部共建，以省为主的管理体制。

2000 年，经教育部批准，学校更名为中原工学院。

2003 年，学校成为硕士学位授权单位，正式开始培养硕士研究生。

2. 学校学科特色

中原工学院曾长期隶属于原纺织工业部，纺织服装特色显著。1998 年实行中央和地方共建后，学校立足河南，面向全国，逐渐形成了以工为主，工、管、文、理、经、法、哲、史、艺等多学科协调发展的格局。

学校现有 8 个省级重点学科一级学科（纺织科学与工程、机械工程、材料科学与工程、信息与通信工程、控制科学与工程、计算机科学与技术、土木工程、设计学）、2 个省级重点学科二级学科（凝聚态物理、科学技术哲学），其中，纺织学科在全国同类学科中位居第 7 名。“纺织服装新材料及高端装备”特色学科群获得“河南省优势特色学科建设工程一期建设学科”特色学科 A 类项目立项。

学校坚持育人为本，质量立校。目前共建有 4 个国家级特色专业（纺织工程、机械设计制造及其自动化、建筑环境与能源应用工程、自动化）建设点，1 个国家级专业（机械设计制造及其自动化）综合改革试点专业，12 个省级特色专业建设点，10 个省级专业综合改革试点专业，3 个省级工程教育模式人才培养改革试点专业。

3. 学校办学成就

60 多年来，一代代中工人用智慧和汗水，使学校实现了从中专到大专再到本科的转变，为国家培养了7万多名专业技术人才。

学校从20世纪50年代中专时期的“勤工俭学”开始，便重视培养学生动手能力，1978年恢复办校后专科时期，学校根据社会经济发展结合自身实际情况，制定了“扬长避短，形成特色”的发展方针，以“培养动手能力强的应用型人才”为立足点，形成学校办学特色。近年来，学校围绕河南省“三大国家战略规划”部署，针对河南省传统优势产业、高成长性产业和战略新兴产业对人才培养的需求，继续突出工科优势，以培养应用型人才为目标，进一步强化学生实践动手能力的培养。

学校办学规模逐步扩大，办学条件不断改善。在校生由1980年的不到500人升至如今的近3万人；教职工由300人左右发展至1774人，其中专任教师1191人，高级职称518人，博士377人；有全国模范教师1人，国家级优秀教师6人，国家中青年有突出贡献专家、享受国务院政府特殊津贴专家20人；有河南省学术技术带头人7人，河南省教学名师7人，省级优秀教师10人；有河南省创新型科技团队、省高校科技创新团队等18个；教育部新世纪优秀人才、河南省杰出青年等科技创新人才35人。

学校设置了20个教学院部，60个本科专业，9个一级学科硕士学位授权点，41个二级学科硕士学位授权点，3个硕士专业学位授权类别。与此同时，学校建成了南区、北区、西区三个教学区，校园面积由原来的230亩扩大至1610亩，建筑面积提升至66.29万平方米。

学校现有1个国家级实践教学基地(郑州市娅丽达服饰有限公司工程实践教育中心)，1个国家级工程实验室(金刚石高效精密锯切工具技术国家地方联合工程实验室)；8门省级精品资源共享课程，5门省级双语教学示范课，7个河南省省级教学团队，11门河南省精品课程；3个河南省重点学科开放实验室，8个河南省实验教学示范中心，2个河南省虚拟仿真实验教学中心。学校获得河南省第一批协同创新中心立项建设并被评估为优秀。

1983年，“自动穿经机”项目获得了纺织工业部科技成果二等奖、国家科技发明四等奖。近5年来，学校承担国家级项目103项，其中国家自然科学基金项目84项、国家社会科学基金项目17项、国家重大科技专项2项；获省部级以上科研奖励83项，被三大检索收录论文1532篇，出版著作560部，获授权发明专利398件，正式发布标准20个。获省部级以上科研成果奖励83项。“触媒法合成高品级金刚石关键设备与成套工艺技术开发”项目荣获

2011年度国家科技进步二等奖，“高效能棉纺精梳关键技术及其产业化应用”项目荣获2014年度国家科技进步二等奖。

学校教学质量不断提升。1997年，学校通过了原国家教委组织的本科教学工作合格评价；2005年，学校通过了教育部本科教学工作水平评估；2016年，学校通过了教育部本科教学工作审核评估。2000年以来，学校累计获得省部级以上优秀教学成果奖96项，其中国家级教学成果二等奖1项，省级教学成果特等奖2个项目，省级以上教学成果一等奖24项。

学校坚持“开放、合作、交流”的国家化发展战略，分别与英国曼彻斯特大学、韩国启明大学和新西兰联合理工学校等国际知名学府开展了7个中外合作办学项目，学校先后聘请了20个国家的164人次外教来校进行交流和讲学，成立有亚太国际学院和国际教育学院。学校与企业单位合作，创办了中原工学院信息商务学院、中原工学院软件职业技术学院。2017年，经教育部批准，学校与俄罗斯圣彼得堡国立宇航仪器制造大学合作，设立“中原工学院中原彼得堡航空学院”。

学校学生在各级各类学科竞赛中屡获佳绩，获国家级竞赛奖343项，省级竞赛奖1032项；获“挑战杯”全国大学生课外学术科技作品竞赛一等奖1项，三等奖3项；获“创青春”全国大学生创业大赛三等奖6项。学校连续五届夺得全国大学生工程训练综合能力竞赛一等奖，继承并彰显了学校的办学特色。

学校重视就业工作，毕业生广泛分布在全国各地。学校在校外建立了100多个实习基地，200多个就业基地。

学校党政班子团结协作，锐意进取，先后被河南省委省政府评为“河南省文明单位”“河南省思想政治工作先进单位”，学校党委被授予“河南省高等学校‘五好’党组织”“河南省创先争优先进基层党组织”等称号。2005年5月，学校工会被中华全国总工会授予“全国模范职工之家”称号。2013年，学校被河南省总工会授予“五一劳动奖状”。

全校师生员工秉承“博学弘德，自强不息”的校训，发扬“勤奋、严谨、进取、文明”的校风，努力建设特色鲜明、国内知名、以工为主、多学科协调发展的特色骨干大学，为中原崛起河南振兴做出积极贡献。（中原工学院档案馆）

（十一）河南城建学院

河南城建学院是河南省唯一一所以工科为主、以“城建”为特色的多学科协调发展的省属本科高校，也是全国仅有的以“城建”命名的两所本科高校之一。学校坐落在中国优秀旅游城市、园林城市——平顶山市新城区美丽的白龟湖畔，草木葱茏，鸟语花香，学习生活环境宜人。

河南城建学院前身是创建于1983年11月的平顶山城建环保学校和1985年6月的武汉城建学院河南分院，1993年3月，经原国家教委和省政府批准，武汉城建学院河南分院更名为河南城建高等专科学校，2000年4月，河南城建高等专科学校、平顶山城建环保学校实质性合并为新河南城建高等专科学校，2002年3月，经教育部批准，学校升格为本科院校——平顶山工学院，2008年11月平顶山工学院更名为河南城建学院。

学校工科优势突出，城建学科特色鲜明，开办有53个本科专业、7个专科专业，涵盖工、管、理、文、法、艺等8大学科门类。学校设有土木与交通工程学院、管理学院、市政与环境工程学院、建筑与城市规划学院、能源与建筑环境工程学院、测绘与城市空间信息学院、艺术设计学院、计算机与数据科学学院、电气与控制工程学院、材料与化工学院、生命科学与工程学院、数理学院、外国语学院、法学院、国际教育学院、继续教育学院等16个学院，面向全国31个省、直辖市、自治区招生，目前全日制在校生20800余人。

学校占地面积1730亩，校舍总建筑面积63万多平方米，教学科研仪器设备总值2.2亿多元，教学实验室（中心）96个，纸质藏书150万多册，电子图书60万多册，各类中外文数据库45个，各类运动场和体育馆面积近11万平方米。在职教职工1194人，其中专任教师909人，具有高级职称的教师366人，具有博士、硕士学位的教师762人，特聘教授、讲座教授、客座教授51人，市、厅级以上学术技术带头人47名。建校以来，共为国家培养了10万余名各级各类专业技术人才。

学校注重内涵建设，拥有国家级特色专业1个、大学生校外实践教育基地1个；省级特色专业7个、专业综合改革试点9个、工程教育人才培养模式改革试点专业2个、实验教学示范中心7个、虚拟仿真实验教学中心1个、教学团队3个、精品资源共享课程3门、精品课程8门；省级重点学科4个、工程技术中心3个、工程实验室4个，河南省高校工程技术研究中心1个。近3年来，学校承担包括“863”计划、国家自然科学基金在内的省部级以上科技攻关项目203项；出版著作、教材320部；发表论文被SCI、EI、ISTP、CSSCI收录831篇；获发明及实用新型专利150项；获河南省科技进步奖等省部级奖励136项。近年来，先后通过教育部普通本科高校教学工作合格评估、住建部高等教育专业评估。学校开展双学位教育，与郑州大学等国内高校联合培养硕士研究生。

学校重视学生综合素质和创新能力培养。3年来，在国家和省级各类大学生技能竞赛中获得700多项奖励。学校设有中科创业学院，校大学生“菜鸟创客众创空间”为省级众创空间，创新创业氛围浓厚，毕业生质量得到用人单位的充分认可，就业率稳居全省同类高校前列。“河南省大中专毕业生就业市场城建类分市场”设在学校，为学校乃至全省城建类毕业生就业提供了便利条件。学校被MyCOS网大学生就业能力排行榜列为中南地区非“211工程”本科院校第20位，是河南省唯一一所非“211工程”院校排名进入前20位的高校。2016年学校入选教育部数据中国“百校工程”产教融合创新项目试点院校。

学校实施“校企合作，产教融合”战略，建设有大学科技园、资产经营管理公司、产业技术发展研究院，搭建了河南省城乡规划大数据应用技术工程研究中心、河南省高分数据平顶山分中心，白龟湖国家湿地公园生态科研监测中心、健康食品协同创新中心、尼龙产业技术学院等创新服务平台，同政府、企业开展深入合作，积极发挥服务社会职能，产生了良好的经济和社会效益。

学校坚持开门办学，与美国、英国、德国、俄罗斯、澳大利亚、马来西亚等国外知名大学开展教学与科研合作，不断扩展深化对外交流。2011年以来，学校先后与英国高地群岛大学、俄罗斯圣彼得堡国立建筑工程大学、马来西亚林登大学开展本、专科中外合作办学项目，目前在校生1280人。

学校秉承“厚德唯实、博学慎思”的校训，弘扬“明德尚学，知行合一”的办学理念和“自强不息，追求卓越”的大学精神，以立德树人为根本，努力改革创新，推动转型提升，积极服务地方经济社会和行业发展，取得了显著成绩，深受上级主管部门和社会各界的广泛好评，先后被授予“全国毕业生就业典型50强高校”“全国五四红旗团委”“全国模范职工之家”“全国高校后勤十年社会化改革先进院校”“河南省高等学校党建工作先进单位”“河南省文明单位标兵”“河南省学校行风建设先进单位”“河南省文明学校”“河南省国家助学贷款工作先进单位”“河南最具就业竞争力示范院校”“河南高等教育质量社会满意院校”“中国建筑学会科普教育基地”“河南综合实力20强领军高校”等称号。

展望未来，学校将继续牢牢把握社会主义办学方向，按照“围绕一个中心，贯穿两条主线，实现三大目标，塑造四个特色，抓好五项建设”的发展思路和主要任务，坚持“应用型、城建类、地方性、国际化”的办学特色，紧跟“双一流”建设步伐，大力推进“全面提高人才培养质量、建设高素质师资队伍、提升科研创新服务能力和完善学校治理体制机制”等战略举措，逐步培育建设城建类一流学科，努力实现办学层次突破，主动融入“百城建设提质工程”，加快推进转型发展，彰显办学特色优势，全面提升办学实力，努力创建全国文明单位，为把学校建设成为高水平应用技术型城建大学而努力奋斗！（张守义、王世翔、吴晶、李攀登）

（十二）郑州科技学院

郑州科技学院是一所以工学为主，经济、管理、文学、艺术、教育等多学科协调发展的民办普通本科高校。其前身是始建于1988年的郑州中原职业大学。随着时代的变迁及自身的发展，学校经历了筹办、郑州中原职业大学、中原职业大学、郑州科技专修学院、郑州科技职业学院、郑州科技学院时期。

改革开放初期，刘文魁董事长审时度势，为响应国家号召，筹资到国内外高校进行考察学习。1988年春，郑州中原职业大学成立，地址设在河南省气象学校等处，以自学考试为办学形式。

1989年10月，经河南省委批准，学校正式命名为中原职业大学，地址设在郑州市南阳路38号，采取以租房、租地自建教学楼相结合，以自学考试为主要办学形式。

1996年5月，根据豫教成字〔1996〕52号文，学校更名为郑州科技专修学院，实施高等教育学历文凭考试，校址设在南阳路38号、46中学及马寨经济开发区，以租房、自征地建校相结合，时称“一、二、三教学部”。1997年8

月，被河南省教育委员会批准为首批学历文凭试点院校。

学院经过十多年的发展，2001年4月河南省人民政府批准（豫政文〔2001〕51号）同意在郑州科技专修学院基础上建立郑州科技职业学院，实施高等专科学历教育。

2008年，经教育部批准（教育部函〔2008〕101号），郑州科技职业学院更名为郑州科技学院，实施本科学历教育，从此学院进入了一个全新的快速发展时期。2016年学院通过普通高等学校本科教学工作合格评估（国教督办函〔2016〕88号），并在全省民办高校中率先实施双学位教育。建校29年来，为社会培养和输送了11万余名高素质应用型人才。

学院构建了完善的高素质应用型人才培养体系和毕业生就业创业指导服务体系，育人质量和水平不断提高，学生的职业资格证取得率、学科竞赛获奖率、考研率、就业率、就业质量与职业发展能力稳步提升，连续多年位居全省高校前列，得到了广大学生、家长和社会各界的普遍认可与好评，先后获得“中国民办高等教育优秀院校”“中国民办高校综合实力20强”“全国学生就业示范民办高校”“河南省优秀民办高校”“河南省依法治校示范校”“河南省就业工作先进集体”“全国民办高校党的建设和思想政治工作优秀成果特等奖”“河南省高等学校思想政治工作优秀品牌”等荣誉称号。

学院现有占地面积1500亩，教职工1265人，硕士以上学历教师644人，副教授以上职称教师355人，在校生25000人。建筑面积60万平方米，纸质图书180万册，电子图书60万种；教学仪器设备价值2亿元，学校固定资产总值近20亿元；现设15个二级学院，本科专业36个、专科专业30个，实验室120个、实训基地8个；省级本科教学工程项目17个，郑州市教学工程项目30个，数量和层次均居省内同类高校前列。学校实验中心、科教中心、电教中心、工程技术实训中心、众创中心，以及大学生创新创业孵化园区，在全省同类高校中条件一流、优势明显。

目前，全校师生正在学校董事会的坚强领导下，向着实施研究生学历教育和全国一流民办应用型大学的宏伟目标努力奋进。（郑州科技学院档案室）

（十三）平顶山学院

平顶山学院是一所经教育部批准、由河南省人民政府主办的综合性全日制普通本科院校。学校坐落在平顶山市新城区的平西湖畔，滨临白龟湖国家湿地公园，依山傍水，自然环境优美，人文底蕴深厚。

平顶山学院前身是创建于1959年10月的平顶山师范学校。1977年8月经批准在平顶山市师范学校附设大专班，于1984年改为平顶山师范专科学校，1992年4月，经原国家教育委员会审批，校名调整为平顶山师范高等专科学校，2004年5月经教育部批准升格为本科院校，2014年10月入选河南省转型发展试点高校，2016年6月被确定为河南省第二批示范性应用技术类型本科院校，成为全省10所示范校之一。建校以来，平顶山学院秉承“厚德、博学、求是、创新”的校训，在一代代学院人的不懈努力下，逐渐形成了“严谨求实，和谐自强”的优良校风和“艰苦奋斗，自强不息，团结奉献”的精神，在人才培养、科学研究、服务社会、文化传承与创新的过程中实现着自身的价值。

学校现有滨湖、崇文两个校区，占地面积154.65万平方米，建筑面积59.38万平方米，教学仪器设备总值1.43亿元，馆藏纸质图书157万余册，电子图书94.57万种，中外文期刊1700余种。学校建有体育训练馆、音乐厅、演播厅、排练厅，文化体育设施齐全。

学校现有教职工1388人，具有硕士及其以上学历（学位）877人，副教授和高级实验师以上职称人员371人。学校有国务院特殊津贴专家、曾宪梓教育基金奖获得者、国家级优秀教师和教育工作者、河南省省管优秀专家、河南省跨世纪学术和技术带头人等各类专家人才100余人，特聘教授、客座教授80余人。

学校坚持立足地方服务行业，逐步形成了以工科等应用学科为主、多学科协调发展的学科专业布局。学校设有18个教学单位，有56个本科专业、14个专科专业，涵盖工、管、理、文、法、艺等10个学科门类；现有1个国家级大学生校外实践教育基地，8个省级特色专业建设点，8个省级综合改革试点专业，4门省级精品课程，2个省级教学团队，3个省级实验教学示范中心；现有全日制在校生19420人，各类成人教育学生近8375人。

学校拥有一批实力较强的科研机构及技术研发基地；现有 3 个省级重点学科，1 个省级工程技术研究中心，2 个省级工程实验室，1 个省级人文社科重点研究基地，1 个河南省非物质文化遗产研究基地，1 个河南省林业厅重点实验室，3 个平顶山市工程技术研究中心，4 个平顶山市重点实验室。学校是河南省文化改革发展人才培养基地、河南省汉语国际推广曲艺文化基地、河南省文化产业发展研究基地、河南省院士工作站和河南省博士后研发基地。

学校积极围绕行业、企业需求，开展协同创新，取得了显著成效。学校与平高集团共建“高压智能电器河南省工程技术研究所”，联合开展高压智能电器研发，涌现了一大批自主知识产权成果，在中石油陕西长庆油田、平高集团、美国伊顿电气、皖电东送等国内外企业及重大工程中得到了成功应用。学校与中国林科院、河南省林业厅三方共建低山丘陵区生态修复重点实验室，建立了低山丘陵区生态修复院士工作站、博士后研发基地，建有国家林业局林业行业公益性项目试验基地，加入了中国科学院生物多样性委员会资助的中国森林生物多样性监测网络，完成了一系列国家、省、市级重大项目，为河南省生态环境保护、资源合理利用与可持续发展作出了贡献。伏牛山文化圈研究中心汇聚国内外专家学者，围绕区域优秀传统文化进行深入研究，出版系列著作，拍摄高水平影视作品，与地方主流媒体合作开办电视栏目等，对区域文化的挖掘、传承与创新发挥了重要作用。陶瓷研究所承担的唐代花釉瓷复仿制作技术项目，恢复了失传千年的唐代花釉瓷制作技术，填补了国内空白，在此基础上，鲁山县建立了鲁山花瓷产业园。学校雅乐团在第五届北京传统音乐节上再现了古应国宫廷礼乐文化，受到海内外同行瞩目。

学校坚持开放办学，与郑州大学等国内高校联合培养硕士研究生，与美国、英国、加拿大、新加坡、澳大利亚等国外知名大学开展了教学与科研合作。学校与平高集团、大河网、中国建筑卫生陶瓷协会等著名企业、行业开展产教融合、校企合作，成立了大河传媒学院、李国桢陶瓷学院、亚坤学院等行业学院，创新人才培养模式，增强服务地方经济社会的能力。

学校重视学生综合素质和创新能力的培养，学生课外科技学术活动和社会实践活动蓬勃开展。学校被评为全国“三下乡”社会实践优秀单位、“河南省大学生社会实践活动先进单位”。近 3 年来，学校学生在挑战杯全国大学生创业设计大赛、中国机器人大赛、全国信息技术水平大赛、全国大学生数学建模竞赛等国家和省、市级各类大学生技能竞赛中获得700多项奖励。学校先后荣获“河南高等教育质量社会满意本科院校”“值得推荐的河南教育名片”“河南应用技术类型十佳示范高校”。

在新的历史起点上，学校将努力践行“崇德尚能、学以致用”的办学理念，坚持“质量立校、人才兴校、科研强校、特色名校”的发展战略，加快学校转型发展与内涵建设步伐，为建设成为特色鲜明、优势突出，服务区域经济社会发展能力强的应用型大学而努力奋斗！（平顶山学院档案馆）

（十四）河南工程学院

河南工程学院是省属普通本科院校、河南省重点建设的“示范性应用技术类型本科院校”和教育部“高校数字媒体产教融合创新应用示范基地”试点院校。学校设在河南省郑州市，现有龙湖校区、桐柏路校区和南阳路校区等3个校区，校园占地面积2600余亩，建筑面积106万平方米。学校现有全日制本专科在校生26000余人。

学校由原郑州经济管理干部学院和原河南纺织高等专科学校合并组建。原郑州经济管理干部学院始建于1956年，是原煤炭部直属院校，2001年将原郑州煤田职工地质学院纳入本校；原河南纺织高等专科学校始建于1954年，其办学历史可追溯到1910年设立的河南省官立中等工业学堂，著名抗日将领杨靖宇将军即为学校的知名校友。建校以来，学校秉承“自强不息、博学精艺”的校训，坚持“育人为本、德育为先、能力为重、应用为主”的办学理念，不断强化产教融合与校企合作，推进科研与实训结合，提升教学和科研水平，提高人才培养质量，增强服务区域经济社会发展、创新驱动发展的能力，已发展成为以工学为主、文理结合、多学科专业协调发展的应用型本科院校。2016年，学校顺利通过了教育部本科教学工作合格评估，人才培养和办学质量进入新的历史阶段。

学校设有工学、理学、管理学、经济学、艺术学和文学等学科门类，有院（部）21个，本科专业48个。学校现有教学科研仪器设备总值2.71亿元，校内实验室、实习基地265个，校外实习基地222个。图书馆建筑面积3.5万平方米，馆藏纸质图书215万册。学校有国家级、省级本科教学质量工程项目28个，其中国家级特色专业和综合改革试点专业2个，国家级大学生校外实践教育基地2个，省级重点学科1个，省级特色专业和综合改革试点专业13个。学校大力加强创新创业教育，提升大学生的就业创业能力，与地方政府、企业合作建设了大学生创业孵化园，学生在各类学科竞赛及创新创业项目中屡获佳绩。

学校现有教职工1537人，其中正高级职称116人，副高级职称426人；教师队伍中，具有硕士以上学位的教师1000余人。现有国家“万人计划”领军人才1人、“百千万工程”国家级人选1人、全国优秀科技工作者1人、中原学者1人、享受国务院政府特殊津贴2人、国家级及省级优秀教师17人，省政府特殊津贴、省优秀专家和省学术技术带头人12人，以及省级教学名师、省科技创新杰出人才、省青年骨干教师90余人，并聘有包括中国工程院院士、博士研究生导师在内的客座教授和特聘教授100余人。学校以“十三五”教育事业发展规划、“示范校”建设规划为统领，以培养德智体美全面发展、具有较强学习能力、实践能力和就业创业能力的高层次应用型人才为目标，进一步明确了“立足河南、面向全国、服务行业和地方经济社会发展”的战略，积极推进高水平应用型大学建设。

学校着力搭建科研平台，通过科学研究、技术开发及成果转化，推动知识创造、技术创新和成果产业化，促进学科专业建设、科技进步和人才培养质量的提高，科研成果显著。学校现有教育部创新团队1个，河南省高校科技创新团队4个，省工程实验室和工程技术研究中心7个，厅级、校级科研平台26个，是河南省博士后研发基地。学校分别参与了“新型城镇建筑技术河南省协同创新中心”“煤炭安全生产河南省协同创新中心”和“纺织新产品生产河南省协同创新中心”。学校大力推动产教融合，与河南豫发集团合作共建了“锦荣服装学院”，与郑州航空港区、郑州高新区、河南省煤炭行业协会、河南省纺织行业协会、河南能源化工集团等60余家单位建立了良好的合作关系，在人才培养、科学研究、技术开发及推广等方面深入合作，为学校应用型人才的培养搭建了平台。

学校坚持开放办学，不断扩大对外交流。学校先后与澳大利亚堪培拉大学、荷兰撒克逊应用科技大学、美国克利夫兰州立大学等20多所国外大学和研究机构建立了合作关系，具有留学生招生资格。学校不断扩大与国外应用技术类高校的合作范围，积极引进人才培养模式、课程体系、教学方法、教材等优质特色教育资源，联合开办了7个本专科专业合作办学项目。学校每年选派教学、科研方面的优秀教师与管理骨干，到国外合作高校进行交流学习，不断提升师生的国际视野和专业水平。

学校坚持环境育人，科学规划和布局校园建设，努力打造生态、环保、绿色、宜人的校园环境。龙湖校区绿树成荫，湖光楼影，生机勃勃，文化氛围浓厚。校内建设了纺织服装博物馆、矿井实训中心、嫘祖公园等教展基地，打造了明月湖、名人雕塑园、轩辕文化园、明德励志园、黑白工业史发展园等"一湖四园"人文环境特色品牌，培育了"大学生文明修身工程"等一批省级思政优秀品牌。学校先后获得"省级文明单位""省文明标兵学校""全国大学生社会实践先进单位""省大中专毕业生就业工作先进单位""省卫生先进单位"等多项荣誉称号。

今天的河南工程学院，正处于转型发展、内涵建设的关键时期。学校牢固树立创新、协调、绿色、开放、共享的发展理念，坚持"稳定规模、优化结构、注重特色、提高质量"的指导思想，按照"一条主线、两个重点、三大工程、四个坚持"的发展思路，以"543 计划"为抓手，与国家战略、河南发展、行业进步同向同行，努力建设特色鲜明、优势突出的高水平应用技术型大学，为决胜全面小康，让中原更加出彩作出新的贡献。（河南工程学院档案馆）

（十五）许昌学院

许昌学院滥觞于清末，诞生于1942年，是许昌市唯一的一所全日制本科院校。

1942年8月，河南省第五行政区联立师范学校于许昌成立，学校占地36亩，学制3年，担负着各县的师资培养工作。1946年7月，河南省立许昌师范学校成立，设教导、训育、事务3科，五区联师并入许昌师范学校，校长张崑山总辖校务。此为许昌学院之前身，也是许昌现代师范教育之肇始。

1953年1月，河南省立许昌师范学校更名为河南省许昌师范学校，并于1954年成立了语文、政治、历史、数学、物理、化学、生物等教研组，师范教育初具规模。

1958年8月，在许昌师范学校师资、校舍、教学设备基础上，河南省许昌师范专科学校成立，直属河南省教育厅管辖，这是许昌历史上首次举办的高等教育。同月，学校再次升格为许昌专区师范学院。在不到一年的时间内，许昌的高等教育从无发展至专科、本科，完成了许昌教育的“大跃进”式发展。1959 年 6 月，许昌专区师范学院再次更改为许昌师范专科学校，分设文史、数理、生化 3 个专科，学制两年，经费由省教育厅拨付，按师专性质供给。

1966 年，进入“文化大革命”时期。学校正常的教育教学秩序被打乱，学生停课闹革命。1969 年 10 月，学校 315 亩的校园和全部校舍归部队使用，教职工大部分被遣散回乡，其余教职工移交许昌市革命委员会分配工作，学校撤销建制。1971 年 12 月，学校再次更名为许昌师范学校，开始招收第一批工农兵学员，学制两年，设语文、数学、机电、化工、体音美、医学、农林 7 个专业。

1977 年 9 月，全国恢复高考制度，学校正式招收中文、化学、物理、数学专业大专生 150 人，学制 3 年，学校的教学秩序基本恢复。1978 年 12 月，学校正式恢复名称为许昌师范专科学校。由此，许昌师范专科学校开始逐步建立规范的教学秩序。到 1985 年，学校共设有中文科、历史科、外语科、数学科、物理科、化学科、地理科和体育科等 8 个专业，学制 3 年，面向全省招生。教职工人数达到 209 人，在校生人数为 1105 人，共有 1502 名大专毕业生。学校占地面积已经由 1978 年的 75 亩变为 120 亩，修建了运动场、新图书馆，建成了学生公寓楼、教职工住宅楼等。1984 年 4 月正式出版的季刊《许昌师专学报》，也于 1985 年面向国内外公开发行。

1986 年至 1992 年，许昌师专确立了“一师多能，一专多用”的复合型人才培养方针，重视因材施教，发挥学生个性。1986 年，学校教职工 412 人，在校生 36 个班共 1410 人。1986 年 6 月，学校成立培训部，招收全脱产在校生；1988 年，在培训部基础上，学校恢复成人函授教育，成立函授部，生源来自许昌、漯河、周口和商丘四地区。1986 年 6 月，《许昌师专学报》经河南省委宣传部批准为内部报刊，予以注册登记。至 1992 年，许昌师专的师资队伍建设取得重大发展，副教授以上人数由 1986 年的 1 人达到 67 人。

1993 年至 2001 年，许昌师专步入稳步建设、改革发展阶段。学校提出了“加强基础，拓宽专业，注重实践，培养能力”的改革思路，树立了以教学为中心的思想。到 2001 年，学校全日制在校生已达 4421 人，从学校复办大专以来，已培养大中专毕业生 18988 人；有专任教师 388 人，其中教授 17 人，副教授 132 人；专业达到 22 个；《许昌师专学报》荣获全国“百强学报”称号。校园建设方面，学校先后完成了学生公寓、教学楼、多功能学生餐厅、田径场、文化广场等施工建设和改造工程，建筑面积共计 17800 平方米，同时完成了东区 512 亩征地工作。

1999 年初，许昌师专组建专门工作小组，筹备“专升本”事宜。2001 年 6 月，学校确定许昌师专独立申报许昌学院，这是河南省第一所独立申报的综合性本科院校。

2002 年 3 月 21 日，经教育部批准，许昌师专升格为本科院校，更名为许昌学院。2012 年，学校通过教育部普通本科高校教学工作合格评估，2013 年被确定为河南省“地方本科高校转型发展试点单位”，2014 年许昌卫生学校并入许昌学院，成为许昌学院医学院。2015 年学校成为首家省市共建的转型发展试点高校，入选河南省首批示范性应用技术类型本科院校，2016 年入选了国家“十三五”产教融合发展工程建设项目。

自 2002 年升本，至 2016 年底，许昌学院拥有两个校区，校园占地近 1700 亩，建筑面积 81 万平方米，教学仪器设备总值 2.41 亿元，馆藏纸质图书 198 万册。有教职工 1514 人，其中副高以上职称 373 人，博士和硕士学位 972 人。有全日制在校生 22540 人，继续教育在校生总计 6897 人；有 2 个河南省创新型科技团队、4 个河南省高校科技创新团队和 4 个省级教学团队；设有 23 个教学院部，举办有 62 个本科专业和 17 个专科专业；有 14 个国家级和省级特色专业、综合改革试点专业等；有 5 个河南省高校实验教学示范中心。（许昌学院档案馆）

（十六）河南牧业经济学院

河南牧业经济学院隶属于河南省教育厅，是在原郑州牧业工程高等专科学校和原河南商业高等专科学校基础上合并组建的一所省属公办全日制普通本科院校。

1. 原郑州牧业工程高等专科学校

原郑州牧业工程高等专科学校前身为平原农学院畜牧兽医系，位于河南省辉县市百泉。1957 年 10 月 5 日河南省委党组批复同意筹建郑州畜牧兽医学校。1958 年 2 月 24 日，按照河南省农业厅〔1958〕农人教字第 21 号《关于百泉农校畜牧兽医专业迁郑的通知》要求，百泉农校畜牧兽医学科师生抵达郑州，郑州畜牧兽医学校正式成立。学校成立初期，与郑州农业机械化学校合署办公，两所学校一套行政机构，隶属河南省农业厅领导。

1958 年 9 月，经省委批准，学校与郑州农业机械化学校合并为河南省农业专科学校，首次参加全国招生。1959 年春，河南省农业专科学校又分设为郑州畜牧兽医专科学校、郑州农业机械化专科学校。1959 年 10 月，学校选定现郑州市金水区北林路 16 号为建新校校址。1960 年 4 月 1 日新校区动工建设(同年 8 月，经河南省农业厅批准，学校与郑州农业机械化专科学校分开)。郑州畜牧兽医专科学校设置党委办公室、学校办公室、团委、教务科等机构。同年 9 月，新校区教学楼基本竣工。9 月 8 日，学校迁入新校址。1960 年 11 月至 1961 年 4 月，学校停课。

1962 年 2 月，学校校名由郑州畜牧兽医专科学校改为郑州畜牧兽医学校。中牟农校和百泉农专中专部因调整专业转入学校 173 名畜牧兽医专业学生。1964 年秋学校恢复招生，1966 年改为春季招生。

“文革”开始后，学校遭受巨大冲击与破坏，停止招生。1969 年 9 月，省革委会把学校下放给郑州市，10 月，郑州畜牧兽医学校建制撤销，改为郑州市“五七”干校。

1978 年 6 月 15 日，省革委下发《关于恢复郑州畜牧兽医学校的批复》(豫革文 61 号文)，同意恢复郑州畜牧兽医学校。1978 年 12 月 25 日，教育部教计字〔1978〕1427 号文件《关于同意恢复和增设一批普通高等学校的通知》，同意原郑州畜牧兽医学校恢复同时升格为郑州畜牧兽医专科学校。1979 年 1 月，省革委会教育局转发教育部通知，郑州畜牧兽医专科学校恢复并于当年招生。

1992 年 4 月，郑州畜牧兽医专科学校更名为郑州牧业工程高等专科学校。

2004 年 4 月，学校在郑东新区龙子湖高校园区征地 850 亩，建设新校区。2009 年 10 月，学校龙子湖校区动工建设。2010 年 10 月，学校新校区一期搬迁入驻 7200 余名学生。2012 年 8 月，再次搬迁入驻 4000 余名学生，学校完成办学重心向龙子湖校区平稳过渡。

2. 原河南商业高等专科学校

原河南商业高等专科学校前身为河南省商业学校。1960 年中央文教书记会议提出“全党全民办教育，各系统各部门要逐步建立自己的学校系统”。为适应全省商业发展需要，在原省商业干校基础上，经省委财贸部 4 月 5 日〔1960〕42 号和省人委党组 5 月 24 日〔1960〕52 号文批准建立四所中专学校：“河南省商业厅商品技术学校”“河南省商业厅水产副食学校”“河南省商业厅财会计统学校”和“河南省商业厅饮食服务学校”，于当年招生。1961 年 7 月停办。

1964 年 5 月 25 日，省商业厅〔1964〕商教字 691 号文向省人委请示要求建立省商业职业学校。6 月 12 日，省教育厅〔1964〕教中字 36 号文批准开办“河南省商业职业学校”，校址设在郑州市登封县芦店(原省商业厅钢铁厂)，4 月起筹备，秋季招生。

1966 年“文革”开始后，学校停止招生。8 月底，应学生要求，省商业厅决定省商业职业学校从登封县芦店搬迁到省商业干校开展“文革”运动。1970 年 3 月，省商业职业学校建制撤销。

1973 年 7 月，省革委商业局向省革委请示要求恢复建立省商业学校。1974 年 8 月省革委计委予革综字〔1974〕274 号和省革委教育局予革教字〔1974〕86 号联合下文确定恢复建立“河南省商业中等专业学校”，因校舍和师资问题，学校未招生。

1978 年 4 月，省商业局(后改厅)确定筹建省商业学校。省商业局予革商字〔1978〕183 号和 185 号文分别再次向省计委和省编委请示，要求恢复河南省商业中等专业学校办学和解决教职工编制。9 月，省编委予编〔1978〕106 号文同意恢复成立“河南省商业中等专业学校”，教职工编制 57 名，当年秋季招生。11 月，迁入现郑州市陇海中路 76 号校址。

1979 年 3 月，学校由“河南省商业中等专业学校”改为“河南省商业学校”，编制 174 名。1984 年 12 月，经省政府批准，在省商校基础上成立“河南商业专科学校”，大、中专同时招生。

1990 年 1 月 30 日，省商委委教字〔1990〕2 号文件决定，省商业学校迁入省商业干校院内与商业干校合署办公，两块牌子一套班子一套机构。地址在郑州市农业路 36 号。河南商专不再招中专生。

1992 年 4 月 20 日起，河南商业专科学校更名为河南商业高等专科学校。

2003 年学校完成新校区 600 多亩地的建设，2004 年 8 月至 9 月，学校整体迁入新校区现英才街 2 号，这标志学校发展进入新时期。

2012 年，学校与郑州牧业工程高等专科学校联合升本，组建河南牧业经济学院。

3. 两校合并进入河南牧业经济学院时期

根据教育部 2013 年 4 月 18 日签发给河南省人民政府的教发函〔2013〕39 号“教育部关于同意郑州牧业工程高等专科学校与河南商业高等专科学校合并建立河南牧业经济学院的函”，2013 年 5 月 28 日河南省人民政府下发给省教育厅文件豫政文〔2013〕196 号“河南省人民政府关于设置河南牧业经济学院的批复”，同意郑州牧业工程高等专科学校与河南商业高等专科学校合并建立河南牧业经济学院，河南牧业经济学院系本科层次的普通高校，隶属省教育厅管理。至此，学校进入河南牧业经济学院时期。（河南牧业经济学院档案、校史馆）

（十七）铁道警察学院

铁道警察学院是公安部直属的我国唯一为铁路公安机关培养专业人才的全日制普通本科院校，校址位于河南省郑州市金水区农业路 31 号。

学校前身是 1950 年经中华人民共和国政务院批准成立的“铁路公安训练班”。为满足铁路安全保卫工作的任务需要，学校 1953 年被改建为“铁道公安干部学校”，1957 年并入“中央公安学院”。为适应铁路建设发展，1963 年学校在陕西省西安市重建，被定名为“西安铁路公安学校”，成为全国铁路公安唯一的培训基地，并于 1965 年 11 月成功承办了全国铁路公安基本功汇报表演会。1972 年经铁道部学校批准迁建至河北省唐山市，因交通、铁道两部合并，被称为“交通部公安学校”。1975 年改称“铁道部唐山公安学校”。1976 年，学校毁于唐山大地震。

1979 年 4 月，根据第四次全国公安政治工作会议要求，铁道部决定自 1980 年 1 月 1 日起，将“铁道部唐山公安学校”迁建于河南省郑州市，改称

“铁道部郑州人民警察干部学校”。① 明确学校是铁道部直接领导的部属局级事业单位，属中等专业学校，承担轮训全国铁路公安在职民警和招收全国高考优秀考生，培养新民警的两项任务；党的工作委托郑州铁路局党委领导，日常工作由铁道部公安局代铁道部管理。1981 年，学校正式对全国招生，迎来了经高考录取的第一届全日制中专铁路公安专业学生，铁路公安教育事业迈出了正规学历教育的第一步。

1984 年 8 月 16 日，铁道部决定在铁道部郑州人民警察干部学校基础上成立“铁道部郑州公安干部学院”。② 明确学校对全国铁路公安机关在职干警进行大学专科学历教育；原铁道部郑州人民警察干部学校的中等专业教育部分，改设铁道部郑州人民警察学校，仍属中等专业学校，招收参加全国统一高考的高中毕业生，主要任务是培养新民警；两校合设一套工作机构，分挂两块牌子，领导关系和建制不变。1985 年 4 月，铁道部批复铁道部郑州公安干部学院新的机构设置和编制。当年，学校招收了第一届全脱产成人大专学生。

1986 年 1 月 27 日，铁道部根据《国务院批转教育部等部门关于成立管理干部学院的请示的通知》的有关规定，决定将“铁道部郑州公安干部学院”改名为“铁道部郑州公安管理干部学院”。

1996 年，为深化人事制度改革，根据铁道部下达的编制总数和国家有关规定，学校开始实行院党委领导下的院长负责制；院、系（部、处、室、馆）、教研室（科）三级管理体制。系（部、处、室、馆）实行主任（处长、馆长）负责制。

2000 年，伴随着全国教育体制改革，学校由铁道部划归公安部管理，更名为“公安部郑州公安管理干部学院”和“公安部郑州铁路人民警察学校”，仍实行两块牌子、一套人马的体制。两校作为公安部直属院校，学校的人事、财务、党团关系等事宜按照公安部直属单位的管理办法执行。内部机构设置不变。

2001 年 5 月，国家为整合教育资源、调整高等学校设置，教育部决定在

---

① 《关于迁建铁道部人民警察干部学校的函》（铁人字〔1979〕547 号）、《关于公安学校迁建河南郑州的通知》（铁人字〔1980〕19 号）.

② 《关于成立铁道部郑州公安干部学院的通知》（铁劳字〔1984〕1175 号）.

公安部郑州铁路公安管理干部学院与公安部郑州铁路人民警察学校合并基础上建立“铁道警官高等专科学校”，同时撤销公安部郑州铁路公安管理干部学院、公安部郑州铁路人民警察学校的建制。[①] 明确了“铁道警官高等专科学校”系专科层次的普通高等学校，可承担部分成人高等教育的任务，学制三年，全日制普通专科在校生规模暂定为3000人。“铁道警官高等专科学校”由公安部领导和管理，内部机构设置基本不变。这标志着铁路公安教育站在了普通大专学历教育这一新的历史起点上。

2013年4月18日，教育部同意在铁道警官高等专科学校基础上建立铁道警察学院，同时撤销铁道警官高等专科学校的建制，明确铁道警察学院系本科层次的普通高校，并应逐步过渡到以实施本科教育为主。学校由公安部领导和管理，发展所需经费由公安部统筹解决。全日制在校生规模暂定为5000人。学校本科专业的增设问题，按规定[②]同意首批设置4个本科专业，即：治安学、侦查学、公安管理学、刑事科学技术。同年，学校招收第一届本科学生，这标志着铁路公安教育开始全日制普通本科教育新的发展阶段。

2017年5月12日，河南省学位委员会正式印发文件，同意学校新增为学士学位授予单位，所申报的侦查学、刑事科学技术、治安学、公安管理学4个专业获得学士学位授予权，并同意学校成立由管曙光、江宜怀、陈济鹏、吕萍等23人组成的学位评定委员会。铁路公安教育的发展历史上迎来了第一届独立培养的全日制本科毕业生。

建校以来，学校为铁路公安机关培养各类毕业生3万余人，培训在职民警近2万人。目前，全国7万多名铁路公安民警中，学校毕业生占1/3以上，大部分已成长为铁路公安机关各级领导干部和业务骨干，22人被授予全国公安系统一级或二级英模荣誉称号，64人荣立个人一等功，涌现出了以一级英模、“欧阳海式的好民警”雷宏烈士，一级英模、援疆英雄沈战东烈士，二级英模、“90后最美学警”李博亚为代表的英模校友群体，为铁路公安工作和经济社会发展作出了突出贡献，被誉为“铁道卫士的摇篮”。（铁道警察学院程俊卫、富红）

---

① 《教育部关于同意建立铁道警官高等专科学校的通知》（教发函〔2001〕82号）.

② 《教育部关于同意在铁道警官高等专科学校基础上建立铁道警察学院的函》（教发函〔2013〕46号）.

（十八）河南警察学院

河南警察学院是一所本科层次的普通高等学校。学院前身是1949年2月成立的中共豫西区党委社会部保卫干部训练班，历经河南省公安干部学校、河南省人民警察学校、河南公安高等专科学校等发展时期。2010年3月，经教育部、省政府批准河南警察学院成立。2012年8月，经省编办同意，开封警校、洛阳警校正式并入河南警察学院。学院是河南省唯一一所公安院校，是全省公安机关的重要组成部分，承担着学历教育和在职民警培训双重职能，实行参照公务员法管理。

学院现有三个校区，分别位于郑州、开封和洛阳，占地总面积1800余亩。学院现有教职工763人，具有专业技术职务的532人，具有高级专业技术职务的181人，具有硕士以上学位279人。学院拥有公安高等教育部级教学名师1人，全国公安系统模范教师、二级英模3人，公安部特聘教官3人，河南省教育厅学术技术带头人23人，河南省师德先进个人、师德标兵3人，河南省优秀人民教师和文明教师8人，河南省高校青年骨干教师15人，入选"河南省百名优秀青年社科理论人才培养工程"1人，河南省职业教育专家1人，河南省优秀教育管理人才1人。学院现有全日制在校生近八千人，含改制生2695人。学院共招生14个本科专业（方向），其中，侦查学、经济犯罪侦查、治安学、禁毒学、刑事科学技术、交通管理工程、警务指挥与战术、网络安全与执法、公安管理学、治安学（公安法制方向）、侦查学（反恐怖方向）、公安管理学（警务心理方向）公安类专业12个；法学、应用心理学非公安类专业2个。学院现有交通管理、治安管理两个公安类专科专业。侦查学专业为省级专业综合改革试点专业及公安部重点培育专业，治安学专业为省级特色专业，交通管理工程专业为省级专业综合改革试点专业，刑事科学实验中心为省级实验教学示范中心，法学专业为省级专业综合改革试点专业。学院现有国家级精品资源共享课1门、公安部精品课程4门、河南省精品课程4门，河南省精品资源共享课1门，院级精品课程14门。近年来，学院共成功申报国家社科项目2项；主持完成省部级科研教研项目83项、地厅级科研教研项目413项；获省部级科研奖12项、地厅级科研教研奖165项、省高等教育教学成果奖2项。学院现有校内实验实训室16个，校外实习实训基地22个，馆藏图书98万余册。

学院立足于为河南公安工作和公安队伍建设服务，为河南经济社会发展服务，突出地域和行业特色；以本科教育为主，保留专科教育，适度开展继续学历教育，强化在职民警培训；培养基础理论扎实、实践能力强、综合素质高、具有创新精神的应用性、复合型公安高级专门人才。学院教育分四个层次：一、面向高中毕业生的普通高等学历教育；二、面向高校毕业生及复员退役士兵招收的政法干警即改制生教育。改制生招录规模一直处于全国前列，已逐步成为全省公安机关补充警力的主渠道；三、成人教育；四、全省公安民警在职培训教育。每年培训各级各类中级警官12000人次左右，为提升全省公安队伍整体素质和战斗力提供重要智力支持。

学院被评为省级文明单位。2012年，学院在公安部组织的全国公安院校首届教学技能大赛中荣获本科组一等奖，2013年在首届全国公安院校培训基地文艺大赛中囊括金、银、铜奖、优秀奖和优秀组织奖。2015年学院被省政府评为“上合会议”安保工作先进集体。2016圆满完成“G20峰会”安全保卫增援任务荣立公安部集体二等功。自1978年开办学历教育以来，学院毕业生中涌现出以时代楷模任长霞为代表的一大批先进模范人物，其中有多人获全国公安系统英模称号，近万人立功受奖。目前，河南全省公安民警中，学院毕业生将近半数，绝大多数已成为公安队伍的中坚力量，学院被誉为“中原警官的摇篮”。（河南警察学院档案馆）

（十九）河南中医药大学

河南是中华民族的主要发祥地之一，是华夏民族始祖、人文初祖黄帝的故里，是医圣张仲景的故乡。自古以来，中原地区医林兴盛，名医大家辈出，中药资源丰富，群众基础深厚，是中医药文化的重要发源地。

河南中医药大学创建于1958年，是全国建校较早的高等中医药院校之一，前身是1955年在开封创办的河南省中医进修学校。学校位于省会郑州，现有4个校区，分别为龙子湖校区、东明路校区、人民路校区、东风路校区，占地面积1594.94亩。河南中医药大学是河南省人民政府和国家中医药管理局共建高校、国家中西部高等教育振兴计划高校、教育部中国政府奖学金生培养高校、博士学位授权单位、省级文明单位，是河南省中医药人才培养、科技创新、医疗及社会服务和文化传承的龙头和中心。2016 年 3 月 1 日，教育部正式发文，将学校更名为河南中医药大学。

50 多年来，学校已由单一的中医药学科发展为医、理、管、工、文等多学科协调发展，涵盖本科、研究生（博士、硕士）、留学生、继续教育等多个培养类别的综合性中医药大学。学校现设有基础医学院、药学院、第一临床医学院、第二临床医学院、骨伤学院、第三临床医学院、针灸推拿学院、护理学院、康复医学院、人文学院、外语学院、信息技术学院、软件职业技术学院、国际教育学院、继续教育学院、思想政治理论教研部、体育教研部、职业技能培训鉴定中心 18 个院（部、中心）。学校面向全国 30 个省、市、自治区及中国港澳台、海外招生，现有普通全日制在校生 17000 余人，其中研究生 1500 余人，留学生 50 人。

学校大力实施“人才兴校”战略，打造了一支实力雄厚的人才队伍。学校现有教职工 1424 人，专任教师 989 人；硕士生导师 441 人，其中博士生导师 66 人；有国医大师 4 人，国家万人计划百千万工程领军人才 1 人，百千万人才工程国家级入选 3 人，省特聘教授 6 人，“双聘院士”1 人，聘请了 44 位国内外著名学者为学校终身教授、首席教授、兼职教授及客座教授；享受国务院政府特殊津贴专家 36 人、享受河南省政府特殊津贴专家 4 人，中原学者 2 人，省优秀专家 33 人，河南中医事业终身成就奖获得者 20 人，省名中医 31 人，省杰出专业技术人才 1 人，河南省高等学校教学名师 8 人，全国老中医药专家学术经验继承工作指导教师 57 人，河南省学术技术带头人和河南省跨世纪学术技术带头人 27 人、厅级学术技术带头人 70 人、全国中药特色技术传承人才培养对象 15 人、省高校青年骨干教师资助对象 87 人、教育部新世纪优秀人才支持计划等项目获得者 104 人。教师中先后有 20 多人次获全国“模范教师”“优秀教师”“师德建设先进个人”等殊荣；140 余人次被评为省“优秀教师”“师德建设先进个人”“劳动模范”和“教育教学先进工作者”。

学校不断加强学科、专业建设，全面提升教学水平；现设有中医学、针灸推拿学、中西医临床医学、预防医学、护理学、康复治疗学、医学检验技术、医学影像技术、应用心理学、中药学、药学、中药资源与开发、药物制剂、中药制药、制药工程、生物工程、计算机科学与技术、市场营销、公共事业管理、信息管理与信息系统、文化产业管理、英语、汉语国际教育、软件工程等 24 个本科专业和 1 个应用心理学第二学位专业；现有国家中医药管理局中医药重点学科24个，河南省优势特色学科1个，河南省重点学科一级学科8个、二级学科2个；有4个国家级高等学校特色专业建设点、2个国家级“专业综合改革试点”项目、7个省高等学校特色专业建设点、1个国家级高等学校实验教学示范中心、1个国家级大学生校外实践教育基地、2个国家级卓越医生（中医）教育培养计划改革试点、1门国家级精品视频公开课，10个省级“专业综合改革试点”项目、8个省级高等学校优秀教学团队、7个省级高等学校实验教学示范中心、2个省级虚拟仿真实验教学中心，18门省级精品课程、9门省级精品资源共享课、7门省级精品视频公开课、4门省级双语教学示范课程等。

学校高度重视学位与研究生教育：现有中医学、中药学两个博士学位授权一级学科，涵盖14个二级学科；有中医学、中药学、中西医结合、药学、基础医学、临床医学、马克思主义理论7个硕士学位授权一级学科，涵盖57个二级学科（含4个自主设置目录外二级学科）；有中医、中药学、护理、翻译、工程（制药工程）等5个硕士专业学位类别。2003年，学校被教育部批准为联合培养博士研究生工作单位；2013年，被国务院学位委员会批准为博士学位授予单位，中医学、中药学两个一级学科获得博士学位授权；2014年9月，首届博士研究生顺利招生。

学校下设3所集教学、医疗、科研为一体的直属附属医院，中医医疗、教学、科研队伍实力雄厚，具有完善的教学辅助体系。学校已为全省乃至全国培训各类人员1.66余万人次，促进了基层医疗卫生服务水平的提升；有国家级重点专科（专病）35个、省级重点专科23个。学校有8所非直属附属医院（洛阳正骨医院、郑州市中医院、安阳市中医院、开封市中医院、濮阳市中医院、郑州市大肠肛门病医院、洛阳市第一中医院、郑州人民医院），共计129个教学实习基地。图书馆有各类图书148万册，中外文期刊1704种，馆藏的中医线装古籍文献尤为丰富，收藏量居全国中医药院校前列。

学校坚持教学与科研并重：现有科技部国际科技合作基地、国家中医临床研究基地、河南省高校人文社会科学重点研究基地、河南省非物质文化遗产研究基地、博士后科研流动站、3个河南省高校重点实验室培育基地等大型研究平台，拥有3个国家中医药管理局重点研究室，6个国家中医药管理局三级实验室，1个河南省协同创新中心，2个河南省重点实验室，3个河南省工程技术中心，1个河南省工程实验室，1个河南省科普教育基地，1个河南省众创空间，3 个河南省高校工程技术研究中心，3 个河南省高校重点学科开放实验室，3 个郑州市重点实验室。学校建设有 6 大公共科研平台，75 个校级研究所(中心)和 13 个校级研究室。学校有分析测试中心、药效毒理实验中心、中医药分子生物实验中心、病理实验中心、动物实验中心、医学免疫学重点实验室等 6 大公共科研平台及中医内科重点学科开放实验室。近年来，学校加强了对重大疑难疾病、传染病、中医方药的理论和应用研究以及河南地道药材标准化、现代化研究，大量的科学研究工作已取得了可喜的成绩。

近 5 年来，学校共承担科研项目 1942 项，其中“十二五”国家科技支撑计划、国家科技重大专项、国家重大新药创制科技专项、国家 973 项目、国家自然科学基金项目、国家社会科学基金项目、国家软科学等国家级项目 109 项，省部级项目 311 项，厅局级项目 1522 项，累计承担科研项目计划经费 15341.06 万元。学校已获国家科学技术进步一等奖 1 项、二等奖 3 项，省部级科研奖励 93 项；获得国家授权专利 347 项，其中授权发明专利 203 项；发表学术论文 10602 篇，被 SCI、EI、ISTP 等收录 1216 篇；出版学术专著(译著)、教材(主编)共 528 部。

学校主办有《中医学报》和《河南中医》的两种学术期刊在国内外公开发行，均为科技部中国科技核心期刊、中国科技论文统计源期刊，教育部中国高校优秀期刊、中国高校特色期刊，国家中医药管理局全国中医药优秀期刊，美国乌利希期刊指南收录期刊。《中医学报》还跻身中国核心学术期刊行列，连续四届被评为河南省自然科学类一级期刊、河南省高等学校优秀学报、教育部中国高校科技期刊优秀团队，并且成为美国化学文摘收录期刊、波兰《哥白尼索引》来源期刊。

学校开展国际合作与交流逾 30 年，目前已与世界近 50 所大学、科研与医疗机构、企业等广泛开展了人才培养、科学研究、医疗服务、产品研发等多方面的合作与交流。通过项目带动促进中医药文化与技术引进来与走出去双向并重，形成了显著的特色和优势。

大力开展校地、校企合作，全方位服务经济社会发展，在卢氏、济源、西峡等地建有 14 个中药材规范化种植示范基地，承担全省 30 多个、70 余万亩中药材规范化种植基地的技术指导任务，带动了近 30 万药农致富。学校与宛西制药、羚锐制药、辅仁药业、太龙药业、济人药业柘城县人民医院等多家企事业单位开展了合作，增强了办学活力；与济源市、新乡市、信阳市新县、焦作市、灵宝市、南阳市、禹州市人民政府等签订了校地合作协议，在人才培养、医院建设与医疗服务、中医药资源开发、中医药产业等方面开展合作，成效显著。

学校秉承“厚德博学，承古拓新”校训，凸显“立德铸魂，德术兼备”育人理念，为社会培养各类中医药人才 8 万余名。毕业生中涌现出了一批在全国有重要影响的科学家、名医大家、企业家、管理专家等，涌现出了以首届“全国道德模范”“中国大学生十大年度人物”王一硕和“全国三好学生标兵”“中国大学生自强之星标兵”白云苹等为代表的感动中原、唱响全国的优秀大学生先进群体，他们展示了学校良好的育人成果，在河南省高校德育评估中获“优秀”等次。

学校积极发挥文化传承创新职能，以传承中医药知识、弘扬中医药文化为己任，以打造中原中医药文化品牌为目标，加大特色校园文化景观建设，拥有河南中医药博物馆、河南中药植物园、人体科学馆、中医源文化展厅、医德馆以及中原文化、中医药文化、药企文化展厅，在满足学校教学科研的同时，面向社会开放，积极向各界宣传、展示中医药文化。近年来接待河南省内外政府部门、企事业单位、高等院校和中小学生等中医药爱好者 4 万余人。2015 年 6 月，学校被命名为第一批“河南省中医药文化宣传教育基地”，同年 9 月获批为“全国中医药文化宣传教育基地”，成为全国第一家以高校名义获此殊荣的单位。

学校全面提升综合办学实力，教育质量不断提高。近年来，中央、省、市等新闻媒体对学校整体发展、教学改革、思想道德教育、社会实践活动成效和师生先进事迹等进行了广泛报道。学校先后获“全国师德建设先进单位”“全国医学教育系统思想政治工作先进集体”“河南省行风建设先进单位”“中原最具魅力大学”等诸多殊荣，在本科教学工作水平评估、高校德育评估中均获优秀。

目前，在校党委、行政的领导下，全体师生员工同心协力，不断进取，正以饱满的激情和昂扬的斗志，以科学发展观为统领，扎实推进学校发展规划，为建设特色鲜明的高水平中医药大学而努力奋斗！（河南中医药大学档案馆）

(二十)郑州大学西亚斯国际学院

郑州大学西亚斯国际学院创办于1998年，是由美国西亚斯集团公司投资，与郑州大学合作，美国堪萨斯州富特海斯州立大学协办的中外合作办学机构，是河南省首家被国务院学位委员会批准可以实施境外学士学位教育合作项目的全日制本科院校，也是首批被教育部中外合作办学评估合格的高校。

郑州大学西亚斯国际学院前身为郑州工业大学西亚斯国际工商管理学院；2001年原郑州大学、郑州工业大学、河南医科大学合并，组建新的郑州大学，学校更名为郑州大学西亚斯国际学院。

学校经过19年的建设发展，各项工作都取得长足的进步。学校现有15个二级学院，75个本科专业及专业方向(含5个中外合作交流专业)，14个专科专业，涵盖了文、理、工、经、管、医、法、教育和艺术9大学科门类。自2008年起，已在国民经济学、企业管理、英语语言文学、外国语言学及应用语言学英语笔译(专业硕士)和电子与通信工程(专业硕士)6个专业实施培养硕士研究生教育项目。办学规模已由初期500人发展至2016年在校生27142人。学校拥有教职工1915人，其中外籍教师130余人，外教与学生数量之比居全国前列。建校以来，学校为国家培养了6万多名大学毕业生，毕业生就业率连续9年位居河南省高校前列。

学校贯彻执行党和国家的教育方针，坚持依法治校，党、政、工、团组织架构健全。学校秉持中西合璧的办学理念，实施国际化全人教育，培养复合型实用人才。为达此目标，学校在办好基础学科，夯实基础课程学习的基础上，提供多元文化的学习渠道，通过对全新认知科学的学习，优化学习方式；通过人脑加电脑智能学习方法的培养，提升学习能力；通过创新教育和实践，提高学生的实践能力与创新意识；通过创建独特而又丰富多彩的校园文化，拓展学生视野，促进学生综合素质的提高，培养自主学习的良好学风；通过外籍教师全英语授课和英语原版教材的使用，强化对学生汉语、英语双语能力和资讯能力的培养，使其初步具备国际化的沟通交流能力、国际化的视野和国际化的思维方式，成为一个适应国际一体化经济社会发展的合格人才。

学校坚持国际化合作办学，先后与美、日、泰、印尼等40多个国家和地区的100多所高校开展友好的交流合作。学校的国际文化交流学院现已招收来自美、日、韩、俄罗斯等20个国家的留学生。在学生的国际化交流，师资队伍的国际化合作上突显出学校中西合璧的办学特色。

学校连续多年被河南省教育厅评为“河南省优秀民办学校”“行风建设先进单位”“河南省大学生创业教育示范学校”，荣获国家主流媒体颁发的“中国最具就业竞争力院校”“最具综合实力中外合作院校”“十大品牌影响力中外合作院校”等称号。2015年学校以引进先进教育理念和实施国际化特色办学，为中美合作交流培养出大量优秀人才所取得的成绩，荣获第三届“美中杰出贡献奖”。学校先后被亚太大学联合会吸收为理事单位，被世界大学联合会和世界大学校长联合会吸收为会员单位。（郑州大学西亚西斯学院档案室）

五

湖北省

(一)武汉大学

每年的11月29日，是武汉大学的生日，如今已超过两个花甲。123岁的武汉大系跨越了晚清、民国和中华人民共和国三个时期，见证了中国高等教育从无到有、从弱到强，不断发展壮大的艰辛历程。

1. 百廿历程

(1)学堂时期(1893—1911)

1893年11月29日，湖广总督张之洞奏请光绪皇帝，在湖北设立自强学堂。他认为“盖闻经国以自强为本”“自强之道，以教育人才为先”，故取“自强”二字。这座位于湖北武昌三佛阁大朝街口的新式高等专门学堂，设方言、算学、格致、商务四门。由此揭开了近代湖北高等教育的序幕。

1896年湖北自强学堂将方言一门逐步扩大为英语、法语、德语、俄语、东文(日语)5门。1902年，自强学堂迁往武昌东厂口，改名方言学堂。1911年辛亥革命前夕，方言学堂因经费紧张而停办。

(2)师范时期(1913—1924)

1913年，北洋政府教育部，规划在全国设立6所高等师范学校，在华中决定以湖北武昌原方言学堂为基础，改建国立武昌高等师范学校，仿日本教育模式设立英文、历史地理、数学物理、博物四部。贺孝齐、张渲、谈锡恩、张继煦先后任校长。

1922年，学习欧美模式改4部为8系，即教育哲学系、国文系、英语系、数学系、理化系、历史社会学系、生物系、地质系。

1923年9月，根据新的学制，国立武昌高等师范学校被改为国立武昌师范大学，逐步推行美国模式。

(3)国立时期(1924—1949)

A. 国立大学的酝酿时期(1924—1927)

1924年，国立武昌师范大学改名为国立武昌大学，石瑛任校长。开始向综合性大学迈进。

1926年，国立武昌大学与国立武昌商科大学、湖北省立医科大学、湖北省立法科大学、湖北省立文科大学等合并为国立武昌中山大学(又称国立第二中山大学)，设有大学部和文、理、法、经、医、预6科，计17个系、2个部。这是武大历史上的第一次大调整，也奠定了国立武大的发展基础。

B. 国立武大初创十年(1928—1938)

1928年，南京国民政府以原国立武昌中山大学为基础，组建国立武汉大学，初设文、法、理、工4个学院。1929年5月，法学家王世杰正式成为国立武汉大学首位校长。他提出要把学校办成拥有文、法、理、工、农、医6大学院的万人大学。1930年3月，经地质学家李四光等人的勘察，决定在东湖之滨的珞珈山兴建国立武汉大学新校舍。1932年3月，学校由东厂口迁入珞珈山。

1934年学校设立法科、工科研究所，开展专门的学术研究及研究生教育。1935年，学校开始招生研究生，逐步拓展大学的第二功能。1936年，学校正式成立农学院，从而发展成为有文、法、理、工、农5个学院15个系2个研究所的综合大学。

1937年，国立武汉大学与国立中央大学、国立清华大学、国立北京大学和国立浙江大学准备进行统一招生考试，从而跻身“民国五大名校”。

抗日战争全面爆发后，国共两党大批军政要人蒋介石、陈诚、周恩来、董必武、郭沫若等云集珞珈山，共同开展对日抗战。

C. 国立武大西迁乐山八年(1938—1946)

1938年中日武汉会战打响后，学校被迫西迁四川乐山，农学院并入迁往重庆沙坪坝的国立中央大学。

此时，化学家王星拱校长在敌人的狂轰滥炸中八年艰辛办学。学校在全国学业竞赛、院士等拔尖人才的培养、部聘教授的评审以及在*nature*，*science*上论文的发表都创造了辉煌的业绩，与中央大学、西南联合大学、浙江大学并称为“民国四大名校”。

武汉沦陷后，珞珈山被栽种上了樱花树，成为日军的中原司令部。

D. 国立武大东归珞珈（1946—1949）

1945 年 8 月 15 日，日本宣布无条件投降。同年 9 月 1 日，学校成立以杨端六教授为主任委员的复校委员会，开始东还。

此时法学家周鲠生接任校长，他于 1946 年恢复了农学院、设立医学院，形成了文、法、理、工、农、医 6 大学院、21 个系、8 个研究所的办学格局，最终实现了王世杰校长的办学理想。

（4）中华人民共和国时期（1949 年至今）

A. 计划经济的三十年（1949—1979）

1949 年中华人民共和国成立，学校更名为武汉大学。同时，武大历史上的第二次大调整开始了。湖南大学、河南大学、南昌大学、广西大学等大学的文理部分学科并入，学校的工、农、医、水利（1952 年成立）等学院的专业调整出去分别组成了华中工学院、中南土建学院、中南矿冶学院、华中农学院、中南同济医学院和武汉水利学院，部分专业并入北京大学、中山大学、华南工学院。调整后的武大成为了以文理为主的综合性大学，设有 9 系 1 个专修科。

1953 年 2 月，著名的马克思主义理论学家、教育家李达就任校长，致力于办又红又专的社会主义大学。1958 年 9 月 12 日，毛泽东主席来校视察。1960 年 10 月，学校被中共中央确定为 64 所重点大学之一。

1966 年“文化大革命”爆发后，学校受到不同程度的冲击，校长李达被迫害致死。此时学校在鄂西北襄阳隆中建立过襄阳分校、在湖北荆州地区建立过沙洋分校。

B. 改革开放的二十年（1979—1999）

在改革开放初期，化学家查全性倡议的恢复高考制度的建议被中央采纳，哲学家陶德麟参与的真理标准问题的讨论在全国影响巨大。

1981 年 7 月，刘道玉担任校长，在校内推行了一系列教学和管理体制的改革，大力开展与世界著名大学的合作交流，学校迎来了“文革”后的一个快速发展期。1984 年，学校成为全国首批成立的 22 所研究生院的院校之一。

继刘道玉之后，任心廉担任党委书记，齐民友、陶德麟、侯杰昌先后担任校长，他们继续致力于学校的改革发展。

1993 年，学校迎来百年华诞，决心以“自强、弘毅、求是、拓新”的校训精神，为在21世纪把武汉大学办成世界第一流大学而奋斗。1995年11月，学校顺利通过国家“211工程”预审，成为面向21世纪中国重点建设的大学之一。

C. 迈向新世纪的十六年(2000—2016)

2000年8月2日，武汉大学与武汉水利电力大学、武汉测绘科技大学、湖北医科大学合并组建新的武汉大学，武大历史上的第三次大调整开始了。

强强联合后的武大，学科门类更加齐全、办学资源更加充分、师资队伍更加雄厚、研究实力更加强盛、社会影响更加深远。

2001年2月13日，学校正式成为中国“985工程”重点建设院校。

迈向21世纪的武汉大学在党委书记任心廉、顾海良、李健、韩进，校长侯杰昌、刘经南、顾海良、李晓红、窦贤康的先后带领下正信心满怀向世界一流大学奋进！

2. 百廿辉煌

走过了120年，经历学堂、师范、国立和新中国四个发展阶段，武大成为中国办学历史最悠久的大学之一，文化底蕴深厚。经过120年的建设发展，学校以其坚实的办学基础和卓著的学术声望，成为中国最杰出的大学之一。

120年来，学校四移其校，终因滨临东湖水，环拥珞珈山，加上气势恢宏的中西合璧的宫殿式建筑，而成为世界上最美丽的大学之一。120年来，学校先后与世界上44个国家和地区的370余所大学、科研机构建立了合作关系，成为中国最具开放意识的大学之一。

1999年，世界权威期刊*Science*杂志将武汉大学列为13所“中国最杰出的大学之一”。2011年，学校进入英国《泰晤士报》世界大学排名400强。中国校友会网2013中国大学排行榜中武汉大学位列第9名，2014年位列第5名。在近几年的中国大学综合实力排行榜中，武汉大学位列第7名。英国的QS大学排名，武汉大学进入282名。

百廿的武大历程，是武大人才培养、科学研究、社会服务以及文化传承不断取得进步，逐步走向辉煌的过程。

(1)百廿的武大历程，是学校为国家培养优质人才的百廿。

学校学堂时期培养的是能与国外打交道的实用外语人才，师范时期培养的是德才兼备国家急需的中学教育师资，国立以后培养的是国家需要的自然基础型、人文社科型、实用技能型的各方面人才。

人才培养的质量一直到社会的认可，早在1948年，英国牛津大学致函确认：武大文、理学毕业生平均成绩在80分以上的，享有“牛津之高级生地位”，也就是说，世界顶尖大学认可武大的本科教育质量。

百廿来，众多英才曾在这里度过人生中最宝贵的青春年华。章伯钧、陈潭秋、罗荣桓、伍修权等曾在这里挑灯夜读；刘西尧、李锐、张培刚、欧阳予、朱九思、萧楚父、刘诗白、谭崇台等曾在这里悬梁刺股。

百廿的办学实践，武汉大学已培养出60多万名高级人才，造就了一大批著名的政治家、军事家、科学家、教育家、文学家、艺术家、企业家。

近几年评选出的杰出校友就是其中的代表之一(1—8届)：

a. 端木正、黄彰任、陆长生、王佛松、钟期荣、欧阳予、庹震；

b. 柯俊、张培刚、方成、黄孝宗、张效祥、陈荣悌、刘诗白、董辅礽、王梓坤、邹节明；

c. 颜泽贤、张明高、江元生、刘先林、范云六、李锐、雷军、李京文、付向东、李方华、于刚、刘家恩、刘西尧、田源、陈东升、李连和、赵耀东、张学知；

d. 陈俊勇、陈善广、陈文蔚、方辉煜、林宗坚、游效曾、王明庥；

e. 胡代光、何炼成、潘垣、张家铝、易中天、熊召政、张晓刚、池 莉、卡里姆·马西莫夫；

f. 王小凡、王光谦、史文中、艾路明、李新昭、陈鑫连、杨惠根、胡知宇、喻杉；

j. 毛振华、文龙、朱九思、陶凯元、康绍忠、董欣年、童朝晖；

h. 桂建芳、胡春宏、李小林、倪晋仁、解振华、刘亚洲、阎志、周旭洲。

(2)百廿的武大历程，是学校为国家奉献科学智慧的百廿。

120年的发展，学校不仅培育出了法学、哲学、新闻学、图书馆学、情报与档案管理、理论经济学、公共管理、生命科学、水利水电、测绘、遥感、口腔医学等一批具有全国领先且具有国际影响力的学科，而且产出了建立在这些学科之上的科学研究成果。

1896年，湖北自强学堂总办蔡锡勇就撰写出我国第一部速记汉语拼音文字专著《传音快字》。民国王世杰、周鲠生等开展的法学研究，影响巨大，使武大赢得了“法学之王”的称号。杨端六、刘秉麟、皮宗石、陶因等开展的经济学研究享誉全国。1936—1949 年，汤佩松、高尚荫、邬保良、梁百先等在《自然》和《科学》杂志上发表论文 8 篇。

中华人民共和国成立后，在自然和实用科学方面有：李国平、齐民友、张远达等对数学的研究，桂质廷、梁百先等对物理学的研究，查全性、卓仁禧、张俐娜等对化学的研究，高尚荫、杨弘远、朱英国、舒红兵等对生物学的研究，夏坚白、王之卓、陈永龄、宁津生、李德仁、刘经南、张祖勋、龚健雅、李建成等对测绘科学的研究，谢鉴衡、张蔚榛、茆智、李晓红、夏军等对水电、机械科学的研究，邓子新对生物学的研究。

在人文和社会科学研究方面有：李达、陶德麟、刘刚纪等对马克思主义哲学、美学的研究，韩德培、马克昌、李龙、曾令良等对国际私法、刑法、宪法等的研究，吴于廑、唐长孺、石泉、冯天瑜、胡德坤等对世界历史、中国古代史、荆楚地理、历史文化的研究，李崇怀、谭崇台等对管理学、经济学的研究，彭斐章、马费城等对图书馆学、情报学的研究，宗福邦、于可训对语言文字、文学的研究。

他们都在自己的学科领域为人类的科学进步，为祖国的经济繁荣、社会的发展作出了突出贡献。

(3) 百廿的武大历程，是学校为社会服务的百廿。

到了 20 世纪，大学的第三个职能——社会服务职能在大学中产生并得到发展，大学通过开展成人和继续教育、建立科技园、建立校企联合中心或通过咨询、技术指导、成果转化等形式，直接或间接地为社会服务。

早在民国时期，武大就开展过不少社会服务活动。如：1939 年为国民政府航空委员会所需材料进行拉力、压力、冲力等方面的实验研究，1940 年为嘉裕电气公司提供技术指导，1941 年生物系教授高尚荫以“人工接种”的方式开展在土壤中增加氮素的试验，以改良川省的土壤结构等，这些工作都在一定程度上满足了社会的需求。

中华人民共和国成立后，学校的社会服务工作前期以培训社会所需要的人才为主。改革开放以后，学校的社会服务工作不断地向广度和深度进军，逐步建立起官、产、学、研的服务体系。

学校先后参与了葛洲坝水利枢纽工程、长江三峡工程、黄河治理工程、南水北调工程等我国绝大部分水利水电工程的研究、论证、建设等工作，为我国水电事业的发展和农业的现代化作出了贡献。

学校开发的全数字化测图系统、GPS数据处理、地理信息系统基础等系列软件在GPS全球卫星定位与导航、南北极科学考察等方面，为祖国的航天、信息安全、交通等事业作出了贡献。

学校还在马协型、红莲型杂交稻、高频地波监测雷达、高性能混合动力电池以及重大传染性疾病防治等方面产生了巨大的社会经济效益。

人文社会科学充分发挥"智囊团"和"思想库"的作用，为国家经济建设和社会发展提供了强大的理论保证和智力支持。

(4)百廿的武大历程，是学校为国家民族传承文化的百廿。

武大百廿的文化传承是在大学校长们的理念实践中、在大学精神的凝练中以及大学人的奉献拼搏中逐步完善实现的。

晚清末年，拯救民族、文化复兴成为时代的主旋律，张之洞提出了"中体西用""经世务实""自强图存""三育兼赅"的理念，在华中创办了湖北自强学堂，为近代中国的高等教育及文化的转型奠定了坚实基础。

民国初年，建立新的文化体系、培养新人成为时代的要求，国立武昌高等师范学校作为六大高师中的一支，在贺孝齐、张渲、张继煦等校长的领导下，以"朴、诚、勇"的校训精神，砥砺前行，为新的文化孕育和成长打下坚实的基础。

民国中后期，为适应国家政治、经济及文化建设的需要，王世杰、王星拱、周鲠生等校长提出了"文化中枢"与"一流水准"、"人格训练"与"知识灌输"、学术"出品"与培养"造人"等大学理念，在"明诚弘毅"的校训精神的激励下，闻一多、陈源、刘博平、朱光潜、苏雪林、杨端六、刘秉麟、吴宓、李国平、高尚荫、桂质廷等名家，秉持学术独立、教育报国，自由民主、兼容并包之理念，为复兴中华文化、融合西方文化作出了重要贡献。

中华人民共和国成立后，李达执掌武大13年。他提出了"马列指导""红专并重""教学为主""教研结合""培养师资""民主管理"等系列办学理念，为在马克思主义指导下的社会主义新文化建设作出了不可磨灭的贡献。

改革开放以后，刘道玉、齐民友、陶德麟等校长扛起了改革的大旗，提出了"创造教育""教研并重""以生为本""一流目标""综合改革"等大学理念。尤其在改革开放的初期，开改革风气之先，进行了一系列的教育教学改革，武大也因此被誉为"教育改革中的深圳"，为社会主义文化的大繁荣留下了隆墨重彩的一笔。

2000年四校合并，合并后的武大在侯杰昌、刘经南、顾海良、李晓红和窦贤康等校长的带领下，在“和而不同”“学科、学者、学术、学风、学生”“顶天立地”和“人才强校”的办学理念指导下，为把学校建设成为“中国特色、世界一流、国际知名”的高水平大学而努力奋斗！在建设“双一流”大学的征程中不断地砥砺前行！

3. 百廿展望

珞珈山水春常在，百廿黉宇奏新声。

武汉大学，“自强”于19世纪，“弘毅”于20世纪，“拓新”于21世纪。面对新的发展机遇和挑战，武汉大学确立了新的总体目标：中国特色，世界一流；制订了新的发展战略：顶天立地；并在此基础上描绘出新的发展蓝图：

2015年，稳固提升学校在中国高等教育第一方阵的位置，部分学科达到国际领先水平；

2020年，跻身世界一流大学行列，综合实力进入世界前200位；

2043年，建校150周年，总体建成世界一流大学，综合实力进入世界前100位。

风已正，帆已悬，自强不息、卓尔不群的武大人，必将借百廿华诞之东风，扬帆远航，再创辉煌！（涂上飙）

（二）中国地质大学（武汉）

中国地质大学是教育部直属全国重点大学，是国家“211工程”、教育部“优势学科创新平台”项目建设的大学。从1952年建校至今，中国地质大学经历了北京地质学院、湖北地质学院、武汉地质学院、中国地质大学4个发展时期，在65年的办学历程中，学校已经由原来的单科性质地质学院发展成为以地球科学为主要特色、多学科协调发展的全国重点大学，学科涵盖理学、工学、文学、管理学、经济学、法学、教育学、艺术学、哲学等多个门类，成为国家地学人才培养的摇篮和地学研究的重要基地。

1. 北京地质学院（1952—1970）

1952年11月1日，由北京大学、清华大学、北洋大学（今天津大学）、唐山铁道学院（今西南交通大学）、中国矿业学院等五所院校的地质系（科、组）

合并组建而成的北京地质学院在京举办首届开学典礼。当时，学校校舍暂定在北京大学工学院（端王府夹道），全院共有在校学生1563人，教授、副教授29人，袁复礼、冯景兰、张席禔、王炳章、尹赞勋、袁见齐、杨遵仪、王鸿祯、马杏垣、池际尚等一大批学术大师汇聚于此。

从成立之初起，学院就十分重视实践教学，在河北唐山等地建立了多个实习基地，建院不久，马杏垣等就选定周口店为教学实习基地，时至今日，周口店仍为学校最为重要的实习基地之一。此外，学院尤为重视科研工作，1954年12月学院成立科学研究处，北京地质学院时期，学院有多项科研成果在国内外产生重大影响，例如1955年到1956年，马杏垣带领师生完成了我国第一幅较正规的1∶20万《五台山山区区域地质图》。重视体育运动是学院的重要特色，1958年起学院将登山运动列为地质专业的必修课，1960年5月25日，国家登山队首次从珠峰北坡成功登顶，学校学生王富洲即为成功登顶的3人之一。

1960年10月，国家发布《关于增加全国重点高等学校的决定》，北京地质学院被确定为全国重点高等学校。

在北京地质学院时期，学校毕业的一大批毕业生后来都成了知名学者和先进人物。例如：1953届毕业生、首届李四光地质科学研究奖获得者、中国科学院地学部委员刘宝珺，1955届毕业生、全国劳动模范、中国科学院地学部委员马宗晋，1956届毕业生、国家有突出贡献的专家、中国科学院地学部委员欧阳自远等。

2. 湖北地质学院（1970—1974）

1970年，学院整体迁至湖北省江陵县，并更名为“湖北地质学院”。由于受到历史原因及客观条件限制，此时期的教育教学工作以办短期培训班、培养工农兵学员和到地矿一线传授知识等形式为主。1971年，石油地质专业普通班的开学标志着中断正常招生5年之久的全国重点地质学府又恢复了以培养普通大学生为主的高等教育功能。在此时期，学院编印和修订了多本专业教材，并决定开办地质力学和英语两个新专业，此外，学院还参与了一批国家级科研项目和科技情报工作。

3. 武汉地质学院（1974—1987）

1974年7月，湖北省同意湖北地质学院在武汉市选址建校，并最终将新校址确定为武昌喻家山和来旺山（今南望山）南麓，华中工学院以西，武汉邮电科学研究院以东，181 工厂以北。同年 12 月，“湖北地质学院”改名为“武汉地质学院”。

恢复重建后，根据改造单科性地质学院的目标模式，学院相继新建了计算机、经济管理工程、基础课部 3 个系(部)，增设了 8 个专业。至 1985 年，学院共设 9 个系、1 个基础课部，涵盖了理、工、文、管学科，初步奠定了以地学理工科为主，理、工、文管各类专业相结合，具有合理完整的专业学科和层次结构的办学模式。

1978 年，武汉地质学院在原北京旧校址设立武汉地质学院北京研究生部。1981 年，武汉院本部首次招收硕士研究生，北京研究生部首次招收博士研究生。1986 年 4 月 14 日，国务院批准武汉地质学院成为全国 33 所试办研究生院的高校之一。

4. 中国地质大学(1987 年至今)

1987 年，原国家教委批准“将武汉地质学院及其在北京的研究生院、中国地质科学院研究生部、地质矿产部北京地质管理干部学院、武汉地质科技管理干部学院联合组成中国地质大学”，学校分设武汉和北京两部，总部设在武汉。1996 年 5 月，原国家教委批准中国地质大学正式建立研究生院。2000 年 2 月，学校以独立建制从国土资源部划归教育部管理，2006 年 9 月，教育部、国土资源部签署共建中国地质大学协议。

1997 年 4 月，《中国地质大学“211 工程”建设项目可行性研究报告》顺利通过专家组审核，这标志着中国地质大学已列入国家重点建设的学校之一。同年 12 月，国家计委同意中国地质大学“211 工程”建设项目正式立项。2005 年 1 月，学校地质过程与矿产资源实验室通过科技部专家组审查，正式被列入国家重点实验室建设计划，这实现了学校国家级科研基地“零”的突破。2006 年和 2008 年，学校分别申报并获批“地球系统过程与矿产资源”和“长江三峡库区地质灾害研究”两个教育部“优势学科创新平台”项目。

学校现有教职员工 3069 人，其中教师 1700 余人。中国科学院院士 9 人，博士生导师 248 人，教授 444 人，副教授 730 人。国家“千人计划”入选者 19 人，国家“万人计划”入选者 8 人，“长江学者奖励计划”入选者 18 人，国家杰出青年科学基金获得者 14 人，国家优秀青年科学基金获得者 10 人，教育部“新世纪优秀人才”入选者 29 人，湖北省“百人计划”入选者 8 人、“楚天学者计划”入选者 40 人。学校拥有国家自然科学基金委创新研究群体 3

个，教育部创新团队3个，国家级教学团队6个，国家级教学名师1人，湖北省教学名师9人。

学校现有各类科研机构、实验室、研究院(所、中心)86个，其中国家重点实验室2个，国家工程技术研究中心1个，科技部地质工程国际科技合作基地1个，科技部创新人才培养示范基地1个。学校拥有完善的实验实践教学体系，有国家级实验教学示范中心3个，国家级虚拟仿真实验教学中心1个。自建校起，学校相继在周口店、北戴河、秭归等地建立了教学实习基地，其中周口店野外实习基地被誉为“地质工程师的摇篮”，为“全国地质实验(实践)教学示范中心”“国家基础学科人才培养能力(野外实践)基地”。

学校现有2个国家一级重点学科，16个湖北省重点学科，“地质学”“地质资源与地质工程”两个一级学科在全国历次学科评估中均排名第一；有19个学院(课部)、64个本科专业；有13个一级学科博士点，34个一级学科硕士点，13个博士后科研流动站。地球科学、工程学、环境/生态学、材料科学、化学5个学科领域进入ESI全球前1%，其中地球科学进入前1‰。

2010年以来，学校获国家科技进步特等奖2项(参与)、国家自然科学二等奖1项、国家科技进步二等奖2项，省部级科技奖励38项，获“中国科学十大进展”1项、“十大地质科技进展”2项、“十大地质找矿成果”2项。汤森路透“高被引科学家”5人，爱思唯尔“高被引学者”8人，入选ESI高被引论文作者30人次。学校主办的《地球科学》(中文版)被EI Compendex收录，《地球科学学刊》(英文版)被SCIE收录，《中国地质大学学报》(社会科学版)进入CSSCI。

学校把弘扬优良体育传统与健全人格培养相结合，学校学生在国际国内重大体育比赛中累计获得金牌200余枚，银铜牌400余枚。从2012年起，学校发起“7+2”登山科考活动，当年5月，学校登山队成功登顶珠峰，成为我国第一支登上世界最高峰的大学登山队；至2016年12月14日，学校完成了世界七大洲最高峰的攀登和北极点、南极点的徒步穿越，成为世界上首支由在校师生组队实现这一壮举的大学登山队。

学校积极开展对外学术、科技和文化交流，先后与美国、法国、澳大利亚等国家的100多所大学签订了友好合作协议。2012年，由学校发起，联合斯坦福大学、麦考瑞大学、滑铁卢大学、香港大学、牛津大学等十二所世界知名大学组建的“地球科学国际大学联盟”成立。(苏玉微)

(三)武汉理工大学

武汉理工大学是由原武汉工业大学、武汉交通科技大学、武汉汽车工业大学三所学校于2000年5月合并组建而成，是教育部直属全国重点大学，国家首批“211工程”重点建设高校。

武汉工业大学、武汉交通科技大学、武汉汽车工业大学，在半个多世纪的发展过程中，始终与祖国同命运，与人民共呼吸，从小到大，由弱变强，均发展为规模较大、水平较高，以工科为主、特色鲜明的多科性大学。伴随着新中国的工业化进程，三校以其鲜明的行业办学特色，成为我国建材工业、交通工业、汽车工业重要的人才培养和科学研究基地，其源远流长，不断发展壮大的光辉历程，共同形成了武汉理工大学深厚的历史文化积淀。

1.武汉工业大学

武汉工业大学的前身有三个来源，即南支中南建筑工程学校，北支沈阳建筑材料工业学院，北京建筑工业学院。

南支的源头最早可追溯到1898年湖北工艺学堂。1898年(光绪二十四年)湖广总督张之洞向朝廷上疏《设立农务工艺学堂暨劝工劝商工所折》，奏请武昌洋务局开办湖北工艺学堂，到1950年湖北工艺学堂发展为湖北省武昌高级工业学校。湖南高级工业学校、湘乡高级工业职业学校、河南省郑州高级工业学校，同样历经了近半个世纪发展变迁。到解放前夕，上述“四大高工”已形成现代办学形式与规模。中华人民共和国成立后，武汉土木工程学校、长沙市政建设工程学校、珠江水利学校相继建立。1952年，中南建筑工程学校在江西庐山合并组建，它汇聚了“四大高工”的土木科，整体接收了武汉土木工程学校、长沙市政建设工程学校。1953年，珠江水利学校土木科并入。

1952年12月，中南建筑工程学校在庐山举行开学典礼。学校作为中南区工业性质中等技术学校，以服务国家大规模经济建设的基本建设为目的，为国家培养建筑工程技术人才。1954年，学校改为武昌建筑工程学校，从庐山迁至武昌马房山。1958年先后更名为武昌建筑工程专科学校，武汉建筑工业学院，跻身本科院校行列。1960年更名为武汉城市建设学院，并被列为4所部属重点院校之一。1965年改为武汉建筑工程学校，学校再次走上中等专业技术学校之路。

北支的前身是1948年在解放战争中诞生的中国人民解放军东北军区军工部工业专门学校，这是我军历史上较早的军事工业高等学校，主要培养和训练兵器工业技术和管理干部。1950年学校扩充为东北兵工专门学校，1956年发展为沈阳建筑机械学校。1958年，沈阳建筑机械学校与1951年建立的沈阳建筑材料工业学校和1955年建立的沈阳计划经济学校合并组成沈阳建筑材料工业学院。

中华人民共国成立后，一大批军队干部转向经济建设。1955年建筑工程部华北干部学校、1956年建筑工程部高级干部学校应运而生，办学宗旨是为我国建筑建材行业培养管理干部。1958年两校合并为北京建筑工业学院。

1959年，建筑工程部决定实施“京、沈两院一盘棋”，沈阳建筑材料工业学院本科部分和北京建筑工业学院合并组成新的北京建筑工业学院，1960年列为部属重点院校。学校规划于北京东郊管庄建设以建筑材料工业为特色的万人规模大学，北京建筑工业学院进入一个新的发展时期。1969年，北京建筑工业学院从北京南迁湖南常德。

1971年，北京建筑工业学院再度北移武昌马房山，与武汉建筑工程学校合并，改名为湖北建筑工业学院。1978年湖北建筑工业学院被列为全国重点大学，更名为武汉建筑材料工业学院，并改由原建材部领导。1985年，经原国家教委批准，学校更名为武汉工业大学，发展空间进一步拓展。学校以创建有特色的第一流的工业大学为奋斗目标，不断开拓进取，抢抓机遇，特别是获得了世界银行贷款第二个大学发展项目以及对学校建设和发展有深远影响的国家1亿元投资的二期扩建工程项目，逐步完成了由单一工科学院向多科性工业大学、由教学中心向教学科研两个中心、由封闭型办学向开放型办学的三大转变。

1996年武汉工业大学进入国家“211工程”建设行列，1998年7月，学校划转教育部，成为教育部直属的、国家“211工程”重点建设的全国重点大学。到2000年5月，学校发展成为一所以材料科学与工程为特色，以工科为主干，以理科为基础，理科、工科、管理、经济与文科相结合、相互渗透的多科性全国重点大学。

2. 武汉交通科技大学

学校前身为1946年建立的国立海事职业学校。这是抗日战争胜利后，教育部"以培植中等海事技术人才，促进海事建设为宗旨"而筹建的一所海事职业学校，校址设在武昌下新河。1949 年，随着中华人民共和国的成立，被接管的国立海事职业学校与为培养交通运输方面的专业干部而创办的交通学院合并，1951 年学校更名为中央人民政府交通部武汉交通学院。1952 年，全国高等学校院系调整，学校以培养内河交通运输高级技术人才为主，改名为武汉河运学院。随着办学规模的扩大，学校在武昌余家头兴建了新校园，1957 年改名为武汉水运工程学院。

武汉水运工程学院成立后，学校在调整中发展前进。1963 年，原交通部对部属高等院校进行专业调整后，学校主要培养船舶工程、船机设计制造与修理、港口起重运输机械设计制造与管理维修方面的高级技术及管理人才。经过不断的发展，逐渐形成以船舶机械、船舶工程、港口机械为特色专业体系，为改革开放后学校的快速发展打下了基础。

国家恢复高考后，学校于 1977 年、1978 年两年共招收本科生 1000 多人。到 1989 年，学校拥有在校学生 3800 余人，设 8 个系、4 个部、7 个研究所、4 个独立研究室。学校坚持教学科研两个中心的办学思想，不断提高教学质量和学术水平，加强科学研究，国际合作与交流日趋活跃，成为中国船舶及轮机领域的知名学府。学校拥有国内一流的大型深浅两用拖曳船池和操纵性实验水池，全国最早最先进的用于检测动力机械磨损的铁谱实验室，自己研制成功的、达到当时国际先进水平的轮机管理模拟器以及风洞等一流的教学实验设备，在中国内河航运及船舶界声誉卓著。

武汉河运专科学校是原交通部属工科管理类高等专科学校，以培养航运专业人才为主，为我国内河航运方面唯一的一所全日制普通高等专科学校。学校前身为 1945 年创办的广东省立潮汕高级商船职业学校，经历了解放前的航海职业教育，解放后至 1978 年的航运中等专业教育，1978 年后进入航运高等专科教育时期。专业方向也经历了航海、河运和河海兼顾 3 个阶段。从广东省立潮汕高级商船职业学校、广东省立潮汕高级商船技术学校、武汉河运学校到武汉河运专科学校，在半个世纪的发展历程中，学校为国家培养了上万名各类航运专门人才。

1992 年 7 月，原交通部根据交通运输事业的发展需要，进一步优化交通高等教育的布局结构，经原国家教委批准，武汉水运工程学院和武汉河运专科学校合并，1993 年更名为武汉交通科技大学。1996 年 12 月，原交通部与湖北省人民政府签署共建武汉交通科技大学的协议以期通过滚动发展的形式，使学校进入国家“211 工程”建设行列。1997 年 9 月，学校通过原交通部组织的重点学科建设规划及部级重点学科评审。1998 年 8 月，学校通过了中华人民共和国海事局的“中华人民共和国船员教育和培训质量体系”认证，这标志着学校按照 STCW78/95 国际公约要求进行船员教育和培训正式同国际接轨。学校以建设全国第一流交通运输重点大学为奋斗目标，到 2000 年 5 月，已发展成为以水运工程和航运技术为主要特色，水陆并举、河海兼顾，工科为主，含理、工、文、经、法、哲多学科的交通部直属重点大学。

3. 武汉汽车工业大学

1958 年，为了适应国家工农业生产发展的需要和满足武汉地方工业建设对人才的迫切需求，中共武汉市委创办了武汉工学院。1961 年，湖北化工学院、武汉工学院和湖北工学院（本科部分）三校合并，办学规模扩大。1963 年，面临调整的武汉工学院由第八机械工业部接管，学校由为武汉市地方服务转向为全国农业机械化服务，为发展农机工业培养人才。

1971 年，湖北农业机械工业专科学校与武汉工学院合并成立湖北农业机械学院。学校在为农业机械化服务、面向工厂和农村开展技术革新和科学研究方面取得了多项重要成果。1978 年学校的湖北－12 型机耕船、R－175 型柴油机获两项科研成果全国科学大会奖。1979 年学校划归农业机械部领导，恢复武汉工学院校名。1982 年学校转为机械工业部领导。1983 年学校改为由中国汽车工业公司领导，把武汉工学院建设成为汽车工业培养人才的重要基地成为学校的奋斗目标。学校进行管理体制与办学模式改革，率先在全国高校试行“双向参与、一校两制”的办学模式，成立了由全国汽车行业重点骨干企事业单位组成的董事会，深化教育教学和科研管理制度改革，人才培养形成特色，科研工作出现新局面。

1995 年经原国家教委批准学校更名为武汉汽车工业大学，1996 年中国汽车工业总公司与武汉市政府决定共同建设武汉汽车工业大学，1997 年学校“211 工程”重点学科建设通过部门预审，1999 年湖北省第一机械工业学校和湖北省能源经济学校整体并入武汉汽车工业大学。学校面向汽车工业培养各类高级人才，以汽车及轿车零部件研究为重点，形成了一批有特色的研究方向，取得了一批高水平的科技成果。到 2000 年 5 月，学校已发展成为一所以工为主，工、经、管、文、理、法、教相结合，协调发展的多学科性大学。

4. 武汉理工大学

合并组建后的武汉理工大学，紧紧抓住高等教育发展的重大机遇，积极探索合并高校融合、发展的途径，坚持“育人为本、学术至上”的办学理念，以发展促融合、以融合求发展，以特色创优势、以创新求发展，以服务求支持、以贡献促共建，坚持实施特色战略、创新战略、协调发展战略、国际化战略，实现了整合融合和快速发展。历经 10 年的互融共进、跨越发展，学校完成了由教学研究型大学向研究教学型大学的转变，奠定了在我国高等教育、三大行业和区域发展中的地位，确立了良好的社会声誉，并为最终建成“部分学科水平世界一流，学校整体水平国内一流”高水平大学奠定了坚实的基础。

“十二五”期间，学校坚持以思想观念的超越引领学校发展、以发展规划统领学校发展、以改革创新推动学校发展；坚持实施人才和质量战略、特色和创新战略、国际化战略；坚持以强化特色创造发展优势、以改革创新提升发展内涵、以人才强校带动发展全局、以合作共建获取发展资源，实现了学校发展的内涵提升和新的跨越。通过“十二五”时期的建设和发展，学校实现了由规模和外延发展向提高质量和内涵发展的战略转变，实现了办学思想观念、人才培养能力、科技创新能力、学科创新水平、人才队伍水平、国际合作能力、国际声誉、社会服务能力、依法治校能力、条件保障能力、党建工作的全面提升，从而迈进国家特色高水平大学前列和世界知名大学行列。

历经 17 年的发展，学校现有马房山校区、余家头校区和南湖校区，占地 4000 余亩；现有 24 个学院(部)，教职工 5493 人(专任教师 3201 人)，全日制学生 50452 人(本科生 36754 人、博士和硕士研究生 12471 人、留学生 1227 人)。学校已形成以工学为主，理、工、经、管、艺术、文、法等多学科相互渗透、协调发展的学科专业体系；现有一级学科博士学位授权点 15 个，一级学科硕士学位授权点 38 个，博士后科研流动站 17 个；有 15 个硕士专业学位授权类别，39 个硕士专业学位授权领域。材料学科、工程学科、化学学科和物理学科 4 个学科进入了世界 ESI 学科排名的前 1%；现有本科生专业 89 个。学校在新材料与建筑材料、交通与物流、机电与汽车、信息、新能源、资源环境、公共安全与应急管理等领域建有 30 个国家级和省部级科研基地，建有 3 个省部级协同创新中心，与地方政府和行业企业共建联合研究中心 199 个。2010 年以来，学校以第一完成单位获国家科技奖励 14 项，位居全国高校前列。

武汉理工大学以建设“让人民满意、让世人仰慕的优秀大学”作为崇高的大学理想和核心价值追求，高举世界一流大学、一流学科建设的旗帜，培养一代又一代能够以智慧引领人生、具有卓越追求和卓越能力、能够引领三大行业和区域发展的卓越人才，朝着“部分学科水平世界一流，学校整体水平国内一流”的战略目标阔步前行！（徐业松、李兆荣、罗小寒）

(四)华中师范大学

华中师范大学是教育部直属重点综合性师范大学，国家“211 工程”重点建设的大学，国家教师教育 985 工程优势学科创新平台建设高校，是国家培养中、高等学校师资和其他高级专门人才的重要基地。

学校办学历史悠久，以 1871 年的文华书院为源头，以 1903 年文华书院所设立的大学部为起点，以 1924 年在文华大学基础上建立的华中大学为主体，以华中大学、中华大学、中原大学教育学院等多元结合为前身。1951 年中原大学教育学院与华中大学合并组建成公立华中大学；1952 年中华大学、湖北省教育学院等并入后，学校改名为华中高等师范学校，1953 年定名为华中师范学院，1985 年学校更名为华中师范大学，并由中原大学创始人之一邓小平同志亲笔题写校名。1993 年江泽民总书记为学校九十周年校庆题词：“发展师范教育事业，提高民族文化素质。”学校在百余年的发展中既继承了中国传统文化的精华，又汲取了外来文化的养分，更弘扬了革命文化教育的传统，形成了“忠诚博雅、朴实刚毅”的华师精神，为国家培养了近30 万优秀人才。学校历史沿革见下图：

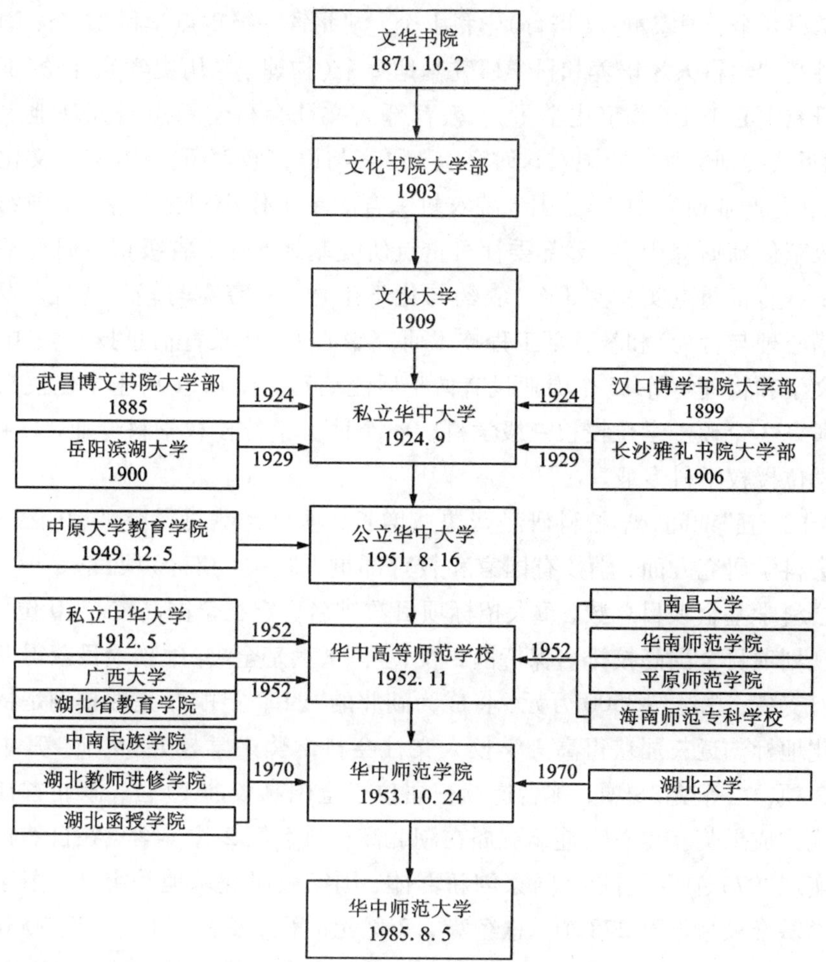

学校位于九省通衢的湖北省武汉市，坐落在武昌南湖之滨的桂子山上，占地面积 120 余万平方米，下设 29 个学院、60 余个研究所和研究中心，70 个本科专业面向全国招生。目前各类全日制在校生超过 3 万人，其中本科生 18000 人左右，研究生 11000 人左右，留学生 1500 人。学校具备从本科生到硕士生、博士生及博士后，从全日制到成人教育的高等教育体系。

学校现有教职工 3800 余人，专任教师 1892 人，其中教授、副教授 1291 余人，博士生导师近 300 人，专兼职院士、人文社会科学资深教授、“长江学者"特聘教授、"国家教学名师"、国家各类人才专家等40人。学校现有国家重点学科8个，国家重点(培育)学科1个，湖北省一级重点学科22个；国家文理科基础学科人才培养和科学研究基地2个(物理学、历史学)；国家工程技术研究中心1个(数字化学习)；教育部人文社会科学重点研究基地3个(中国近代史研究所、中国农村研究院、语言与语言教育研究中心)，文化部"国家文化产业研究中心"、国务院农村综合改革工作小组办公室"中国农村综合改革创新研究中心"等部委社科重点研究基地6个，省级重点研究基地13个；教育部重点实验室3个(农药与化学生物学、夸克与轻子物理、青少年网络心理与行为)和教育部工程技术研究中心1个(教育信息技术)；中国语言文学和物理学等15个专业设有博士后流动站，有14个博士学位授权一级学科，33个硕士学位授权一级学科，94个博士学位授权学科专业，184个硕士学位授权学科专业。

"十二五"期间，学校科研经费快速增长，项目经费总量突破10亿。人文社会科学研究方面，学校有国家和教育部重大攻关(招标)项目38项，国家社会科学基金项目总数、重大招标项目数排名稳定在全国高校前10位；教育部规划项目全国高校排名保持前3位，其中《荆楚全书》编纂项目获得湖北省政府支持，总经费3500万元，将成为湖北的"四库全书"，是独具荆楚特色的文化地标。近三届获得高等学校人文社会科学奖中学校共59项，其中一等奖2项，二等奖38项，排名连续三届位于全国高校前10位，湖北省社会科学优秀成果奖获得总数连续五届在湖北高校排名第2位。学校在自然科学方面实现"973项目"首席、国家创新群体、国家级研究基地等突破，国家自然科学基金项目增至278项，总经费1.7亿元；累计发表SCI论文近3000余篇，在*Science*，PNAS，PRL，JACS等有关学科高水平代表期刊上发表论文30多篇；累计获得湖北省科技奖励19项，其中自然科学奖一等奖3项、科技进步奖一等奖1项。

学校努力体现"厚基础、宽口径、高素质、创新型"的现代人才培养思想，通识教育与专业教育相结合，学生全面发展和个性发展有机结合。学校将创新创业教育融入教育全过程，大力倡导创新创业教育及实践能力的培养。学校定期举办教学节，营造"重视教学、崇尚创新"的教学文化氛围。学校现有国家级特色专业12个，湖北省品牌专业17个。作为教育部卓越教师培养计划高校和教育部信息化试点高校，学校深入推进信息技术与教育教学的深度融合，教学资源实现充分共享。学校与武汉地区其他 6 所部属高校开展联合办学，是全国教师教育网联的主要成员，湖北教师教育网络联盟的牵头高校，和中国台湾地区、香港地区有关高校开展了课程共享活动。2014 年第七届国家教学成果奖评选，学校共获奖 8 项。学校毕业生以过硬的思想素质、良好的业务素质以及全面的综合素质赢得了用人单位的青睐，毕业生就业率稳定在 90% 以上。2013 年，在教育部对学校进行的本科教学工作审核评估中，学校的办学方向和办学质量受到充分肯定。

学校以"博学，博爱，博雅"为内涵的校园文化贯穿丰富多彩的校园生活，逾百个学生社团活跃其中，"创新杯科学文化节""桂子山艺术文化节""博雅大讲堂""一二九诗歌散文大赛""桂苑之歌"校园歌手爱心演唱会等成为学校传统的校园文化活动，并在武汉地区颇具影响，为学生培养、锻炼、展现自己的才能提供了广阔的舞台。

学校拥有 10 余栋现代化教学楼，建有两座图书馆，馆藏面积 39689 平方米，藏书 300 余万册，并具有先进的"校园文献网络化管理与服务系统"。全校可供教学用计算机 15187 台，实现了校园无线网络及学生宿舍空调全覆盖。学校建有的各类现代化体育设施，可以满足学生的体育锻炼需求。

近年来，学校坚持"一体两翼，建设高水平大学"的战略发展思路，国际化发展进程进一步加快，国际化水平位居全国高校第 27 位。与美国、加拿大、俄罗斯、法国、英国、澳大利亚、日本、韩国等国家和港澳台地区众多知名高校及研究机构建立了密切的关系，教学与科研合作不断深入，大批外籍专家和教师在校任教讲学。出国(境)研修、参加国际会议、开展合作科研的教师人数持续攀升。与国外大学共建四所孔子学院，积极选派汉语教师及志愿者赴国外开展汉语教学，传播中国语言与文化。大力推动学生的国际双向流动，每年选派大批学生赴国(境)外交流学习，在校长短期国际学生人数达 2800 余人，生源遍布全球 140 多个国家。

华中师范大学立足湖北，面向中南，辐射全国，全体华中师大人正以昂扬的斗志，为争取把学校建设成为教师教育特色鲜明的研究型高水平大学而不懈努力。(付强)

(五)中南财经政法大学

中南财经政法大学是教育部直属的一所以经济学、法学、管理学为主干，兼有哲学、文学、史学、理学、工学、艺术学等九大学科门类的普通高等学校。其前身是1948年中共中央中原局创建的中原大学。学校先后经历了七个历史时期，为国家培养了30万财经政法类高端人才，为经济法制建设和社会发展作出了重要贡献。

1. 中原大学时期(1948—1953)

1948年，为建设和巩固不断扩大的中原解放区，培养各方面专业人才和干部，以邓小平为第一书记的中共中央中原局决定在中原地区创办中原大学。1948年7月10日，中原大学筹委会成立，陈毅担任筹委会主任。8月2日，在中原军区召开的“八一”纪念大会上，刘伯承司令宣布中原大学正式成立，临时校部设在宝丰县城北部的大白庄村。10月，中原大学第一届校领导班子正式组建，范文澜任校长，潘梓年任副校长，孟夫唐任教务长。1948年9月，学校迁至宝丰县城。1948年11—12月，学校迁至开封，暂借河南大学校舍。

1949年5—8月，中原大学师生搬迁至武汉。学校的主要任务也转向培养适应中南地区经济文化恢复和建设的专业人才。学校相继成立了文艺学院、教育学院、财经学院与政治学院，并先后承担了筹建中央民族学院中南分院和广西革命大学的任务。在短短5年内，中原大学培养出了1.4万余名干部，补充了战争时期前方干部的不足，为中南地区乃至全国各地输送了大批急需的建设者。

2. 中南财经学院与中南政法学院时期(1953—1958)

在全国院系大调整的背景下，1952年底，河南大学、武昌中华大学经济系的师生先后并入中原大学财经学院。1953年5月29日，中原大学财经学院与中山大学、湖南大学的财经学院及南昌大学经济系及会计银行系，中山大学社会系劳动组合并，成立中南财经学院。学院直属教育部领导，中南高等教育局管理。

1953年4月3日，中原大学政法学院与中山大学、广西大学、湖南大学的政法系合并，成立中南政法学院，隶属中南政法委员会，后改由司法部直接管理。1956年1月，根据司法部指示，中南政法学院分为中南政法学院和中南政法干部学校。

两校成立后，学校对合并融入的教学资源进行了有效的整合。中南财经学院成立了经济、财政与信贷、合作贸易、工业经济、会计、统计等六个系。中南政法学院成立了政法系。1954年秋季，两校按照国家计划正式招收四年制本科生，并继续担负为中南地区培养财经政法干部的重任。

3. 湖北大学时期(1958—1970)

1958年9月底，在全国"大跃进"高潮中，中南财经学院、中南政法学院、中南政法干校与武汉大学法律系合并组建成湖北大学。学校以财经、政法类专业为主，同时增设一些理科专业。受当时"大跃进"运动和"左"倾思想的影响，学校提出"建设共产主义湖北大学"的口号，学校的定位、教育方针、教学改革等均呈现求快求多、急躁冒进的情况，违背了实事求是的思想路线、偏离高等教育的客观规律和学校的实际情况。

1964年，学校被列为全省高校"四清"运动试点单位，日常工作几乎全部停滞。1966年，"文化大革命"开始，学校停止了一切教学活动。1968年秋，工人、解放军毛泽东思想宣传队进驻湖北大学，撤销了学校系、教研室和行政编制，实行班、排、连、营的军事化编制。1970年11月，湖北大学被宣布撤销。

4. 湖北财经专科学校时期(1971—1977)

1971年12月7日，湖北省革命委员会决定，湖北大学撤销政法专业，保留财经专业，改名为湖北财经专科学校。1972年1月，湖北财经专科学校正式成立。湖北财专成立后，学校千方百计将原来调出的教师调回学校，积极恢复有关专业的招生和教学秩序，恢复系科设置，设立了工业经济系、商业经济系、农业经济系、计划财金系、政治法律系等。1976年，全校恢复了10个专业的招生。此外，学校还努力保存了政治、法律的教师力量，通过举办短训班、进修班的方式，开始逐步恢复法律专业的招生和教学。

湖北财经专科学校时期是学校发展史上最困难的时期，学校克服种种困难，坚守了全国不多的财经教育阵地，培养毕业生800余人，各类干部2万多人，为支撑受严重破坏的国民经济的正常运转，作出了独特的贡献。

5. 湖北财经学院时期(1978—1985)

1978年1月，湖北省革命委员会批准将湖北财经专科学校更名为湖北财经学院，成为恢复高考制度后首批招收本科生的高校之一。1979 年 1 月，经国务院批准，湖北财经学院由财政部和湖北省双重领导，以财政部为主。学校各项工作走上了正轨，并提出“建成一个在国内具有先进水平的财经学院，培养出高质量的适应四化建设需要的财经管理人才”的发展目标。

学校共设置 14 个本科专业，新增经济信息、商品养护两个理科专业，面向全国招生。1978 年，学校成为全国最早招收硕士研究生的学校之一，先后有 18 个学科专业获得硕士学位授予权，为国家培养了一批经济学、法学专家。同时，学校在科研方面有了突破性进展，公开发表出版了科研成果 1200 多项。《中国近代经济思想史》《中国会计史稿》等著作产生了广泛影响。

6. 中南财经大学与中南政法学院时期（1984—2000）

1984 年 12 月 8 日，中南政法学院恢复成立，学院的主要师生员工来自湖北财经学院法律系，由司法部和湖北省人民政府双重领导，以司法部为主。1985 年 9 月，湖北财经学院更名为中南财经大学。

1988 年，学校举行建校 40 周年庆典，中央军委主席、中国改革开放总设计师邓小平为学校题写校名。1992 年 9 月，中南财经大学成功地举办了第四届全国大学生运动会。中南财经大学在学科专业改造、改革方面取得重大突破，形成了学士、硕士、博士、博士后研究人员的人才培养体系。1997 年 3 月，学校重获招收外国留学生资格。中南政法学院恢复重建后，先后成立了法律系、经济法系、国际经济法系、经济贸易系、法律外语系。研究生教育和各层次教育呈现良好态势。

中南财经大学与中南政法学院虽然各自成为独立院校，但两校共同传承了革命大学的教育传统，办学理念和风格一脉相承，教学科研守望相助，在新时期共同获得长足发展。

7. 中南财经政法大学时期（2000 年至今）

2000 年 5 月 26 日，原中南财经大学、中南政法学院合并，成立中南财经政法大学。2003 年 12 月，湖北省机电学校并入中南财经政法大学。2005 年 9 月，学校跨入国家“211 工程”重点建设高校行列；2011 年 6 月，学校进入国家“985 工程优势学科创新平台”项目重点建设高校行列。2012 年 10 月，教育部、财政部、湖北省人民政府签署正式协议，共建中南财经政法大学。

合校以来，学校逐步走出一条“规模与结构协调、质量与特色并重”的内涵式发展道路，实现了学校教育事业的稳定发展和历史性跨越。学校拥有国家重点学科4个，国家重点(培育)学科1个，湖北省一级重点学科10个；设有20个学院，56个本科专业，15个一级学科硕士学位授权点，89个二级学科硕士学位授权点，6个一级学科博士学位授权点，53个二级学科博士学位授权点，6个博士后流动站。学校以经济学、法学、管理学三大学科为主干，多学科交叉融合、协调互动，通过优势学科、品牌专业、精品课程、优质教材、主讲教师形成人才培养合力。

回首学校的发展历史，虽迭遭磨难，却始终能负重前行，弦歌不辍。而今，学校站在了新的历史起点，已进入了持续平稳快速发展的新阶段。学校将抓住机遇，为建成“特色鲜明的高水平人文社科类大学”而奋斗，为科教兴国、人才强国作出应有的贡献。(中南财经政法大学档案馆)

(六)中南民族大学

中南民族大学是一所直属国家民族事务委员会的综合性普通高等院校，坐落于湖北武汉。学校前身为中央民族学院中南分院，创建于1951年。学校根据1950年中央人民政府政务院颁布《培养少数民族干部试行方案》的要求而成立，由中南军政委员会教育部负责筹办。1952年，经中南军政委员会批准，学校独立建院，将中央民族学院中南分院改名为中南民族学院，由中南民族事务委员会领导。1953年，学校合并了广东民族学院，组织结构和学员规模得到了充实扩大。这一时期，学校加开班次专业，培养少数民族干部，加强民族地区调研，探索教育教学方法，取得了很大的发展。1957年，为加强统一领导，学校归属教育部所辖的中央民族学院领导，改名为中央民族学院分院。1961年，国家民委将两所院校同列为委属重点学院，到1965年，学校又恢复为中南民族学院。这一时期，学校于1958年设置了中文系、历史系；1959年设置了政治教育系；1960年设置了数学系，招收本科学生，并向民族高等师范教育方向发展。1970年学校撤销建制，停止办学。

1980年，经国务院批准，中南民族学院恢复建设。学校由国家民委和湖北省委双重领导，以国家民委为主。至1985年，学校建立了政治系、中文系、历史系、数学系、物理系、化学系、经管系、外语系等10个教学单位和民族研究所、生物磁学研究室2个科研机构；有民族史、民族学、汉语史、基础数学、等离子体5个硕士点，教职员工1000人，在校学生达2060人。

1985年,《中共中央关于教育体制改革的决定》正式颁布，学校根据发展需要，相继制定了“七五”“八五”“九五”三个五年事业发展规划。“七五”期间，学校重视应用学科，加强专业建设，适应经济建设发展。“八五”期间，学校抓紧专业改造，调整、充实、优化专业结构。“九五”期间，学校不断优化内部结构，改善办学条件，提高教育质量和科研水平。至2000年，学校拥有1个博士点、15个硕士点、50个本科专业；教职员工1500多人，其中750多人具有高级职称；在校学生6000多人，其中研究生200多人。这一时期，学校规范教学工作，重视专业改造，扩大办学规模，增强办学实力，已发展成为在国内有一定影响、在同类高校中无论办学规模及水平均位居前列的多学科综合性的民族高校。

进入21世纪，学校更是提出办学新思路，制定发展新规划。学校加强了学科建设和研究生教育，加强师资队伍建设，提高了教学质量，增强了竞争能力，开展了国际交流与合作，极大改善了办学条件。2001年，学校在教育部本科教学工作随机性水平评估中获得优秀；2002年更名为中南民族大学；2003年9月，成为国家民委与武汉市人民政府共建院校；2005年5月学校被国务院授予“全国民族团结进步模范集体”荣誉称号；2006年，在教育部本科教学工作水平评估中再度荣获优秀；2008年，学校获“国家民委文明单位”称号；2009年获全国普通高等学校毕业生就业工作先进集体称号；2010年获教育部高校校园文化建设优秀成果三等奖；2015年，成为国家民委、教育部、湖北省共建院校；2015年，化学学科进入全球ESI排名前1%；2001年至今连续14年7次被评为湖北省最佳文明单位。随着教育改革与开放的不断深入，学校加快了对外交流、开放办学的步伐。学校已与美国、英国、澳大利亚、加拿大、俄罗斯、德国、日本、韩国、法国、巴基斯坦等数10个国家(地区)的50余所大学建立了校际交流与合作关系。2008年学校与美国威斯康星州立大学联合创办了孔子学院。学校定期选派优秀的本科生和研究生到国外访问、交流、学习，选派教师出国讲学、进修，也聘请外国专家来校执教和开展合作，扩大了学校在国际上的学术影响。

目前，学校占地1554亩，校舍面积100万余平方米，馆藏纸质图书235万册、电子图书462万册，拥有全国高校第一家民族学博物馆。学校现有56个民族的全日制博士、硕士、本科等各类学生26890余人，面向全国31个省(市、自治区)招生。新生第一志愿录取率超过96%，少数民族学生比例近

60%。学校现有教职工1915人，其中专任教师1371人。教师中，有高级职称专业技术人员750余人，拥有博士学位教师比例达到49.23%，一支数量充足、结构优化、素质较高、发展良好的师资队伍正逐步形成。学校还开设了10大学科门类的79个本科专业；拥有民族学一级学科博士学位授权点和8个二级学科博士点，4个湖北省立项建设博士点，有博士后科研流动站。学校现有省部级一级重点学科9个，一级重点建设学科2个，二级重点学科4个，有国家级特色专业5个，省级品牌专业7个，国家级、省级各类精品课程40门，国家级、省级实验教学示范中心13个，省部级科研机构(实验室、基地、中心)39个，实验教学仪器设备总值3亿多元。“十二五”期间，学校承担国家级项目316项，其中国家自科基金169项，国家社科基金129项；承担横向课题379项，与企业签订技术合同244项；出版学术专著309部，获授权专利122项；发表各类论文5613篇，其中CSSCI论文1143篇(其中权威期刊论文90篇)，SCI论文1041篇，EI论文1112篇；获省部级以上奖励144项；2项研究成果获党和国家领导人批示，26项调研报告被政府采纳，7项议案获得省政府参政咨询奖。

60余年来，学校始终坚持社会主义办学方向，贯彻落实党的教育方针和民族政策，始终坚持党的民族工作规律与高等教育规律相结合，民族高等教育的特殊性与普通高等教育的普遍性相结合，努力探索办好民族院校的新路子。学校已累计培养了12万名各民族干部和专业技术人才。他们遍布祖国的四面八方，为维护民族团结与稳定，促进少数民族和民族地区的经济与社会发展作出了积极的贡献。在新的历史起点上，学校大力实施“质量立校、学科兴校、人才强校、特色荣校”战略，全面推进依法治校，抓好“十三五”规划落实，扎实推动学校由教学型向教学研究型转变，努力把学校建设成为特色鲜明、国内一流、国际知名的高水平民族大学。(中南民族大学档案馆)

(七)湖北大学

1931年10月，湖北大学前身湖北省立教育学院通过教育部核准，在地处武昌武胜门外宝积庵建立，设两系一科，即农事教育系、乡村教育系和乡村师范专修科，于11月2日正式开学。学校先后附设农业学校、农场、青山教育实验区和民众教育馆，开创了学校与社会结合、教育与民众结合之先河。1936 年 7 月学校停办。1941 年 7 月 1 日，复校于恩施五峰山。

1944 年 1 月，教育部采纳各方建议，命湖北省立教育学院改为国立湖北师范学院，隶属教育部。学校设教育、国文、英语、史地、数学、理化、音乐等 7 系，并重建体育专修科。

1946 年，学校迁至沙市童家花园；1948 年，复迁回武汉。1949 年 7 月 16 日，文教部接管国立湖北师范学院，并决定学校暂时停办，进行整顿。

1949 年 8 月，湖北省委研究决定在原国立湖北师范学院的基础上，建立湖北省教育学院，由文教厅厅长李实领导开展建院工作。湖北省教育学院受教育部、中南军政委员会教育部、湖北省人民政府文教厅三重领导，主要任务是培养中等学校教师和教育行政干部，目标是向新型正规化发展，初设高级班、社会教育科、教育科、体育科、艺术科，于 10 月 15 日开学上课。

1952 年，根据国家院系调整方针，湖北省委将湖北省教育学院的部分教职员工、学生和图书并入华中大学(后改为华中师范大学)，以留下的部分人员和校产、校址为基础，筹办湖北省教师进修学院。湖北省教师进修学院根据“学以致用、分科培养”的原则，开设教育、语文、历史、俄文、数学、理化、生物、地理、美术、音乐、体育等 11 科，另设文教行政干部班、政治班，于 11 月 3 日正式开学。

1954 年 4 月，接教育部批复，湖北省教师进修学院从暑期开始改名为湖北师范专科学校。1957 年，湖北省委决定，于当年秋季将湖北师范专科学校与武汉师范专科学校合并，成立新的武汉师范专科学校，以宝积庵为永久校址，计划于 8 月 11 日至 9 月 14 日完成合并迁校任务。合并后学校设语文、历史、数学、物理、化学、生物、地理等 7 科，在校学生 2138 人。

1958 年 8 月，湖北省人民委员会批准将武汉师范专科学校改为武汉师范学院，交由武汉市人民委员会代管。建院之初，学校本、专科兼办，设中国语文、历史、数学、物理等 4 系，设生物、地理、化学等 3 个专修科，设马列主义、教育学科、体育、外语等 4 个公共课考研室(组)，提出了“培养又红又专、觉悟高、本领强、身体好、能教书、能教人、能搞科学研究、基础扎实、全面发展的一专多能的中学教师”的办学目标。

1984 年 8 月，教育部同意湖北省将武汉师范学院改建为湖北大学。9 月 15 日，湖北省政府印发《关于组建湖北大学等三校的通知》，学校正式改建。9 月 26 日，学校召开湖北大学成立大会，省领导黄知真、钱运录、李尔重、史子荣、周季芳等出席，湖北大学正式诞生。2013 年7 月，湖北省人民政府、教育部签署文件，决定共建湖北大学。

学校自 1931 年创建，迄今已有八十六载。八十六年来，学校历经移地易址与调整分合，深受磨难，饱经风霜，但学校从未因时颓运蹇而丧志，从未因人为摧残而败萎，反而愈挫愈奋，积淀了“自强不息、克难奋进”的“习坎”精神，确立了“日思日睿、笃志笃行”的校训信条，培养了一大批饮誉荆楚、影响全国的人才，创造了一大批颇具影响力的成果，为服务社会发展作出了突出贡献，彰显了大学的声望和价值。

发展至今，湖北大学学科专业涵盖哲、经、法、教、文、史、理、工、农、医、管、艺 12 个学科门类。其中，化学、材料科学 2 个学科进入 ESI 国际学科排名全球前 1%，跻身世界高水平学科行列。在全国第三轮一级学科整体水平评估中，学校有 11 个学科在湖北省属高校中排名第一，5 个学科在湖北地区高校中排名前三；有 6 个国家级特色专业建设点、1 个国家级专业综合改革试点项目、10 个省级品牌专业、4 项省级专业综合改革试点项目、11 个省级战略性新兴(支柱)产业人才培养计划项目、3 个省级“荆楚卓越人才”协同育人计划项目。学校在新型材料、生物技术、化学化工、基础数学、专门史、教师教育、旅游开发、区域规划与生态保护等领域形成了较为明显的优势和特色，曾获得全国科学大会奖 1 项，国家科技进步二等奖 3 项。学校较早开办了包括国家文科和理科基础学科人才培养基地在内的各级各类人才培养模式改革试验班近 20 个，率先实施了以培养拔尖创新人才为目标的“楚才计划”，成立了湖北高校首家通识教育学院。学校先后与美国孟菲斯大学、巴西圣保罗州立大学合作建立孔子学院，与波兰雅盖隆学院合作建立孔子课堂。其中，与美国孟菲斯大学共建的孔子学院于 2010、2012 年两次荣获“全球先进孔子学院”称号，与巴西圣保罗州立大学共建的孔子学院于 2010 年、2012 年、2016 年三次荣获“全球先进孔子学院”称号。(湖北大学档案馆)

(八)武汉科技大学

武汉科技大学是省部共建的地方高水平大学，是国家“中西部高校基础能力建设工程”入选高校。

学校办学历史溯源于 1898 年清末湖广总督张之洞奏请清朝政府批准成

立的工艺学堂，张之洞在民族战争和处理政学事务过程中逐渐形成了“中学为体，西学为用”的变革思想，他创办了“汉冶萍”公司及汉阳兵工厂等一批近现代工业以求实业兴国，深以为“中国不贫于财，而贫于人才，故以兴学为求才治国之首务”。1898 年，留美人士梁敦彦被任命负责筹办学堂，当年招收第一批学生，学生额定为60 名，学制为3 年，开设10 余门课程，有教职工30 多名。

1901 年9 月，清廷谕令各省学制改革。次年，张之洞推行新学制，成立学务处，任梁鼎芬为总提调，主管学政，实施全面改革。1907 年工艺学堂更名为省城中等工业学堂，学制5 年，前2 年为预科，后3 年为本科。本科分金工、电气、土木3 科，各班自1909 年底陆续开办，毕业145 人，以李四光等14 人为教习。辛亥革命后，学校依次更名为湖北甲种工业学校、湖北省高级工科中学校，北伐战争后并入省立二中、省立三中，于1935 年更名为汉阳高级工业职业学校，解放后又历经武昌高级工业学校、中南钢铁工业学校、武昌钢铁工业学校。1958 年，学校被改建为武汉钢铁学院，开办本科教育。1995 年，隶属于原冶金部的武汉钢铁学院、武汉建筑高等专科学校、武汉冶金医学高等专科学校合并组建为武汉冶金科技大学。1998 年，根据国家高等教育管理体制改革需要，学校成为第一批实行“中央与地方共建，以湖北省人民政府管理为主”的划转院校。1999 年更名为武汉科技大学。

学校校园总面积170.93 万平方米，校舍建筑面积104.15 万平方米。校园依湖览江、风景优美，是“湖北省生态园林式学校”“全国绿化模范单位”。

学校学科门类齐全、特色鲜明，构建了以工为主、理工结合，工、理、管、医、文、经、法、哲、艺等学科协调发展的综合性大学学科体系，材料科学进入ESI 全球学科排名前1%。学校设置有15 个举办本科教育的学院、70 个本科专业，拥有6 个博士后科研流动站、7 个一级学科博士学位授权点和36 个二级学科博士学位授权点、20 个一级学科硕士学位授权点和120 个二级学科硕士学位授权点、8 个硕士专业学位类别。学校建有1 个国家重点（培育）学科、15 个省级重点学科，冶金工程、矿业工程两个一级学科分别位列全国高校第6 位、第7 位。

学校积极实施“人才强校”战略，形成了一支以“千人计划”“长江学者”“百人计划”“楚天学者”“国家杰青”计划入选者为核心的高层次人才队伍，现有教职工2600 余人，其中专任教师1841 人；师资队伍中副高以上职称人员比例超过59%。学校拥有双聘院士8人，国家“千人计划”创新人才6人、“长江学者”1人、“千人计划配套引智工程”项目9项，“国家杰青”1人，湖北省“百人计划”10人，国家及湖北省新世纪百千万人才入选29人，全国模范教师1人，全国优秀教师5人，全国教学名师1人。

在教学和人才培养方面，学校先后获批国家教育质量工程项目49项，数量位居省属高校第一；获得国家教学成果奖4项，数量位居全国高校前15位。近5年毕业生平均就业率达到94%以上。学生多次在国际国内科技创新和技能竞赛中取得优异成绩，2016年度学校学生共获得省部级及以上奖励440项，其中国际级奖励8项，国家级奖励160项；学校女篮在全国享有盛名，多次获得全国大运会、CUBA和CUBS冠军，学校培养了原国家女篮队长苗立杰为代表的多位国家队成员。2016年学校一名2014级文法学院学生还参加了奥运会马拉松项目的比赛。

学校建有湖北省属高校唯一的国家重点实验室——“省部共建耐火材料与冶金国家重点实验室”，建有湖北省属高校唯一的国家工程研究中心——“高温材料与炉衬技术国家地方联合工程研究中心”，拥有2个教育部重点实验室、1个教育部工程研究中心，8个省级重点实验室、3个省级人文社科重点科研基地、1个省级工程研究中心、2个省级工程技术研究中心。学校拥有1个国家级协同创新中心(联合)、2个湖北省协同创新中心。近5年来，学校主持和承担了国家“973”、国家“十二五”科技支撑计划项目、国家自然科学基金重点项目等国家级项目300余项，获得省部级及以上科技(社科)成果奖120余项；获得17项国家科技成果奖(其中国家科技进步一等奖1项、二等奖12项、国家技术发明二等奖4项)。

学校坚持积极创新校企、校地合作模式，先后与宝钢、鞍钢、武钢等30余家大型企业和湖北省内外有关地市州建立了全面合作关系，成立了“武钢—武科大钢铁新技术研究院”“韶钢—武科大炼铁技术研究所”“武汉科技大学宜兴陶瓷与耐火材料研究院”，设立了“许家印奖学金”“首安奖学金”“科力生奖学金”“濮耐奖学金”和“森泰环保励志助学金”等16项社会奖助学金。

学校先后与境外30余所高校、科研院所建立了稳固的合作关系。

百余年来，学校为国家和社会培养了各类专门人才18万余人。一大批杰出校友成长为中国工程院院士、专家学者、党政领导、大型钢铁企业的董事长或总经理，学校被誉为“冶金高层次人才的摇篮”。广大校友积极支持母校建设发展，学校位列2016年度中国大学校友捐赠排行榜第35位。

站在新的历史起点上，学校秉承“厚德博学，崇实去浮”的校训，增强办学实力和核心竞争力，为创建国内高水平教学研究型大学而不懈奋斗。（武汉科技大学档案馆）

（九）长江大学

长江大学是2003年4月经教育部批准，由原江汉石油学院、湖北农学院、荆州师范学院、湖北省卫生职工医学院合并组建而成，是湖北省属高校中规模最大、学科门类较全的综合性大学，为湖北省重点建设的骨干高校，是国家“中西部高校基础能力建设工程”入选高校，也是湖北省人民政府与中国石油天然气集团公司、中国石油化工集团公司、中国海洋石油总公司共建和湖北省人民政府与农业部共建的高校。

学校办学历史悠久，起源于原江汉石油学院的前身——1950年创办的北京石油工业专科学校，学校1978年开始举办普通本科教育，隶属中国石油天然气集团公司，从2000年起，实行中央与地方共建，划转湖北省管理；原湖北农学院的前身是荆州地区共产主义劳动大学，始建于1975年，1977年成立华中农学院荆州分院，1989年经原国家教委批准为普通本科院校；原荆州师范学院的前身是1936年创建的湖北第四区区立简易师范学校，1978年成立荆州师范高等专科学校，1999年经教育部批准改建为荆州师范学院；原湖北省卫生职工医学院前身是湖北省沙市卫生学校，始建于1951年，1977年更名为武汉医学院荆州分院，1984年更名为湖北省卫生职工医学院。

学校校园占地面积4742亩，校舍建筑面积90万平方米，固定资产17.7亿元。学校现有国家级等各类实验室、实验中心108个，校内外实习基地258个，教学科研仪器设备总值5.5亿元。图书馆纸质藏书335万册，中外文期刊2456种，电子文献10000GB，各类中外文文摘和全文数据库68个。学校建有体育馆、综合训练馆、游泳馆和足球、网球等场地，各类体育运动场馆设施齐全。

学校现有教职工3136人，专任教师2202人。专任教师中有教授337人，副教授849人；具有博士、硕士学位的教师2123人，其中具有博士学位的教师 736 人。

学校培养层次齐全，现有“地质资源与地质工程”“石油与天然气工程”2 个博士后科研流动站，“地质资源与地质工程”“石油与天然气工程”“作物学”3 个博士学位被授权一级学科，15 个二级学科博士点，23 个硕士学位授权一级学科，128 个二级学科硕士点。学校具有同等学力人员可申请硕士学位授予权，目前拥有工程硕士、农业硕士、体育硕士、工商管理硕士、法律硕士、护理硕士、艺术硕士、临床医学硕士专业学位授予权。学校设有 96 个本科专业，其中有“资源勘查工程”“勘查技术与工程”“石油工程”“农学”“机械设计制造及其自动化”“化学工程与工艺”6 个国家特色专业，“电子信息工程”“土木工程”等 11 个湖北省品牌专业。“农学”“机械设计制造及其自动化”“电子信息工程”“生物技术”“化学工程与工艺”“植物保护”“应用化学”“自动化”“地理信息科学”9 个专业入选湖北省战略性新兴（支柱）产业人才培养计划。本科专业涉及经济学、法学、教育学、文学、历史学、理学、工学、农学、医学、管理学、艺术学 11 大学科门类；现有全日制普通本专科生 33933 人，全日制博士、硕士研究生 2798 人，外国留学生 1400 余人。

学校现有 2 个湖北省优势特色学科群：石油天然气、绿色农业；16 个“十二五”省级重点学科和重点（培育）学科，其中，优势学科 2 个：地质资源与地质工程、作物学；特色学科 6 个：石油与天然气工程、化学工程与技术、机械工程、农林经济管理、物理学、计算机科学与技术；重点（培育）学科 8 个：植物保护、风景园林学、临床医学、水产、教育学、中国语言文学、地球物理学、土木工程。学校现有 44 个国家、省部级重点实验室和工程技术研究中心，10 个国家级和省部级实验示范中心；包括油气钻井技术国家工程实验室防漏堵漏技术研究室、石油石化污染控制与处理国家重点实验室、国家能源稠（重）油开采研发中心、油气资源与勘探技术教育部重点实验室、淡水鱼类种质资源与生物技术农业部重点开放实验室、湿地生态与农业利用教育部工程研究中心、农业部现代农业技术培训基地、国家技术转移示范机构、国家科技特派员创业培训基地、电工电子国家级实验教学示范中心、湖北省新农村发展研究院、湖北省湿地农业国际科技合作基地，以及 2 个湖北省重点实验室、2 个湖北省协同创新中心、2 个湖北省共性技术研发推广中心、5 个省级人文社科研究基地、7 个湖北省工程（技术）研究中心（实验室）、8 个中石油集团公司重点实验室、1 个国家级实验教学示范中心和 9 个湖北省实验教学示范中心，1 个国家级大学生校外实践教育基地，3 个湖北省省级虚拟仿真实验教学中心，4 个湖北省省级实习实训基地。在 2012 年全国第三轮学科评估中，“石油与天然气工程”位列第 4 名，“地球物理学”位列第 5 名，“风景园林学”位列第 7 名，“地质资源与地质工程”位列第 9 名。学校在石油科学与技术、涝渍灾害与湿地农业、荆楚文化研究等领域具有鲜明特色。

建校以来，学校累计为社会培养了 30 多万名各类专门人才，毕业生遍及神州、驰骋海外，迅速成长为单位的骨干、社会的精英。近年来，毕业研究生一次性就业率保持在 95% 以上，本科毕业生一次性就业率达到 85% 以上，涌现出全国道德模范、全国三好学生标兵赵传宇为代表的一大批创业、创新型高素质人才。2007 年学校接受教育部本科教学工作评价，获得“优秀”成绩；2009 年，学校涌现出全国见义勇为舍己救人大学生英雄集体——“10.24”长江救人大学生英雄群体，受到党和国家领导人的亲切接见和社会各界的高度评价。

学校坚持开放办学，是全国产学研合作教育示范单位，湖北省石油学科研究生创新基地，与国内 55 家石油企业和 160 个县级以上政府、地方企业建立了校企(地)合作关系，学校先后与美国、英国、爱尔兰、韩国、日本、俄罗斯、澳大利亚、斯里兰卡、捷克等国家和地区的近 40 所院校机构建立了协作关系，开展合作交流和专家学者互访；向美国、英国、韩国、日本、马来西亚、爱尔兰等国家选派留学生；同时在美国、加拿大、韩国、越南、巴基斯坦、约旦、尼泊尔、加纳等 32 个国家招收来华留学生。

“雄关漫道真如铁，而今迈步从头越”，站在新的历史起点上，长江大学师生以只争朝夕、敢为人先的精神，努力践行“长大长新”校训，积极营造“求实、进取、创业、报国”优良校风，抢抓机遇、加快发展，力争早日将学校建成优势突出、特色鲜明的高水平综合性大学。(长江大学档案馆)

（十）武汉工程大学

1. 历史沿革

武汉工程大学创建于1972年6月，原名湖北化工石油学院，隶属湖北省。1980年3月，经教育部批准，更名为武汉化工学院，改由原化学工业部和湖北省双重领导，以原化学工业部为主。1998年7月，随着高校管理体制的调整，学校划转湖北省管理，实行中央与地方共建，以湖北省管理为主。同年，学校通过教育部本科教学合格评价，并获得硕士学位授予权。2006年2月，经教育部同意、湖北省人民政府批准，学校正式更名为武汉工程大学，并以优秀的成绩通过教育部对学校本科教学工作水平的评估。2012年学校入选中西部高校基础能力建设工程（小"211工程"）。2013年学校被国务院学位委员会确定为博士学位授予单位。2014年，学校整体进入一本高校行列。

经过40多年的建设，学校已由单一的工科院校发展成为一所办学条件较好、实力较强、水平较高、特色鲜明的教学研究型大学。

2. 学科特色

学校现设有15个学院、1个部、1个研究设计院，另有1个独立学院。学校构建起了以大化工为主线，磷资源开发与综合利用、化工新材料、先进制造和人文社会科学四大学科群及学科增长极为依托的学科建设新格局。学校现有62个本科专业，其中国家级特色专业5个，教育部"卓越工程师"教育培养计划试点专业4个，湖北省品牌专业9个；省战略新兴（支柱）产业计划专业9个，综合改革试点专业6个，荆楚卓越计划专业2个；国家级精品资源共享课2门，国家级精品视频公开课1门，国家级双语教学示范课1门，省级精品课26门，省级精品资源共享课7门，省级精品视频公开课5门；国家级教学团队2个，国家级人才培养模式创新实验区1个，国家级实验教学示范中心2个，国家级工程实践教育中心2个，省级实验教学示范中心8个，省级示范实习实训基地3个，省级虚拟仿真实验教学中心1个；博士学位授权一级学科2个，硕士学位授权一级学科13个，硕士学位授权二级学科57个，湖北省"楚天学者计划"特聘教授岗位设置学科22个；省属高校优势特色学科群2个；省级优势学科1个，省级特色学科5个，省级重点（培育）学科 4 个；工商管理硕士、艺术硕士、翻译硕士、法律硕士、会计硕士和工程硕士 6 个专业学位类别，其中工程硕士学位有 10 个授权领域；省级研究生教育创新基地 1 个，省级研究生工作站 9 个。学校现有 1 个国家磷资源开发利用工程技术研究中心，1 个磷资源开发利用教育部工程研究中心，1 个国家技术转移示范机构，1 个绿色化工过程教育部重点实验室，1 个部委级企业技术创新服务平台，1 个博士后科研流动站，1 个博士后科研工作站和 45 个省市级重点实验室、人文社科重点研究基地和技术中心（基地）。学校具有化工、石化、医药行业（化工工程）设计甲级资质，化工、医药、石化行业（化工工程）咨询甲级资质，特种设备设计（压力容器）设计资格，地质灾害治理工程设计乙级资质，地质灾害治理工程勘查乙级资质，地质灾害危险性评估乙级资质，建设项目环境影响评价乙级资质，建筑工程丙级资质，检测计量认证资质，节能检测资质，湖北省金属非金属地下矿山安全避险六大系统设计施工资质等。同时，设在原校的湖北省石油产品暨化学试剂质量监督检验站、湖北省石油化工信息中心是湖北省科技厅化学化工查新检索定点单位。学校还与武汉市人民政府共建了武汉化工新材料工业技术研究院，这是武汉市唯一设在省属高校的工业技术研究院。

3. 办学成就

学校坚持“质量立校、科技强校、人才兴校、突出特色、协调发展”的办学思路，按照“立足湖北，辐射全国，服务化工行业和区域经济社会发展”的服务面向，树立“全面成长，追求卓越”的培养理念，不断深化以“三实一创”（实训、实验、实习、创新）为核心的“两型两化”（创新型、复合型、工程化、国际化）的人才培养模式改革，采取切实有效的措施加强和改进本科教育教学工作，确保了人才培养质量。建校 40 多年来，共为国家培养各类毕业生 10 万余名。多年来，毕业生一次就业率一直保持在 93% 以上，本科生考研率稳定在 22% 以上。仅以湖北省化工、医药行业为例，在产值 1 亿元以上的 80 余家大中型化工、医药单位中，近 70% 的企业主要领导人是武汉工程大学的毕业生，学校被誉为“化工高层次人才的摇篮”。5 年来，学生获得国际级奖项 8 项，国家级奖 133 项、省部级奖 564 项。主要奖项有：世界杯机器人足球大赛冠军、国际设计大赛“红点之星”设计概念奖至尊奖、“挑战杯”全国大学生课外学术科技作品竞赛一等奖、“创青春”全国大学生创业大赛金奖、第八届“挑战杯”中国大学生创业计划竞赛金奖、第二届全国大学生创业实践大赛冠军、全国大学生英语竞赛特等奖、全国大学生数学竞赛一等奖、全国瑞萨超级MCU模型车大赛一等奖、全国大学生过程装备实践与创新大赛一等奖等高水平奖项。(武汉工程大学档案馆)

(十一)武汉纺织大学

武汉纺织大学在中华人民共和国振兴民族轻工业的呼声中应运而生，她的前身是始建于1958年的武汉纺织工学院，1999年9月更名为武汉科技学院，2010年3月更名为武汉纺织大学。2002年8月经湖北省教育厅、省计委、省财政厅发文批准，湖北省对外贸易学校整体并入武汉科技学院，2005年12月经省政府批准，湖北财经高等专科学校由湖北省财政厅划转到湖北省教育厅管理，并由省教育厅委托武汉科技学院代管。2006年2月，武汉科技学院东湖校区在湖北财经高等专科学校的基础上成立并于2011年11月整体并入武汉纺织大学。

武汉纺织大学占地2000多亩，拥有阳光、南湖、东湖、雄楚四个校区。学校植根于荆楚文明之沃土，坚持敢为人先、勇立潮头、践行特色办学理念，秉承"崇真尚美"校训，坚持"自强不息的奋斗精神、求真务实的科学精神、开拓创新的发展精神、彰显特色的执着精神"，历经五十余载，已成为理、工、文、经、管、艺等多学科协调发展，特色鲜明、优势突出的普通高等院校。

武汉纺织大学现有在校生近22000人，拥有20个教学院部，是国家卓越工程师试点院校，现有本科专业62个，其中国家特色专业4个，湖北省品牌专业7个，1个专业入选国家级专业综合改革试点；1993年经湖北省教育厅批准开始招收针织工程、纺织机械、染整工程自筹经费研究生，2003年，国务院学位委员会办公室批准学校纺织材料与纺织品设计、机械设计及理论、艺术设计、管理科学与工程等5个学科获得硕士学位授予权，目前拥有硕士一级学科11个，二级学科硕士学位授权点47个，拥有工程硕士、金融硕士、工商管理硕士、会计硕士和艺术硕士专业学位授权。学校获批8个湖北省一级重点学科、5个省优势和特色学科，"现代纺织技术"和"时尚创意与文化"两个学科群被推荐列入湖北省"十三五"省属高校优势特色学科立项建设。

武汉纺织大学实施领军人才汇聚行动计划，创新人才工作机制，建设

“人才特区”，拥有一支师德高尚、教风严谨、素质优良的教师队伍。学校现有教职员工近2000人，专任教师1000余人，其中具有高级职称教师近600人，博士400余人。学校是首批“湖北省海外高层次人才创新创业基地”，拥有双聘院士、外籍院士6人，海外高层次人才“千人计划”人选1人，“外专千人计划”特聘教授2人，“新世纪百千万人才工程”国家级人选2人，国家“万人计划”第一批百千万工程领军人才1人，“长江学者奖励计划”特聘教授1人，国家杰出青年科学基金获得者1人，“百人计划”人选11人，还有120余名具有海外背景的“楚天学者”和“阳光学者”。

武汉纺织大学实施应用型创新人才培养行动计划，围绕“知识、能力、品格”协调发展的人才培养目标，以“质量工程”为抓手，以“卓越人才试点班”为切入点，全面推进“阳光教育工程”，人才培养质量不断提高。学校拥有国家级教学团队和国家级人才培养模式改革实验区，四个专业入选国家“卓越工程师教育培养计划”。近5年来，学校获国家高等学校教学成果二等奖2项，省部级教学成果一等奖5项，4门课程被评为国家精品课程。学生的创新能力不断提升，一大批学生在各类国家级、省级竞赛中取得丰硕的成果。

武汉纺织大学实施科技创新能力提升行动计划，培育重大科研成果，注重技术创新，加速成果转化，不断提升科技竞争力。近5年来，学校荣获国家科学技术进步一等奖1项、二等奖2项，国家技术发明二等奖2项；拥有国家地方联合工程实验室1个，国家重点实验室培育基地1个，教育部重点实验室和教育部工程研究中心各1个，还有一批省级重点研究基地。学校相继承担国家基金项目、“973”“863”项目和重点支撑计划等国家和省部级重大科研课题百余项，一批科研成果达到国际国内先进水平，在纺织、印染、服装和艺术等方面的研究居于领先地位。学校深入开展“一省一示范”“一市一项目”以及“百名企业家进校园”“百名博士进企业”等活动，不断加强产学研合作，加快科研成果转化，服务社会能力明显增强。

武汉纺织大学实施国际化发展战略，学校与英国曼彻斯特大学开展了本科层次的合作办学项目，与法国、美国、澳大利亚、俄罗斯、日本等国家大学签署了国际交流合作协议。学校长期承办由中国商务部和联合国贸易与发展会议联合主办的“发展中国家服务贸易”国际研修班，获批多项“世界著名科学家来鄂讲学计划”项目，连续多年主办和承办各类国际学术会议，国际交流与合作更加活跃。

在半个多世纪的办学历程中，武汉纺织大学与时代发展同步伐、与民族纺织工业共命运，坚持特色发展之路，谋求服务社会之道，为振兴民族纺织工业与湖北省经济和社会发展作出了重要的贡献。“春色正好，策马扬鞭”，学校将面向经济建设与社会发展主战场，切实转变发展方式，大力推进教育创新、科技创新、管理创新和制度创新，朝着建设特色鲜明的高水平大学的目标迈进。(武汉纺织大学档案馆)

(十二)武汉轻工大学

武汉轻工大学创建于1951年，是全国最早培养粮食行业专门人才的学校。学校先后隶属于原国家粮食部、商业部、国内贸易部，1998年实行中央和地方共建，以湖北省管理为主的体制。学校始终坚持“育人为本、质量立校、人才强校、特色兴校”的发展战略，现已形成了以轻工食品类学科为特色，农产品加工与转化领域相关学科优势明显，以工科为主干，工、管、理、文、经、农、艺、法等学科协调发展的多科性大学格局。

1951年9月，武汉市文教局、财政局、工商局、工业局、税务局和中国人民银行武汉市分行等机构派出工作组，在接管原私立汉口公正高级会计职业学校的基础上建成武汉市会计中等技术学校，由六单位出资并共同领导，文教局具体负责，校址设在汉口自治一街六角亭。1953年5月，学校划归武汉市财政局主管，更名为武汉市财政学校。在前武汉市长、中央财政部长李先念的关怀下，财政部拨款32万元，在汉口顺道街扩征土地10000余平方米兴建新校区，1954年春，学校主体迁入顺道街校区。

1954年8月，鉴于当时全国粮食、油料生产迅速增加，粮油加工、储藏、副产品综合利用、仓厂机械化等方面技术却十分落后，粮食管理干部不仅在数量上、而且在质量上不能满足发展需要的现状，国家研究决定创办粮食学校。由此，武汉市财政学校划归原粮食部主管，并充实扩建为中华人民共和国第一所粮食行业性质的学校——粮食部武汉粮食学校。

1956年12月，学校更名为武汉粮食工业学校。1959年粮食部决定把学校的粮油保管专业迁往南京，与南京市粮食干部学校合并组建南京粮食学校(现南京财经大学)；将部分教师抽调，支援郑州粮食学院(现河南工业大学)建设，合计往两所学校调出教师43人，学生143人。其后，学校专设粮食工业方面的2个专业，成为工科专业性质的粮食学校。

1960年1月，学校一度升格为武汉粮食工业专科学校。1961年，学校机构精简，人员下放，停办一年。1962年9月，恢复办学，贯彻“高教六十条”，稳定专业，整顿教学秩序，重视专业技能的训练。1966年5月，“文化大革命”开始，学校受到严重冲击，教学工作全面停止。1970年11月，粮食部决定学校停办，人员和财产由湖北省粮食局安排。1972年5月，经湖北省革命委员会文教会议决定，学校与原湖北省粮食学校合并成立湖北省粮食学校。1978年12月，学校回归粮食部主管，恢复校名为武汉粮食工业学校。

1980年5月，经国务院批准，学校升格为本科院校，更名为武汉粮食工业学院，由粮食部和湖北省双重领导，以粮食部管理为主，成为全国粮食行业的第二所部属本科院校。1982年3月，粮食部并入商业部，学校隶属商业部。学校于1981年组成第一任领导班子；1983年组成第二任领导班子；1989年组成第三任领导班子。1983年9月，学校制定了《武汉粮食工业学院1984—1990年教育事业发展规划要点》，在学校历任党委的领导下，经过全院师生员工坚持不懈的努力，学校事业全面发展，由过去单一的工科院校逐步建设成为现在以工为主，理、工、管相结合的新型粮食工业高等学府，进入一个新的更高层次的重要历史阶段。

1993年5月，因政府职能改革，国家撤销商业部，成立国内贸易部，学校隶属国内贸易部，更名为武汉食品工业学院。1998年7月，学校实行中央和地方共建，以湖北省管理为主的管理体制，在办学定位、管理体制、投资体制、招生、毕业生就业制度和学校内部管理体制等方面都迈出了重要的改革步伐。1996年，学校本科教学工作顺利通过教育部“合格”评价，1998年7月，学校行政办公主体由顺道街校区迁入常青校区，顺道街校区开发取得突破性进展。学校党委以教学合格评价为契机，以建设常青校区、开发顺道街校区为立足点，牢牢抓住高等教育体制改革和教育事业快速发展的历史机遇，带领全校广大师生解放思想，艰苦创业，一手抓党的建设，一手抓开放办学，促进了学校规模、质量、结构、效益协调发展，学校面貌发生了深刻变化，逐步由原来的以粮油加工为主的单科性、行业性院校向多科性大学迈进。

1999年5月，学校更名为武汉工业学院。1999年12月，中共武汉工业学院召开第一次党员代表大会，规划了美好蓝图，指明了前进方向。2000

年、2003 年，先后始建于 1958 年的武汉交通卫生学校，1960 年的湖北省通用技术工程学校整体并入学校，进一步拓展了学校的学科专业布局，扩大了办学规模，增强了办学实力。2003 年 9 月，国务院学位委员会批准学校为硕士学位授予单位。2004 年 12 月，学校动工兴建金银湖校区，2005 年完成一期配套工程，形成了以常青校区和金银湖校区为主、顺道街校区为辅的“两主一辅”办学格局。2006 年 5 月，学校制定了“十一五”发展规划和 2020 年远景目标，提出到 2010 年，把学校建成以工科为主干，多学科协调发展，农产品加工与转化领域相关学科优势突出，办学特色鲜明，在国内有一定影响的多科性大学；到 2020 年前后，把学校建成国内知名，部分学科在国际上有一定影响的多科性大学。2006 年 10 月，以“优秀”的成绩通过教育部对我校本科教学工作水平评估。2008 年 11 月，中共武汉工业学院召开第二次党员代表大会，进一步明确了办学定位和发展思路。2011 年 3 月，学校制定了“十二五”发展规划，提出学校发展的总体目标是：实现大学更名，把学校建设成为以工科为主干，工、管、理、文、经、农等学科协调发展，农产品加工与转化领域相关学科优势突出，特色鲜明、国内知名的多科性大学。

2013 年 5 月，学校更名为武汉轻工大学，这标志着学校综合实力的进一步提升。2015 年 5 月，学校召开中共武汉轻工大学第一次党员代表大会，再次深化了把学校“建设成为特色鲜明的高水平多科性大学”的奋斗目标。2016 年 6 月，学校制定的“十三五”发展规划提出：“十三五”时期，学校实施学科建设引领工程、人才强校工程、应用型创新人才培养工程、科技创新与成果转化工程、校园基本建设工程、信息化建设工程、大学文化建设工程等七大工程建设，通过加强党的领导和思想政治工作、现代大学制度建设、财经制度和投入机制建设，形成学校建设和发展的政治保障、制度保障、资金保障，确保学校发展目标的实现。（王宁、黄刚）

（十三）湖北工业大学

湖北工业大学前身是湖北农业机械专科学校与湖北轻工业学院，办学历史可追溯至 1952 年。

1952 年，全国院系调整，为培养本省农业技术人才，湖北省在武昌县金口镇金水闸创办武昌农业学校。1953 年，湖北省农林厅在武昌育婴堂街创办农业干部训练班，1956 年 9 月改办为湖北省农业干部学校。1956 年，为落实中央《1956—1967 年全国农业发展纲要（草案）》，湖北省在武昌南湖李家墩创办了武昌农业机械化学校和武昌畜牧兽医学校。1957 年，武昌农业学校、武昌农业机械化学校、武昌畜牧兽医学校和湖北省农业干部学校合并组建成湖北省农业学校，校址武昌南湖李家墩。1958 年 10 月，湖北省农业学校一分为三，以原武昌农业机械化学校为基础建立湖北农业机械专科学校（以下简称湖北农机专），与同年成立的湖北农业机械研究所合署。1960 年，湖北农机专被湖北省升格为湖北农业机械化学院，招收本科生，但因未获国家批准，于 1961 年仍改为湖北农机专。1970 年，湖北农机专与武汉工学院合并组建湖北农机学院。1973 年，原湖北农机专的师资和设备从湖北农机学院中抽出组建湖北省农业机械学校，培养中专人才。1975 年，湖北省农业机械学校与华中农学院农机系合并。1979 年，湖北农机专在原校址复校，从华中农学院农机系分出，开设农业机械化、农机修造专业。

1956 年，食品工业部在武昌南望山创办武汉工业会计统计学校，同年更名为武汉工业管理学校；1958 年更名为武汉食品工业学校，后随着食品工业部合并到轻工业部，改名为武汉轻工业学校；1959 年初，学校隶属关系由轻工业部转到湖北省轻工业厅，又改名为湖北省轻工业学校。1956 年，中南军政委员会建筑工程总局创办干部学校，后建设为湖北省建筑工程学校。同年，武汉市工业局以下属的干部培训班为基础组建湖北化工专科学校，后由湖北省工业厅接管。1958 年，湖北省筹建湖北燃料工业学校，1959 年，经煤炭部和湖北省教育厅批准更名为湖北燃料专科学校。1961 年 7 月，湖北省轻工业学校与湖北建筑工程学校、湖北化工专科学校、湖北燃料专科学校合并组建湖北省工业技术学校，开设轻工、化工、采煤、建筑等专业，校址设在武昌马房山。1971 年 1 月，湖北省工业技术学校停办，其人员、设备、房屋欲并入武汉大学筹建石油专业，但未成。1972 年，湖北省以原湖北省工业技术学校为基础，组建湖北化工石油学院和湖北省轻工业学校，1974 年，两校开始招生。1978 年，湖北省在湖北省轻工业学校的基础上创建湖北轻工业学院（以下简称湖北轻院），开设塑料、造纸、工业发酵、轻工机械、轻工自动化、棉纺、机织、印染、工业美术等专业，湖北省轻工业学校保留原校名，对内称湖北轻院中专部。1980 年，中专部撤销，湖北省轻工业学校恢复，与湖北轻院分开办学。同年，棉纺、机织、印染被三个专业分出，划归武汉纺织工业学院。

1984 年 8 月，湖北农机专和湖北轻院合并组建湖北工学院，校本部设在武昌南湖李家墩。湖北工学院被湖北省委省政府定位为“在湖北省高教体系中起龙头示范作用的、水平较高的骨干大学”，以机电为基础、以轻工为特色建设发展，1986 年取得硕士学位授予权；1990 年湖北第三内燃机配件厂整体并入；1998 年通过教育部本科教学工作合格评价；2003 年湖北省机电研究设计院整体并入。

2004 年，湖北工学院更名为湖北工业大学。2006 年在教育部本科教学工作水平评估中获得优秀，并获准立项建设测试计量技术及仪器、电力电子与电力传动、材料学、发酵工程、结构工程学科博士点；2007 年湖北省农机工程研究设计院、湖北省农业机械鉴定站整体并入，2010 年获得“全国毕业生就业典型经验高校”称号；2014 年整体进入一本高校招生；2012 年、2016 年两次入选国家“中西部高校基础能力建设工程”高校；2016 年被评为“全国首批深化创新创业教育改革示范高校”。

建校 60 余载，湖北工业大学积淀了“厚德博学、求实创新”的校训精神，凝练了“质量立校、人才强校、科技兴校、开放活校、依法治校”的办学理念。截至 2017 年，学校占地面积 1600 余亩，校舍建筑面积 100 余万平方米，设有 16 个学院。学校大力实施以绿色工业为主导的学科发展战略，开设了 62 个本科专业，其中国家特色专业建设点 4 个、教育部“卓越工程师教育培养计划”入选专业 3 个、教育部产学合作专业 7 个；设有 18 个一级学科硕士点、75 个二级学科硕士点、5 个专业硕士学位授权类别；建有湖北省优势学科 1 个、特色学科 5 个、重点（培育）学科 4 个以及优势特色学科群 2 个；建有 1 个教育部重点实验室、1 个教育部研究生创新中心、2 个国家级实验教学示范中心、3 个国家级大学生校外实践教育基地、1 个国家技术转移示范机构、2 个博士后科研工作站以及 60 余个湖北省协同创新中心、重点实验室、工程技术（研究）中心、人文社科研究基地等平台；主办、承办有《中国机械工程》《湖北农机化》《湖北工业大学学报》等期刊，《中国机械工程》连续 12 年荣获“百种中国杰出学术期刊”称号。

湖北工业大学坚持内涵发展，做优“要学工到湖工”特色，做强“工程师摇篮”品牌，为加快建成绿色工业学科特色鲜明的高水平工业大学而奋斗。（萧毅）

(十四)湖北中医药大学

湖北中医药大学创建于1958年，其前身是成立于1954年的湖北省中医进修学校，是湖北省唯一的一所高等中医药本科院校，教育部本科教学工作水平合格评估优秀学校。1964年4月，“湖北省中医进修学校”改名为“湖北中医学院”。2003年6月23日，经教育部同意，湖北省人民政府决定将湖北中医学院、湖北药检高等专科学校合并，成立新的湖北中医学院(鄂政〔2003〕77号)。2010年3月18日，教育部批准同意学校更名为湖北中医药大学(教发函〔2010〕53号)。

在半个世纪的高等中医药教育实践中，湖北中医药大学立足湖北，面向全国，放眼世界，奠定了坚实的办学基础，形成了鲜明的办学特色，积累了丰富的办学经验，已形成“中医中药并举，文理工管相融”的办学格局。

学校是我国较早开办中医本科教育(1958年)和最早开办中医研究生教育(1978年)的高等院校，是湖北省第一所拥有一级学科博士学位授予权(1993年)的省属高校，湖北省首批设有博士后科研流动站(2007年)的省属高校。学校是全国第一批有条件接受外国留学生(1993年)的高校，享有对港、澳、台地区招收本科生、研究生资格，在校港澳台生及留学生规模位居湖北省省属高校前列。

学校办学层次齐全，涵盖本科、硕士、博士生教育；办学类型较为丰富，包括国内普通高校全日制教育、海外留学生教育、成人继续教育、职业技术教育等。学校现有教职工1212人，其中专任教师859人，正副教授374人；普通高校全日制在校生19000多人。

学校现有14个院系，27个本科专业，涵盖医学、理学、工学、管理学、文学、教育学、经济学7个学科门类。学校拥有2个一级学科博士学位授予权，13个二级学科博士点；5个一级学科硕士学位授权点，23个二级学科硕士点；获批3个教育部特色专业、1个国家级专业综合改革试点项目、6个省级战略性新兴(支柱)产业人才培养计划项目、3个省级专业综合改革试点项目、1门国家级精品视频公开课、1门国家级精品资源共享课、3门省级精品视频公开课、2门省级精品资源共享课、3个省级教学示范中心、1个省级虚拟仿真实验中心、1个省级重点实验教学示范中心、1个省级试点学院。

学校现有国医大师 1 人，全国名老中医专家学术继承工作指导老师 15 人，湖北省“百人计划”特聘专家 3 人；“楚天学者计划”特聘教授 3 人、讲座教授 4 人，“楚天学子”2 人；享受国务院特殊津贴专家 38 人，湖北省有突出贡献的中青年专家 25 人；全国优秀教师 2 人，全国模范教师 1 人，全国优秀科技工作者 2 人；湖北中医大师 8 人，湖北中医名师 15 人，武汉中医大师 4 人，武汉中医名师 4 人，湖北省中青年名医 6 人，基本形成以国家级名老中医为核心，以省级名师、名医、“百人计划”特聘专家、中青年骨干教师为代表的优秀人才队伍。

学校现有 15 个国家中医药管理局重点学科，3 个省级重点学科，2 个省级优势学科群；建有 5 个国家重点专科、9 个国家中医药管理局重点专科、12 个省级重点专科。学校建有老年病中药新产品、针灸治未病 2 个湖北省协同创新中心，1 个省部共建教育部重点实验室、2 个国家中医药管理局重点研究室、3 个国家中医药管理局科研Ⅲ级实验室、5 个省级重点实验室及中药创新工程技术研究中心（平台）。学校是全国十大国家级中医临床研究基地——中医药防治肝病基地、国家产业技术创新战略重点培育联盟——湖北省中药产业技术创新战略联盟、“一带一路”国家级中医药国际合作专项——中（中国）马（马来西亚）中医药中心、湖北省重大科技项目——茯苓等 6 种中药材规范化生产技术升级与产业链构建、湖北省产业技术创新基地——道地药材与创新中药新产品研发技术创新基地的依托建设单位，也是全国中医药标准化技术培训和研究中心、全国中医医院信息管理中心、湖北省中医药继续教育基地。学校附属医院、黄家湖医院、国医堂医疗服务能力不断增强，社会影响力不断扩大。

学校自 1986 年开始接受来华留学生和港澳台地区学生的培养，涵盖了本科生、硕士生、博士生等多个层次。学校是湖北省省属高校对外交流的窗口，多次代表湖北高校随省政府代表团出访世界各地，与 30 多个国家和地区的 67 所大学、医疗机构和专业团体建立了多种形式的交流与合作关系。

学校在昙华林和黄家湖两个校区办学，占地总面积 1610 亩，建筑总面积 51 万平方米，黄家湖校区是主校区。学校现有约 1.6 亿元的教学科研仪器设备，馆藏图书 142.4 万册。

近年来，学校在教学、科研、人才队伍、学科建设、党建与思想政治工作呈现良好的发展态势。学校自 2003 年起连续六届获评“省级文明单位”，

2015年被中央文明委授予“全国文明单位”荣誉称号。学校连续三次获得“湖北省高等学校教学成果一等奖”，连续三年获得“全省社会管理综合治理优胜单位”。先后被授予“国家中药现代化科技产业基地建设十周年优秀单位”“服务湖北经济社会发展先进高校”“全国高校后勤十年社会化改革先进院校”“湖北省思想政治教育先进高校”“湖北省党建工作先进单位”“湖北省先进党委中心组”等荣誉称号。（湖北中医药大学档案馆）

（十五）湖北师范大学

湖北师范大学是一所以人文学科、社会学科、理学、工学为重点，以教师教育为特色，以服务基础教育为主体的省属重点本科高等师范院校，具有硕士学位授予权，是全国本科教学工作水平评估优秀学校。

学校的历史沿革是：1973年4月8日，经原湖北省革命委员会批准，成立华中师范学院（现名华中师范大学）黄石分院，实行省、市双重领导，以黄石市领导为主。当时学校设语文、数学两个专业，办学规模暂定为240人。1978年12月28日，经国务院批准，成立黄石师范学院，属湖北省领导，设政治、中文、数学、物理、化学、英语等专业，规模为1200人。1985年2月6日，湖北省人民政府决定，学校更名为湖北师范学院，发展规模为3000人。2016年3月1日，教育部致函湖北省人民政府，同意湖北师范学院更名为湖北师范大学，全日制在校生规模暂定为15000人。

学校位于黄石市中心城区，规划占地2002亩，校舍总面积60余万平方米。学校襟江带湖，含山蓄水，绿茵广场、曲径小道、花坛公园、楼台亭榭、形象雕塑、书画走廊等自然人文景观错落有致，相映成辉，风光宜人，环境优美，曾被评为“湖北省绿化先进单位”“湖北省卫生先进单位”“湖北省安全文明单位”“湖北省园林式单位”和“湖北省最佳文明单位”，是读书治学和陶冶情操的理想场所。

学校设有20个教学院，6个一级学科硕士点，3个专业学位硕士点，63个二级学科硕士点，68个本科专业；建有3个国家级特色专业，2个省级优势特色学科群，6个省级重点学科，7个省级品牌专业，1门国家级精品课程，16门国家级、省级资源共享课、视频公开课/省级精品课程，8个湖北省战略性新兴（支柱）产业人才培养计划项目，1个国家级实验教学示范中心，8

个省级实验教学示范中心，2个省级重点实验室，1个省级工程实验室、4个省级人文社科重点研究基地，8个省级研究生教育创新基地(工作站)。

学校师资力量雄厚，现有专任教师1062人，教授156人，副教授356人，其中，具有博士学位的241人，硕士学位的565人。教师中有"楚天学者""彩虹学者""磁湖学者"等特聘教授30人，湖北名师2人，享受国务院政府特殊津贴人员11人，享受湖北省政府专项津贴人员16人，省新世纪高层次人才工程人选11人；省跨世纪学科带头人7人，省跨世纪学术骨干8人，省有突出贡献中青年专家5人，黄石市有突出贡献专家12人，曾宪梓教育基金奖获得者5人。

图书馆藏书211万册，电子图书253万册，图书馆实现了管理自动化、资源数字化、服务网络化，是"湖北省高校优秀图书馆"。学校开通了校园网，是中国教育科研网城市节点单位、省级"校园网信息建设先进单位""湖北省高校十佳优秀网站"。

学校建有大学生活动中心、大学生影视中心(湖师大礼堂)、标准塑胶运动场、综合体育训练馆和网球、篮球、排球等运动场、馆，现代化游泳馆等项目已列入建设规划。大学生创业基地是湖北省首批示范基地和孵化示范基地。学校音乐学院教学大楼和实践基地——"湖师大剧院"位于校内青山湖风景区，是黄石市现代化标志性建筑，被誉为"水上莲花"，是中国第八届艺术节黄石地区的主场馆，其教学设施和功能在全国高校处于一流水平。

近5年来，学校共承担国家级、省部级科研项目和横向课题700余项，科研成果获省部级以上奖励30余项，其中教育部优秀人文社科成果奖二等奖1项。教师公开出版学术专著、教材262部，发表科研论文4254篇，其中被SCI等三大检索收录1000余篇。学校被授予"科技服务湖北先进单位"和"科技进步先进单位"。

学校广泛开展国际交流与合作，已与美国、加拿大、英国、法国、德国、意大利、澳大利亚、新西兰、印度、日本等国家40多所高校及教育、科研机构建立了长期的合作关系。学校长期坚持聘请外籍教师、知名专家学者来校任教、讲学，接受海外留学生来校进修和攻读学位，派遣教师到国外进修、教学和进行合作研究，派遣学生到国外大学学习深造。目前学校已在英国建立了湖北省属高校在欧洲唯一的一所孔子学院，在北爱尔兰建有8所孔子课堂和1个武术中心。学校中外合作办学项目不断拓展，国际合作办学格局良好。

学校有学生社团59个，建有国内外各类实习基地近350个，其中国家级实践教育基地1个、省级实习实训基地和省级示范基地7个。学校校园文化活动、科技创新活动、大学生社会实践活动十分活跃，为培养学生创新意识、实践能力，提高综合素质提供了广阔天地。学校关心学生成长，关注学生就业，为学生开设"职业生涯规划""就业指导""创业教育"等课程，指导学生就业创业。近几年来，学校毕业生就业率一直保持在93%以上。学校被评为"湖北省高校毕业生就业工作先进集体""湖北省农村教师资助行动计划实施工作先进单位"和"湖北省'三支一扶'先进单位"。

建校44年来，学校共培养各类毕业生10余万人，毕业生中绝大多数扎根在湖北省基础教育第一线。学校已成为湖北省高等师范教育的骨干力量，是培养湖北省基础教育师资的重要基地。站在新的历史起点上，学校将牢固树立"五大发展"理念，全面深化教育教学改革，不断加快内涵建设，大力推进转型发展，努力创建特色鲜明、省属一流、高水平的地方应用型师范大学，为我国师范教育事业和地方经济建设社会发展做出更大贡献。（湖北师范大学档案馆 罗学玲）

（十六）汉江师范学院

汉江师范学院是一所国家举办的全日制省属普通本科高校，其历史沿革大致可分为四个时期：

1. 郧山书院时期（1904年以前）

明朝嘉靖二十六年（1547年）郧阳巡抚于湛在府署东北建"郧山书院"（已淹没），万历十四年（1586年）知府沈铁增修"郧山书院"。

清雍正十一年（1733年）守道鲁之裕因书院坍塌而重建之；道光二年（1822年），皇帝下圣旨拨付郧山书院办学经费，次年学政杨怿曾将书院从府署东北移至移建于旧通判署址（今郧县城关镇），由于地势低洼，不适宜办学，同治八年（1869年），知府金达迁郧山书院至郧阳城北三元宫（今郧山中学校址），并作《移建郧山书院记》，后来的郧阳府师范学堂、郧山中学、湖北省立第十一中学、郧阳中学校址均在此处。

2. 前师范时期(1904—1954)

光绪三十年(1904 年)郧山书院更名为“郧阳府师范学堂”。

1912 年，教育总长蔡元培将中学堂改为中学校，学堂监督改称校长，“郧阳府师范学堂”因而易名“郧山中学”，著名马克思主义哲学家、理论家、教育家杨献珍于 1913 至 1915 年在这里求学。1922 年学校更名为“湖北省立第十一中学”，1925 年杨献珍任校长。

1938 年全省中学联合，学校更名为“湖北省立联合中学郧阳分校”。

1940 年 3 月，湖北省立联合中学郧阳分校一分为三，即省立第八女高、省立郧县初级中学和省立房县乡村师范学校。1940 年 9 月郧县原址新组建省立郧县简师，丁裕超任校长。1943 年省立郧县简师并入湖北省立联合中学郧阳分校，改为八师分部。

1945 年，省立八师分部由三皇庙迁到城内察院街，后又改名省立郧县师范学校。1950 年 3 月 28 日，省教育厅通知郧阳专署，批准成立“湖北省立郧阳联合中学”，郧阳联合中学内设中学部、师范部和师训部，还办有附属小学，王少白任校长，吴逢亮任师范部主任。师范部即郧阳师范学校的初创阶段。

3. 师范时期(1954—1976)

1954 年秋，经省教育厅批示，郧阳联合中学分为郧阳中学和郧阳师范学校，师范部从郧阳联中分出，单独建校，校名为湖北省郧阳师范学校。

在接下来短短的不到 20 年间，学校为了支持国家建设作出了重大牺牲，连续历经三次大规模搬迁。1958 年，丹江口水利枢纽工程上马，学校后靠，迁至郧阳中学(三元宫)东侧，是为第一次搬迁；1967 年，因修建丹江口水库，郧阳师范老校址被全部淹没，经郧阳地区同意，郧阳师范学校迁到十堰市白浪公社马路大队，是为第二次搬迁；1970 年，为支持第二汽车制造厂建设，学校服从上级安排，将整个校区转给铸造二厂，并经过认真选址并报地区同意，新的校址选在了郧县城东四公里杨溪公社红旗大队的香炉洼，是为第三次搬迁。

1975 年 9 月，学校在中文、数学两个专业开设“高师班”。

4. 高专时期(1977—2016)

1977 年，国家恢复了高考，湖北省革字 93 号文件通知，郧阳师范学校改为华中师范学院郧阳分院，开始招收三年制大专生。1978 年 12 月 28 日，国务院批准在华中师范郧阳分院的基础上成立郧阳师范专科学校，学制三年。

1979 年 6 月，经湖北省人民政府批准，学校从郧县搬迁至丹江口市东北郊七华里的金岗山。1981 年至 1983 年暑假，各专业陆续从郧县迁到丹江口新校址，郧阳师范专科学校完成了历史上的第五次搬迁。

1993 年 6 月，经原国家教委批准学校更名为郧阳师范高等专科学校，增设应用电子技术、化工工艺和体育教育专业。2005 年学校通过省教育厅组织的人才工作水平评估，获优秀等级。2011 年学校报请省教育厅批准，在丹江校区开办五年一贯制学前教育专业，并利用暑期为竹山县幼儿园园长和教师开展职后培训，赢得了广泛的社会声誉。

2005 年，十堰市委、市政府决定对学校进行整体扩建，省政府同意扩建方案，新校区建设正式启动；2009 年秋季十堰新校区正式启用；2010 年 10 月学校办学主体迁入十堰市城区。2015 年 9 月，郧阳师范高等专科学校申报升级为汉江师范学院，并接受考察；2016 年 3 月 22 日教育部批准同意学校升格为本科院校，更名为汉江师范学院。（汉江师范学院档案馆）

（十七）湖北文理学院

湖北文理学院是省属公办综合性普通本科高等院校，位于全国历史文化名城、湖北省域副中心城市——襄阳市，地处中华民族智慧化身诸葛亮的故居——古隆中，校园历史文化景观与国家 4A 级风景名胜区相得益彰，共同形成丰厚的地域文化育人和环境育人资源。湖北文理学院是全国本科教学工作水平评估优秀学校、全国普通高等学校毕业生就业工作先进集体。

湖北文理学院前身是 1998 年 3 月经原国家教育委员会批准，在襄阳师范高等专科学校（创办于 1958 年 5 月）、襄樊职业大学（创办于 1983 年 5 月）、襄樊教育学院（创办于 1981 年 4 月的襄樊市教师进修学院后改名）基础上合并组建的襄樊学院，2000 年 7 月，湖北省工艺美术学校（创办于 1979 年 3 月的襄樊市工艺美术学校后改名）整体并入；2012 年 2 月，经教育部批准，学校更名为湖北文理学院，同年 4 月，正式启用该校名至今。

据考，湖北文理学院办学历史渊源更早还可以由襄阳师范专科学校再追溯到 1905 年创办的襄阳府师范学堂（今襄阳职业技术学院前身），主要依据是：创办于 1958 年 5 月的襄阳师范专科学校起初几年曾与湖北省立襄阳师范学校合用校舍和师资。20 世纪 60 年代初至 70 年代末，襄阳师范专科学校历经停止招生、在襄阳师范学校内附设高师班、改名“武大襄阳分校”和恢复成立等波折，20 世纪 80 年代学校发展相对平稳，1993 年 8 月，学校更名为“襄阳师范高等专科学校”。

湖北文理学院坚持综合性、地方性、应用型的办学定位，坚持面向基层、服务地方、立足湖北、辐射全国的服务面向，坚持与区域经济社会文化发展深度融合的办学特色。坚持以内涵建设、实力提升、特色彰显为事业发展主线，大力推进质量立校、学科兴校、人才强校、服务地方、开放办学等发展战略，努力建设地方特色鲜明的高水平应用型综合性大学。学校坚持以立德树人为根本任务，致力于培养德智体美全面发展、具有社会责任感、实践能力和创新精神的高层次应用型专门人才。

湖北文理学院现设有本科专业 54 个、专科专业 8 个，涵盖经济学、法学、教育学、文学、理学、工学、医学、管理学、艺术学 9 大学科门类，在校学生(含留学生)近 16000 人；拥有一批国家特色专业、省级品牌专业和省级重点实验教学示范中心；不断深化人才培养改革，校企(地)深度融合、科教有机结合、全员协作配合的人才协同培养特色日益凸显，荣获湖北省优秀教学成果一等奖。学生成人成才教育和创新创业教育已成特色，年度获省级及以上学科竞赛奖励近 300 项，获批湖北省“众创空间”和全国 KAB 创业教育基地。

学校拥有省级优势特色学科群 1 个，省级重点学科 5 个，省级重点实验室、协同创新中心、人文社科研究基地、工程技术研究中心等学科平台 15 个，高水平创新团队 5 个，省级研究生工作站 3 个，省级研究生教育创新基地 1 个。附属医院(襄阳市中心医院)作为省级区域医疗中心，有力地支撑了医学学科快速发展。学校年度承担国家基金项目 15 项以上，省部级项目 30 项以上；年度获得省级科研成果奖励 10 项以上，年度科研经费近 5000 万元；授权专利数量居全省高校十强。

学校现有教职工 1518 人，专任教师 945 人；其中教授 125 人，副教授 285 人，博士研究生 237 人，硕士研究生 526 人；有国家“千人计划”学者、湖北省“百人计划”学者、“楚天学者”等高层次人才近 30 人。学校聘请美国麻省理工学院终身教授陈刚、中国工程院院士段正澄、著名历史文化学家冯天瑜等荣誉(客座)教授 127 人，有武汉大学、华中科技大学、华中师范大学兼职硕士生导师100余人，有一批享受国务院、省政府特殊津贴的中青年专家。

湖北文理学院大力弘扬“淡泊明志，宁静致远”的校训精神和“敢为人先、乐于奉献”的优良传统，深入推进文明校园、书香校园、科技校园、艺术校园、运动校园建设，“到诸葛亮读书的地方上大学”“像诸葛亮一样读书去”“新一代卧龙出山”等特色语系感召着青年学生求学、探知、成长，“隆中诸葛读书工程”“周末志愿服务”获得全国校园文化建设优秀成果奖。学校举办的“格桑花”援藏支教团队等活动蔚然成风使学校成为高校系统唯一入选首批50个全国学雷锋活动示范点单位。

湖北文理学院坚持与地方共生共荣，深度融入地方经济社会发展。襄阳先进制造工程研究院、大学科技园、省级协同创新中心和重点实验室等科技创新和成果转化工作成效显著，在地方支柱产业转型发展中发挥积极作用。学校与美国、英国、加拿大、澳大利亚等10多个国家和地区的20多所大学建立有校际交流合作关系，中外合作办学本科教育项目和留学生教育规模稳步扩大，大批国(境)外专家学者定期来校交流讲学，师生出国(境)培训游学已成常态。

当前，在中华民族伟大复兴中国梦的感召下，湖北文理学院人抢抓湖北省“一主两副多极”和“两个中心、四个襄阳”建设的重大历史机遇，振奋精神，担当作为，撸起袖子加油干，强力推进学校内涵建设和大学创建工作，向着建设地方特色鲜明的高水平应用型综合性大学的新的宏伟目标阔步前进！(熊华山)

(十八)湖北汽车工业学院

湖北汽车工业学院源于1972年成立的第二汽车制造厂工人大学(1978年更名为第二汽车制造厂职工大学)，是全国唯一一所以汽车命名的省属公办本科高校，被誉为“汽车工程师的摇篮”，坐落于风景秀丽的中国“汽车城”——湖北省十堰市。1983年经国务院批准为全日制普通本科院校，定名为湖北汽车工业学院，由中国汽车工业总公司与湖北省人民政府双重领导，原中国科学院学部委员(院士)孟少农任首任院长。学校1985年获得学士学位授予权，1994年划归机械工业部管理。1998年实行中央与地方共建，人、财、物由东风汽车公司管理的模式。2006年学校整体移交湖北省人民政府管理，由湖北省教育厅主管。2008 年学校被教育部评定为本科教学水平评估“优秀”单位。2011 年湖北省人民政府与东风汽车公司签署协议共建湖北汽车工业学院，同年，学校入选教育部“卓越工程师教育培养计划”试点高校。2013 年，学校被国务院学位委员会批准为硕士学位授予单位。2015 年获批湖北省转型发展试点本科高校。

学校图书馆藏文献资源丰富，现代化信息网络系统覆盖全校，教学支撑体系完备，各项公共服务设施齐全。教师教学和科研团队中涵盖有全国“百千万人才工程”第一、二层次人选、“楚天学者”特聘教授、楚天学子、湖北省“双百计划”特聘教授、湖北省“产业教授”、全国“五一劳动奖章”获得者、全国优秀教师、湖北省新世纪高层次人才工程优秀青年骨干等优秀教师群体。

学校以工为主，工、管、理、经、文、法、艺多学科协调发展，现设有 11 个教学单位、32 个本科专业，2 个教育部特色专业、卓越工程师培养专业，8 个湖北省战略性新兴(支柱)产业人才培养计划专业，已开办国内首个中外合作车辆工程(赛车方向)专业。学校学科优势突出，拥有 6 个硕士学位授权点，5 个国家级工程实践教育平台、4 个省级重点学科、1 个湖北省 2011 计划培育学科、1 个省级重点实验室、1 个省级协同创新中心(培育)、5 个省级校企共建工程技术研究中心、6 个省级实验实训教学示范中心和 2 个省级创新基地。学校科研实力雄厚，科技成果突出，近年来，学校主持承担国家“863”计划等国家级项目 16 项，省部级项目 165 项，获授权专利及软件著作权登记 220 项，取得包括国家科技进步二等奖、中国汽车行业科技进步一等奖、省科技进步一等奖在内的一大批科研成果。学校着力提升科技创新能力，积极开展社会服务，政校合作、厂校协同，为我国汽车行业发展和地方经济建设作出了突出贡献。

学校围绕“汽车产业链”凝练学科专业，所有设置的专业均具有鲜明的汽车产业特色。学校提出和实施了“学科汇聚计划”“校企共建学科计划”等学科建设思路与举措，得到了湖北省教育厅、省学位办的充分肯定。机械工程、材料科学与工程学科被评为省级重点特色学科，控制科学与工程学科、工商管理学科被评为省级重点(培育)学科。机械工程学科进入了省“2011 计划重点培育项目”，材料科学与工程学科进入了省重点学科立项建设项目。各学科结合汽车产业发展需求，以新能源汽车为重点凝练研究方向，进一步彰显了学科特色。

学校重视立足行业优势，积极创新校企合作模式。长期依托东风汽车公司大工程背景这一优势，秉承“工程教育回归工程”的办学理念，坚持产学研用相结合，不断地推进人才培养模式的探索与创新。蜚声中外的东风汽车公司为学校提供了先进的教学设施和优越的产学合作教育基地。近几年来，学校又先后与地方政府及相关企业建立了全面合作关系，现已建立230余个产学研合作教学基地。同时，学校十分重视对外合作与交流，坚持实施国际化战略，先后与美国、德国、英国、法国、加拿大、韩国等多个国家的知名大学建立了校际交流和合作办学关系，联合开展“2+2”本科双学位联合培养以及“3+2”本硕连读等项目。

学校坚持教育创新，注重个性发展，着重培养学生创新精神和实践能力。连续5届在全国大学生智能汽车竞赛中均摘得全国一等奖，被兄弟院校赞为智能车竞赛“梦之队”；学校大学生方程式赛车HUAT车队在2012年摘得全国总冠军，并代表中国赴国外参加国际比赛，成为国际赛场上首支完成所有比赛项目的中国车队，车队成绩刷新了中国大学生赛车队参加此项赛事的历史纪录，为国家、学校争取了荣誉。2015年学校东风HUAT车队再度问鼎中国大学生方程式汽车大赛桂冠。学校执着为汽车产业和区域经济社会发展培养应用型创新性高级人才，毕业生以其综合素质高、创新意识强深受社会欢迎。初次就业率始终保持在94%以上，本科生协议就业率连续多年位居湖北省属高校前列。

目前，湖北汽车工业学院正朝着建设特色鲜明、国内知名的高水平应用型大学目标而努力奋斗。（湖北汽车工业学院档案馆）

（十九）湖北理工学院

湖北理工学院是一所快速发展的以工为主、培养应用型人才的普通高校，地处近代中国民族工业摇篮的湖北省黄石市。随着社会的发展，学校经历了扩建、合校、搬迁、几度更名等多次变革。

湖北理工学院源于最初的黄石市工业学校，是一所为本市培养工业建设人才的中等专业学校，是当时市情所需、发展所要而建学校成立于1975年12月，定址于张家湖之滨（现称磁湖）青龙山下的南湖公社三八队娄子下村湾旁，规划面积约170亩（20亩土地，150亩荒山地）。从筹建到招生至1976

年3月18日正式开学，仅用了3个多月时间，开学时所有教学用房都是从湖北省黄石工人疗养院那儿临时借用(借期一年)。首届学生90人分为三个专业班级，即化工机械、轻工机械(实为纺织机械)、普通机械(实为通用机械)，每班30人，首任正式教职工19人(专任教师5人)。第二届1976级中专学生200人(因当时诸多困难未解决，本届学生推迟到1977年7月4日才入校)。针对当时黄石工业生产的发展与变化，学校对专业设置作了适当调整，教学更注重于实用的知识和技能，设电气维修、汽车驾驶与修理机制专业，分为四个班，学制初定2年，后改为3年。1977年底教师总数达44人，首任负责人是王育民、张庆文(又名张长发)。

1978年黄石市委(市革委会)根据湖北省委(省革委会)兴办湖北省高等院校地方分院的指示，于1978年3月1日获省革委会批准，成立湖北省高等院校黄石高工班，学生规模定为520~600人，由黄石市工业学校筹办，实行两校合址，合署办公，明确学校为正县级建制单位，实行高教和中教合一的领导体制。屈庆常任党委副书记，李炳南、耿子谓任党委委员、副校长，张长发任副校长。1978年学校招收了首批四年制本科班51人，三年制专科生120人，到1981年春季，在校生总人数已达700人(含中专生)。经过几年的努力，尤其是自“高工班”开办以来，学校规模有所发展，办学条件也有所改善，特别是在教学和管理方面积累了不少经验，为学校后续发展，为向高等正规院校过渡奠定了基础。

1981年6月30日，湖北省鄂政文〔1981〕64号文件同意将黄石高工班更名为武汉工学院(现武汉理工大学)黄石分院，学校仍为高教和中教合一的领导体制，属省市双重领导，业务上接受武汉工学院、黄石市教育局的指导和帮助。1984年1月，因年龄结构的关系，黄石市委对校领导班子作了较大调整，任命王晋同志为党委书记，冯训诚同志任党委委员。到1989年，学校设有机械工程、电气工程、管理工程、土木工程、材料工程、计量工程、经济学、政治思想教育8大系，共11个专业：机械设计与制造、工业电气自动化、电机与电器、工业管理工程、工业与民用建筑、建筑材料工程、计量与测试、经营与销售、工业经济、商业经济、政治思想教育。在校学生数达1200人。

1989年1月至1991年6月，原武汉工学院黄石分院、湖北省经济管理干部学院黄石分院、黄石市工业学校、黄石职业大学(于1989年1月并入)四校合署办公，筹建黄石大学(1985年原国家领导人视察黄石时曾为该校题写了“黄石大学”校名)。最后根据实际情况，经湖北省人民政府报请国家教委批准，上述学校于1991年6月12日合并，成立黄石高等专科学校(黄石市工业学校为附属中专，于2000年4月撤销建制；湖北省经济管理干部学院黄石分院1992年停止招生)。由于并入的黄石职业大学有高医班建制，设有环境保护和生物两个新专业，故学校专业门类覆盖工、医、管、经、理5个学科门类，以工学、理学为主干学科。之后的10年间，学校进入了快速发展期，期间：1994年5月与湖北省黄石工人疗养院建立事业联合体，扩大了校园面积300多亩，缓解了学校快速发展带来的用房紧张和人员不足的大问题，增强了发展后劲；1999年3月22日，湖北省大冶师范学校整体并入；2002年7月黄石市城市管理局下属青龙山苗圃整体并入(使校园面积总计2000多亩)；2004年1月19日，湖北省卫生学校整体并入。

2004年6月，黄石高等专科学校与黄石教育学院二校合并“专升本”，获教育部正式批准组建黄石理工学院(教发函〔1981〕64号文)，2010年成为全国首批通过教育部本科教学工作合格评估学校。

2011年12月，省政府又根据学校的实情，上报教育部将学校更名为湖北理工学院获得通过(教发函〔2011〕276号文)。学校现占地146万平方米，校舍建筑面积66.5万平方米，馆藏图书109.37万册，电子资源数据库18个(含电子图书225.95万种)，教学科研仪器设备总值1.69亿元。全日制普通本科在校生13416人、专科在校生2706人，留学生35人，成人教育学生10000多人。师资1001人，其中正高职称100人，副高职称349人，博士171人，硕士541人；兼职博、硕士生导师58人。教师中有湖北省“百人计划”人选2人，国务院津贴专家4人，省政府津贴专家9人，湖北省有突出贡献中青年专家6人，湖北省新世纪高层次人才4人；学校从国内外著名高校聘请了2名院士及30多名有影响的学者担任兼职教授。学校设有21个教学院部，拥有工、理、经、管、医、文、教、艺8个学科门类和55个本科专业。“环境科学与工程”“机械工程”“艺术学理论”和“药学”4个学科为省级重点学科；“环境科学与工程学科群”为省级优势特色学科群，也是国家级特色专业和国家级本科综合改革试点专业；省级综合改革试点本科专业6个，省级精品课程4门，省级精品资源共享课程6门，省级精品视频公开课程2门。学校拥有院士工作站2个、省级研究生工作站1个、省级优秀中青年科技创新团队6个；拥有省级重点实验室2个、省级各类“基地”、“中心”总计23

个。学校先后与省内外地方政府、国家级科技园区、国内知名企业共建了3个非独立设置的二级学院，与本地医疗集团共建了2个非直属的临床学院。毕业生的研究生考取率高于本省非“211”高校平均水平，毕业生初次就业率稳定在92%以上，就业工作多次被评为湖北省先进集体。2014年学校被评为湖北省首批转型发展试点改革高校；2016年在湖北省属高校中率先完成了教育部本科教学工作审核评估。（湖北理工学院档案馆 余育才）

（二十）湖北科技学院

承荆楚文化之遗韵，传赤壁战鼓之余音；沐泉都千年之温度，润桂乡百里之馨香；展北伐铁军之豪气，得鄂南山水之精灵。在有着湖北南大门、武汉后花园之称的咸宁市市区，嵌着一颗美丽的明珠——湖北省属普通本科院校湖北科技学院。

湖北科技学院是一所办学历史悠久，文化积淀深厚的高校。学校起源有两支：其一是1937年创立的蒲圻简易师范学校和1942年创立的湖北省立第一高级中学，几经变迁，于1971年合并组建湖北省咸宁地区师范学校；1977年升格为武汉师范学院咸宁分院；1983年更名为咸宁师范专科学校；1993年更名为咸宁师范高等专科学校。其二是1965年创立的湖北医学院咸宁分院，1994年独立设置咸宁医学院。2002年3月，咸宁医学院、咸宁师范高等专科学校合并组建咸宁学院；2011年12月，更名为湖北科技学院。学校在长期发展历程中，从单一性的师范教育和医学教育，几经艰苦创业、升格合并、交叉融合，逐步发展为一所综合性本科院校。学校1977年开始招收本科生，1995年以后，相继与武汉大学、华中科技大学、华中师范大学、湖北大学、武汉纺织大学、湖北医药学院等高校联合培养博士、硕士研究生。2011年，药学获批专业硕士学位授予权，2012年招录首届研究生。学校现有研究生、本科、专科三个办学层次。近年来，学校经教育部批准，先后与德国、英国、法国、西班牙、印度、新加坡、巴基斯坦等国的10多所高校开展实质性合作办学。

近5年来，学校教师共承担教学、科研项目2000余项，其中国家自然科学基金项目36项、国家社会科学基金项目6项、省部级项目100余项；获各级各类教学、科研奖励60余项，其中省部级以上奖项20余项。学生参加学科竞赛屡获佳绩：2012 年荣获全国大学生数模竞赛国家级一等奖、二等奖，湖北省大学生田径运动会团体总分第一；2013 年获全国大学生电子设计竞赛全国一等奖；2014 年荣获第一届全国大学生物联网设计竞赛（TI 杯）华中与西南赛区决赛特等奖；2015 年获全国大学生物联网设计竞赛（TI 杯）华中与西南赛区特等奖 2 个，获咸宁市温泉赛区首届"香城杯"创业创新大赛一等奖 1 个；2016 年获第十一届全国大学生智能汽车竞赛全国总决赛电轨组二等奖，获省第二届"互联网 +"大学生创新创业大赛银奖，获 2016 年全国大学生物联网设计竞赛总决赛三等奖等。

湖北科技学院是一所学科门类齐全，办学特色鲜明的高校。80 年的办学历程使学校形成了以医学为传统优势学科，理学、工学、经济学、教育学、文学、历史学、农学、医学、管理学、艺术学等多学科交叉融合、相互支撑的学科体系。学校现有研究生招生专业 3 个，本专科专业 86 个，教学院 19 个，全日制在校生 18000 余人；有国家"专业综合改革试点"项目 1 个（药学专业）、国家特色专业建设点 3 个（药学、生物医学工程、地理科学）、国家级工程实验室 1 个（材料辐射改性技术国家地方联合工程实验室），国家级实验实训中心 1 个（全科医学）；省级重点（特色）学科 2 个（药学、核科学与技术）、省级重点（培育）学科 2 个（临床医学、教育学）、湖北省第三批高校改革试点学院 1 个（湖科爱尔眼视光学院）、省级"专业综合改革试点"4 个（电气工程及其自动化、生物医学工程、地理科学、核工程与核技术）、省级品牌专业 4 个（药学、生物医学工程、地理科学、小学教育）、省级战略性新兴产业专业计划项目 8 个、省级精品课程 18 门；省级"2011 计划"1 个（非动力核技术湖北省协同创新中心）、省级重点实验室和基地 6 个、省级实验教学示范中心 6 个、省级实习实训基地 3 个、省级创新创业和实践基地 3 个、湖北省高校心理健康教育示范中心 1 个、湖北省服务外包人才培养（训）基地 1 个。

湖北科技学院是一所名师荟萃，英才辈出的高校。学校现共有教职工 1396 人，其中专任教师 986 人，教授 116 人，博士 174 人，兼职博士生导师、硕士生导师 75 人；有特聘院士 2 人、教育部新世纪优秀人才 2 人、湖北省"百人计划"人才 2 人、"楚天学者"14 人、"彩虹学者"22 人、"揽月学者"20 人；享受国务院政府津贴和省政府专项津贴专家与湖北省有突出贡献中青年专家 20 余人、全国优秀教师 3 人；有省级重点产业化团队 1 个（非动力核技术产业化创新团队）；省级教学团队 2 个（药理学教学团队、地理科学教学团队）。改革开放以来，学校培养了具有社会责任感、人文素养、创新精神和实践能力的应用型高级专门人才10万余人，他们中绝大多数人已成为咸宁市及周边地区医疗卫生、基础教育、党政机关和企事业单位的骨干力量，还有不少人是海内外学界名流、商界雄才、政坛精英。《欧阳海之歌》作者金敬迈，美国俄克拉荷马大学终身教授、血管细胞学与分子生物学专家邹明辉等均毕业于湖北科技学院。

湖北科技学院是一所融入地方，勇于担当的高校。学校是湖北省转型发展试点高校，长期以来立足地方、融入地方、服务地方，以服务求发展、以贡献求支持。学校依托“糖尿病心脑血管病变湖北省重点实验室”和药学省级重点（特色）学科，全力推进生物医药产业发展；依托“湖北省电机与控制系统工程技术研究中心”和“咸宁机电产业联盟”，全力助推咸宁百亿机电产业链；依托“非动力核技术湖北省协同创新中心”，全力孵化百亿非动力核技术产业链。依托“咸宁市马克思主义大众化研究基地”“土地资源开发与规划研究中心”和“咸宁研究院”等基地，为各级党委政府提供决策咨询服务；依托“国培计划”和继续教育项目，为咸宁中小学提供师资培训；依托“物联网技术研发中心”“嵌入式系统研发中心”和“软件工程研发中心”，引领咸宁信息产业发展；依托“桂花研究所”全力助推咸宁农林产业跨越式发展；依托“鄂南文化研究中心”，全力助推鄂南文化产业跨越式发展；依托“咸宁市全科医学培训中心”、临床医学省级重点（培育）学科和精神病咸宁市重点专科，打造易肇事肇祸精神病人救助康复“咸宁经验”，服务城区百万群众医疗卫生需求。

几经沧桑雄风在，弦歌不断铸校魂，桂园向来多才俊，再展辉煌定可期。建校以来，全校师生员工弘德笃行，勤奋好学，求真务实，形成了优良的校风、教风、学风，凝练成“弘德、博学、敏行、敢先”的校训和“学生为本、学者为先、依法治校、立德树人”的办学理念，校园文化氛围浓郁。学校先后被授予教育部本科教学工作水平评估“优秀”学校、“临床医学专业获教育部六年资质认证”“湖北省最佳文明单位”“省思想政治工作基层先进单位”“省两访两创活动先进学校”“省普通高校招生工作先进集体”“省语言文字工作先进集体”“全国群众体育先进单位”“全省高校后勤管理先进集体”“全省高校学生公寓管理先进单位”“省档案统计工作先进单位”“省高校图书馆先进集体”等荣誉称号。

新的历史时期，学校坚持社会主义办学方向，全面贯彻党和国家的教育方针，遵循高等教育的基本规律，贯彻落实“四个全面”战略布局，以转型发展和核心竞争力提高为主线，全面深化改革，依法依规治校，不断提升发展水平和服务地方能力，努力建成特色鲜明的高水平应用型大学。（湖北科技学院档案馆）

（二十一）湖北医药学院

湖北医药学院前身是武汉医学院郧阳分院，始建于 1965 年 11 月。1986 年，随着武汉医学院更名为同济医科大学，学校更名为同济医科大学郧阳医学院。1994 年，学校独立设置，更名为郧阳医学院。2010 年，经教育部批准，学校更名为“湖北医药学院”。学校是湖北省及鄂、豫、渝、陕毗邻地区唯一独立设置的西医类普通高等医学院校，是国家中西部地区接合部重要的医药卫生人才培养基地。

1965 年 11 月，湖北省委为改变鄂西北山区缺医少药的落后状况，发展山区高等教育事业及支援当时的“三线”建设，从原武汉医学院抽调了 53 名管理干部和教师，调拨和筹集了一批教学、医疗设备和图书资料，在郧县黑石窖（现郧阳区医院所在地），创办了武汉医学院郧阳分院及附属医院。当年 12 月开始招生，共录取医疗专业（三年制大专）学生 40 名，中专医士专业 90 名，于 1966 年 2 月正式上课。

随着第二汽车制造厂和十堰市的兴建，以及郧阳地区党政机关的搬迁，1967 年春天，学校由郧县黑石窖迁至十堰市三堰继续办学。1971 年，全国高校恢复招生，学校以“推荐招生”的方式，开始招收医疗专业三年制专科生。

1972 年 8 月，学校主办兴建了郧阳地区卫生学校。1980 年，郧阳地区卫生学校与武汉医学院郧阳分院分立。1975 年 6 月，学校在丹江口市浪河镇创办了浪河五七分校，开展专科医学教育，1978 年底该校被撤销。

1977 年，全国恢复高考，当年学校面向全省招收医疗专业五年制本科生，从此开始开展医学本科教育。1986 年 3 月，武汉医学院郧阳分院随着武汉医学院的更名而更名为同济医科大学郧阳医学院。

1989 年，学校开始试办麻醉学专业，成为全国最早开办麻醉学专业的医学院校之一。1992 年 7 月，学校正式开始五年制麻醉学专业教育。1993 年学校开始筹办医疗保险专业，同时筹办成人继续教育和妇幼卫生专业(专科)。

1994年4月，郧阳医学院独立设置，正式列入国家普通高校序列。学校自1995年起开始开展联合培养硕士研究生工作。1995年6月，原国家教委正式批准学校为学士学位授予权单位。1996年，学校首批一次性通过全国普通高校本科教学工作合格评估。1997年，学校在东风汽车公司总医院创办了临床医学二系。同年12月，郧阳医学院白浪校园和郧阳医学院白浪医院在白浪开发区创办。2002年1月，十堰市人民医院临床医学三系创办。

1998年12月，十堰市卫生学校(包括原郧阳地区卫生学校)整体并入郧阳医学院。1999年，学校开设护理学专业，是我国较早开展护理学本科教育的医学院校之一。

2003年，按照国家举办独立学院精神，学校与十堰市先行服务中心共同举办了药护学院，同时成立了国际学院。2006年，学校顺利通过教育部本科教学工作水平评估，并获得优秀结论。2010年2月，学校获批硕士学位授予权建设单位。2010年5月，经教育部批准，“郧阳医学院”更名为“湖北医药学院”。2011年3月，在襄阳市第一人民医院挂牌成立湖北医药学院附属襄阳医院，并组建第四临床学院。2012年5月，在随州市中心医院挂牌成立湖北医药学院附属随州医院，并组建第五临床学院。2016年9月，在安康市中心医院挂牌成立湖北医药学院附属安康医院，并组建第六临床学院。

2013年7月，学校成为硕士学位授予权单位，临床医学、基础医学、护理学列为硕士学位授予权一级学科；同年10月，护理学通过教育部专业认证；首批21名留学生来校报到。2014年11月，临床医学通过教育部专业认证。2015年2月，学校荣膺“全国文明单位”称号。

经过52年的发展壮大，学校现占地面积984942.8平方米，拥有固定资产88472.5万元。学校现有全日制在校普通本科生8334人、研究生122人、外国留学生164人。学校现有教职工904人，其中专任教师505人，教授67人，副教授123人，博士118人。教师中有国家杰出青年科学基金获得者1人、全国优秀科技工作者1人、“高端外国专家”项目1人、“百人计划”4人、湖北省首届医学领军人才3人、省“新世纪高层次人才工程人选”3人、宣传文化人才培养工程“百人计划”1人、楚天学者17人。学校建有2个省级优秀教学团队、17个省级优秀创新团队；另有享受国务院、省政府特殊津贴专家45人、省市有突出贡献中青年专家64人、省市级学科带头人78人，其中40余人(次)获得国家、省“劳动模范”“五一劳动奖章”“全国优秀教师”“湖北名师”等荣誉称号。

学校现有14个二级学院，设有临床医学、麻醉学等18个本科专业，学科门类拓展到4个。面向全国30个省(市、自治区)招生，毕业生就业率一直保持在93%以上。学校已向国家和社会输送各级各类医学人才8万余人，涵盖长江中游和秦巴山区市、县医疗机构近半数业务骨干。

学校坚持以学科建设为龙头。主干学科临床医学进入ESI全球排名前1%，以临床医学为主干的“现代医药技术学科群”为湖北省“十三五”优势特色学科群；外科学、内科学等6个学科为“楚天学者计划”设岗学科。学校拥有2个院士工作站、1个国家中医药三级实验室、13个省级重点实验室或研究中心(基地)、3个省级研究生工作站。近年来，学校承担和参与国家级科技项目71项；SCI、EI、ISTP收录论文956篇，出版专著、教材602部；获得省部级科研奖励59项、市厅级科研奖励162项，鉴定科技成果210项，获得授权专利225项。(湖北医药学院档案馆)

(二十二)江汉大学

江汉大学的前身是创办于1981年的江汉大学(原)、华中理工大学汉口分校、创办于1952年的武汉教育学院和创办于1953年的武汉市职工医学院。2001年10月，经教育部批准四校合并组建新的江汉大学。2000年，武汉市卫生学校并入江汉大学(筹)。

江汉大学(原)创建于1980年，以武汉大学、华中工学院、武汉工学院、湖北财经学院四所分校名义招生。1981年9月，经湖北省人民政府批准，在四所分校基础上正式成立江汉大学(原)，同年10月获教育部批准。1982年8月和10月，武汉市人民政府决定先后将市属的武汉师范学院汉口分院和武汉市财贸干部学校并入江汉大学(原)。1985年10月，在江汉大学(原)内设立武汉大学分校。1998年4月武汉大学分校停止招生。

华中理工大学汉口分校创建于1978年12月开始办学的武汉市机械工业学校大专班和武汉市化工研究所大专班的基础上。1981年8月，在两个大专班和华中工学院汉口分院的基础上成立华中工学院汉口分院。1992年2月，武汉市科技干部进修学院和华工汉口分院合并。1993 年 5 月，华中工学院汉口分院更名为华中理工大学汉口分校。同时，武汉市经委函授站（市经委培训中心）并入华中理工大学汉口分校。

武汉教师学院成立于 1952 年，1953 年更名为武汉市教师进修学院。1961 年武汉市工农师范学校并入武汉市教师进修学院，1980 年更名为武汉教育学院。1993 年中共武汉市委党校分校并入武汉教育学院。

武汉市职工医学院创建于 1953 年，前身为武汉市中医进修学校。1958 年，武汉市中医进修学校更名为"武汉中医学校""武汉中医学院"。1960 年武汉中医学院与武汉第二医学院合并，组建"武汉卫生干部进修学院"。1961 年又与武汉市医学专科学校（孝感医专）合并，建立"武汉市医学专科学校"，翌年更名为"武汉市医师进修学院"。1982 年，经湖北省人民政府批准，改名为"湖北省武汉市卫生干部进修学院"。1984 年，经湖北省人民政府批准，复名为"武汉市职工医学院"。

学校始终坚持以学科建设为龙头，始终坚持"服务地方、突出应用、创新特色、科学发展"的学科建设思路，不断提高教学、科研水平，增强服务社会的能力。经过 10 余年的建设，学校本科专业涵盖经、法、文、史、教育、理、工、农、医、管理、艺术等 11 大学科门类，已拥有"城市圈经济与产业集成管理"和"光电化学材料与器件"等 2 个"十三五"省属高校优势特色学科群、3 个省级重点学科、2 个省级重点（培育）一级学科、14 个武汉市重点学科和 9 个校重点学科，一批优势特色学科正在蓬勃发展，逐步形成省—市—校重点学科体系，学科结构层次更加清晰，学科布局更趋合理。

学校已拥有硕士学位授权一级学科点 3 个、硕士专业学位授权类别 4 个，涉及 39 个二级学位授权点，涵盖教育、理、工、医、管理、艺术 6 大学科门类。学校正围绕申博工作整合学院、省部级研发平台、交叉学科研究院和院士专家工作站的学科资源，确定了服务重大需求、致力协同创新的申博线路图，已凝练"光电化学材料与器件"申博特色学科方向，并在光电化学材料环境污染控制研究领域获批设立院士专家工作站，成立江汉大学环境与健康研究院。学校还获批了"武汉市博士后创新实践基地"和 3 个湖北省研究生工作站，为博士授权点取得突破建立了良好的支撑体系。（江汉大学档案馆）

（二十三）湖北经济学院

湖北经济学院是2002年9月经教育部批准，由湖北商业高等专科学校、武汉金融高等专科学校、湖北省计划管理干部学院合并组建的全日制普通本科院校。

湖北商业高等专科学校前身为1907年张之洞在武昌创办的“湖北商业中学堂”，学堂诞生于中国封建社会与中国现代社会的交接点上，是中国近代社会发生重大变革的产物。1987年，学校开始举办高等专科教育，进入迅速发展时期。在近百年的办学历程中，学校注重面向市场为国家培养商科人才，开创了湖北商科教育之先河。

武汉金融高等专科学校源于1948年在河南郑州创办的中州农民银行附属银行学校，肩负着为中华人民共和国培养金融人才的历史使命。1949年4月，学校南迁至武汉。1992年，更名为武汉金融高等专科学校。50多年的办学历史积累了丰厚的金融教育经验，被誉为中南地区“金融人才的摇篮”。

湖北省计划管理干部学院创办于1984年，由湖北省政府批准建立，承载着为全国计划、物价系统培养经管人才的重任。1996年，开始独立招收普通本、专科生，这为湖北经济学院的建立奠定了坚实的本科教育基础。

合并组建后的湖北经济学院紧紧抓住中国高等教育大众化的历史机遇，继承和发扬百年商科办学传统，按照办学规律、人才成长规律，坚持内涵发展、创新发展、特色发展，取得了办学条件、办学水平、办学层次的“三大跨越”，被湖北省委省政府誉为“经院现象”。取得显著成效：

（1）办学条件明显改善。

2005年9月，占地2192亩的“人文、生态、数字”化新校园全面建成，实现了一地集中办学。2016年，学校入选中西部高校基础能力建设工程（二期）支持高校，办学条件不断优化，为实现高水平大学奋斗目标奠定了坚实的条件保障。

（2）战略布局调整取得重大进展。

学校按照建设高水平财经大学要求，不断优化结构布局。停招专科，集中精力办好本科，完成“以本为本”的战略转变。2011年，获得会计专业硕士学位独立授权，办学层次实现跨越式发展。2015年与中南财经政法大学联合培养博士研究生。2016 年与西安交通大学共建博士后流动站，联合培养管理学博士后，高层次人才培养迈出新步伐。与美国蒙哥马利奥本大学开展合作办学，留学生教育顺利开展，学生国际化积极推进。继续教育实现转型发展，湖北经济学院法商学院发展壮大。

(3)人才培养质量显著提高。

学校确立"以学生为中心"的办学理念，学生的选择权和个性化需求得到尊重，学生在办学中的主体地位得到彰显。大类招生、分类培养，导师制、学分制等系列教育教学改革深入推进，政产学研用协同育人机制不断深化。学校现有本科专业 61 个，国家级特色专业、综合改革试点专业 4 个，国家级实验教学示范中心 1 个。近几年来，质量工程项目成果丰硕，获批国家级省级项目 40 个，获得省级优秀教学成果奖 7 项。2007 年 11 月，学校顺利通过教育部的本科教学工作水平评估，办学特色和人才培养质量得到评估专家一致好评。从 2015 年学校开始主体专业在省内一本招生，现有在校研究生、本科生近 1.6 万人。毕业生就业率一直保持在省属高校前列，毕业生就业竞争力不断增强。

(4)学科发展水平和学术研究能力大幅提升。

学校现以经济学、管理学为主干，法学、文学、理学、工学、艺术学等相关学科协调发展；建有省级现代服务业优势特色学科群 1 个，省级重点学科 4 个，"楚天学者"计划设岗学科 14 个。科研平台建设成绩斐然，与政府部门合作共建各级各类科研平台、基地、智库 19 个，建成省级人文社科重点研究基地 7 个。近几年，学校承担国家自科、社科、教育部人文社科基金课题 70 项，获得省部级以上科研成果奖 25 项，30 余份研究报告得到中央、省部级领导批示，一批研究成果直接转化为国家和地方政策法律、进入政府的规划和决策；与荆州市、荆门市、仙桃市、黄冈市政府开展市校战略合作，服务地方经济社会发展能力显著增强。

(5)人才强校战略成效显著。

专任教师总量明显提升，教师队伍结构明显优化，整体水平明显提高。学校现有湖北省"百人计划"2 人、楚天学者 21 人、政府特殊津贴专家 6 人；专任教师 930 余人，其中教授 123 人、副教授 332 人，主干学科博士教师占比 54.3%。一大批中青年学科带头人活跃在教学科研第一线，并在经济学、管理学等学科领域崭露头角。学校重视对台引智工作，引进全职台湾教师 32

人，被国台办评为“海峡两岸青年就业创业示范点”。每年选派一批教师出国境访学，邀请国外知名学者来校任教、开展学术交流，教师国际化进程加速推进。人才成长环境逐步优化，先后出台“腾龙学者计划”“三层次人才计划”、教师学术休假、聘期继续教育学分制、高水平科研论文奖励等一系列创新人才政策，为教师成才松绑、助力。

今天的湖北经济学院秉承“厚德博学、经世济民”理想，坚持以学生为中心、立德树人，努力让学生获得更高质量学习经历，坚持需求导向、创新协同、人才强校、特色兴校、依法治校，着力推进内涵建设、深化综合改革、提升治理能力、强化党建保障，坚定不移地朝着建设特色鲜明的高水平财经大学目标迈进。（湖北经济学院档案馆）

（二十四）武汉东湖学院

武汉东湖学院前身是武汉大学走读部，由武汉大学举办，组建于1980年6月；1992年12月更名为武汉大学专科部；1998年9月，在武汉大学专科部基础上组建武汉大学职业技术学院；2000年8月，经教育部批准，以新的机制和模式成立本科层次的武汉大学东湖分校是我国最早设立的4所独立学院之一。

2003年7月，按照教育部的要求，学校改制，由中国高科技企业田野集团股份有限公司出资与武汉大学合作办学；2011年4月，学校经教育部、湖北省人民政府批准转设为独立设置的全日制普通本科高校。2014年9月，学校获批为湖北省地方本科院校向应用型大学转型发展首批11所试点院校之一。2017年，学校获评首批省级深化创新创业教育改革示范高校。

学校秉承“厚德、笃学、求是、创新”的校训，坚持“立德树人、质量至上、和谐发展、服务社会”的办学理念，始终围绕建设一流普通高校的奋斗目标，探索出了一条特色、结构、质量、效益协调发展的培养高层次应用型人才的科学办学新路。学校以培养本科层次的应用型人才为主，积极开展专业学位研究生教育，积极培养以思想政治素质、文化技能素质和身体心理素质为“一体”，以实践能力、创新精神为“两翼”，适应国家和区域经济社会发展需要的高层次应用型人才。学校立足湖北、面向中部、辐射全国，大力推进产学研协同的应用技术研究与创新，为经济社会发展、产业转型升级和公共服务发展需要培养高层次应用型人才。

学校秉承“应用性、集群化、差异化、有特色、高质量”的专业建设理念，重点发展电子信息类、机电工程类、生物工程类、传媒艺术类、经济管理类、文法语言类六大专业集群。学校大力开展教育教学改革，在全国同类高校中率先打破传统的公共课、专业基础课、专业课的课程体系分类模块，构建了由通识教育、专业教育、工程技能培训和创业能力训练组成的应用型人才培养新课程体系；瞄准新兴支柱产业和重点行业发展领域，积极探索适应经济与社会发展的人才培养新模式。学校的实践教学着重培养学生“将理论转换为技术、将技术转换为生产力和产品”的能力，满足经济社会发展对高层次应用型人才的需求，提高学生、用人单位和社会对学校人才培养的满意度。

学校先后荣获“中国民办高校毕业生竞争力‘年度十佳样本院校’”“全国教育网络系统示范单位”“全国创建‘平安校园’示范学校”“全国十大最具办学特色示范院校”“校本课程开发与实施全国特色示范学校”“全国最具就业竞争力示范院校”“全国文明单位”等众多荣誉。（武汉东湖学院档案馆）

（二十五）武昌工学院

武昌工学院是2012年3月经教育部正式批准设立的民办普通本科高校。其前身是2002年经湖北省教育厅批准试办的、2004年2月经教育部核准的独立学院——武汉工业学院工商学院。

学校位于武汉市中心城区，西傍长江，南接黄家湖大学城，北邻被誉为辛亥革命“首义胜利的开端”的武昌起义门和武汉市地标之一——武昌火车站。武汉南大门快速通道（白沙洲大道高架）与杨泗港长江大桥在校前交会，区位优越，交通便捷。学校环境幽雅，景色宜人，是莘莘学子求学深造的知识殿堂。校园占地面积745亩，校舍建筑面积35万平方米，全日制在校学生12000余人。

学校学科特色鲜明、优势突出，形成了以工学为主，工学、管理学、经济学、文学、艺术学5大学科门类协调发展的学科布局。学校面向区域经济发展设置专业，现有机械工程学院、土木工程学院、信息工程学院、食品与环境工程学院、经济与管理学院、会计学院、外国语学院、艺术设计学院8个二级学院以及思政课部、体育课部2个教学部，64个本、专科专业。其中，机械设计制造及其自动化专业和环境设计专业为湖北省转型发展试点专业；工商管理学科为湖北省重点(培育)学科；机械设计制造及其自动化是省级首批重点培育本科专业；机械设计制造及其自动化专业和通信工程专业同时被列入湖北省战略性新兴(支柱)产业人才培养计划本科项目；市场营销专业和土木工程专业是湖北省本科高校“专业综合改革试点”项目。学校是被湖北省教育厅、财政厅批准建设的湖北省协同创新中心牵头高校之一。2014年3月，教育部高校实践教学装备研究中心在武昌工学院成立，该中心是全国首批14个教育装备协同创新研究中心之一。同年11月，湖北省人民政府同意授予武昌工学院等高校合作共建的实习实训基地为“湖北高校省级示范实习实训基地”。2015年起，学校与武汉轻工大学联合培养机械工程硕士研究生。2016年，机械工程学院获批湖北省高校改革试点学院。

学校坚持“质量立校、人才兴校”战略，拥有一支结构合理、学术精湛、师德高尚的师资队伍。学校秉承“厚德、笃学、自强、求新”的校训，彰显“全面发展，突出特长”的人才培养理念，因材施教，分类教学，着重培养学生的创新精神和实践能力，打造德才兼备的高素质人才。2011年学校荣获全国高校校园文化优秀成果奖。学生在全国大学生英语竞赛、全国大学生电子设计大赛、全国大学生软件设计与开发大赛、全国大学生机械设计制造创新大赛等众多国家级的科技创新和技能竞赛中，为学校捧回200多个奖项。

武昌工学院已迈入新的发展时期，站在新的发展节点上，学校将进一步凝练办学特色，提升学校核心竞争力，努力把学校建设成为以工学为主、特色显著、省内一流、国内知名的应用型大学。(武昌工学院档案馆)

(二十六)文华学院

文华学院前身——华中科技大学文华学院是2003年5月经教育部批准的普通全日制高校，由武汉美联地产有限公司与华中科技大学共同举办。2014年5月，教育部批准学校转设为独立设置的民办普通本科学校，更名为“文华学院”。

文华学院位于华中科技大学旁，直线距离不足一公里，学校校园占地面积1340亩，绿树成荫，红枫成林，被誉为武汉“颜值最高的十所大学”之一，

“秋天到文华看红叶”已成为武汉市民的一种新选择。学校建筑总面积53.26万平方米，校园内现代教育及生活设施齐备，学校治学严谨，是读书治学的理想场所。

中国院校研究会会长、华中科技大学学术委员会副主任、博士生导师、著名高等教育学家刘献君教授任校长；中国工程院院士张勇传教授担任名誉校长。在办学过程中，文华师生共享华中科技大学优质教育资源，华中科技大学三分之一国家级教学名师及一大批优秀教师和干部在文华任教、任职。学校还聘任一批武汉名校著名学者、专家担任学校、学部和系学术带头人。

文华学院以“育人为本，质量第一”为使命，以“博学笃志 本立道生”为校训，坚持教育家办学，倡导共同创造，实现共同发展；在教改中，优化结构，重点突破；守住根本，不断创新。

学校现有普通全日制在校学生14000余人，设置了本科专业37个、专科专业10个，涵盖工、管、文、法、经、艺术6大学科门类，初步形成“工学为主，多学科协调发展”的学科专业发展格局。学校面向全国27个省、市招生。学校还与美国、英国、澳大利亚等国家的多所著名高校建立了校际合作关系。

学校在华中科技大学的帮助和指导下，建立了科学的教学质量保障体系。学校现有专任教师800余名，其中，具有副高级以上职称的专任教师351人，拥有博士、硕士学位的教师占42.9%，“双师型”专任教师占总数的40.8%。

学校坚持科研与教学的紧密结合，主动服务地方经济和社会发展，建设了六大特色专业方向和湖北省转型发展试点项目中五个特色专业群，有一批省级精品课程和优质课程，有湖北省重点学科和战略性新兴（支柱）产业人才培养计划本科项目。学校设有湖北高校省级重点实验教学示范中心、湖北高校省级实习实训基地、湖北品牌发展研究中心、湖北省非物质文化遗产研究中心等省级机构。

学校坚持以学生为中心，创建个性化教育办学特色；首设潜能导师制，发掘学生“潜能”，深化“立志”教育，实行“一人一规划”“一生一张课表”“一师一优课”，为学生自由发展创设广阔空间；努力探索为每个学生提供适合的教育，创建多样性创新人才培养模式，实施个性化教育，努力营造有利于创新型、应用型人才健康成长的校园环境与氛围。

文华学院先后被政府和社会机构、权威媒体评价为“全国十佳独立学院”“全国首批创新就业型大学”“全国最受欢迎的独立学院”“湖北省先进民间组织”“全国先进独立学院”。

近5年来，文华学院在中国校友会网“中国独立学院百强排行榜”“中国民办大学百强排行榜”上，均排名第二位；进入中国一流民办大学行列，荣膺中国五星级民办大学。学校在“2015中国民办大学最佳专业排行榜”上排名第二，是湖北省唯一入围“2015中国大学工学五星级以上专业排行榜”的民办院校。

学校被新华网评为2015年“中国社会影响力民办高校”和“中国社会影响力就业典型高校”。(文华学院档案室)

(二十七)武汉学院

2003年5月24日，中南财经政法大学与武汉贤达贸易有限公司签订了联合办学协议书，联合创办中南财经政法大学武汉学院。

2003年12月30日，教育部印发《关于同意试办中南财经政法大学武汉学院的批复》(教发函〔2003〕584号)批准设立中南财经政法大学武汉学院，由湖北省教育厅主管、中南财经政法大学与武汉贤达贸易有限公司共同举办，面向全国统一招生，实施全日制本、专科学历教育。建校之初学校位于湖北省武汉市雄楚大道666号，拥有校园占地面积129.01亩(不含租赁的301.25亩)。

2004年2月18日，中南财经政法大学和武汉贤达贸易有限公司举行揭牌仪式。3月8日，武汉学院获得业务主管部门湖北省教育厅颁发的办学许可证；3月22日，武汉学院在湖北省民政厅登记注册，并于当年首次招生。

2009年12月，武汉一丹教科文发展有限公司通过收购武汉贤达贸易有限公司全部股权的方式，与中南财经政法大学共同举办武汉学院。

2011年，学校在湖北省武汉市江夏区征地828.91亩建设新校区，并于2014年在湖北省松滋市新江口镇征地137.12亩作为武汉学院实习实训教育基地。经过10余年的建设，学校已实现“千亩校园、万人规模”的初期建设目标，办学质量和社会信誉稳步提升，办学特色日趋彰显。

2015年4月28日，教育部印发《关于同意中南财经政法大学武汉学院转设为武汉学院的函》(教发函〔2015〕82号)。5月25日,湖北省人民政府印发《关于同意中南财经政法大学武汉学院转设为武汉学院的通知》(鄂政函〔2015〕101号),批准武汉学院由独立学院(原中南财经政法大学武汉学院)转设成为民办本科高校。

2016年6月,武汉学院部分特色专业获批进入本科第一批次录取,成为湖北省唯一一所"一本"招生的民办高校。学校设有两个学院、五个系部,即会计及金融学院、信息及传播学院,工商管理系、艺术设计系、外语系、法律系和通识教育部。学校现有在校学生11000人。8月,学校新区(黄家湖校区)建成投入使用,学校整体搬迁新校区武汉市江夏区黄家湖大道333号。

武汉学院办学人陈一丹先生公益办学、不求回报的理念已写入武汉学院章程。在福布斯2017年中国慈善排行榜中陈一丹名列榜首。

武汉学院以"全人发展"理念培养高素质应用型人才,着眼于学生未来的增值能力和卓越精神。学校以会计金融专业为龙头、信息科技专业为重点发展方向,大力发展跨学科专业,打造"国际化应用型大学"的全新定位。

武汉学院透过学术与企业的互动,营造"产学研"生态,培育具备应用知识能力和创新创业精神的现代人才。包括腾讯、华为、搜狗、德勤、港中旅、万豪酒店、招商银行在内的众多知名企业,已经与武汉学院展开了多层次的合作。英国皇家特许会计师协会(ICAEW)和英国皇家特许管理会计师公会(CIMA)等顶尖专业机构也已与武汉学院开展战略合作。学校已创建腾讯精英班、ICAEW-ACA班和CIMA班,引领了校企携手培养高端应用型人才的新模式。武汉学院独创聘请企业高管担任应用专业教授(Professor of Practice),深入推进校企合作,通过指导课程设计、参与学生培养、提供实习/就业支持、培训师资及合作科研项目等方式实现与学校的互利共赢。2015年,腾讯众创空间/武汉学院创业基地落户武汉学院,这是全国唯一一个落户在高校的腾讯孵化器,也是华中地区的首个腾讯孵化器。2016年,经科技部审批,腾讯众创空间/武汉学院创业基地获认证成为"国家级众创空间"。

武汉学院着力发展中西融合的国际化教育,与众多国际知名高校建立合作。2016年3月,武汉学院受邀出席哈佛教育学院和哥伦比亚地球学院举办的创新教育峰会。2016年4月,武汉学院受邀参加斯坦福大学设计学院在北大举办的创新型体验教学项目D-Global Beijing。2017年2月,武汉学院与剑桥大学耶稣学院合作开展全日制访学项目。此外，武汉学院已经与英国雷丁大学、澳大利亚纽卡斯尔大学、香港岭南大学等海内外高校签署战略合作协议。（撰稿：操莺；审稿：吴怀先）

（二十八）湖北第二师范学院

湖北第二师范学院位于九省通衢的湖北省武汉市，是一所以教师教育为主要特色，教育学、文学、理学等学科为主要支撑的省属普通本科院校，是湖北省教师教育的重要基地之一。学校前身是1931年创立的湖北省立教育学院。2003年4月，湖北省工业学校整体并入。2003年9月，学校迁至东湖新技术开发区——武汉中国光谷园区内。2007年，经全国高等学校设置评议委员会专家评审、教育部审批，学校改制更名为湖北第二师范学院。2009年1月，学校与湖北省经济管理干部学院合并。2012年学校顺利通过教育部本科教学工作合格评估。建校80多年来，学校培养了近15万名优秀毕业生，为基础教育和经济社会发展作出了突出贡献。

学校地处中国光谷核心区，山清水秀，交通便利。校园面积1718亩，建筑面积43.4万平方米。学校设有15个二级学院，开办了49个普通本科专业，全日制在校生1.7万人。另外，湖北省中小学教师继续教育中心、湖北省普通教育干部培训中心等省级教师培训、研究和管理机构设在学校，在服务、引领全省基础教育改革与发展中发挥着重要作用。

学校现有专任教师720人，其中副高以上职称286人，享受国务院津贴、省政府津贴以及荣获全国优秀教师等荣誉称号14人，38人被武汉大学、华中科技大学等高校聘为博、硕士生导师。外聘教授31人，其中中科院院士2人、“千人计划”2人、“楚天学者”8人、“彩虹学者”6人。学校高度重视科学研究，采取项目经费配套、定期评选并奖励十大科研成果等措施，鼓励教师开展科研工作。近年来，学校取得4265项科研成果，其中被SCI收录论文152篇、EI收录论文189篇，在核心期刊上发表论文1004篇，出版学术专著、编（译）著、教材330部；获得国家自科基金项目13项，国家社科基金项目2项，教育部、文化部等科研项目14项；获省政府智力成果采购项目、省科技厅支撑计划项目、省自科基金、社科基金项目等省厅级项目共462项；获省科技进步奖3项、省社科奖2项，专利授权25项。

学校先后建成教师素质训练中心、英语语言学习示范中心等省级实验教学示范中心，湖北省虚拟仿真实验教学示范中心、湖北文化产业经济研究中心、湖北教师教育研究中心、湖北省方言文化研究中心、植物抗癌活性物质提纯与应用湖北省重点实验室、基础教育信息技术服务湖北省协同创新中心等8个省级教学科研平台，举办了行知实验班、双学位班、复合型人才实验班、创新人才实验班等教学改革实验班。教育学、应用经济学、计算机科学与技术等先后获批省级重点学科。学校现有1个国家级专业综合改革试点项目，4个省级专业综合改革试点项目，5个湖北省高等学校战略性新兴(支柱)产业人才培养计划项目，1门国家级教师教育精品资源共享课程，4门省级精品课程和10门省级精品开放课程。

学校广泛开展国际交流与合作，与美国、英国、法国、澳大利亚、新西兰等国家20多所高校及科研机构建立合作关系，形成专科、本科和硕博培养的国际合作办学格局，并每年选派大学生赴国外参加社会实践项目或短期实习。学校是省教育厅指定的汉语教师海外志愿者派出高校，是国家汉办的优质生源学校，每年选送优秀学生到海外开展对外汉语教学活动。

学校将秉承"学高、身正、诚毅、笃行"的校训，坚持"正己达人、以生为本"的办学理念，立足湖北，面向全国，努力建成比较规范的、特色鲜明的、高质量的本科院校，为区域基础教育和经济社会发展提供人才和技术支撑。(湖北第二师范学院档案馆)

湖北第二师范学院校史沿革简表

校名	时间
湖北省立教育学院	1931年10月—1936年7月 1941年7月—1943年12月
国立湖北师范学院	1944年1月—1949年5月
湖北省教育学院	1949年8月—1952年10月
湖北省教师进修学院	1952年10月—1954年4月
湖北师范专科学校	1954年4月—1956年4月
湖北省函授师范学校	1956年4月—1962年10月
湖北省教师进修学院	1962年10月—1970年10月

续上表

校名	时间
湖北省教育学院	1979 年 5 月—1990 年 4 月
湖北教育学院	1990 年 4 月—2007 年 5 月 （2003 年 4 月，湖北省工业学校并入）
湖北第二师范学院	2007 年 6 月至今 （2009 年 1 月，与湖北省经济管理干部学院合并）

（二十九）荆楚理工学院

荆楚理工学院是 2007 年 3 月经教育部批准成立的一所省属全日制普通高等学校，由荆门职业技术学院和沙洋师范高等专科学校合并组建而成。

荆门职业技术学院始建于 1984 年 8 月，原名“荆门市职业大学”，1998 年 3 月经原国家教委批准更名为“荆门职业技术学院”。荆门职业技术学院在发展过程中汇合了多所院校，其历史源头可追溯到 1958 年建立的荆门县初级卫校和 1959 年建立的荆门县幼儿师范学校。荆门县幼儿师范学校后来发展为荆门市教师进修学校，1990 年 3 月与荆门市职业大学、荆门市广播电视大学合并；荆门县初级卫校后来发展为荆门市卫生学校，1998 年 6 月成建制划转到荆门职业技术学院。2003 年 5 月，中国石化荆门石油化工学校（1978 年建立）整体并入荆门职业技术学院。

沙洋师范高等专科学校成立于 2000 年，由创办于 1956 年的沙洋师范学校发展而来。学校建立之初选址汉江之滨的沙洋，初名荆门师范学校，1960 年更名为沙洋师范学校。2000 年 3 月，教育部发文（教发〔2000〕59 号），同意在沙洋师范学校的基础上建立沙洋师范高等专科学校。

2001 年，荆门市委、市政府开始筹划将沙洋师范高等专科学校整体搬迁至荆门城区，与荆门职业技术学院合并组建本科层次高等学校。经过几年的建设，2007 年 1 月，两校合并组建本科学院在全国高校设置评议委员会五届一次会议上通过了评审。2007 年 3 月 19 日教育部批准在荆门职业技术学院、沙洋师范高等专科学校合并基础上建立荆楚理工学院（教发函〔2007〕49

号)。

荆楚理工学院位于湖北省荆门市中心城区白龙山下，依山傍水，风景秀美，文化历史底蕴深厚，是一座山水园林式大学。学校占地面2200余亩，校舍建筑面积30余万平方米。教学科研仪器设备总值7000余万元，校园网覆盖全校教学、科研、办公区域及学生宿舍。图书馆馆藏纸质图书120余万册，拥有各类电子资源数据库10余个。

学校设有16个教学院部，开设普通本科专业37个，专科专业13个，涵盖理、工、农、医、文、教、管、艺8大学科门类。学校建有校外实习实训基地111个，有附属中心医院1家，临床教学医院2家。全日制普通在校生14000余人。

截至2016年底，学校有在编在岗教职工1185人，其中专任教师676人，专任教师中，有教授、副教授等高级职称人员236人，博士、硕士607人。

学校现有湖北省"十二五"重点(特色)学科、重点(培育)学科及湖北省本科高校"专业综合改革试点"项目7个，入选湖北省高等学校战略性新兴(支柱)产业人才培养计划本科项目5项。

学校建有靶向抗肿瘤药物湖北省协同创新中心(培育)，药物合成与优化湖北省重点实验室，有湖北省荆门医药工业技术研究院、湖北省校企共建牛磺酸技术研发中心、新农村发展研究院等3个省级技术研发中心，有中国农谷发展研究中心、汉江生态经济带发展研究中心、湖北省知识产权培训(荆门)基地等3个省级人文社科类重点研究基地。学校先后承担国家自然科学基金项目、国家社会科学基金项目、国家级教育信息技术研究"十二五"规划重点课题等国家、省市科研课题276项，获省市科技、社科成果奖37项。学校先后与澳大利亚、美国、芬兰、新加坡等国外高校建立了校际交流合作关系。

学校坚持立足荆楚，面向全国，服务基层经济社会和行业产业发展的服务定位，始终立足基层、研究基层、服务基层，初步形成了"面向基层、产教融合、协同育人"的办学特色；学校坚持教学工作中心地位，围绕"培养具有一定理论基础和较强实践能力、创新创业精神的高素质应用型人才"的人才培养目标，积极探索"一目标、二体系、三平台、四融合"的"1234"人才培养模式，努力构建人才培养体系和质量保障体系。

学校先后被授予"国家节约型公共机构示范单位""湖北省高校毕业生

就业统计规范管理先进单位”“湖北省平安校园”等荣誉称号。2014 年，学校成为湖北省首批地方本科院校转型发展试点学校；2015 年，学校成为教育部立项建设的全国 30 所、湖北省唯一的一所“教育部—中兴通讯 ICT 产教融合创新基地”。为服务地方经济社会发展，推动向应用型本科转型，学校正全力推进通用航空学院、泰康护理学院、软通“互联网 +”学院等一批特色学院的建设。(荆楚理工学院档案馆)

(三十)武汉城市职业学院

1. 学校沿革

1904 年 7 月，清末湖广总督张之洞在原两湖书院和两湖高等学堂基础上创办的两湖总师范学堂是武汉城市职业学院之前身。1913 年，湖北省决定以清朝两湖总师范学堂为基础建立省立第一师范学校，1927 年湖北省所有省立师范学校并入相应中学，师范学校不复存在。1928 年，国民政府明确师范学校须单独设置，湖北师范学校得以恢复。1929 年 3 月，湖北省立师范学校建立。

1949 年，湖北省文教厅将当时设在武汉市的四所中等师范学校合并，组建湖北省教育学院附属师范学校，1950 年，师范学校独立设置并更名为湖北省实验师范学校。1972 年，湖北省实验师范学校更名为武汉市第二师范学校，隶属于武汉市教委。

2002 年 11 月，经湖北省教育厅批准，由武汉市第二师范学校和武汉市幼儿师范学校合并组建的全日制普通高等师范院校——江汉大学实验师范学院开始培养小学、幼儿园教师。2007 年 6 月，由省人民政府批准学校更名为武汉城市职业学院，由武汉市人民政府领导。

2010 年 6 月，湖北省人民政府再次批准武汉城市职业学院与武汉工业职业技术学院合并，成立新的武汉城市职业学院，实行一个机构、两个牌子、一套班子的管理体制。

2. 学科特色

学校专业门类齐全、特色鲜明，涉及文、理、工、管理、教育 5 个门类。现设有学前教育学院、初等教育学院、文化创意与艺术设计学院、旅游与酒店管理学院、财经学院、外语学院、计算机与电子信息工程学院、汽车技术与服务学院、建筑工程学院、机电工程学院、职业网球学院、创业学院、思想政治理论课部(学生心理健康教育中心)、国际教育学院(国际交流与合作处、港澳台工作办公室)、继续教育学院(职业技能鉴定所)等15个院系。

学校开办有60多个专科专业及方向，其中，学前教育、小学教育、酒店管理、装饰工程、汽车检测与维修、建筑工程技术、机械制造自动化、体育运营与管理等专业在同类院校和社会中具有较大影响。学校拥有中央财政支持的重点专业、教育部校企合作项目、湖北省战略性新兴产业人才培养项目、省级品牌专业、省级特色专业、省级重点专业、省级实训基地、省级信息化项目、省级精品课程等教学质量工程项目30余项。

学校率先在全国开办了国际网球赛事运营与管理专业，并与武汉市体育局共同承办了2016汤逊湖网球论坛及2017年ITF国际女子网球巡回赛等大型赛事活动。

3. 办学成就

在百余年的办学历史中，学校以办学特色鲜明、办学质量上乘而在全国同类院校中闻名遐迩，是教育部命名的“师范教育先进学校”，湖北省教育厅组织评估的“办学水平优秀学校”是国家职业技能鉴定所、武汉市职业技能实训基地、武汉市职业培训定点单位和武汉市创业培训定点单位。

学校现有5个国家级教学质量工程项目、25个省级教学质量工程项目，4个央财支持专业、2个省级重点专业、2个省级高职教育品牌专业、3个省级高职教育特色专业，2016届毕业生就业率达95.1%，居全省同类院校前列。2016年，学生参加市级以上政府部门组织的职业技能竞赛，共获奖项80个(国赛16个、省赛64个)，在全省职业技能竞赛综合排名中位居第二，在2017年中国高职高专院校及地区竞争力排名第116位，湖北省内高职院校第11位，荣获2014—2016年湖北省平安校园、2016年武汉市绩效考核立功单位。2015年，学校通过了省档案规范化管理AA等级达标验收。

近年来，学校紧紧围绕立德树人根本任务，奋力实施“质量立校、特色兴校、开放办学、跨越发展”战略，为建成省内一流、全国知名高职院校奋勇争先，砥砺前行。(武汉城市职业学院档案馆)

（三十一）武汉船舶职业技术学院

武汉船舶职业技术学院创建于1950年，是一所中央与地方共建、由湖北省人民政府管理的全日制普通高等学校。办学67年来，学校经历了技校、中专、专科、本科的办学历史，“文革”期间又经历了办厂阶段，走过了极其曲折的发展历程。数代船院人筚路蓝缕，情系兵工，为实现国家工业化和国防现代化不遗余力，形成了学校优良办学传统。

中华人民共和国成立初期，为尽快恢复和发展兵工生产，培养兵工干部，1950年10月，中南军政委员会工业部兵工局创建了“中南工业部职工学校”(现址)，开设技术定额测定、统计、财务会计和材料管理等4个专业。1951年11月，中央兵工总局为适应兵工工业发展需要，决定创办一所正规的兵工学校，批准学校校名为“中央兵工总局中南兵工学校”(外称“中南中湘学校”)，并迁至湖南湘潭，开设机工、化工、会计、统计、工厂管理、绘图和勘查7个专业。1953年3月，学校迁回汉阳原址。1953年9月，为适应国家社会主义工业化发展需要，创建正规化的新型技工学校，学校更名为“212技工学校”，开设车工、钳工、铣工3个专业。1956年5月，学校升格为中专学校，更名为“武汉机械制造工业学校”，开设水雷、鱼雷、金属切削加工、锻造与冲造4个专业。1957年8月，四川泸州机械制造工业学校并入，专业调整为机床装配修理与制造、工具制造、工业企业电气装配3个专业 。1958年12月，学校升格为大专院校，更名为“湖北机械工业专科学校”，开设机械、电机、热处理等3个专科和中专专业。1960年7月，学校升格为本科院校，更名为“湖北工学院”，开设冶金机械、机械制造工艺及设备、汽车与拖拉机、铸造、无线电、电机制造、农机制造7个专业。1961年9月，校名恢复为“湖北机械工业专科学校”。1963年8月学校改为中专学校，更名为“武汉机械工业学校”，开设机械制造、工模具制造、有色金属制造、金属学与热处理4个专业。1970年12月，学校停办，改为“武汉柴油机配件厂”(国营463厂)。1984年11月，中国船舶工业总公司决定复校为“武汉船舶工业学校”，规模1800人，开设机械制造、船舶内燃机、金属热加工、计算机技术和工业企业计划5个专业，学制4年，原国营463厂改为学校的附属工厂。学校于1985年9月1日举行了开学典礼。1993年学校被原国家教委评为国家级重点中专学校。

1998 年 3 月，学校由原国家教委批准设置为高等职业院校，更名为“武汉船舶职业技术学院”，隶属于中国船舶工业总公司。1999 年 11 月，学校下放地方，由湖北省人民政府管理。2010 年学校入选国家示范性高等职业院校。截至 2017 年，学院占地面积 600 余亩，教职员工 660 人，全日制在校生 15000 余人，设有 46 个高职专业(含方向)。(武汉船舶职业技术学院档案室)

(三十二)湖北轻工职业技术学院

学院是经教育部批准，由湖北省人民政府主办，湖北教育厅直管的全日制普通高等职业院校，全国重点职教师资培训基地。学院始建于 1956 年，由原食品工业部创办，原名“武汉食品工业会计学校”，位于武昌南望山。

1957 年更名为“武汉食品工业管理学校”；1958 年更名为“武汉食品工业学校”，由原食品工业部下放到湖北省人民政府。

1961 年，湖北省调整专业学校设置，将省属食品工业学校、化工专科学校、燃料工业学校、建筑工程学校等 4 所中专学校合并，更名为“湖北省工业技术学校”，由湖北省劳动厅领导；1972 年更名为“湖北省轻工业学校”，从武昌南望山迁至武昌马房山；1977 年筹建“湖北轻工业学院”，下设中专部，隶属于湖北省一轻工业局。

1982 年院校调整，湖北轻工业学校独立建校；1987 年由原轻工部布点，中国与原联邦德国双方共同投资 1000 万马克，以湖北省轻工业学校为依托，建立“湖北啤酒学校”，同时引进联邦德国“双元制”教学模式。

1992 年经原湖北省教委批准开设啤酒高级酿造师班；1994 年 5 月，经湖北省政府批准试办“武汉高等啤酒技术专科学校”；1996 年经教育部批准试办五年制高职。

2001 年 4 月，经湖北省人民政府批准，原湖北省轻工业学校、湖北啤酒学校、湖北信息技术学校合并组建“湖北轻工职业技术学院”，隶属湖北省轻工行业办公室管理；2004 年划转到湖北省教育厅直属管理。

学院坐落于武汉武昌石牌岭，毗邻武汉·中国光谷。学校占地 163.7 亩，建筑面积 10 万多平方米，现有 7 个学院(部)，在校学生 5551 名；现有教职工288人，其中专任教师168人，教授2人，副教授62人，“双师型”教师40多人，全国行业职业教育教学指导委员会委员2名，海峡两岸大学生创意设计艺术节执委1名，省级教学团队1个。

学院共开设酿酒技术、现代造纸技术、食品加工技术、机电一体化技术、广告设计与制作、会计、电子信息工程技术等26个专业，其中啤酒酿造、现代造纸技术等专业为全国特色专业。学院拥有国家级实习实训基地，特殊工种技能鉴定中心。德国投资建立的全国一流的啤酒实习工厂是在校学生进行实践教学和全国啤酒酿造业在职人员培训、产品检测的中心。学院与德国Doemens技术学院、加拿大莫哈克学院、台湾东南科技大学等20多个国家和地区的院校和教育机构建立了友好的交流合作关系，并牵头组建了“湖北酒业职业教育集团”。

学院在60多年的办学历程中坚持“特色鲜明、质量优良、规模适度、就业畅通”的办学理念，秉承“厚德、尚能、励志、创新”的校训，传承历史辉煌，尽展职教风采。学院德国“双元制”本土化的办学模式特色明显，中外合作办学经验丰富、成绩突出，成为湖北省教育对外合作的窗口和中外职业教育合作的典范，在全国高等职业教育领域产生了广泛的影响。（湖北轻工职业技术学院综合档案室）

（三十三）湖北交通职业技术学院

每年的4月18日是学校的校庆日，如今它已走过一个花甲，经历了中华人民共和国成立之初的艰辛、改革开放后的发展壮大，见证了交通职业教育的不懈发展之路。

1. 创办湖北省交通厅职工训练班

1953年，为适应交通运输发展需要，湖北省交通厅决定举办汽车驾驶员训练班与公路训练班。这是湖北省有史以来第一个汽车驾驶员训练班开班，湖北交通职业教育的历史由此开始。

2. 湖北省交通系统第一所职业技术学校诞生

1964年8月19日，湖北省计划委员会、省财政厅、教育厅发出《关于1964年试办半工半读职业学校有关问题的通知》，按照通知精神，省交通厅决定成立职业学校。8月28日，省交通厅颁发省交通厅职业学校印章，令即日启用。至此，湖北省交通系统第一所职业技术学校正式诞生。

1965 年 6 月 5 日，省交通厅决定厅职业学校按专业下放各局、厂，分别组建厅半工半读学校工业分校、汽车分校、航运分校。

3. 在艰苦条件下恢复建校

1971 年湖北公路工程学校、湖北航运学校、湖北汽车学校相继组建。

4. 交通职业教育发展

为缓解省交通系统技术力量薄弱，专门人才短缺的突出问题，1984 年 3 月 26 日，厅党组决定将学校纳入省交通厅直接领导，6 月 2 日，根据湖北省人民政府鄂政函〔1984〕44 号《关于将"湖北公路工程学校"更名为"湖北交通学校"的批复》，湖北公路工程学校正式改名为"湖北交通学校"。

1997 年，经省教委批准，学校成为湖北省首批高职试点的中专学校。

1999 年，省人民政府办公厅转发了《省教委、省计委关于以新的管理模式和运行机制试办高等职业技术教育的实施方案》的通知，拟以湖北交通学校为基础组建武汉交通科技大学职业技术学院（二级学院），实行相对（交科大）独立的领导体制，采取双重领导，共管共建，权责分明的管理模式。1999 年 9 月 15 日，武汉交通科技大学交通职业技术学院揭牌仪式在交通学校隆重举行。2000 年 8 月，武汉交通科技大学交通职业技术学院更名为武汉理工大学交通职业技术学院。

5. 创办高职院校

省交通厅于 2000 年 12 月 1 日正式发文，明确划归事宜（鄂交人劳〔2000〕639 号），2001 年 1 月 1 日，湖北省交通厅党组研究决定，将湖北航运学校、湖北汽车学校划归湖北交通学校管理。

2001 年 4 月 18 日，湖北省人民政府下发（鄂政函〔2001〕76 号）文正式批准建立湖北交通职业技术学院。批复批准湖北交通职业技术学院系专科层次的高等职业学校，仍然接受湖北省交通厅的全面领导，同时，在业务上接受湖北省教育厅的管理和指导。

6. 在发展中壮大

经过几代交通教育人的艰苦努力，湖北省交通职业技术教育从无到有，从小到大，由弱到强，风雨兼程，逐步壮大。

从临时性短训班培训逐步发展到正规中职、中技教育，直到现在的高职、中职、中技教育并存；从仅有几十名学员、几名教员，发展到了近 13000

名全日制在校生、500 多名教职员工；从只开 1 ~ 2 个工种短训班，发展到了 8 个教学单位、48 个高职专业的全日制教育。

64 年的砥砺和沉积使学校形成了依托行业办专业、办好专业为行业的办学理念。学校坚持了“育人为本、德育为先，质量为本、技能为先，以人为本、服务为先”的教育、教学和管理理念，铸就了“重德、励志、笃学、尚能”的校训，打造了交通土建、汽车、物流、智能交通、航海、航空和轨道 7 大交通特色专业群。学校已发展成为依托行业，服务社会，辐射区域与全国，交通运输行业特色鲜明的理、工、文多学科、多专业结合的交通运输部交通职业教育示范院校和湖北省示范性高等职业院校，为湖北乃至全国交通运输行业以及其他行业培养了近 6 万名应用型人才。（湖北交通职业技术学院办公室）

（三十四）武汉软件工程职业学院

武汉软件工程职业学院是武汉市人民政府主办的综合性高等职业院校，是国家示范（骨干）高职院校、全国示范性软件职业技术学院、高职高专人才培养工作水平评估“优秀”院校；是“国家软件技术实训基地”、教育部等六部委确定的“计算机应用与软件技术”“汽车运用与维修”技能型紧缺人才培养培训基地、全国高职高专计算机类教育师资培训基地。

2001 年 4 月，由武汉成人教育学院与 1951 年创建的武汉市第一师范学校和 1973 年创建的武汉经贸科技学校合并组建汉口职业技术学院。2002 年 5 月，由 1959 年创建的武汉市交通学校、1974 年创建的武汉市纺织学校和 1978 年创建的武汉化工学校合并组建的武汉工交职业学院占地面积 1300 余亩，2003 年 1 月开始 1202.4 亩新校区建设。2003 年 7 月，汉口职业技术学院与武汉市广播电视大学合并组建武汉软件职业学院（武汉市广播电视大学），一套班子、两块牌子办学。2003 年底，学校经教育部评审确定为全国示范性软件职业技术学院建设单位。2006 年 8 月，武汉工交职业学院与武汉软件职业学院（武汉市广播电视大学）合并组建武汉软件工程职业学院（武汉市广播电视大学），两块教育优势互补、资源共享。

学校地处武汉 · 中国光谷腹地，环境优美，设施优良，占地面积 1000 余亩，建筑面积 33 万平方米。学校设有计算机学院、机械工程学院、电子工程学院、汽车工程学院、商学院、艺术与传媒学院、环境与生化工程学院、人文学院(思政课部)、体育工作部等院部，现开设专业52个(其中国家骨干高职院校重点建设专业4个，省级重点专业3个，省级教学改革试点专业1个，湖北省战略性新兴产业人才培养计划专业1个，“楚天技能名师”设岗专业10个)，面向全国30个省市区招生，全日制学生14000余人。学校建有计算机应用技术，模具设计与制造、激光加工、汽车检测与维修、服装制作等生产性实训基地；其中激光加工技术、计算机应用及软件技术、数控技术、影视动画等实训设备配置居专业前沿、科技含量高；各系均建有仿真实训室，运用仿真虚拟工艺、虚拟实验软件系统等现代信息技术手段，为提高学生专业实践能力提供了反复训练的平台。

学校始终坚持走内涵发展、特色强校之路。人才培养质量获得企业广泛认可，可持续发展的综合实力显著增强。新生报到率连续多年居全省高职院校前列，毕业生就业率稳定在90%以上，形成了“规模大、进口旺、出口畅”的良性循环。学校将继续坚持以服务为宗旨、以市场为牵引、以就业为导向，打造创新型、开放型和就业型高等职业学院。(武汉软件工程职业学院综合档案室)

(三十五)湖北城市建设职业技术学院

湖北城市建设职业技术学院1978年建校，隶属湖北省住房和城乡建设厅。前身是国家级重点中专湖北省城市建设学校、湖北省城乡建设职工大学，1997年与华中科技大学联办高等职业技术教育，2002年升格为高等职业技术学院，2005年湖北省贸易科技学校(原湖北省物资学校)整体并入。

学院经过近40年的改革与发展于2011年成为省级示范性高职院校，2013年成为湖北建设职业教育集团牵头单位、湖北建筑工程职教品牌院校，现有在校生1.1万人。

学院先后获得“全国青年文明号”“全国建设系统先进单位”“全国巾帼文明岗”“省级文明单位”“省级平安校园”“省级档案管理AAA级”“省级党建工作先进单位”“湖北省就业工作先进单位”“湖北省绿化先进单位”等各种荣誉称号。

固本才可枝繁叶茂，强师才能桃李争妍。数十年寒暑，城建学院打造了一支高素质的队伍，他们秉承立德树人的根本宗旨，始终以良好的精神状态、饱满的工作热情、高尚的职业道德、过硬的业务能力，积极投身到教学、科研、管理和服务等各项工作中。

多年办学实践使学院专业特色日益鲜明，形成了以土建施工类专业为龙头，建设类专业为主体，经济、物流、管理、艺术设计、设备、信息等多专业交叉渗透，协调发展的专业体系。

学院办学成果丰硕，成立近40年来，利用自身科技、智力资源优势，服务区域经济社会发展，开放教育资源，大力开展社会培训教育工作，每年为社会培训20000人次以上，积极为企业行业提供技术研发和技术服务，每年开展技术服务、技术研发、技术咨询、工法研究等活动30余项。2017年，学生参加国家级技能大赛又在建筑和物流赛项上双获前甲，同时，学院与湖北工程学院合作，开展建筑学本科人才联合培养，以适应行业转型升级对复合型、应用型等技能人才的需求。建校以来，学校共为社会培养了近10万名技术技能型人才。学校务实的教学风格和先进的教学理念，犹如一盏明灯，时刻为一批又一批从城建学院走向建设岗位的学子们照亮前进的方向。

在这些从城建学院走入社会的建设者中，涌现出许许多多杰出人士，他们不忘初心，在建设、物流等行业中书写着辉煌传奇。

作为建筑人才的摇篮，学院见证着一代代建设者的成长。学院坚持“立德、尚能、笃学、创新”的理念，把“树立高尚的品德”放在首位，大力弘扬“鲁班精神”“诚信文化”，把这份做人成事的精髓注入建校人的血液中。

学院办学成果丰硕。主编国家“十一五”“十二五”规划教材22部；近5年主持各级课题(项目)121项，发表论文近2000篇，其中SCI、SSCI、EI、ISTP检索22篇。学院先后获得“全国青年文明号”“全国建设系统先进单位”“全国巾帼文明岗”“全省就业工作先进单位”等数十个省级以上荣誉称号。

面对未来，学院正以创新发展为引领，服务“四个全面”战略，切实践行“创新、协调、绿色、开放、共享”五大发展理念，以创建国家一流高职院校为目标，克难奋进，续写华章。(阙光文、赵辉)

(三十六)武汉交通职业学院

中华人民共和国诞生后，长江航运欣欣向荣，长航职工提高积累政治业务素质，以适应长江航运事业发展的需要，1953 年初，原长江航运管理局决定，在湖南陵城矶利用原海关的三处旧址，因陋就简地创办起了长航干部训练班。1955 年 3 月，交通部长江航运管理局成立了长航河运技工学校。两所学校不同层次、不同类型，却依托“交通”而生、伴随“交通”成长，是武汉交通职业学院发展长河的源头。随我国经济社会变迁，教育、交通事业变革，学校多次合并组建，几易校址，数更校名，至 2003 年 4 月武汉交通职业学院成立。

1. 从长航培训班到武汉交通管理干部学院

从长航培训班到武汉交通管理干部学院之间经过了长航干部训练班、长航干部学校、长江航运学校、长江航运大学、长航党校、长江航运职工大学、交通政治管理干部学院等 7 个发展阶段。1953 年初，原长江航运管理局决定，在湖南陵城矶利用原海关三处旧址，因陋就简地创办起了长航干部训练班，长航正规成人教育发轫于此。1956 年长航局党委决定将长航干部培训班扩建为长航干部学校，1957 年 4 月迁入武昌喻家湖(校址即后来管理干部学院旧址)。1958 年冬，上级决定长航干部学校和武汉河运工人技术学校合并，成立长江航运学校。1960 年春，在长江全线三级干部会议上长江航运学校被授予“红旗学校”称号，接着升格为“长江航运大学”，1961 年为贯彻“调整、巩固、充实、提高”的方针，长江航运大学下马，干校和技校重新分开，恢复为长江航运学校。“文革”期间，办学一度中断。1969 年 12 月 8 日长航军管会宣布撤销长江航运学校，全体教职工下放到沙洋劳改农场编为沙洋长航五七干校一大队二连。1973 年春，为了提高党务干部素质，以适应党建工作的需要，经上级批准，在长江航运学校原址(喻家湖)建立了长航党校。

1984 年 3 月，为了适应全国干部队伍“四化”建设的需要，经交通部交政字〔1984〕557 号批准，教育部备案，将长航党校改建为武汉交通政治管理干部学院。1985 年 8 月 15 日，经交通部交劳字〔1985〕1645 号文批准，武汉交通政治管理干部学院升格为副局级单位。1990 年 3 月，经长航局党委批准，恢复长航党校，实行两块牌子，一套班子，设立党校办公室。1990 年，武汉交通政治管理干部学院与长江航运职工大学合并，组建武汉交通管理干部学院。1991 年 6 月，两校正式合并，成立武汉交通管理干部学院，担负全国交通管理干部培训任务。2001 年至 2006 年与湖北大学知行学院联合办本科教育。2000 年学校由交通部划转湖北省教育厅管理。

2. 从长江河运技工学校到武汉水运工业学校

1955 年 3 月，交通部长江航运管理局成立长航河运技工学校。1969 年"文革"期间，长航河运技工学校全体教职工下放到沙洋劳改农场，编为长航五七干校一大队二连。1973 年 6 月，交通部决定在改建原长航河运技工学校的基础上成立武汉水运工业学校。1999 年 1 月，原长航职专（原长航七中、长航职高）并入武汉水运工业学校。1999 年至 2002 年与武汉交通科技大学联合建武汉交通科技大学水运职业技术学院（武汉理工大学工业职业技术学院），2000 年 10 月划归湖北省教育厅管理。

3. 从分散办学到合并组建武汉交通职业学院

改革开放以后的 20 世纪 80 至 90 年代，随着我国水运工业的发展，武汉水运工业学校的相关专业得到了长足发展，学校三次被评为国家级重点中专，并通过交通部部署院校规范化办学水平评估，为国家水运行业培养了大批技能型人才。而由长航党校改建的武汉交通管理干部学院，为交通系统特别是水运行业培养了大批管理干部。

伴随着新型工业化时代的到来，国家经济结构调整以及产业优化升级的步伐加快，2003 年 4 月，湖北省人民政府以鄂政函〔2003〕34 号文件给湖北省教育厅下发了《关于同意将武汉交通管理干部学院与武汉水运工业学校合并组建武汉交通职业学院的批复》，批准武汉水运工业学校与武汉交通管理干部学院合并组建武汉交通职业学院。

武汉交通职业学院先后被评为"国家职业院校数字化校园建设实验校""湖北省职业教育信息化试点单位""湖北省大学生创业示范基地""湖北物流职业教育品牌建设单位""教育部人才培养工作水平评估优秀学校""湖北省示范性高等职业院校""湖北省文明单位"。

学校现开设 58 个专业：中央财政支持专业 2 个、湖北省战略性新兴（支柱）产业专业 2 个、省级重点专业 7 个、省级品牌/特色专业 5 个，建有国家专业教学资源库课程 2 门、省部级精品课程 10 门，形成了以工科类专业为主体，交通类专业为特色，其他类专业协调发展；以专科层次高等职业教育为主体，本科层次职业教育、多样化继续教育协调发展的办学格局。学校建有各类校内实验实训室99个，校外实训基地185个。其中，建有中央财政支持的现代物流实训基地、船舶工程技术实训基地、航海技术实训基地、应用电子技术实训基地等4个国家级实训基地；汽车检测与维修技术实训基地、先进制造技术实训基地、轮机工程技术实训基地、智能交通技术运用实训基地、中国长江航运集团青山船厂实训基地等5个省级实训基地。

学校坚持开放办学，不断深化多元合作办学模式。学校先后与上海通用汽车有限公司、中兴通讯股份有限公司、武汉地铁集团、鑫裕盛船舶管理有限公司、武汉电信、湖北省邮政速递物流公司、东风模具冲压技术有限公司、万豪国际集团等100余家知名企业建立稳定合作关系；牵头组建了湖北省物流职教集团；与浙江双环传动机械股份有限公司、武汉江南美装饰设计工程有限公司、中兴通讯股份有限公司共建3个混合所有制二级学院；与武汉璐丝商贸有限公司、武汉市泽邦科技有限公司、湖北中路建设投资有限公司共建9个校企合作工作室；与武汉地铁集团、中国国旅、富士康集团、上海通用汽车有限公司、万豪国际集团、希尔顿酒店等知名企业开办48个订单班；与浙江省玉环县、瑞安市政府开展合作办学；与中央军委联合参谋部、中央军委国防动员部、海军开展了定向培养直招士官；与德国、英国、澳大利亚、新加坡、泰国、马来西亚、新西兰等国家和地区高校开展了多项国际合作办学项目。

学校是全国交通职业教育研究会船舶技术专业委员会、路桥工程类专业委员会、湖北物流职业教育集团、湖北省职业技术教育学会物流类专业教学指导委员会、湖北省期刊协会高职高专学报专业委员会等多个行业协会、学术组织的主任(副主任)委员、会长单位。

学校全面深化教育教学改革，加快内涵建设与发展，正在努力建成国内知名、行业领先、区域一流的国家优质高职院校。(武汉交通职业学院档案室)

（三十七）湖北国土资源职业学院

湖北国土资源职业学院是2004年4月经湖北省人民政府批准，以原湖北省地质职工大学、湖北省国土资源工程学校和湖北国土资源学校为基础合并组建而成，属专科层次的高等职业院校。学院主管部门是湖北省地质局，教学业务接受湖北省教育厅指导。

湖北省地质职工大学创建于1982年，1997年经原国家教委评估为“合格学校”。1999年，经省教育厅批准，开始试办高职班，开设有测量技术、岩土工程、土地勘测与规划、计算机网络技术、电子商务等专业。2001年和2002年，分别与华中科技大学和中国地质大学联合并成为两所高校的远程教育教学中心。

湖北省国土资源工程学校即原湖北省地质学校，1978年2月经湖北省人民政府批准成立。1991年通过办学条件评估，1993年通过办学水平评估，1999年通过国家级重点中专评估。2000年11月，更名为湖北省国土资源工程学校。

湖北国土资源学校即原湖北地质勘探技工学校，1987年2月经原国家地质矿产部批准成立。1995年通过办学条件评估，1996年通过办学水平评估，成为省（部）级重点技工学校，1999年4月，更名为湖北国土资源学校。

2014年事业单位改革，学院加挂了湖北省地质局党校的牌子。湖北省地质局党校于1997年经省编委批准成立，主要承担湖北省地质局后备干部和党支部书记培训任务，每年开展一至二期培训。

学院原址在湖北省荆州市。2011年9月，学院整体搬迁至湖北省武汉市汉南区，新校区占地面积511亩。新校区一期工程建设于2011年10月基本完成，共完成建筑面积16.75万平方米。

学院以高等职业教育为主，同时开展中等职业教育、继续教育和职工技能培训、鉴定工作。学校招生面向全国26个省（市、区），现有高职学生7090人（其中2014级2390人，2015级2089人，2016级2611人），中职学生378人；学院每年招收继续教育（学历提升、职业技能培训及鉴定）学员3000余人。

学院是国土资源行业示范性高职院校，在专业设置方面，立足国土资源行业，并依托武汉经济技术开发区(汉南区)，力求构建与地方经济产业相适应的专业结构，大力发展汽车零配件制造、机械、电子等相关专业，提高学院服务地方经济建设与社会发展的能力，实现转型发展。学院设有9个二级院部，开设了国土资源调查、工程地质勘查、工程测量技术、测绘与地理信息、地籍测绘与土地管理、宝玉石鉴定与加工、环境工程、机电工程、电子商务、酒店管理、旅游管理、电子信息工程技术、软件技术、汽车电子技术、新能源汽车技术等51个高职专业(含方向)。其中国土资源调查是湖北省教学改革试点专业，工程测量技术、工程地质勘查、宝玉石鉴定与加工等专业是湖北省高等职业教育品牌和特色专业。

学院坚持以生为本的办学理念，秉承了地质人“三光荣”传统，重视学生综合素质培养，促进学生成人成才。建校39年来，学校共培养了3万多名优秀毕业生，为国土资源行业和地方经济建设发展提供了有效的技术支持和人才保障。“十三五”期间，学院将建成办学水平领先、行业优势突出、国内有影响的省级优质高职院校。(撰稿：李奇年；核稿：郑乐平)

(三十八)湖北工业职业技术学院

学院全称为“湖北工业职业技术学院”，英文名称为“Hubei Industrial Polytechnic”。学院法定住所地为湖北省十堰市北京中路38号，邮政编码442000，学院网址是http://www.hbgyzy.edu.cn。

1. 历史沿革

学院前身为1976年在十堰师范学校基础上创办的高师班(1981年改为十堰教师进修学院)和1983年成立的十堰职业大学；1985年十堰市人民政府将两校合并为十堰大学；1998年经原国家教育委员会批准学校更名为十堰职业技术学院，是湖北省和国家首批职业技术院校之一，2013年经教育部批准最终更名为湖北工业职业技术学院。

2. 学院性质

学院为副厅级单位，举办者是十堰市人民政府，业务主管部门是湖北省教育厅，是一所省市共管、以市为主，以制造类专业为主、服务类专业为辅、多专业协调发展的全日制公办普通高等院校。院长为学院的法定代表人，实行中国共产党湖北工业职业技术学院委员会领导下的院长负责制。

3. 学院简介

学院占地面积约 980 亩，建筑面积约 24 万余平方米，固定资产总值 8 千余万元。现有全日制在校生 10300 余人，在岗教职工 510 余人，另有来自行业企业的兼职教师 500 余人，重点专业已基本形成了“双师”素质优良和“双师”结构合理的教学团队，教科研成果丰硕。

学院以“服务区域经济、助推产业升级”为办学理念，大力推进校企合作，形成了“双园融合”办学模式，现已有 20 余家企业入驻校园。学校现有 9 个生产性实训基地，与东风本田、中国联通、美国通用电气公司等 300 余家大中型企业建立了合作关系，与德国大众等 5 大汽车公司开设了“中德职业教育汽车机电实验班”，学生在省级以上各项技能竞赛中屡屡获奖。另外，学院成教和社会培训中心每年定期为地方中小企业、行业进行大量人才培养培训工作。

2014 年学院由教育部、财政部联合批准成为国家百强骨干高职院校之一。社会评价机构麦可思公司近几年连续对学院应届毕业生就业质量跟踪调查显示，毕业生对母校满意度逐年提高，学院的人才培养质量、社会声誉和社会美誉度大幅提升。学校办学规模不断扩大，学生就业供不应求。

学院充分发挥国家骨干高职院校的辐射带动能力，参与组建了“鄂西生态文化旅游圈高职教育联盟”，牵头组建了“秦巴地区高职教育论坛”，并以学院为核心成立了“湖北汽车服务职业教育集团”和“十堰现代制造与服务业职教集团”，在湖北和鄂豫陕渝毗邻地区具有较大影响，并注重国际交流合作，在国内和德国、澳大利亚和东南亚均有一定的知名度。

校园文化丰富多彩，先后多次荣获市级、省级年度文明单位称号。新校园占地近千亩，规划科学、格调高雅，被评为全国魅力职院；学院实施“学生成才导航”工程，高度重视学生心理健康教育，“百草园”获全国高校“人气 50 强”思政网；学生社团定期组织社会调查、生产劳动、志愿服务、公益活动、科技发明和勤工助学等实践活动，“电”亮青春服务队、“居家”文化等被推选为全省文明创建品牌；图书馆文献丰富，校园一卡通方便快捷，为全院师生提供全方位的数字化、信息化服务；学术刊物《湖北工业职业技术学院学报》经国家新闻出版总署批准公开发行，在全国高职高专学报评比中多次被评为“中国高职高专核心期刊”。

学院秉承“明德、自强、敬业、崇技”的校训，坚持以立德树人为根本，以服务发展为宗旨，深化产教融合、校企合作，培养高素质技术技能人才，致力于建设全省领先、全国知名、具有一定国际影响的高水平高等职业院校。（魏文芳 周元国 胡昌龙）